城市快速路规划设计理论与实践

THEORY AND PRACTICE OF URBAN EXPRESSWAY PLANNING AND DESIGN

袁胜强　编著
张　亮　主审

同济大学出版社
TONGJI UNIVERSITY PRESS

图书在版编目(CIP)数据

城市快速路规划设计理论与实践 / 袁胜强编著. —上海：同济大学出版社，2022.6
ISBN 978-7-5765-0224-4

I. ①城… II. ①袁… III. ①城市道路—快速路—公路规划—设计 IV. ①U412.37

中国版本图书馆 CIP 数据核字(2022)第 075558 号

城市快速路规划设计理论与实践
袁胜强　编著
张　亮　主审

责任编辑　朱　勇
责任校对　徐春莲
封面设计　张　微

出版发行　同济大学出版社　www.tongjipress.com.cn
（地址：上海市四平路 1239 号　邮编：200092　电话：021－65985622）
经　　销　全国各地新华书店
印　　刷　常熟市华顺印刷有限公司
开　　本　787mm×1092mm　1/16
印　　张　22.5
字　　数　562 000
版　　次　2022 年 6 月第 1 版
印　　次　2022 年 6 月第 1 次印刷
书　　号　ISBN 978-7-5765-0224-4
定　　价　98.00 元

PREFACE

前言

随着我国经济持续发展,城镇化进程的加快和城市规模的不断扩大,小汽车已经成为百姓家庭交通出行的主要工具,但同时也带来城市交通拥堵加剧等急需解决的重大问题。在这一形势下,城市快速路规划建设逐渐成为各大城市交通建设的热点话题,而合理构建城市快速路系统正是解决城市交通拥堵问题的重要手段之一。笔者从事道路交通规划设计研究工作 20 余年,先后主持或参与了 20 多条快速路的设计工作,主编或参编了《城市道路交通标志和标线设置规范》(GB 51038—2015)、《城市道路交通工程项目规范》(GB 55011—2021)、《城市道路交通设施设计规范》(GB 50688—2011, 2019 年版)、《城市道路路基设计规范》(CJJ 194—2013)、《城市道路工程设计建筑信息模型应用规程》(T/CECS 701—2020)、《城市道路交通规划标准》(DG/TJ 08—2340—2020)等 10 多部与快速路建设相关的国家、行业及地方规范标准,主持开展了"大中城市骨干路网规划设计关键技术研究""大中城市公共交通体系构建关键技术研究""城市地下互通立交交通安全技术研究""城市地下互通立交设计关键技术研究""基于达索平台的市政交通 BIM 系统研究及开发"等 10 余项科研课题的研究。"如何将城市发展和交通问题的解决与城市快速路的规划建设相结合"一直是笔者这些年思考和研究的问题。

1987 年广州市人民路高架快速路的建成通车、1992 年北京市二环快速路的贯通以及 1994 年上海市内环线的建成,标志着城市快速路逐渐成为中国城市促进城市发展和解决交通问题的重要手段。经过 30 多年的发展,我国超大城市基本形成完善的快速路系统(部分正在进行中心城区快速路网加密以及中心城区外围快速路网的建设),特大城市正快速地形成快速路系统,而大量人口超过 100 万的大城市正开始构建快速路系统。北京、上海、杭州、广州等城市在快速路规划设计方面积累了许多经验,但也留下了不少遗憾。如北京市早期修建的快速路大多采用地面形式,对横向道路分隔比较严重,占地大并且辅路规模比较小;上海市早期修建的部分快速路出入口间距较小,交通交织比较严重,出入口间存在车道规模不匹配的情况;杭州市、广州市早期修建的快速路建设指标偏低,达不到快速路标准。基于这一实际情况,城市快速路规划设计的理论体系需要进一步完善,实践中的教训需要总结。

为了更好地诠释城市快速路规划与设计的理念,充分总结我国近年来在城市快速路规划设计方面的经验及许多实践中的不足,借鉴并吸收一些发达国家的相关技术精髓,力求达到"统筹规划、指标合理、着眼长远、注重问题、环境友好、节约资源、科学设计、数字技术引领",以解决当前城市快速路规划设计方面存在的问题,上海市政工程设计研究总院(集团)有限公司组织科研技术人员编写了本书。本书从理论及应用实践两方面全面阐述了城市快速路规划设计技术,并结合工程实例介绍了具体应用方法,以帮助广大工程技术人员科学、正确地掌握城市快速路规划设计方法,提高城市快速路规划设计水平,促进城市道路交通运行的通畅、安全和高效。

本书分为10章。首先,分析了国内外城市快速路建设与发展的经验和教训,对快速路网规划的路网形态、路网规模、路网评价及路网建设时序等关键技术进行了深入研究;其次,分别对城市快速路的总体设计、快速路出入口及立体交叉、高架快速路、地下快速路、交通设施、景观与环境等方面的难点和要点进行了系统的论述;最后,对快速路BIM正向设计的BIM标准体系、正向设计关键技术、正向设计平台解决方案等方面开展了系统深入的研究。

在本书的撰写过程中,得到了张伟略、李志刚、颜海泉、黄竹、姚锐、牛德宁、景啸、欧阳君涛、栗关裔、张杰、郑仕文、牛建峰、黄俊炫、宣培培、张凯茜、袁森林等的帮助与支持,在此一并表示感谢!

书中参阅、引用了国内外大量参考文献资料,引用文献尽量做到标注,但难免存在疏漏,在此向原著(编)者表示衷心感谢。

由于笔者水平有限,本书如有不足之处,恳请读者批评指正!

袁胜强

2021年10月于上海

CONTENTS
目录

第1章 绪 论

1.1 背景

改革开放40多年，我国的经济建设取得了举世瞩目的成绩，GDP总量从1978年的3 679亿元，增长到2020年的101.60万亿元，增幅达276倍。随着经济的迅猛增长，我国的城镇化水平也从1978年的17.92%，发展到2020年的63.89%；城市数量从1978年的190个，发展到2020年的684个。截至2019年，户籍人口超过500万的城市有14个，300万～500万人口的城市有16个，50万～300万人口的城市达到219个。经济的发展，带来城市数量和城市规模迅速扩张，目前，以"京津冀、长三角、珠三角"为龙头的19个城市群加上以"拉萨、喀什"为中心的2个城市圈的城市群格局基本形成并稳步发展。

随着国民经济和城市的发展，人民生活水平的提高，城市汽车拥有量大幅增加，1978年中国民用汽车保有量为135万辆，2000年达到1 609万辆，截至2021年6月，机动车保有量达3.84亿辆(其中汽车2.92亿辆)，机动车驾驶人4.69亿人。有74个城市汽车保有量超过100万辆，33个城市超过200万辆，18个城市超过300万辆，其中北京汽车保有量超过600万辆，成都、重庆汽车保有量超过500万辆，苏州、上海、郑州汽车保有量超过400万辆，平均每百户家庭拥有超过40辆私家车，成都、深圳、苏州等城市超过70辆。随着城市规模的扩张，自1978年以来，我国城市交通发展也是十分迅猛，经历了大约三个阶段。①20世纪80年代：城镇化水平低，交通出行半径小，以非机动化出行为主，城市交通设施相对落后；②20世纪90年代：城市规模扩大，私人汽车开始大幅增加，交通出行半径加大，机动化出行增长加快，大规模城市交通基础设施建设启动，快速路及轨道交通起步；③2000年以后：城市圈、城市群逐渐形成，城市外延式扩张和城市内部更新并举，交通出行潮汐现象明显，高峰时期交通拥堵成为常态，重视综合交通体系建设，城市快速路建设大规模展开。

城市道路网络规划建设是城市交通发展的重点领域，其中快速路的规划建设更是超大、特大及大城市解决交通拥堵的重要手段，也是衡量城市交通现代化水平的重要标志，在城市交通建设和国民经济发展中具有举足轻重的地位和作用。自20世纪80年代末以来，随着经济的快速发展，为满足城市空间不断拓展、城市更新的需要以及个体机动化出行急剧增加的需要，我国城市快速路建设进入规划、建设时期。北京、上海、广州等人口超过1 000万的超大城市率先启动了快速路的规划建设，1987年广州市人民路高架快速路的建成通车，1992年北京市二环快速路的贯通，1994年上海市内环线的建成，标志着以快速路为代表的现代城市道路交通体系进入了一个新的建设发展时期。2000年前后，深圳、天津、杭州、成都、南京等人口超过500万的特大城市的快速路规划和建设得到空前重视和优先发展。2010年前后，昆明、宁波、常州、无锡等人口超过100万的大城市也陆续启动快速路的规划和建设。目前，超大城市中心城区基本完成早期规划快速路系统的建设（部分正在进行中心城区快速路网加密以及中心城区外围快速路路网的建设），特大城市正快速地形成快速路系统，而大量人口超过100万的大城市也已开始构建快速路系统。

城市快速路作为城市路网系统的骨架，是引导城市空间结构拓展、影响交通出行方式转变和缓解交通出行拥堵的关键。北京、上海、杭州、广州等城市在快速路规划设计方面积累了许多经验，但也留下了不少遗憾。如北京早期修建的快速路大多采用地面形式，对横向道路分隔比较严重，占地大并且辅路规模比较小；上海早期修建的部分快速路出入口间距较小，交通交织比较严重，出入口间存在车道规模不匹配的情况；杭州、广州早期修建的快速路建设指标偏低，达不到快速路标准。城市快速路规划设计的理论体系需要进一步完善，实践中的教训需要总结。为了更好地诠释城市快速路规划与设计的理念，本书充分总结了我国近年来在城市快速路规划设计方面的经验，借鉴并吸收了一些发达国家的相关技术精髓，遵照“统筹规划、指标合理、着眼长远、注重问题、环境友好、节约资源、科学设计”的理念，以解决当前城市快速路规划设计方面存在的问题。本书将从理论及应用实践方面全面阐述城市快速路规划设计技术，并结合工程实例介绍具体应用方法，以帮助广大工程技术人员科学、正确地掌握城市快速路规划设计方法，提高城市快速路规划设计水平，促进城市道路交通运行的通畅、安全和高效。

1.2 基本概念

1.2.1 快速路

根据《城市道路工程设计规范》（CJJ 37—2012，2016年版）的定义，城市快速路是指在城市内修建的，中央分隔、全部控制出入、控制出入口间距及形式，应实现交通连续通行，单向设置不应少于2条车道，并应设有配套的交通安全与管理设施的城市道路。

城市快速路是等级最高的城市道路，是修建在城市内的“高速公路”，在城市交通中发挥着极其重要的作用。城市快速路具有速度快、容量大、连续流、可靠、高效的交通特点（图1-1），基本特征如下。

1. 主线供汽车专用

快速路的主线供汽车快速通行使用，其主线禁止非机动车以及低速车辆通行，以避免行驶秩序混乱、降低道路的服务水平甚至造成交通阻塞。

2. 通行容量大

规划红线较宽，快速路的红线宽度一般在40～80 m。道路横断面双向可布置4～10条车行道，采用连续流的运行方式，系统可以承受大容量的交通负荷，单车道设计通行能力达1 400～2 000 pcu/h，是一般主干路的2～3倍（图1-2）。

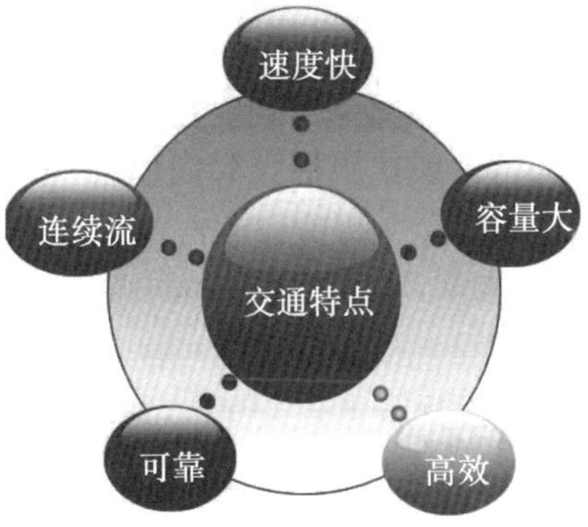

图 1-1 城市快速路的交通特点

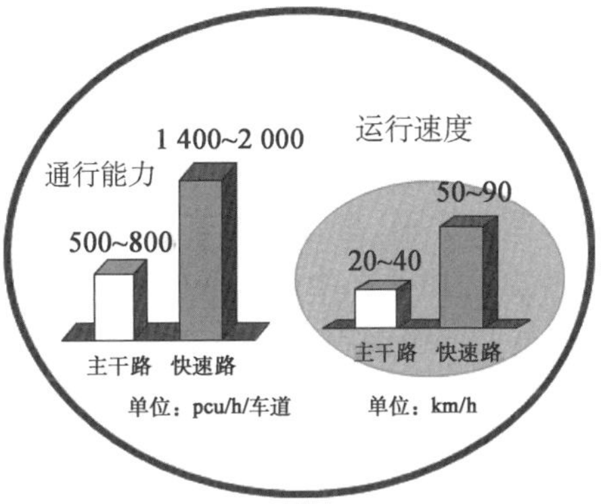

图 1-2 城市快速路和主干路对比

3. 主线交通流连续快速

快速路全线控制出入、设置中央分隔带，与相交道路均采用立体交叉，主线全线无平面交叉口，不设置信号灯；快速路设计速度 60～100 km/h，实际运行速度是一般主干路的 2～3 倍(图 1-2)，保证车辆连续快速通行。因此，快速路交通具有连续、可靠和高效的特点。

4. 设置辅路

快速路的主线服务对象是中、长距离的快速交通。按照有控制的快速吸引、快速运行、快速分流的要求，同时为解决快速路沿线区域交通的到发需求以及禁止进入主线的机动车、非机动车及行人的通行需求，在主线的下面(适合主线采用高架形式)或上面(适合主线采用地下道路形式)或两侧(适合主线采用地面道路形式)往往配套设置有辅路，以完善快速路的使用功能。

5. 主线控制出入口间距

与高速公路相比较，城市路网密度大，相交道路多，中短程交通比例较高，为便于为快速路沿线的交通出行服务，主线沿线往往设置一定数量的出入口匝道。出口匝道间距过大，高峰时段出口流量大会直接导致和出口匝道相连的辅路交通拥堵、出口匝道排队过长，进而波及主线造成主线的交通拥堵；进出口匝道间距过小，并板后主线的交织流量会直接导致主线的交通拥堵。因此，规划设计必须合理控制主线、出入口间距。

6. 环境要求高

由于城市快速路经过的区域基本为城市建成区或规划开发的组团，因此对道路与周围环境的协调配合、道路沿线城市设计以及环境保护的要求均比较高，必须考虑交通噪声污染、汽车尾气污染以及城市景观的协调。

从我国 30 多年的快速路建设实践来看，城市快速路运输效益巨大，成为缓解大城市交通拥堵的重要措施；能将长短距离、快慢速度交通分离开来，提高地面交通效率，降低出行时耗，整体上提高城市交通可达性；客观上形成快速、大容量的交通走廊，满足城市内部中长距离出行的机动车交通需求。

1.2.2 快速路网

“独木不成林”，单独一条快速路的交通服务功能是有限的，由若干条快速路有机组成的城市快速路路网能更好地发挥快速路的功能。城市道路路网包括快速路网及基础路网，快速路网由快速路构成，基础路网由主干路、次干路及支路组成。快速路网是城市道路交通网络的骨架，是城市交通运输的“动脉”，是城市土地规划的框架，极大地影响城市空间规划的布局。作为城市机体的重要组成部分，城市快速路网的功能主要体现在以下几个方面。

1. 满足城市交通运输的需要

城市路网是城市各部分之间交通联系的通道，快速路是大分区、大组团间相互交通联系的主通道。快速路网主要考虑城市主要交通流向的分布情况，主要承担大运量、中长距离的到发及过境交通。基础路网主要承担中短距离的到发交通及服务性交通。快速路网要求“通”和“畅”，而基础路网要求“达”和“密”，快速路网和基础路网共同分担不同性质的交通，以实现交通的均衡分布。

快速路网是城市跨组团间中长距离机动化出行需求的主要载体，同时也是连接城市机场、高铁站等交通枢纽的主要通道，通常与城市外围高速公路或其他高等级公路系统直接相连，能使城市各主要节点快速通达，加强市内交通与对外交通的有效衔接。快速路网提高了城市的运转效率，扩大了城市的辐射吸引能力，提升了城市的区位优势。

2. 满足城市“用地骨架”布局的需要

城市各级道路一般是划分城市各分区、组团、各类城市用地的分界线。城市快速路主要承担大分区、大组团的分界线功能，小区及地块的用地分界功能由城市基础路网承担，快速路网的布局就构成了城市的“用地框架”。快速路网联系各功能组团或分区，将形成有力的支撑或推进城市空间结构的合理调整，疏解中心城区的人口，引导城市空间的合理拓展。

3. 满足城市环境布局的需要

城市路网的布局必须与城市景观相协调，与城市绿地系统和主体建筑相配合，形成城市的“景观骨架”。由于快速路一般断面较宽，有利于绿化景观的布置，同时快速路也是对外联系的主要通道，是城市的对外窗口，景观要求也比一般道路要强，因此，快速路是承载城市“景观骨架”的主要载体。另外，城市路网的布局应尽可能使建筑用地取得良好的朝向，快速路网的布局应尽量避免对地块的切割和阻断，满足一些重要的地标性建筑对朝向的要求。

4. 满足各种市政管线网络布置的需要

城市快速路的用地红线宽，基本都设置具有强大集散功能的辅路系统。城市公共事业和市政工程管线，如给水管、雨水管、污水管、电力电缆、照明电缆、通信电缆、供热管道、煤气管道及地上架空线杆等一般沿辅路敷设，因此快速路网应满足市政管线网络布置的要求。

5. 承载“公交优先”的载体的需要

“公交优先”正成为解决城市交通拥堵的重要手段，“公交优先”主要表现在运行速度快、覆盖面广、通行容量大和乘坐环境舒适四个方面。快速路的主线具有承载大容量、快速、覆盖面广的交通特点，辅路具有强大集散功能。快速路网作为城市综合交通体系的重要组成部分，对于提高公交的服务能力和分担率都起着至关重要的作用。目前，快速路网作为快速公交的主要载体在成都、乌鲁木齐等城市已经取得了很好的工程示范，在今后的快速路网规划中应进一步推广和应用，为城市的公交系统提供更好的服务。

综上所述，作为城市路网骨架的城市快速路网，承担的是城市中长距离的到发或过境交通，有利于快速疏散城市内密集地区的交通，完善市内交通与市外交通的有序衔接，扩大城市辐射和吸引力，使城市各部分和城市中心建立起快速、直接的交通联系。另外，城市快速路网作为未来城市快速交通发展取向的主体和城市路网主骨架，在相当程度上引导着城市空间结构的合理调整，并以快速、大容量的交通功能满足城市经济持续发展。

1.2.3 快速路建设的必要性

城市快速路建设规模大、投资高，其规划建设将对城市用地布局产生深远影响，同时因其具有连续运行的特点，可以显著提高行车速度、缩短较远距离的行车时间、减少机动车与非机动车的混行机会、降低道路拥挤概率、促进汽车保持经济环保车速等，对提高整个城市的交通安全和运输效率有极大作用。现代化的大都市一般都少不了大规模的城市快速路，它对接驳出境公路、联系卫星城镇、直通机场港口等都有不可或缺的作用。因此，快速路的建设对于城市的发展是十分必要的，主要体现在以下几个方面。

1. 快速路系统运输效益巨大，成为缓解城市交通拥堵的重要措施

快速路将长短距离、快慢速度交通分离出来，提高地面交通效率，降低出行时耗，整体上提高城市交通可达性。客观上形成快速、大容量的交通走廊，满足城市内部中长距离机动车交通、对外交通之需求。分离过境交通，避免过境交通对城市的干扰，避免市内大量交通穿越市中，具有“保护壳”作用。以上海市为例，经过 30 多年的建设，上海已形成了“三环、十字、多联”的快速路网结构(图 1-3)，规划总里程近 400 km，快速路网密度达 0.60 km/km^2，大大增加了路网的交通容量，上海中心城(不含外环)8%的快速道路比例承担 38%的交通量，为缓解上海城市交通拥堵发挥了积极的作用(图 1-4)。伦敦以 12%的干道里程服务了 61%的交通量，东京快速路仅占路网里程的 1.66%却承担约 10%的交通量，北京以 9%的道路里程比承担了约 35%的交通量。

图 1-3 上海市快速路网图

图 1-4 上海市快速路交通状况

2. 快速路系统联系各功能组团或分区，拓展城市空间规模，优化城市空间结构布局

快速路的建设将城市的各个组团紧密地联系起来，大大缩小了组团间的时空距离，带动快速路周围区域的开发，提升沿线土地价值，可以有效地支撑城市空间规模的合理扩展。尤其对于规模庞大的特大城市来说，在城市的拓展过程中，随着城市功能将逐步由内向内外疏散，交通出行空间不断扩大。因此，这就需要通过快速路的建设来加强老建成区(中心区)与新建成区(外围区)的交通联系，适应长距离出行增长的需求。另外，快速路的建设可以疏解

中心城区的人口和产业，促进城市空间结构的合理调整。以嘉兴市为例，通过规划构建“一环七射”的快速路网，快速环线有效地分流城市大量的过境交通，拉近中心城区各部分到环线的距离，不仅满足了城市空间拓展的需求，还优化了城市空间布局(图 1-5)，增强了中心城区的经济活力。

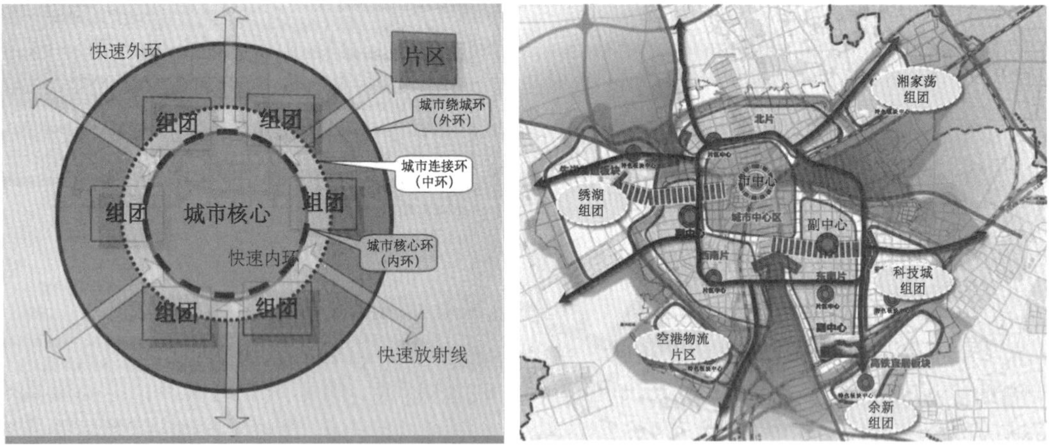

图 1-5　嘉兴市快速路网规划图

3. 快速路系统完善市内交通与对外交通的有序衔接，扩大城市的辐射吸引力

快速路系统的射线道路不仅可以有效联系沿线各个组团，还可以实现城市快速系统与外围高速公路的无缝衔接，增强城市的辐射力，提升城市区位优势。同样以嘉兴市为例，通过规划构建“一环七射”的快速路网，七条射线快速路直接与外围高速公路相连(图 1-6)，实现嘉兴市快速地融入长三角城市群，有效地践行了国家长三角一体化发展战略。

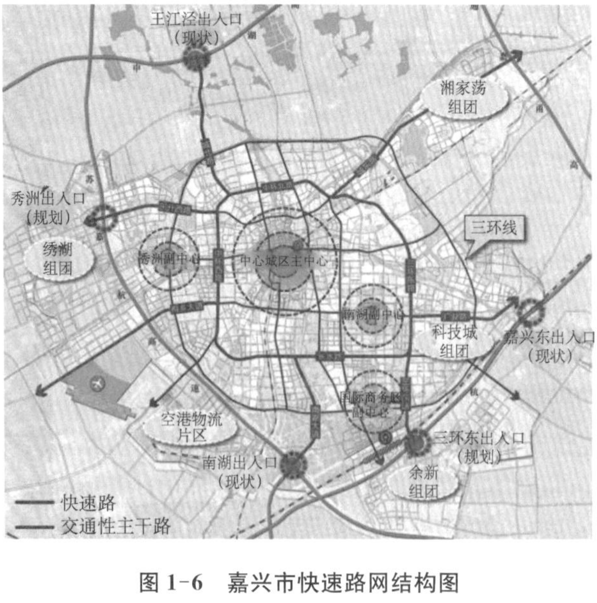

图 1-6　嘉兴市快速路网结构图

4. 快速路系统使城市各主要节点快速通达,提高城市的运转效率

快速路网的布局必须满足城市空间总体规划、土地利用规划和产业布局等的要求,快速路网力求密度恰当、结构合理、均衡布局,方便城市各个节点快速通达,提高居民的交通出行服务水平。快速路系统提供给车辆的是不受路口信号延误的连续交通服务,行程车速远远高于普通城市道路。以宁波市为例,绕城高速以内的中心城区通过规划构建"四横五纵"的快速路网(图1-7),总长约200 km,快速路网密度达0.4 km/km^2,中心城区实现10 min上快速路,中心城区任意主要节点间实现30 min可达的目标,高峰时段的快速路的行程速度是普通城市道路的2~3倍。

图1-7 宁波市快速路网图

1.3 本书研究重点

城市快速路系统复杂,对城市交通改善和城市空间布局影响大,建设技术难度高,在建设中面临许多新的技术难题。为适应新时期我国快速路建设发展需要,各地结合城市发展,围绕重大快速路项目,在规划、设计、施工及运营等不同方面开展广泛的研究及工程实践,并取得了一系列研究成果。

当前城市快速路工程领域的研究工作主要集中在以下几个方面:①快速路规划技术;②快速路设计关键技术;③快速路建造技术;④快速路智慧运营技术等。本书主要对城市快速路网规划技术以及快速路设计技术等较为关键和复杂的研究进行介绍。

1.3.1 快速路网规划研究

快速路网作为城市路网体系中最主要的组成部分,对于城市框架建立、城市形态的科学布局、城市间便捷联系以及城市交通合理、高效的运行均具有极其重要的作用。快速路网规划研究主要是从城市空间布局的角度出发,基于综合交通体系规划,对城市快速路网的空间

形态结构、快速路网规模、路网规划评价方法、建设时机时序等方面进行深入研究，具体体现在以下几个方面。

（1）城市快速路网构成的路网规模研究：分别详细论述用密度法、类比法、供需平衡法及节点重要度法来确定快速路网的规模，对每种方法的特点及适用情况进行了总结。

（2）城市快速路网形态及评价：对使用范围最广的环射状及方格网状快速路网的特点及适用性进行了论述，提出从线网布局、衔接布局、社会经济影响等三大方面11个指标来对快速路网的形态适应性进行评价。

（3）快速路网规划评价体系与方法：针对城市快速路网特点，从技术、经济、社会、环境四大方面提出评价指标体系及评价方法。

（4）快速路建设时机决策模型及准则：提出城市快速路建设时机包括首条快速路建设启动时机和快速路网建设时序安排两方面；提出基于经济总量、人口规模、城市面积、机动车保有量等指标的启动时机因素模型和相应决策准则；建立了基于土地开发（更新）、功能影响、交通需求、工程实施条件、建设资金等指标的快速路网建设时序迫切度模型，并提出相应决策准则。

1.3.2 快速路设计研究

快速路的设计工作遵循从总体到局部、从控制到细部、从主体到附属的设计流程，大体包含了总体设计、出入口及立体交叉设计、高架快速路设计、地下快速路设计、交通设施设计、景观与环境设计、BIM正向设计等几大部分，具体如下。

（1）总体设计：对设计标准、建设形式、规模论证、总体布置、交通组织等部分进行了研究，其中重点梳理了通行能力计算的方法和相关参数取用，并对快速路选线、横断面布置、路线交叉布置、与其他道路间衔接等进行了研究。

（2）快速路的出入口及立体交叉设计：对出入口的布置原则、布置形式等主要指标进行了探讨；对变速车道、辅助车道、集散车道的设置指标进行了梳理，并以实际案例具体说明；对主要立交形式进行了详细梳理，并分析各立交形式适用性。

（3）高架快速路设计：对高架快速路的横断面布置进行了深入探讨，并对各类桥梁结构形式的优缺点、经济性、适用性进行了深入分析，对高架桥梁的结构设计和抗震设计进行了深入剖析。

（4）地下快速路设计：对地下快速路的横断面布置、停车视距检查进行了深入探讨，并对地下快速路的结构设计、基坑支护、暗挖工艺、防水、耐久性等设计要点进行了详细阐述。

（5）交通设施设计：对交通监控设施、交通标志标线和交通防护设施三大类主要设施的设计理念与设计要点进行了详细阐述。

（6）景观与环境设计：对快速路景观设计分类、设计要点、总体布置等进行了分析，并对快速路防护绿地的规划设计进行了阐述。

（7）BIM正向设计：提出了BIM正向设计标准体系，深入研究了BIM正向设计关键技术，研发了BIM正向设计平台。

第 2 章　国内外城市快速路的建设与发展

2.1 国外城市快速路发展历程

2.1.1 快速路的产生

1. 城市人口的集聚

18 世纪 60 年代，欧洲工业革命的兴起使大量劳动力向城市集聚，城市规模不断扩大。由于缺少快速交通系统，大量工人不得不居住在工厂附近，城市中心区人口密度不断提高。老城原有住宅被地产投机商改造为“兵营式”住宅，空间狭小、拥挤不堪并且缺乏必要的市政基础设施。帕特里克·格迪斯形容其为“贫民窟、次贫民窟、超级贫民窟”。在这种情况下，唯有通过快速交通体系将庞大的人口疏散到城市郊区，才可能解决工业革命后由于人口不断向大城市集聚而诱发的各类社会问题。柯布西埃在《城市规划》一书中指出：“拥有速度的城市将赢得成功。”大力发展城市快速路在当时的条件下是唯一行之有效的方法。因此，大城市对交通速度的现实诉求成为催生快速路系统的强大动力和必然逻辑。

2. 交通方式的变革

工业革命在带来城市问题的同时也孕育了解决城市问题的方案：采煤、冶金、动力等经济部门的发展引发运输系统的根本性变革；蒸汽、电力、燃油等新能源形式相继出现，逐步代替传统的人力、畜力；新的交通方式如轮船、火车、有轨电车、汽车等先后问世；亨利·福特对汽车工业生产流程进行流水线改造，把标准化、规模化的生产管理引入工业生产，降低了制造成本，使汽车进入大众生活，并深刻地影响城市道路系统的发展与演进，为快速路系统的产生提供了现实可能性。

3. 快速路的出现

1882 年，西班牙工程师阿尔图罗·索里亚·伊·马塔在《进步》杂志上提出“带形城市理论”，成为最早提出“城市快速路”理念的学者。他认为，在新运输形式的影响下，从核心向外围圈层式拓展的传统城市形态已经过时。新的技术条件下，城市用地可以沿着一条轴线呈线性(或带状)扩展，城市的长度可以是无限的，但宽度应该有所限制。这条城市发展轴线是一条城市主要道路，上面布置有一条或多条电气化铁路作为高速度、大运量的城市主要运输线，下面敷设给水、排水、供电等各种地下管线工程。带状城市既有利于组织高效的交通体系，又能接近自然生态环境，还能让居民享受现代文明设施的便利和舒适。

1922 年，法国建筑师勒·柯布西埃提出“容纳 300 万人口”的城市规划方案，这个方案主张利用先进的科学技术特别是交通和建造技术支撑城市人口的大规模集聚，同时，应根据速度分类设计城市道路以适应各种交通需要，并提出快速路的概念。1925年，柯布西埃在巴黎世博会上展示的巴黎市中心改造方案中提出构建由轨道交通和快速路组成的新型城市骨干交通系统，其中，快速路应该是人车完全分离的并且是高架的。随后，在《明日之城市》和《光辉城市》两本书中，柯布西埃进一步系统化地阐述了上述规划理念和交通思想。柯布西埃还主张城市中心区应向高空发展，城市中心是铁路、航空和汽车交通的汇集点，联系不同组团的是现代化的快速交通网络，汽车、火车等各种交通工具在高架、地下等不同的平面上行驶，交叉口采用立体交叉，避免相互干扰，以获得较高运输效率。柯布西埃提出的这种立体式的快速路系统对第一次世界大战后欧洲及其他地区的城市建设产生了深远影响。

20世纪20年代以后，随着城市的不断扩张，城市由中心逐渐扩张，同时机动化发展席卷西方国家，汽车的人均保有量快速增加，城市中心交通压力不断增加。美国等先进发达国家率先开始了城市快速路建设。20世纪30年代以后，城市快速路概念逐渐成熟，快速路指在城市内修建的由主线、辅路、匝道等组成的供机动车快速通行的道路系统。纽约市1921年通车的布朗克斯滨河花园公路和1931年规划的“立体交叉花园公路”都是城市快速路的雏形，快速路使纽约城市有效活动半径扩大了2～3倍，市民的居住和经济活动逐渐分散，城市中心的交通压力得到有效缓解。至20世纪60年代，美国、日本等国家的主要城市已经有了较成熟的快速路系统。

2.1.2 美国纽约快速路

美国是世界上最早修建城市快速路的国家，并且也是城市快速路最多的国家。1921年，纽约建成的布朗克斯滨河花园公路是第一条“限制出入口的公路”。1931年，纽约提出的“立体交叉花园公路”成为现代快速路的雏形。1938年1月，南加利福尼亚汽车俱乐部提出通过高架路和苜蓿叶式立交来解决小汽车穿越市中心问题，并提议洛杉矶建设规模达675 km的快速路系统。1941年，洛杉矶建成世界上第一条真正意义上的快速路。到20世纪70年代，洛杉矶中心城市已经建立起全长225 km的城市快速路系统。1963年，纽约已拥有1 770 km的快速路，是美国快速路网规模最大的城市。20世纪60年代后期开始，纽约又提出在中心城区建设122 km的快速路，在郊区兴建1 000 km的快速路。

美国路网的形态建设与政府层面的总体规划密切相关。在机动化的浪潮下，小汽车成为美国决策者与大众最喜爱的交通工具，政府对于小汽车的重视程度远超过公共交通建设，故在一系列政策和资金支持下，各地纷纷建立了以高速公路为骨干的公路网体系和以快速路为骨干的城市道路网体系，城市空间结构由聚集走向分散，形成了低密度、郊区化的城市形态，而城市道路网络标准高、密度大、便捷度高，导致公共交通服务网络相对滞后，形成典型的“小汽车模式”。例如，美国东北部大西洋沿岸城市群高速公路密布，城市群内几乎所有的城市都能通过高速公路到达，主要城市间的客货运输近90%都是通过公路进行。

目前，美国高速公路和快速路建设最有代表性的城市是纽约。纽约市是美国为数不多的高速公路不进市区的城市，其高速公路形式与上海市类似，高速公路一般是从市区周边的收费站起始，市区内连接城市高架快速路。故城市内没有庞杂的地面快速路，曼哈顿全岛都没有被州际的高速公路侵入，只在岛外围修有一条环岛的快速路。纽约都市圈的空间发展是放射状高速公路主导而成的，以纽约市为中心形成了由州际公路、美国国道和州级公路三级系统构成的辐射状湾区公路网(图 2-1),公路网总长 20 699 km,其中州际公路、国道长 8 836 km,州级公路长 11 862 km,整个纽约都市区日均出行人次 2 610 万,其中小汽车出行达到 70%。

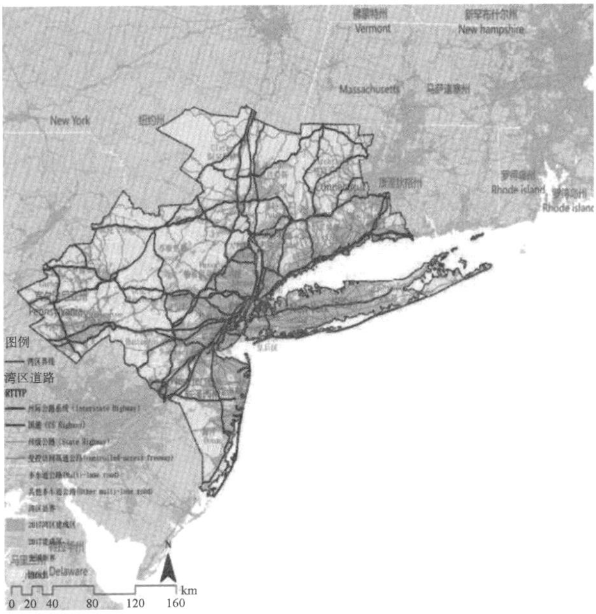

图 2-1　纽约大都会地区道路网

2.1.3　法国巴黎快速路

巴黎市早期的规划比较注重城市中心的重要性,1965 年之前的城市规划一直突出强调建设以巴黎圣母院为中心的小半径城市,直到第四次城市规划才主张突破现有建成区用地范围的限制,主张开发新城作为中间层次的地区城市中心,容纳新人口的就业及新的建设项目。

巴黎市强中心、有序拓展的城市用地布局、发达的城市道路网络和发达的公共交通服务网络促成了典型的"小汽车+公共交通并重"的交通模式。2008 年,巴黎市启动了大巴黎建设计划。大巴黎地区道路骨架网络由 3 层环线及 7 道主要射线组成,7 道射线是大巴黎地区与外省联系的主要交通通道(图 2-2)。大区内共有 605 km 高速公路,高速网络密度为 55 m/km^2;小环以内的高速公路为 145 km,高速网络密度为 190 m/km^2。3 道环线中的 2 道还尚未形成完整的环线:围绕小巴黎的环线高速全长 33 km,距市中心约 6 km,为闭合环线;A86 高速环线距市中心约 10 km,相当于国内城市的外环线;距离市中心 25 km 的法国岛环线主要联系了 5 个新城和戴高乐机场,环线弥补了轨交网络横向联系不足的问题。高速路及快速路为双向 6 车道或双向 8 车道,郊区为地面道路,A86 在节点"Rueil Malaison"和"Pont Colbert"以东的路段为地面道路,西线为新修建的盾构双层隧道段,靠近小巴黎的部分路段为地下通道。由于巴黎的历史建筑和森林较多,地下道路成功协调了交通与环境之间的矛盾,也是巴黎开拓利用城市地下空间的一个范例。另外,巴黎的地铁网络也很发达,巴黎一共有 16 条地铁，地铁 1 到 14 号线以及 3b 线和 7b 线，在巴黎市区有上百个车站。目前，巴黎执行了 1976 年的大区规划，发展成多中心城市结构，在距巴黎 25～30 km 的一圈上建 5 座新城，利用快速射线成功地进行了就业和服务行业的疏散，缓减了市中心的交通环境压力。

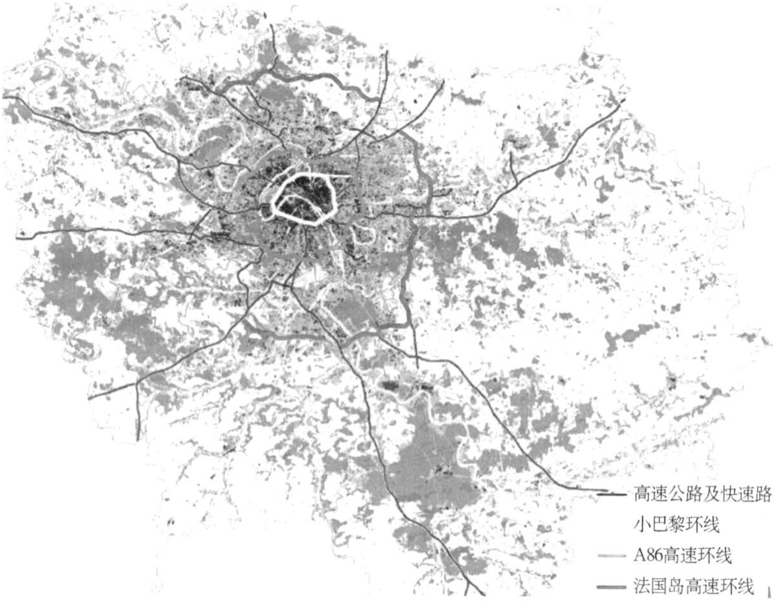

图 2-2　大巴黎地区道路网

2.1.4　日本东京快速路

东京位于太平洋西岸，日本关东地区，是日本政治、经济和文化活动中心，也是国际金融中心和世界级大都市之一。东京都市圈根据行政区域和交通影响范围分为四部分，即东京区部、东京都、东京交通圈和东京首都圈。东京区部由 23 个区组成，是东京传统历史文化中心地区，是东京大都市圈的中心城市。东京区部以东京站为中心，半径约 15 km，面积 612 km^2，常住人口约 950 万，但白天人口(含流动人口)则高达 1 300 万，每天有 400 多万人进入东京区部。

日本的发展受到土地资源的限制，政府较早地重视运用全国性或区域性政策进行国土开发和整治。日本政府在 1963 年就提出了构建东京都市圈“三环九射”的高速道路网结构，1997 年，日本政府结合当时东京经济复苏情况，制定并推行《第五次首都圈基本计划》，即诱导和促进周边核心城市业务功能发展，培养出具有一定独立性的地方中心城市，形成多极多圈域的都市圈结构体系，减轻外围地区对东京区部的依赖，改变现有的就业和通勤形态，从根本上缓解现有交通矛盾。目前，环线＋9 条放射线高速道路已经基本建成，东京的快速路网与发达的“环＋放射”轨道交通网一起，构成了东京的以公共交通为主导的交通模式，其中大运量的轨道交通分担了 30％的出行交通量，私家车出行比例仅占 29％。这种以公共交通为主导的交通模式，与东京强中心、密集的城市用地布局、高度发达的公共交通服务网络、通达的城市道路网络密切相关。东京先期的快速射线的大力建设及公共交通的大力发展，成功地疏解了市中心的人口，形成了东京都市带。

东京新的道路系统规划以环路建设为中心，在中心城区形成 8 条环路，长约 144 km（图 2-3）。另外，在中心城以外，东京还建设 2 条高速环路。在环路的基础上，建设了 180 km 的放射性快速路，并与高速公路相互衔接。由于交通总量得到了一定控制，现状东京中心城区道路网络平均车速白天时段基本维持在 18～19 km/h，基本能保持正常运行。但即使在这种情况下，中心城区主要环路和放射状道路由于压力高度集中，车速相对较低，为 10～15 km/h，快速特征并不显著。

图 2-3　东京道路路网

2.1.5　俄罗斯莫斯科快速路

莫斯科是世界上最大的城市之一，以高速环路为界，总面积 900 km^2，常住人口 1 100 万，连同流动人口约 1 400 万。莫斯科城市交通系统以环射状快速交通走廊而闻名（图 2-4）。现状有 3 条快速环路：二环（又称为花园环道）长约 15 km，包含面积约 20 km^2；三环（新建环路）长约 35 km，包含面积 110 km^2；高速环长约 110 km，包含面积 900 km^2。根据规划，在三环和高速环内还将新建四环。

已建成的 3 条快速环路均为地面快速路形式。二环断面形式为双向 4～8 车道，中央分隔，车辆不能穿越，沿线主要交叉口主线上跨或下穿，地面平交；三环为双向 6～8 车道，中央

图 2-4　莫斯科道路路网

分隔，沿线主要路口设有立交；高速环双向 8～10 车道，全封闭，沿线主要路口均设有全立交或半互通立交，与放射性干道联系紧密。二环—高速环间共有约 15 条高等级的放射性干道，连接市区和近郊区（高速环路外）。各条快速路沿线路口主线上跨以保持连续交通。放射性快速路并不直接穿越市中心，在花园环道边缘或核心环周围（半环＋河流）便逐渐断头。这种相互错位连接的做法，避免了大量过境交通穿越市区。

尽管莫斯科的快速路网系统规划中已考虑通过错位连接减少过境交通穿越，但由于放射性快速路均延伸进入中心区（方框为中心区），同时 2 条已建成环路的截流能力远远不足，造成大量外围地区车辆直接进入中心区，拥挤严重。据调查，放射性快速路在外围地区的车速可以达到 50～80 km/h，进入三环以内地区后，车速急剧下降，低于 5～10 km/h，交通拥堵严重。

由于莫斯科的放射性快速路系统发达，早晚高峰期间，放射性快速路的潮汐交通特征明显。以和平大街为例，入城方向的高峰小时流量达 5 200 辆/小时，是出城方向 1.5 倍，平均每车道流量 1 300 辆。潮汐现象既加剧了道路交通压力，也一定程度上造成交通资源的浪费。

2.1.6　国外城市快速路规划建设的启示

总结国外城市快速路，其主要形式为“环线＋放射线”。快速路体系由环形、放射形、径向形道路组成，环形快速路以分流穿越交通为主，放射形快速路主要是市郊快速联系，径向形快速路主要服务沿线长途到发性交通。根据国外的快速路发展历程，可以得出以下启示：

(1) 城市快速路的规划建设是随着城市人口不断积聚，城市规模不断扩张，经济飞速的发展，机动化出行需求不断增加而产生和发展的。

(2) 城市快速路在城市交通中承担着重要的交通出行功能。无论是单中心城市，还是由单中心发展起来的“一主多辅”的组团型城市，由于城市人口密度高、地域范围广，“环线＋放射线”的快速路网依然是主流的快速路网形态。环线快速路（高速路）很大程度上可以起到保护中心区交通、加强内外交通联系的作用；外围高速公路通过射状快速路（或高速公路）实现了与中心城区的快速路无缝衔接，同时也容易吸引大量的向心交通快速涌向中心区，加剧中心区交通集散压力。

(3) 国外部分人口密度大的城市，如东京、巴黎，非常注重轨道交通的建设，形成了“快速（高速）道路＋轨道交通”并重的模式。

(4) 城市外围的快速路建设形式以地面形式为主，中心城区的快速路以高架道路和地下道路为主，并且随着人们对环境的要求愈来愈高，地下快速路成为未来发展趋势。部分早期建设的地面快速路由于对路网和城市的分割,存在立体化改造的需求。

2.2 国内城市快速路发展历程

我国的快速路建设的起步较晚,早期关于快速路的研究大多是参考国外高速路指标,比如美国的《道路通行能力手册》。1990 年、1995 年建设部颁布的《城市道路设计规范》(CJJ 37—90)、《城市道路交通规划设计规范》(GB 50220—95)中分别从设计层面和规划层面,按照道路在道路路网中的地位、交通功能以及对沿线建筑物的服务功能等,将城市道路分为快速路、主干路、次干路和支路四大类,并对快速路网规划的密度指标、线形设计、总体布局等进行了规定。1998 年建设部发布的《城市规划基本术语标准》(GB/T 50280—98)对快速路进行了详细定义:城市道路中设有中央分隔带,具有四条以上机动车道,全部或部分采用立体交叉与控制出入,供汽车以较高速度行驶的道路,又称汽车专用道。设计规范中指出,对于人口在 200 万以上的大城市,或长度超过 30 km 的带形城市,应设快速道路。2009 年住建部颁布的《城市快速路设计规程》(CJJ 129—2009)对快速路设计中的横断面布置、线形设计、出入口设计、高架快速路、交通安全与管理设施、景观与环境等方面作了详细规定。至此,我国的快速路设计进入相对规范发展阶段。

我国的快速路规划建设是从一线城市率先开始的,1987 年广州市人民路高架快速路的建成通车,1992 年北京市二环快速路的贯通,1994 年上海市内环线浦西段建成,标志着我国城市快速路建设拉开序幕(图 2-5)。

a) 广州　　b) 北京　　c) 上海

图 2-5　中国城市快速路起步阶段

2.2.1 上海市快速路

1985 年 1 月,上海市规划局在上报上海市人民政府的《上海市区近期道路改建规划》中首次提出:“在中山环路上建造高架道路”“逐步将沪闵路、中山环路、逸仙路一线改建为城市快速干道”。1994 年内环线快速路(浦西段)建成通车,2009 年 47.7 km 全线贯通。1999 年,相继建成南北高架、延安路高架、逸仙路高架、沪闵路高架。1998 年外环线西南段(沪嘉高速公路—浦东杨高南路)约 35.5 km 建成,2003 年外环线 99 km 全线建成。

2005 年中环线浦西段主线(军工路立交—虹梅路立交)约 38 km 建成通车,2015 年 71 km 中环线全线贯通。1999 年后又陆续建成了共和新路高架、华夏高架路、嘉闵高架路、北翟高架路、虹翟—扬虹—崧泽高架路、渝虹高架路—建虹高架路、申江路高架专用道,改建沪嘉快速路。

上海的快速路网系统历经 30 多年建设,已经形成包括内环、中环和外环在内的"三环十连"快速路网格局,目前在浦东地区研究考虑规划新的快速路,以弥补浦东新区快速路网密度不足的问题。截至 2019 年,上海快速路建设总里程 326 km,规划快速路实施率 81.5%,其中高架 214 km(66%)、地面 91 km(28%)、地道 21 km(6%)(图 2-6)。上海的快速路系统主要以高架道路为主,早期建设的快速路基本上为高架;外环线在中心城区的外围,以地面道路为主;中心城区少数环境敏感区域,采用地下道路形式。由于在中心城区的快速路大多采用高架形式,对城市景观带来一些不利影响,交通噪声污染也比较严重。

图 2-6　上海市城市快速路现状图(2019 年)

2.2.2　北京市快速路

1992 年北京城市规划方案在城市布局上提出了实现两大战略转移的方针,即把城市建设的重点逐步从市区向广大郊区转移,市区建设从外延扩展向调整改造转移。为落实上述规划要求,并综合以下因素,该版城市规划明确提出了快速路系统方案:一是为促进道路交通与城市结构形态及土地使用规划相协调,强化中心城区与机场、城市重点发展区域、重要卫星城、重要风景游览区的快速联系;二是针对日益增加的交通需求,缓解交通拥堵,降低穿越老城的交通量；三是基于全市机动车保有量已达到 38.4 万辆、比 1980 年增长 2.88 倍、平均每年递增约 14.5%的机动化发展态势，根据国际经验，该发展阶段处于机动化飞速发展的初期阶段，借鉴国外同类地区快速路规划建设经验，前瞻预留快速路网体系；四是与过境交通的主流向一致，并处理好与郊区高速公路系统的衔接关系。综上，北京快速路系统采用了“环路＋放射路”的格局，形成“四环八放射”的方案(图 2-7)，主要放射干线在公路一环(五环)以内的市区段为城市快速路，以外为高速公路，规定快速路红线不小于 80 m。

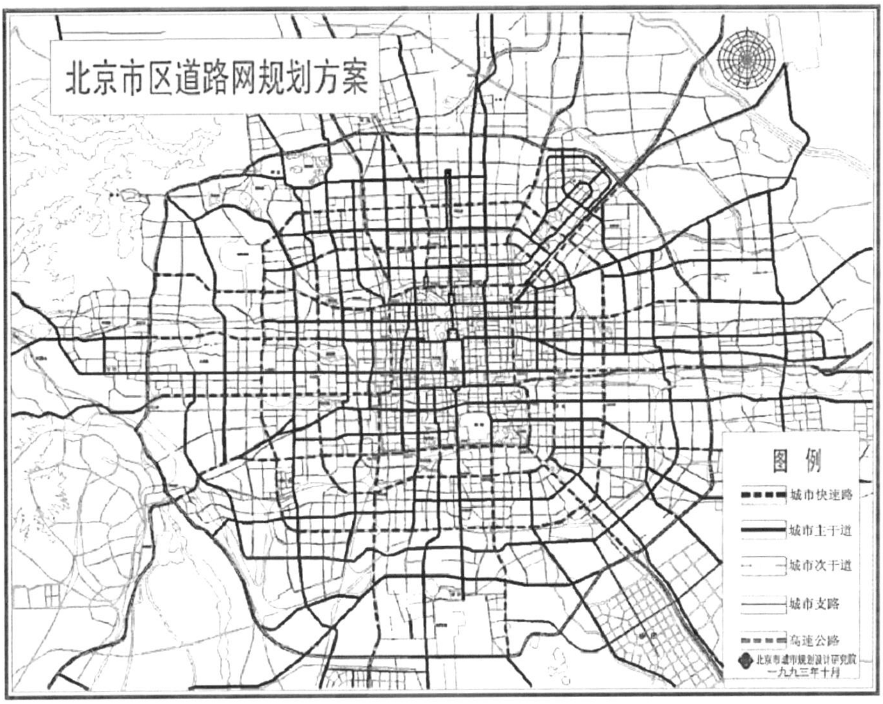

图 2-7　北京市城市道路规划图(1992 年)

1998 年，北京市规划部门开展了“北京市道路系统功能调整及加密方案”研究，针对快速路建设存在的环路快速路配套设施不完善、出入口间距不合理、环路之间缺少快速联络线、部分边缘集团与市区中心区道路交通联系薄弱的现状问题，从优化和增加对外快速放射路、增加快速路间快速联络线、优化环路与快速放射路和快速联络线的节点布局等方面对北京市快速路系统进行了优化，由 1992 年道路规划方案的“三环八放射”快速路方案调整为“三环路、十条放射线和五条快速联络线”的系统方案。快速路规划总里程达到 275 km，比 1992 年总体规划快速路网方案的 208 km 增加了 67 km，快速路相交路口平均间距由 6.25 km 缩短至 4.76 km。

新时期，为落实“四个中心”的功能定位与和谐宜居之都建设的发展目标，适应非首都功能疏解、完善分散集团式布局的需求，北京市在 2004 版总体规划提出的“环＋放射”快速路网基础上增加了若干放射线，并对部分放射线、联络线与环路，以及联络线与外部道路的衔接关系进行了优化；此外，规划范围由中心城 1 085 km^2 拓展到城六区 1 378 km^2，快速

图 2-8　北京市城市道路规划图(2016—2035 年)

路总里程达到 654 km(图 2-8)。

北京快速路系统支撑了分散集团式的城市空间布局,大大降低了过境交通对老城地区的冲击。放射线途经边缘集团与外部高速公路相连,串联中心城区、边缘集团、新城以及沿线区域,形成市域范围的高、快速路走廊。边缘集团与同侧的二环路的距离约 10～15 km,每个边缘集团至少有 1 条快速路与五环路衔接。快速路途经边缘集团后与外围高速公路衔接,实现与新城的快速联结。城市快速路网络有力支撑了各新城、边缘集团与中心城区及各重点功能区的快速的、大量的交通联系。

北京的快速路环线大部分采用地面快速路形式,主线采用双向 6～8 车道,主要节点采用分离形式(立交、跨线)保证快速路主线方向的交通连续。由于快速路主要采用地面道路,尽管能降低造价,对沿线城市景观影响较小,但也带来不少问题:

(1) 沿线两侧地块沟通困难,高峰时期贯通性道路节点拥堵严重。

(2) 辅路一般为双向 4 车道,通行能力受限,主线集散效率较低,经常导致主线“回堵”。

(3) 对横向道路交通形成阻隔,区域交通绕行距离较长,区域交通出行不方便。

2.2.3　广州市快速路

1987 年,广州市人民路高架建成,全长 3.7 km,是国内第一条城市高架快速路。此后的 30 余年,广州市陆续建成了内环高架路(26.7 km,双向 6 车道)、东濠涌双层高架路(3.6 km,双向 4 车道)、东风东路—黄埔大道快速路(7 km,双向 8 车道)、新滘路(10 km,双向 8 车道)、科韵路(11 km,双向 6～8 车道)、天河东路—猎德大道—江海大道(8 km,双向 6～8 车道)、华南快速干线(51 km,双向 6～8 车道,收费高速公路)、广园快速路(47 km,双向 6 车道)、南沙港快速路(73 km,双向 6～8 车道)、新光快速路(26 km,双向 6～8 车道)等。

20 世纪 90 年代以前,广州市道路建设以主干路为主,市区通行不畅,提出主干道节点改造解决交通拥堵,如大北立交、区庄立交等。90 年代初,随着社会经济的发展,城市主要干道不能满足交通发展的需要,开始了市区主干道连续性交通改造,通过新建节点立交、取消交叉口,形成连续交通,主要是环市路及东风路;同时为解决南北方向主干路不畅,开始建设汽车专用高架道路,如人民路高架桥、东濠涌高架桥。90 年代中期,市中心区拥堵现象严重,中心区道路平均车速仅有 16.3 km/h,为解决交通拥堵,广州市开始内环路工程规划和建设,采取“主线高架＋地面辅路”的环路形式,实现市区内的快速交通。90 年代末至

2003 年，为解决市区与郊区的交通联系，开始快速路通道的建设，如华南快速路、广园快速路。2000 年至 2006 年，广州市机动车保有量从三十几万辆到突破百万辆，城市交通压力逐渐加大，又建设了新光快速路、南沙港快速路、快捷路系统等。随着广州市机动车突破 200 万辆，城市内部交通压力加大，且主骨架路网已经形成，为了提高城市交通通行效率，对原有的主干道(含市政范围Ⅰ级公路)进行快速化改造，主要有黄埔大道、新广从路(G105)、广汕路(G324)等。2012 年后，主要是强化和完善中心城区和外围副中心及周边城市联系的放射状快速路的建设，如新化快速路、花都大道快速化改造、芳村大道南快捷化改造、广从快速化改造(建设中)、东晓南路—广州南站快速化(规划中)等。

广州市的快速路网布局为“一环一半环及十六射”形式(图 2-9)，内环路沟通中心区几大组团，截流穿越性交通，全长为 26.7 km。半环联系城市主要发展方向的外围几大组团，全长 50.2 km。16 条放射线中 7 条为主要沿城市内环路东北方向，其余则同环城高速与绕城高速发展环轴的分布联系，市区快速路密度为 0.43 km/ km^2。广州市快速路系统包括高速公路、快速路及快捷路三种。除内环路外，外围的环路(环城高速与绕城高速)均采用高速公路，部分放射线也采用高速公路的收费管理模式，最有特色的是建设了一部分设计速度 50～60 km/h、主线连续交通流、不严格控制出入、不设置辅路的快捷路，如黄埔大道、东风路等，虽然建设投入不大，但是对改善交通出行发挥了较大作用。

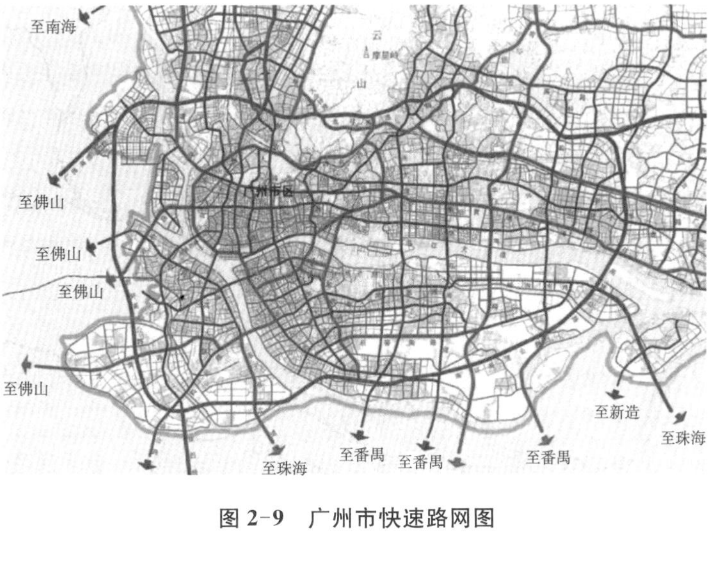

图 2-9　广州市快速路网图

2.2.4　国内其他城市快速路

国内的快速路建设发展可以分为五个梯队。第一梯队：北京、上海、广州等一线城市，其快速路建设开展比较早，快速路规划的实施率也最高，快速路建成里程都超过 250 km。第二梯队：深圳、天津、重庆等，快速路建设紧随其后，建成的快速路都超过 150 km。第三梯队：国内的大部分省会城市和东部发达地区的大城市，如杭州、武汉、成都、南京、西安、乌鲁木齐、昆明、郑州、石家庄、合肥、苏州、宁波、厦门、无锡、大连、济南、青岛、常州、佛山等，建成的快速路在 100 km 左右。第四梯队：部分中西部省会城市及东部发达地区的三线城市，如贵阳、太原、长沙、兰州、南通、昆山、临沂、常熟等，建成的快速路在 50 km 以下。第五梯队：最近五年开始规划建设快速路的城市，如海口、呼和浩特、嘉兴、绍兴、台州、金华、义乌、株洲、赣州等。

2.2.5 国内城市快速路规划建设的启示

分析国内城市快速路网形态，主要形式为“环线＋放射线”，部分城市采用“方格网状”。建设形式以“高架快速路＋地面辅路”为主的代表是上海，以“地面快速为主，重要路口采用互通立交，其他主要路口采用主线高架上跨或下穿地道”为主的代表是北京，以“地面快速路＋高架快速路＋地下快速路”相结合的代表是南京和无锡。总结国内的快速路发展历程，可以得出以下启示：

(1) 城市快速路是城市经济发展、城市规模扩大、城市交通出行增加的必然选择。

(2) 对一个城市而言，快速路网的规划和建设会经历数十年的发展，规划总体上要有前瞻性，实施上要有动态调整的灵活性，尽可能避免废弃工程的出现。

(3) 要协调好城市空间规划、产业规划、土地利用规划、综合交通规划、城市路网规划、公路规划和快速路规划和建设的关系，力求整体最优。

(4) 对于单中心大城市以及由单中心发展起来的“一主多辅”的组团型大城市，“环线＋放射线”的快速路网依然是首要选择。对于规模大的城市，需要构建的环线层数更多，外围环线还需要构建高速公路环线。“方格网状”适合区域经济发展和人口分布均衡的组团型城市。

(5) “高架快速路＋地面辅路”的建设形式对于均衡路网流量，更好地服务城市交通有着重要的现实意义，但必须解决好高架桥梁对城市景观和噪声污染方面的不利影响。“地面快速路”尽管造价低、交通功能较好，但对城市路网的分隔和城市空间的分割必须高度重视。在环境敏感的中心城区适度建设一定比例的“地下快速路”也是未来需要考虑的问题。

(6) 国内快速路设计中存在一些不足，导致快速路运营过程中经常出现局部交通的拥堵点。主要表现在以下五个方面：

① 沿线布设的进出快速路主线的入口和出口间距过短，导致高峰时段在快速路主线上交通交织比较严重，带来快速路主线的交通拥堵。

② 快速路出口匝道距离地面交叉口距离过近，一方面无法完成车道变换，另一方面地面交叉口在 1～2 个信号周期内无法消散出口匝道的交通量，导致车辆排队到快速路主线上，带来快速路主线的交通拥堵。

③ 地面辅路车道规模过小，无法满足快速路出入口交通的集散需求，带来快速路主线的入口和出口的交通拥堵，以及辅路的交通拥堵。

④ 互通立交设计的缺陷，如快速路之间仅设置部分互通立交，导致快速路主线间的部分转向交通无法通过立交转换，只好绕行到地面辅路上，然后通过沿线平行匝道进入快速路，增加了地面辅路的交通拥堵；另如互通立交匝道通行能力不足，会导致互通立交节点出现交通拥堵，进而影响到快速路主线。

⑤ 快速路主线不同路段间车道规模不平衡，如快速路入口采用双车道、快速路主线没有匹配设置辅助车道，导致局部快速路主线的交通拥堵。

2.3 城市快速路的发展趋势

快速路在中国从诞生到现在仅有 30 多年的历史，目前拥有快速路的城市有几十座，以后随着城市经济的发展、城市群与城市圈的拓展、城市化进程不断向纵深方向推进，交通出行需求的持续增加、交通发展战略转型、信息技术的革新，城市快速路必将呈现多元化的发展趋势。

1. 城市快速路成为大城市交通基础设施的基本配置

伴随着汽车步入平常家庭，成为普通城市家庭的基本生活品，以及城市内部的更新和外围空间的拓展，城市快速路逐渐成为超过 100 万人口的大城市交通基础设施的基本配置。目前，90%以上的省会城市和副省级城市都修建了快速路，其中一线城市完成了 80%以上的规划快速路的实施；东部经济发达地区的地级市甚至大的县级市也陆续开展了快速路的建设，未来中西部的地级市也会逐渐启动快速路的规划建设。因此，我国各地大城市要根据社会经济发展、交通发展和人民的交通出行需求，适时安排快速路网的规划建设。

2. 复合交通廊道将成为集约用地背景条件下快速路建设的新选择

在人口超过 300 万的大城市、特大城市及超大城市中，以轨道交通为骨架、以公共交通为主体的公共交通优先发展战略逐渐成为社会各界共识。而这些大城市土地资源日趋紧张，为土地集约化利用，规划形成了“公共交通＋快速路”复合交通通道，它渐渐成为一个新的风向标。快速路由于规划控制相对较好，往往是主要的客流通道，因此快速路逐步成为城市轨道交通、区域快线、地面公共交通等公共交通的敷设廊道，快速路功能由单一机动车交通功能走向复合交通廊道功能，使用上由粗放型走向集约化利用。上海市的共和新路就是“轨道交通＋城市快速路＋城市主干道”共同敷设的首条交通廊道。此外，还有宁波市的北环快速路(图 2-10)、宁波市机场快速路南延(图 2-11)等。另外，成都市二环快速路是 BRT 敷设在城市快速路上的首条交通廊道(图 2-12)。可以预见，今后随着城市交通总量的增加、出行方式趋于多样化以及集约用地需求的增加，这样的复合廊道会成为未来的一个发展方向。

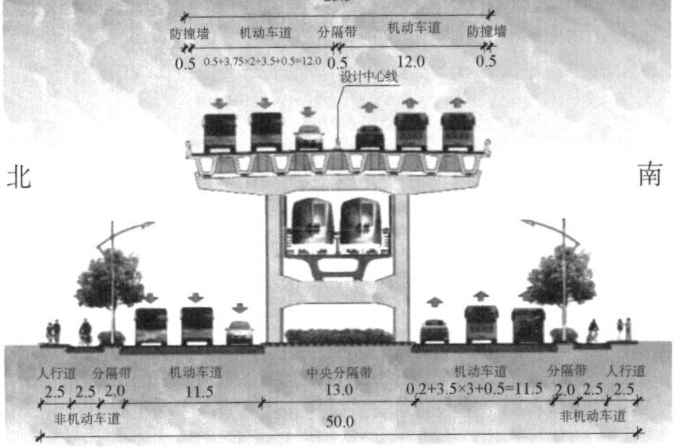

图 2-10　宁波市北环快速路复合廊道

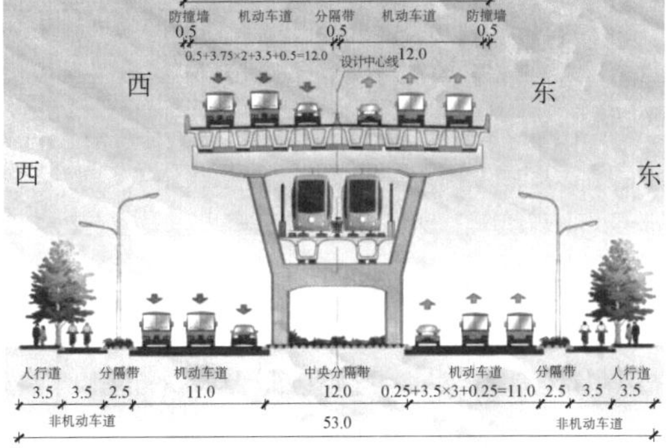

图 2-11　宁波市机场快速路南延复合廊道

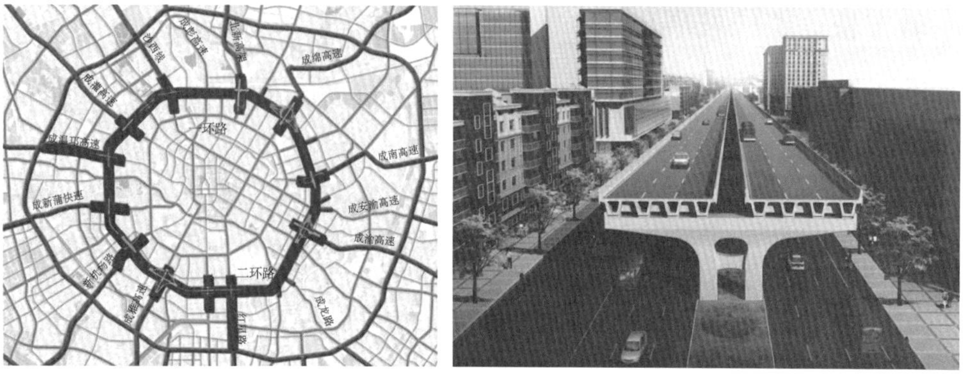

图 2-12　成都市二环快速路 BRT 复合廊道

3. 高速公路城区段改造为城市快速路成为一种必然

随着城市范围的扩大，部分早期修建在城市外围的高速公路的周边区域逐渐成为城区的一部分。由于这些早期修建的高速公路大部分采用的是路基形式，一方面对城市空间造成分割，另一方面不能服务于城市交通出行，甚至还会阻隔城市交通出行，因此对这些高速公路实施快速化改建成为迫在眉睫的选择。上海市 G60 入城段 2010 年完成了快速化改造(图 2-13)，原高速主线收费站外移，原高速公路上新建高架快速路，原高速公路改为城市主干路，沿线增设平行匝道出入口，以满足城市发展和沿线地块发展的需要。

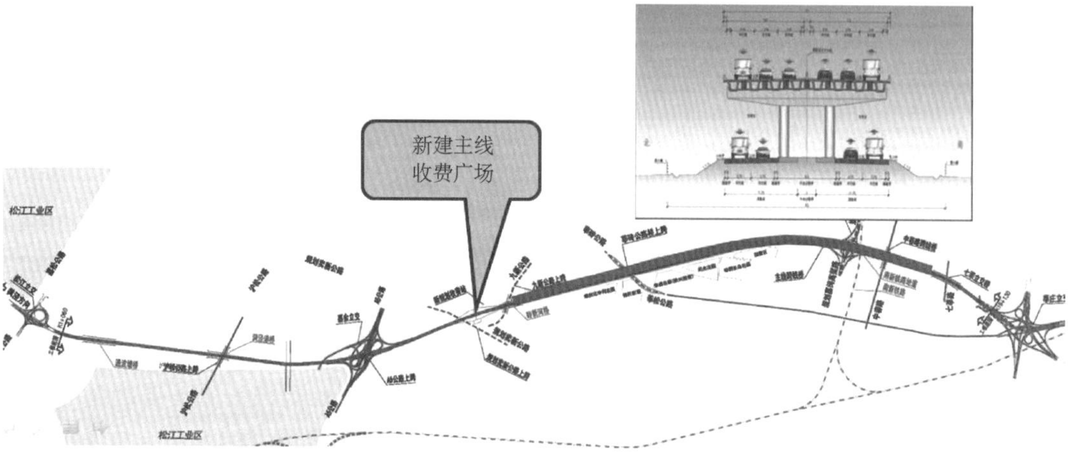

图 2-13　上海市 G60 高速入城段快速化改造方案

4. 智慧化快速路将是智慧城市的重要组成部分

随着云计算、人工智能、大数据、全球定位、车联网、BIM、GIS、智能驾驶、智能交通等现代技术的高速发展，智慧城市正成为人们生活的一部分。交通基础设施数字化、信息化、网络化成为一种趋势，智慧化快速路将融合于统一的交通大数据中心与管理平台(图 2-14)，将整合全社会交通资源，为居民的交通出行提供个性化服务，实现综合交通效率的整体最优。

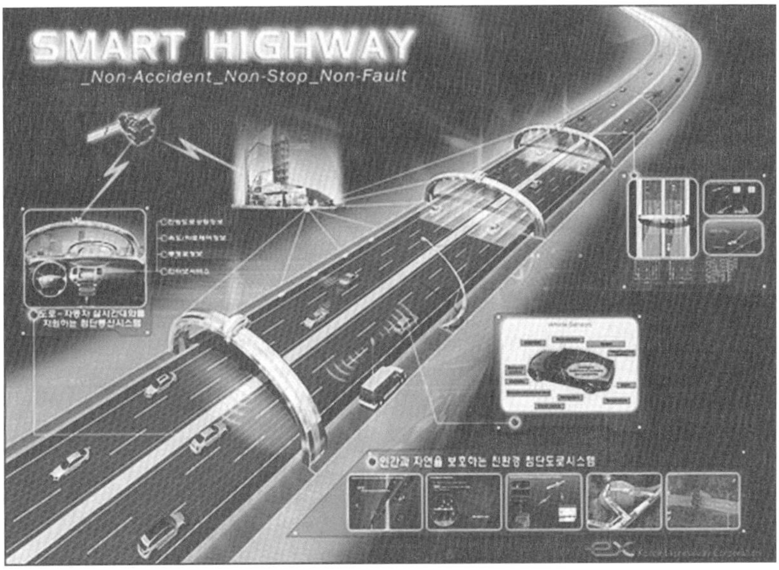

图 2-14　智慧化快速路愿景

第 3 章　城市快速路网规划

3.1 城市交通与城市快速路网

3.1.1 当前城市交通状况

进入 21 世纪后，随着经济和城市的发展，城市交通的内涵和外延发生根本性的变化，城市交通成为热门话题，交通拥堵、空气污染、交通限行、汽车限购等都在刺激着政府和公众的神经，社会各界人士都积极行动，寻找破解交通难题的方案与举措。下面从三个方面简要地分析当下的城市交通。

1. 城市与交通发展

经过改革开放 40 余年的发展，我国的城市面貌和城市交通发生了翻天覆地的变化，下面分别总结当前我国城市与交通发展总体特点。

1）城市发展

城市发展呈现外延式拓展和城市内部更新并重的特征，城镇化率不断提高。许多超大、特大及大城市的城市结构表现为“一主多辅＋组团式”的空间模式，围绕超大及特大城市的城市圈（群）不断涌现，城市功能区分明显。部分超大及特大城市需要逐步控制城市规模，优化空间布局；大部分大、中、小城市需要扩展空间规模，加快人口和产业的导入。绝大部分城市更新层级需要提高，产业及人口置换加快。经济水平不断提高，汽车成为城市家庭的基本生活用品。

2）交通发展

城市交通总出行量显著增加，机动化出行比例提升、非机动化出行比例降低，交通潮汐现象明显，许多城市高峰时段交通拥堵成为常态。交通道路设施投资大幅增加，以快速路为代表的城市路网建设得到空前的重视和优先发展，道路交通设施不断完善；以轨道交通、BRT 为代表的公共交通得到重视和大力发展；综合交通体系及智慧交通的建设逐步得到各级政府的高度重视。

2. 城市交通问题

当前的城市交通问题主要体现在四个方面：交通拥堵加剧、公共交通发展不足、交通安全形势不容乐观、环境污染严重。其中，前面两个问题是根本，机动车数量的急剧增加不但带来交通拥堵不断严重，还带来交通安全事故率居高不下，也导致汽车尾气排放加剧，环境污染问题短期内得不到根本性解决。下面围绕前面两个问题展开论述。

1）交通拥堵

根据百度地图发布的《2019 年度中国城市交通报告》，2019 年重庆、北京、贵阳位列全国城市交通拥堵前三位，高峰拥堵指数分别达到 2.165、2.040 和 1.979，高峰实际车速分别为 23.64 km/h、25.12 km/h 和 25.79 km/h，意味着三座城市在高峰期通过比道路畅通状态下要多花费约 1 倍的时间。2019 年排名第 50 位的城市徐州高峰拥堵指数达到 1.519，高峰实际车速为 28.84 km/h，高峰时段出行时间比畅通状态下多花费约 50%的时间。2019 年排名第 100 位的城市三亚高峰拥堵指数达到 1.232，高峰实际车速为 43.50 km/h，高峰时段出行时间比畅通状态下多花费约 23%的时间。2019 年全国 100 座城市，除上海、长春、沈阳、三亚、拉萨、西宁等 22 个城市拥堵指数较 2018 年有所下降外，其余 78 个城市均呈上升趋势。从报告中还可发现，交通拥堵不仅发生在北京和上海等超大城市、武汉和大连等特大城市以及宁波和长沙等大城市，还发生在台州、嘉兴等大中城市。

分析我国城市交通拥堵原因，可以从交通需求和供给两方面展开(图 3-1)。如何治堵？下面给出交通治堵综合策略。

(1) 加强交通规划与城市空间规划、产业规划、土地利用规划的协同，进一步协调交通规划和交通建设的关系，促进城市综合治理。

(2) 加大综合交通基础设施的投入，完善路网，尤其是要加大快速路网的建设，大力发展公共交通和智慧交通。

(3) 对交通出行总量进行调控，优化交通出行结构，调控交通出行时间，从交通出行需求及引导的角度实现交通网络的精准化调控与匹配，改善整体交通网络运行效率。

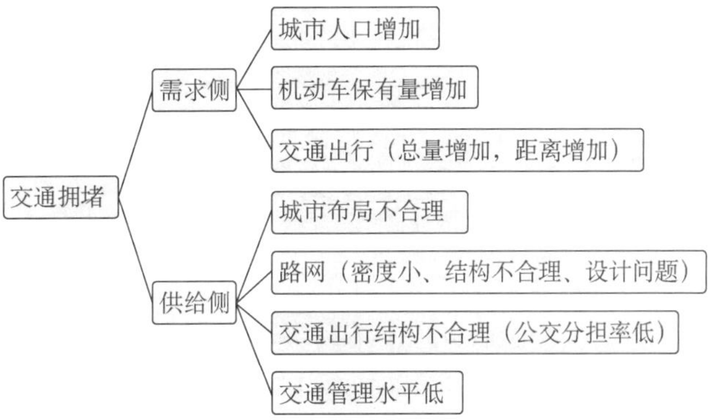

图 3-1　城市交通拥堵原因分析

2）公共交通

根据高德地图发布的《2017 年中国主要城市公共交通大数据分析报告》，2017 年我国在公共汽电车交通方面线路总长度已达 63.27 万 km，是全国高速公路总里程的 4 倍，其中全国有 24 个城市公交线网覆盖率超过了 70%，11 个城市 500 m 站点覆盖率超过 80%。2017 年，轨道交通(包括地铁、有轨电车、轻轨、单轨、磁悬浮、APM 等)方面已覆盖 34 个城市，162 条线路，总运营里程达 4 824 km；其中 8 个城市运营里程超过 200 km，13 个城市运营里程超过 100 km；全国轨道交通路网密度最高的城市为上海，线路最多的城市是北京，共有 22 条线路。

尽管政府在公共交通基础设施方面投入巨大，但是公共交通服务水平还不能满足人们的交通出行需求。根据高德地图的报告，2017 年表现最好的上海市公共交通的行程速度仅为 20.5 km/h，首末站的行程时间达 74 min；第二名的北京市的行程速度为 18.0 km/h，首末站的行程时间达 48 min(图 3-2)。

分析我国公共交通问题的内在原因，主要体现在以下几个方面：

(1) 优先发展公共交通战略落实不到位。

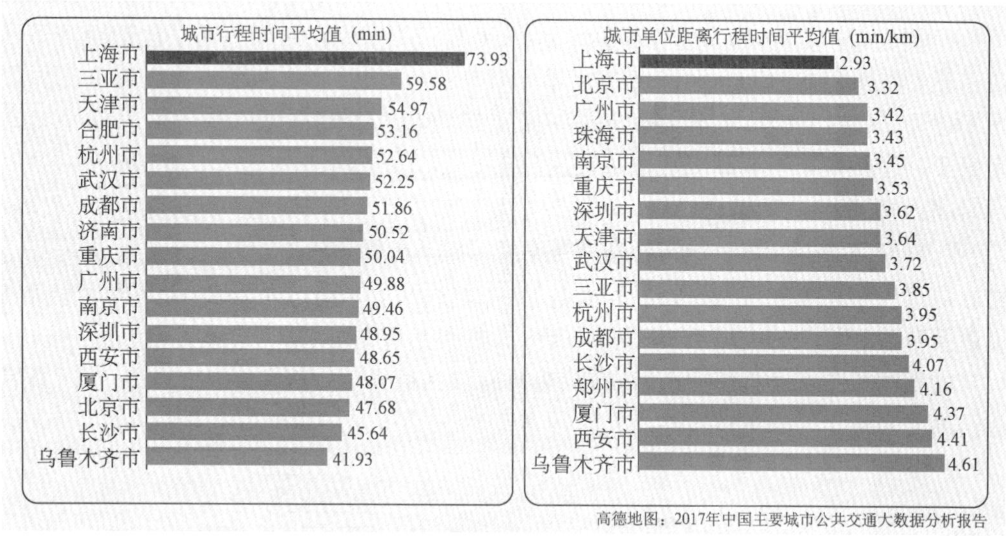

图 3-2　直辖市及部分省会城市公共交通运行情况(2017 年)

(2) 道路设施相对不足(人均道路面积 7 m^2 左右)。

(3) 公共交通出行分担比例低(大多低于 20%,大城市普遍低于 30%,超大及特大城市普遍低于 35%)。

(4) 公共交通服务水平不高,包括线网密度低、公交覆盖面偏小、公共交通准点率不高、运营速度偏慢、换乘不够方便、等候时间过长等。

(5) 缺少对小汽车的合理引导(牌照发放、拥堵收费等)。

(6) 公共交通投资问题(投入不足、投向不合理)。

(7) 公共交通管理[多头管理(项目审批、建设、运营)]水平不高。

3. 城市交通发展趋势

当前城市交通的发展呈现四大趋势:交通出行新特征、交通发展新理念、交通发展新路径、交通管理新趋势。

交通出行新特征主要表现在三个方面:

(1) 出行距离随着城市空间拓展持续延长,换乘呈现多元化组合(图 3-3)。

(2) 非通勤出行活动进一步增长,交通出行对时效性、可选择性要求日益强烈(图 3-4)。

(3) 城市群(圈)内的出行需求与城际交通和城市交通的一体化转换需求大幅增长,城际交通高速化(高铁、城际铁路、高速公路),城市交通快速化(轨道交通、快速路),交通转换便利化(无缝换乘需求、各种等级的交通枢纽出现)。

交通发展新理念主要体现在注重环境、提倡低碳出行,主张公共交通为先导、综合交通融合式发展,强调整体效益、体现社会公平(图 3-5)。

交通发展新路径表现为以综合交通走廊、综合枢纽为依托,带动地区综合开发,进行城市空间拓展及城市更新(图 3-6)。

	轨道交通	中运量交通	常规公交	出租车	铁路	长途汽车	飞机
轨道交通	XX	XY	XY	XY	XY	XY	XY
中运量交通	XY	XX	XY	XY	XY	XY	XY
常规公交	XY	XY	XX	XY	XY	XY	XY
出租车	XY	XY	XY	XX	XY	XY	XY
铁路	XY	XY	XY	XY	XX	XY	XY
长途汽车	XY	XY	XY	XY	XY	XX	XY
飞机	XY	XY	XY	XY	XY	XY	XX

图 3-3　上海市交通出行距离延长及换乘多元化

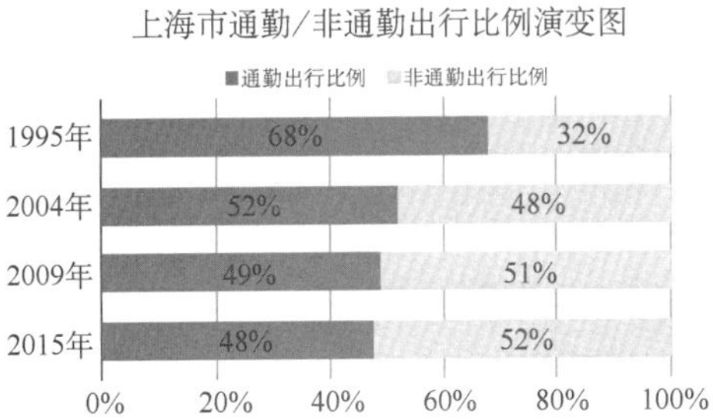

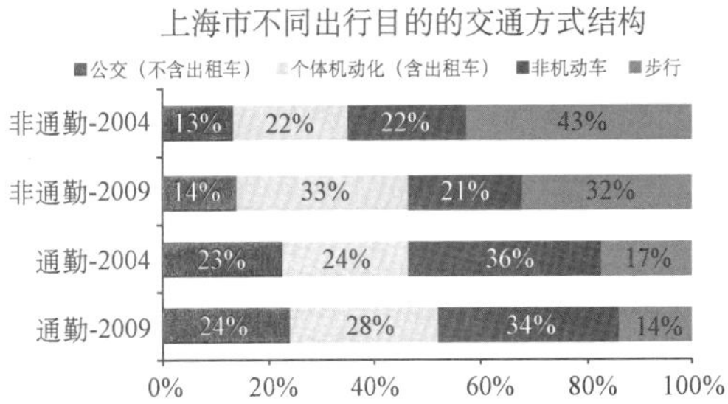

图 3-4　上海市非通勤交通的变化

图 3-5　交通发展新理念的体现

图 3-6　交通发展新路径的体现

交通管理的新趋势表现在：交通需求管控（TDM）、合理供给，双向调控；交通管理信息化、智能化、严格化；基于互联网的共享交通（单车、汽车）。

3.1.2 城市快速路网规划要点

通过上文分析当前城市的发展特征，剖析当前城市交通存在的问题，展望城市交通未来的发展趋势，可以发现，加快城市快速路的规划布局和建设，加强快速路和城市交通枢纽的联系，是当前许多城市亟须解决的问题。城市快速路对城市的发展格局影响深远，对于短期解决城市交通拥堵作用明显，因此在规划建设时需要综合考虑城市的产业、经济、土地、交通、环保等涉及城市发展的各项因素。快速路规划的主要原则如下。

1. 与城市空间布局相协调

快速路网是城市空间形成的骨架，城市与周边乡镇组团及城市内部组团间的联系也主要通过快速路网实现，因此快速路网的布局和走向必须与城镇体系的布局相一致。城市空间拓展到哪里，快速路网就应该延伸至哪里。对于城市外部的一些重要市县和发展组团，还应能做到主辅结合的双通道或三通道，以提高快速交通的保障度。

2. 与城市交通主要流向相一致

快速路网是城市交通运输的主要承载通道，大运量、长距离的交通出行只能依托城市的快速路网来解决，因此快速路网的走向要与城市交通的主要流向保持一致，为城市组团间的出行提供便捷、快速的交通服务。对于一些新兴的片区如工业园区、新城等，是未来城市人口和就业岗位的主要增长地区，也是交通增量的主要来源，需要配置足够的通道规模和容量，以支撑这些地区的快速发展。同时，物流业发展也是未来城市发展的重要趋势，快速路网规划要预留出科学合理的物流通道。

3. 与相关规划合理衔接

快速路网规划在整个城市规划体系中是承上启下的重要一环，向上需要满足城镇体系规划和城市总体规划等上位规划的总体要求，向下要能够指导分区规划和控制性详细规划等下位规划的深化和细化，横向上要与土地利用规划、水系规划以及给水、污水、电信、燃气、民防、绿地景观等各专项规划相协调。既要吸收原有规划的设计理念，尽量保持城市规划的一致性和延续性，又要在此基础上有所突破和创新，以适应新的发展形势。

4. 与重要的基础设施有机结合

火车站、机场、长途客运站等城市公共交通枢纽是城市对外联系的功能性节点，商业服务中心、大型文化娱乐中心、体育中心等大型人流集散点是城市内部日常运营的核心，快速路网要与这些重要的基础设施形成便捷的联系，满足大流量客流集散的要求。轨道交通、BRT 等大运量的公共交通设施是城市交通可持续发展的重要保障，快速路网由于断面宽、贯通性好等特点通常也是轨道交通和 BRT 的通道，快速路网规划时需要结合这些公共交通设施的站点、线路走向等合理布局，共同形成公共交通走廊带，实现公交与社会交通的无缝衔接，方便换乘，提高土地资源利用的集约化。

5. 与经济发展水平相适应

快速路网是城市重要的基础设施，建设投资和后期维护成本均较高，需要根据城市的经济发展水平确定合理的规模，适度超前。快速路网规模过大，不仅会造成设施的闲置和浪费,也会影响其他急需的基础设施建设的进度;规模过小,又不能满足城市交通的出行需求,制约地区的发展速度,提高居民的出行成本,影响经济交往的活力和城市形象。因此,以往规范中仅根据城市规模大小来确定快速路网密度的指标显然是不够完善的。对于我国东部沿海经济较为发达的地区,城市快速路网的密度和等级应适当提高,对于中西部欠发达地区城市应适当控制。

3.1.3 城市快速路网与其他城市交通设施间的衔接

1. 城市快速路与其他交通设施间的衔接

城市快速路与其他交通设施(包括近郊公路)间的衔接原则归纳起来有四点:低速让高速,次要让主要,生活性让交通性,适当分离。城市的快速路网是最基本最重要的结构性网络,具有快速性、交通性和疏通性的特征,在城市交通组织中处于首要位置,其他次要路网与之衔接时应采取避让、分离的措施。目前,通常的做法是采用高架或地道的形式在立体空间上进行分离,或采用主辅路的形式在平面空间上进行分离,并通过匝道、立交、进出口等方式进行连接。

2. 城市快速路与城市道路网的衔接关系

城市各级各类道路的技术标准是适应各种交通的不同要求的。为了提高城市道路交通系统的效率,就要从道路交通系统的规划上规范道路网的交通秩序,实现不同性质、不同功能要求、不同通行规律的交通流在时空上的分流,使城市各级各类道路上的交通能够实现有序的流动,各种交通间的转换能够正常进行,同时保证与城市用地布局形成合理的配合关系。因此,在规划中应尽可能做到各级各类道路形成有序的联系,要有合理的衔接关系。

一般来说,城市快速路网应通过立交与城市交通性主干路衔接,再由交通性主干路连接生活性主干路和次干路,再与支路相联系。城市中重要的生活性主干路也可以直接连接快速路,但应保证快速路出入口的间距的基本要求,避免对快速路运行效率产生较大影响。这种衔接关系的安排,将有利于城市交通的高效、顺畅、有序地运行。

3. 城市快速路与交通枢纽间的衔接

交通枢纽以旅客到发为基本功能,是交通网络中强调并突出中转换乘的重要节点。综合交通枢纽是以一种及以上城市对外交通为主体,涵盖两种及以上城市公共交通(地面公交、轨道交通等)设施,融合多种换乘方式的交通综合体。综合交通枢纽主要对外交通工具包括飞机、火车和长途巴士等,根据主要对外交通工具类型不同,枢纽类型可分为航空枢纽、铁路枢纽和公路枢纽。

组成综合交通枢纽的对外交通设施至少一个达到了其自身领域内“大型”级别,此类综合交通枢纽称为大型综合交通枢纽(表3-1)。对于大型综合交通枢纽,应建立快速集散系统与城市快速路系统直接衔接,实现到发旅客的快速集散。而对于未达到“大型”级别的枢纽,可视具体情况,采用直接衔接或通过常速路网转换后与城市快速路网相衔接。

表 3-1 大型综合交通枢纽主体设施标准

类型	机场	铁路客运专线	公路客运站
日(年)旅客发送量	2 000 万人次/年	5 万人次/日,1 825 万人次/年	1 万人次/日,365 万人次/年

4. 城市快速路与高速公路间的衔接

城镇间道路既把城市对外联络的交通引出城市,又把大量入城交通引入城市。因此,城镇间道路与城市道路网的连接既要有利于把城市对外交通迅速引出城市,避免入城交通对城市道路产生较大冲击,特别是不应对城市中心地区道路产生过多冲击,还要有利于过境交通方便地绕过城市,而不应该把过境的穿越性交通引入城市内部。

高速公路应采用立体交叉与城市快速路网相连。对于较大或大型城市,由一处或多处的立体交叉连接城市快速道路网;对于特大或超大型城市,高速公路可以直接引至中心城区的边缘,连接城市外围高速公路环路,再由高速公路环路与城市主要快速路相连,应注意高速公路不得直接与城市生活性主干路和次干路相连。

3.2 城市快速路网的形态

典型的快速路网形态包括环射状、方格网状和带状三大类(图 3-7)。带状路网在国内应用较少,其优点是适合带状城市,服务交通主流向;缺点是网络性较差,轴向道路交通集中,垂直向道路仅连通,无法分流,国内典型代表城市为兰州市。而环射状、方格网状已被广泛地应用于国内的城市快速路网规划实践中。

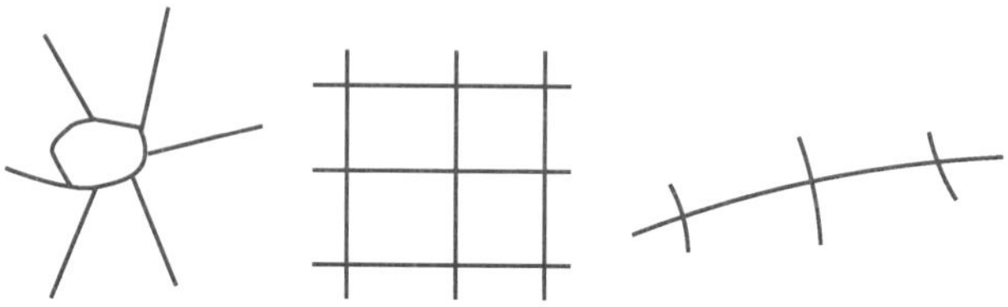

a) 环射状　　b) 方格网状　　c) 带状

图 3-7 典型快速路网形态

3.2.1 环射状快速路网

快速路网形态中环状、环射和环轴等布局形式,基本上都属于环射状路网布局形态。

环射状快速路网是从放射式干道网演变过来的。放射式道路系统起源于欧洲以广场组织城市的规划手法,最初是几何构图的产物。放射式干道有利于市中心同外围市区、郊区的相互联系。但放射式干道又容易把外围的交通迅速引入市中心地区,引起交通在市中心地区过分地集中。随着机动车交通需求的日益增长,放射式道路系统不可避免地造成市中心交通超载,使得城市中心地区产生严重的交通拥堵。放射式道路系统仅适用于机动车交通需求不大的城市,以中小城市为主。而对于机动车交通需求较大的城市,应首先在城市中心区的外围修建环线道路,以建立城市外围区、郊区之间的快速交通联系,避免不必要的过境交通穿越市中心区。此时，放射式干道网演变成了环射状网络。

目前，环射状的快速路网已基本成为国内大城市最常采用的快速路网布局形式，对于超大和特大城市，由于城市规模大，往往会采用多条环线。环线快速路主要用于减少直冲交通的汇集，放射状快速路用于联系外围的远距离交通。下面对环射状快速路网特点及匹配规划进行分析。

1. 环射状形态优势

1）形成城市中心区的交通保护壳，有效分离市中心穿越交通

环射状快速路网利用环线的穿越截流、进出分流等功能，有效分离过境交通，避免过境交通直接穿越城市中心区，形成中心区的交通保护壳。

2）对角线方向交通联系较方便

对角线方向交通联系，可通过射线道路—环路—射线道路衔接，其非直线系数为1.15，较方格网情形下的1.41显著降低。可见，环射状快速路网对角线方向交通联系比较方便。

3）外围区间交通联系较方便

环射状快速路网情形下，外围区间交通联系可通过射线快速路—外围环路—射线快速路进行衔接，或直接通过外围环路相互沟通，交通可达性水平较高，联系比较方便。

2. 环射状形态劣势

1）内环极易产生拥堵，保护壳作用弱化

环线道路承担穿越截流、进出分流和沿线疏解三种交通功能。

穿越截流、进出分流功能使得环线道路（尤其是内环）发挥了中心区的交通保护壳功能。交通保护壳功能的发挥，取决于环线道路与环内道路行程车速的差异程度。环线道路承担的该部分交通需求，属于弹性交通需求。当环线道路行程车速高于环内道路行程车速时，该部分交通需求将充分利用环线道路行驶；当环线道路行程车速低于环内道路行程车速时，该部分交通需求将有可能直接穿越中心区，进而导致环线道路保护壳功能的弱化，甚至消失。

沿线疏解功能主要服务于环线道路沿线区域之间的交通联系。一般来说，环线道路的建设，将极大地提升沿线道路的交通服务水平，进而带动沿线区域的开发建设。环线道路沿线区域也就形成了一定规模的城市副中心，其彼此之间的交通需求日益增加。环线道路成为了沿线城市副中心之间联系的最便捷道路，理所当然地承担该部分交通需求。该部分交通需求成为环线道路承担的刚性需求，不易通过其他道路分流。随着该部分交通需求的日益增长，环线道路的饱和度越来越高，服务水平越来越低，行程车速降低，进而导致环线道路承担的穿越截流、进出分流的交通功能持续弱化，乃至彻底丧失，最终导致环线道路承担的中心区交通保护壳作用弱化。

2）射线快速路对内环产生冲击，环射相交节点容易产生拥堵

当中心区交通产生、吸引强度较大时，中心区对外交通需求规模也随之提升。由于快速路良好的行车条件和直捷性，外围区以及高速公路车辆进出中心城的首选路径自然是射线快速路，交通量过于集中，对内环局部区域将形成冲击，在环射相交节点产生拥堵。

3. 环线和射线的匹配规划

规划设计时，应因地制宜，力求环线快速路和射线快速路的相互配合，充分发挥各自的优势，避免其劣势。对于“多环＋放射状”的快速路网，还有两个问题值得研究，分别是环线

规划和射线是否进入内环。

1）环线规划

环线规划中有两个关键问题：环线的条数及内环的大小。

对于人口及用地规模大的城市，可以规划多条环线快速路，外层环线主要作用为穿越截流交通，中间层环线为进出交通分流，内层环线为内部疏解交通；通过多条射线快速路把多层环线有机地关联起来，使环与环之间的联系变得便捷，减少了车辆的绕行距离。同时，环线快速路也能够逐层分流射线快速路的交通，减少其对中心城区带来的交通压力。另外，应尽量使外围环线的通行条件好于内部环线。对于人口及用地规模不大的城市，规划单层环线快速路就可以满足城市交通需求。单层环线集中了穿越截留交通、进出交通分流及内部疏解交通三种功能。此时，环线的车道规模应该至少双向 6 车道，并且应结合道路网，均衡地布置沿线的平行匝道。另外，为分流货运交通，减少对城市交通的冲击，往往会结合高速公路的规划，在环线快速路外围，可规划若干条绕城高速。

总的来讲，内环规模不宜过小，过小会影响沿线平行匝道的布设，导致连接主线的进出匝道间距过短，在环线上交通交织现象严重，另外，内环过小，导致环线的服务范围小，交通服务功能得不到发挥；内环规模也不宜过大，内环过大会导致环内服务面积大，中心区域的居民不能很好地利用内环实现交通出行。

研究国内的已建环线快速路（表 3-2），结合上述分析，可以得到以下启示：

(1) 对于中心城区人口超过 1 000 万的城市，环线快速路应设置 3～4 条，外围还需设置 1～2 条绕城高速。

(2) 对于中心城区人口超过 500 万、小于 1 000 万的城市，环线快速路应设置 2～3 条，外围可设置 1～2 条绕城高速。

(3) 对于中心城区人口超过 100 万、小于 500 万的城市，环线快速路应设置 1～2 条，外围可设置 1 条绕城高速。

(4) 对于中心城区人口小于 100 万的城市，可设置 1 条环线快速路。

(5) 城市内环快速路周长宜为 30 km 左右。

表 3-2　国内典型城市快速环线规划指标

城市	中心城区人口/内环内人口（万人）	环线条数（条）	快速路网密度（km/km^2）	内环长度（km）
上海	1 100/340	3	0.50	47.0
北京	1 100/150	4	0.38	33.0
武汉	670/120	3	0.64	30.0
成都	900/150	3	0.42	28.3
沈阳	520/130	3	0.57	28.5
无锡	370/150	2	0.48	29.3
嘉兴	130/80	1	0.35	28.7

2）射线是否进入内环

城市快速路网规划建设一直存在着争论:城市中心区是否应建设快速路。

赞成者认为,城市中心区交通需求巨大,道路交通日益拥堵。为改善交通拥堵,提升中心区道路交通服务水平,满足中心区巨大的交通需求,中心区应适度建设快速路。

反对者认为,快速路应避免穿越城市中心区,其主要原因一是避免引入过量的过境交通流量,减轻中心区道路网的交通压力;二是为了避免快速路对中心区的割断,同时减少占用昂贵的土地;三是由于快速路通常采用高架敷设形式,加上兴建大量立交和上下匝道,工程代价过大,而且对城市环境影响比较严重。而由此产生的一个后果是城市快速路的建设对于城市中心区交通改善有限,在消减中心区交通流量、提高车速效果等方面作用不是特别显著。反对者主张建设城市内环线,形成城市中心区的交通保护壳,通过限制小汽车出行、提升公交服务水平,将中心区交通需求转移至公共交通。

以上争议的本质是快速路网络形态问题。一般来讲,内环线主要承担中心区交通保护壳的作用,射线快速路不用进内环,否则射线快速路会穿越中心城区,带来大量的过境交通,还对中心城区的布局带来不利影响。但是,对于内环线周长偏大的城市快速路网,如果没有射线穿越,导致过境交通绕行距离过长,也会增加环线的绕行交通量;另外,在内环车道规模较小的情况下,内环也会带来拥堵。

因此,研究认为内环周长大于 40 km 并且环线双向车道规模低于 6 车道时,可考虑部分射线穿越中心城区;否则,射线快速路不宜穿越中心城区。北京、成都、武汉等城市的内环快速路周长较短(低于 35 km),射线快速路并没有进中心城区,而上海内环周长达 47 km,且内环线仅为双向 4 车道,因此“射线”南北高架、延安路高架进入内环。

3.2.2　方格网状快速路网

方格路网又称为棋盘路网。方格路网适用于地势平坦地区。我国许多大城市的老城区均是此网络形态,多利用既有干线道路改建而成。

1. 方格网状形态优势

1）交通较分散、均衡,灵活性大

方格路网道路交通流量在路网上的分布较为均衡。由于在纵横两个方向上均有多条平行道路,大多数交通出行者都有较多的可选路径,有助于将交通均衡分布在各条道路上,整个系统的通行能力较大。

2）路网可达性水平较高

路网的平均非直线系数,反映路网形态的可达性水平。根据以往研究成果,方格路网的平均非直线系数为 1.17,路网的可达性水平较高。一般来说,非直线系数小于 1.20 的路网为优良形式;在 1.20～1.35 之间为中等形式;大于 1.35 为不佳形式。

3）市中心穿越交通较少

方格路网情形下,由于城市外围区也分布有一定规模的快速路网,外围各区域间的交通联系直接由外围的快速路网解决,少量交通通过市中心的快速路网解决。

2. 方格网状形态劣势

1）对角线方向的交通不便

方格网情形下对角线方向交通联系需通过至少一条的横向、纵向干道，其非直线系数达到1.41左右，较为不便。因此，当对角线方向存在大的交通吸引点时，应避免布设方格网状的城市快速路网。

2）建设阶段容易形成不必要的穿越市中心交通

方格网状形态的快速路网建设，一般首先建设穿越市中心的快速路线路，以优先解决交通需求较大的区域存在的交通问题。当外围干道尚未建成时，或者外围干道受制于地形、风景区、湖泊等因素无法建成时，部分外围区域之间的交通联系将利用穿越市中心的快速路，进而形成不必要的穿越市中心交通。

3.2.3 快速路网形态选型分析

1. 总体思路

城市快速路的布局需要与城市的形态及综合交通体系规划相结合，我国的城市大多选择环射状和方格网状。城市形态分为集中型与组团型两大类。

集中型城市即单中心城市，是城市布局中最常见的形式，包括块状城市、带状城市及星状城市(图3-8)。其中块状与星状的城市布局结构简单，土地利用紧凑，快速路布局一般是“环路＋放射线”形式；带状城市的布局一般是受到自然条件的限制而形成的，城市快速路布局呈方格网状，沿城市延伸方向布置纵向快速通道，配合横向联系主干道，此时应注意避免纵向快速路对两侧城市造成隔离。

组团型城市包括块状、双块状及带状三类，其城市快速路布局除了考虑块状区域内的布局外，还需要考虑组团之间的联络(图3-9)。

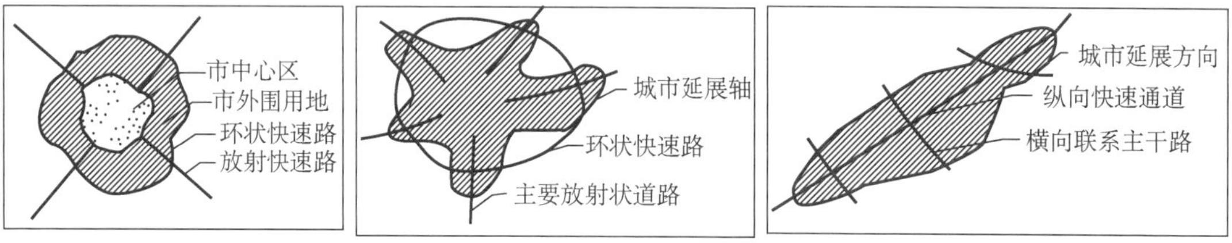

a) 块状　　b) 星状　　c) 带状

图3-8　集中型城市快速路网布局

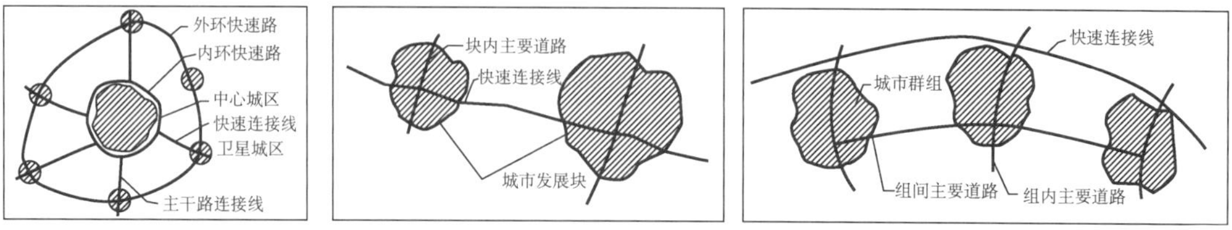

a) 块状组团型　　b) 双块状组团型　　c) 带状组团型

图3-9　组团型城市快速路网布局

2. 国内外城市快速路网形态

1）法国巴黎

巴黎是法国的首都和最大城市，也是法国的政治、经济、文化和商业中心，世界四大国际大都市之一。广义的巴黎有小巴黎和大巴黎之分。小巴黎指大环城公路以内的巴黎城市内，面积 105.4 km^2，人口 224 万；大巴黎包括城区周围的上塞纳省、瓦勒德马恩省、塞纳-圣但尼省、伊夫林省、瓦勒德瓦兹省、塞纳-马恩省和埃松省，人口约为 1 100 万，占据全国人口的 1/6。巴黎执行大区规划，发展多中心城市结构，依托道路交通放射状和环状的建设以及轨道交通紧密连接副中心和卫星城的建设。快速路网结构是“三环＋放射”（图 3-10）。

2）日本东京

东京是日本首都，是面向东京湾的国际大都市，世界四大国际大都市之一。东京都是由 23 个特别区及 26 市 5 町 8 村构成，面积约 621 km^2，人口达 946 万；东京都市圈是东京都之外加上千叶、神奈川、埼玉、茨城、群马、枥木、山梨等县所组成的城市群，面积 13 514 km^2，人口达 3 700 万。快速路网结构是“三环＋放射”（图 3-11）。

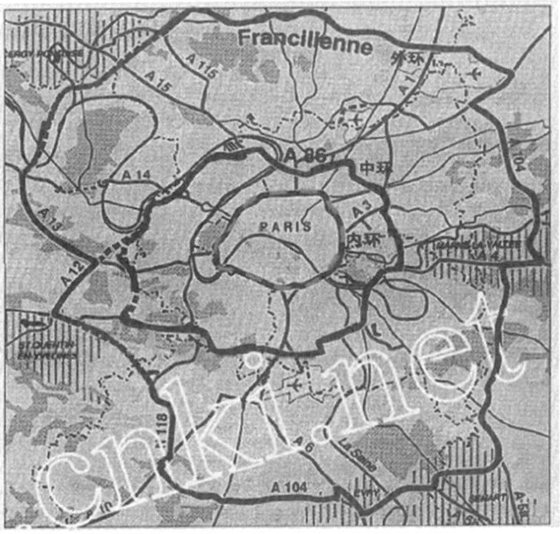

图 3-10 巴黎快速路网形态

图 3-11 东京快速路网形态

3）英国伦敦

伦敦是英国首都，世界四大国际大都市之一，位于英格兰东南部的平原上。大伦敦都会区被划分为伦敦市和周围的 32 个自治市，面积 1 577 km^2，2016 年人口约为 890 万。快速路网结构是“三环＋放射”（图 3-12）。

4）北京

北京，我国首都，总面积 16 410.54 km^2，建成区面积 1 485 km^2，常住人口 2 153.6 万，城镇化率 87%。快速路网结构是“四环＋放射”（图 3-13）。

5）成都

成都，四川省省会，成都都市圈核心城市，总面积 14 335 km^2，建成区面积 931.58 km^2，常住人口 1 633 万,城镇化率 73%。快速路网结构是“三环十五射五联”(图 3-14)。

6)杭州

杭州,浙江省省会,杭州都市圈核心城市,长江三角洲中心城市之一。地形复杂多样,西部属丘陵,东部属平原,地势低平,河网湖泊密布,总面积 16 853.57 km^2,常住人口 1 036 万,城镇化率 79%。快速路网结构是“四横五纵三联”(图 3-15)。

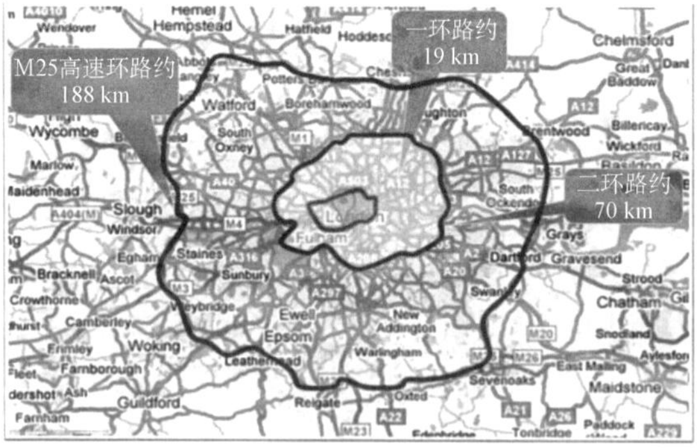

图 3-12　伦敦快速路网形态

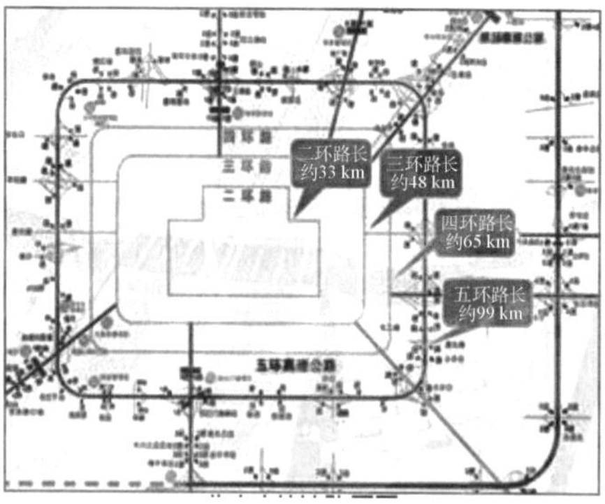

图 3-13　北京快速路网形态

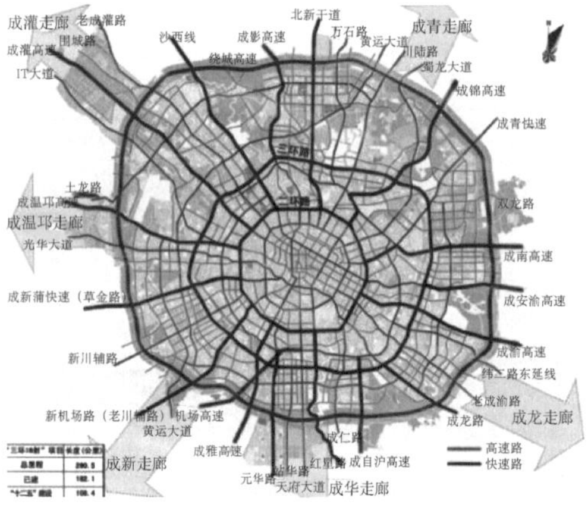

图 3-14　成都快速路网形态

图 3-15　杭州快速路网形态

7)武汉

武汉,湖北省省会,中部地区的中心城市。总面积 8 569.15 km^2,建成区面积 812.39 km^2,常住人口 1 121.2 万。主城区快速路网结构是“三环十三射”(图 3-16)。

8)无锡

无锡,江苏省地级市,长江三角洲中心城市之一。总面积 4 627.47 km^2,建成区面积 332.01 km^2,常住人口 657.45 万,城镇化率 76%。快速路网结构是“两环十二射三联”(图 3-17)。

图 3-16　武汉快速路网形态

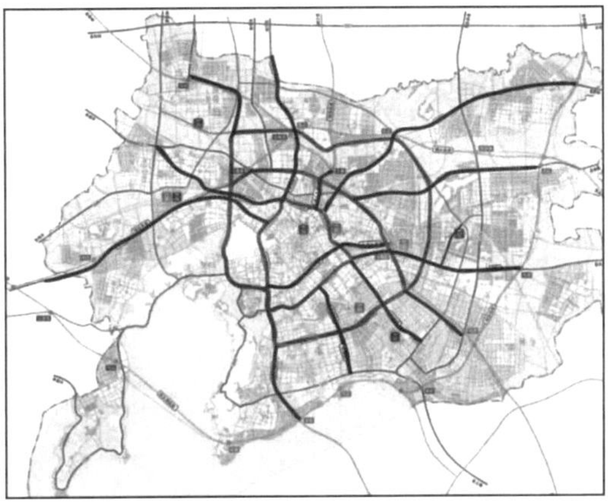

图 3-17　无锡快速路网形态

3.2.4　不同形态快速路网评价指标

不同快速路网形态将直接影响其通行效率。根据研究，快速路网布局形态对交通效率的影响主要通过线网布局、衔接布局和社会经济影响三个方面体现，本着尽量减少指标数，确保各指标尽可能相互独立的原则，建立三个准则、十一项指标的综合评价结构（图 3-18）。

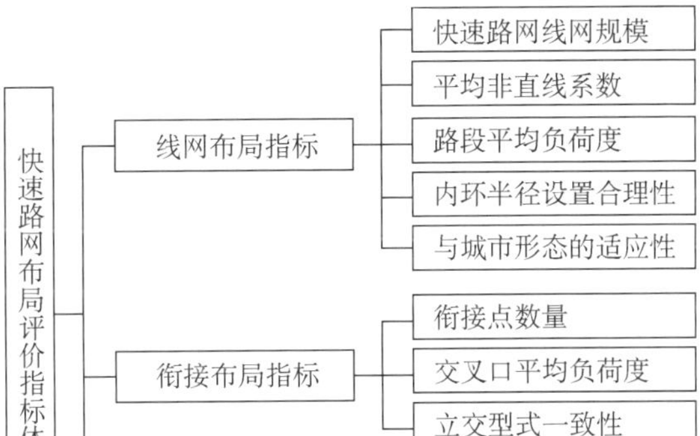

图 3-18　快速路网形态评价指标体系

1. 线网布局指标

快速路网线网布局指标体系主要包括快速路网线网规模、平均非直线系数、路段平均负荷度、内环半径设置合理性及与城市形态的适应性五项。

1）快速路网线网规模

该指标为定量指标。快速路网规模即快速路网线网当量长度，其值越大，交通联系越便捷；但过大，会造成城市各区之间阻隔严重、增加城市道路建设投资等问题，并且对于同一个城市来讲，长度过大，必然形成过密的出入口，影响快速路网行车速度，吸引大量短距离出行机动车使用快速路网，背离了快速路网服务于长距离出行的基本功能，而且过短的出入口间距也存在交通安全隐患。因此，快速路网线网当量长度应尽可能地分布在适当的规模范围之内。

2）平均非直线系数

该指标为定量指标。城市快速路网的规划布局应满足城市交通运输高效率的要求，使城市的各个组成部分及主要客货流集散点之间有直达的联系，节省客货运输成本。平均非直线系数便是衡量路网结构形式合理、路线直达性程度的重要指标，其取值越小越好（图 3-19）。计算公式为

$$P=\frac{a+b}{\sqrt{a^2+b^2}} \tag{3-1}$$

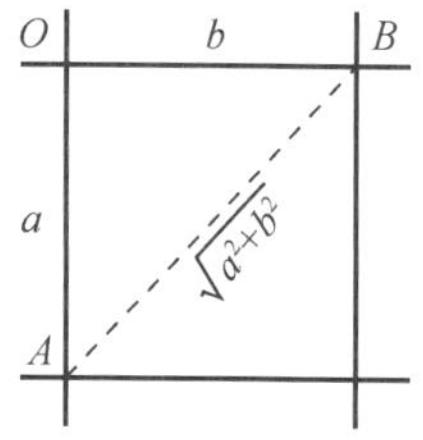

图 3-19　非直线系数计算示意图

式中，P 为非直线系数；$a+b$ 为道路始、终点的实际距离；$\sqrt{a^2+b^2}$ 为道路始、终点的空中距离。

3）路段平均负荷度

该指标为定量指标。路段平均负荷度为快速路网中各路段负荷度的加权平均值，表征快速路网适应未来机动车交通负荷的能力，即反映快速路网容量对机动车交通需求的适应程度和满足程度，其取值越小越好。计算公式为

$$K=\frac{\sum_{i=1}^{n}k_i.L_i}{\sum_{i=1}^{n}L_i} \tag{3-2}$$

式中，K 为路段平均负荷度；k_i 为第 i 条路段负荷度；L_i 为第 i 条路段长度。

4）内环半径设置合理性

该指标为定量指标。内环半径在满足最小要求的情况下，其设置直接影响快速路网的布局规划。因此，内环半径设置的合理性对快速路网布局规划有着重要作用。计算公式为

$$R=1.0-\frac{|L-30.0|}{30.0} \quad (15.0\leqslant L\leqslant 55.0) \tag{3-3}$$

式中，R 为内环大小指数；L 为内环周长。

5）与城市形态的适应性

该指标为定性指标。快速路网的布局形式应与城市形态相适应，线网布局形式只有与城市形态相适应，快速路网的交通效益才能得以最大限度发挥，并起到合理引导城市发展的作用，使城市用地规划与城市交通规划二者处于良性互动发展状态。

2. 衔接布局指标

快速路网衔接布局指标体系主要包括衔接点数量、交叉口平均负荷度及立交形式一致性三项。

1）衔接点数量

该指标为定量指标。快速路网与其他路网衔接点数量直接影响着快速路网车流与其他路网车流转换的便利程度。衔接点数量过多，会导致短距离交通混入快速路网，从而导致快速路网运行不畅；衔接点数量过少，会导致快速路网功能无法充分发挥；衔接点数量宜均衡考虑。衔接点数量最小值取最外交通区位计算值，最大值取核心区位计算值。

2）交叉口平均负荷度

该指标为定量指标。快速路网交叉口平均负荷度是指路网中交叉口负荷度的平均值。匝道车流对路网交通的影响不仅仅局限在某一交叉口上，以单个交叉口的负荷度难以正确描述匝道车流的影响程度，故采用路网交叉口平均负荷度指标，该指标表征的是匝道车流分布在路网上对整个路网交叉口产生的平均冲击程度，其值越小越好。计算方法与快速路网负荷度相似。

3）立交形式一致性

该指标为定性指标。快速路网立交出入口经常发生拥堵，建设时由于资金及土地的限制又不能全部建设互通式立交，因此保持立交之间的互补关系，建立具有形式一致性的立交群组是十分必要的。

3. 社会经济影响指标

快速路网社会经济指标体系主要包括与城市规划的协调性、快速路网的经济效益及对环境的影响程度四项。

1）与城市规划的协调性

该指标为定性指标。快速路网的布局方案必须与现状的城市用地布局结构相适应，同时要兼顾未来年规划的城市用地布局结构。这样，城市快速路网的交通效益才能得以最大限度发挥，并起到合理引导城市发展的作用，使城市用地规划与城市交通规划二者处于良性互动发展状态。

2）快速路网的经济效益

该指标为定性指标。快速路网系统可给城市带来巨大的经济效益，经济效益可通过专家评定法来确定。

3）对环境的影响程度

该指标为定性指标。本书选取快速路网对环境的影响程度来反映城市快速路网产生的噪声污染、废气污染等对周围环境的影响。

社会经济影响指标在规划阶段均属定性指标，可采用专家评定法。

3.3 城市快速路网的规模

3.3.1 快速路网规模相关指标

快速路网规模指标通常包含长度、面积、密度、连通度等。合理的指标设置，不仅可以用来衡量快速路网规模的合理性，而且能够通过指标来对快速路网的连通度作出评价。

1. 快速路网总长度

其计算公式如下：

$$L_1=\sum_{i=1}^{n}l_i \text{ 或 } L_2=\sum_{i=1}^{n}V_i\cdot l_i \tag{3-4}$$

式中，L_1 为快速路长度(km)；L_2 为快速路车道长度(车道 · km)；l_i 为快速路网中第 i 条线路的长度(km)；V_i 为第 i 条线路的基本车道数。

根据快速路规模长度指标 L 可以大概算出快速路系统的路网容量、建设投资总量、路网设备总需求量、运营成本以及产生的总体效益等，同时也可以根据该指标来制定合理的与之相适应的道路管理体制与道路运行机制。

2. 快速路网密度

其计算公式如下：

$$\delta_1=L/A \text{ 或 } \delta_2=L/Q \text{ 或 } \delta_3=L/N \tag{3-5}$$

式中，δ_1 为面积密度；δ_2 为人均密度；δ_3 为车均密度；L 为快速路网总长度(km)；A 为快速路网规划区面积(km^2)；Q 为快速路网规划区总人口(万人)；N 为机动车保有量(含外地车辆)(万辆)。

快速路网密度可以通过面积或者是人口或者是机动车保有量来匡算，是指 1 km^2 面积上或者是 1 万人或者是 1 万辆机动车所分布的快速路长度(也可用车道长度)。快速路网密度是城市衡量快速路网系统服务水平及城市道路合理级配的一个重要指标。

3. 快速路网连通度

其计算公式如下：

$$T=M/N \tag{3-6}$$

式中，T 为快速路网与其他干线及支线道路的机动车流集散点衔接程度；M 为与快速路网衔接的机动车流集散点数；N 为市区干线及支线道路上的机动车流集散点总数。

3.3.2 快速路网规模影响因素

快速路网承担着城市内部各区域间、城市内部与外部主要的沟通与衔接功能，其时时刻刻都与城市发生着物质、信息、能量的交换，受到多重因素的影响与制约。不同的地理条件、城市建设背景、城市发展格局、经济发展状况、城市规模、用地性质、城市形态、交通方式划分、交通发展战略、城市机动车保有量等因素均会对快速路网规模产生一定影响(图 3-20)。

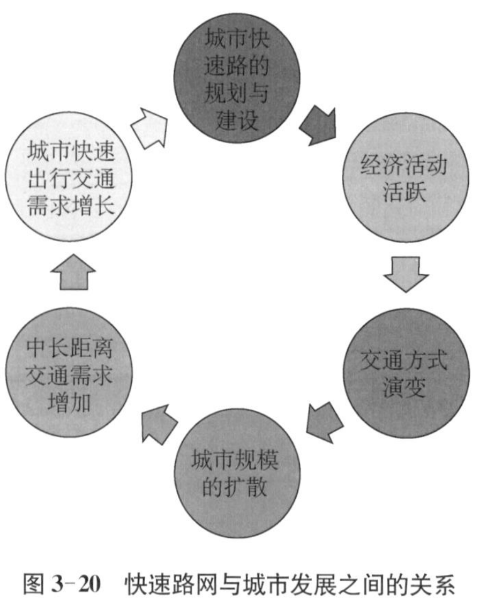

图 3-20　快速路网与城市发展之间的关系

1. 城市规模

城市规模主要是指城市发展的规模，主要包括人口、用地面积、经济水平和基础设施建设四大方面。通常，城市规模越大，长距离交通需求越多，城市对外集聚与辐射的能力越强，对道路的等级和长度的要求越高。城市居民的出行距离的长短主要由城市规模中的用地规模来决定，而城市交通需求总量主要是由人口数量决定。人口数量和用地面积决定人口密度的大小，而人口密度与城市快速路网规模有着密切的关系，在城市形态、规模相同的情况下，人口密度越大，快速路网规模需求也越大。

2. 机动车保有量

近些年来，我国机动车保有量快速增长，直接导致出行方式的转换及对道路供给需求的增加。在大量城市的开发建设实践中，随着出行机动化的发展，进而带动郊区新城的发展，而郊区新城因其公交服务水平不高，反过来进一步刺激机动化出行需求增长。对于外围新城与中心城区间的联系，则主要依靠快速路网等高等级道路系统。

3. 经济发展状况

经济发展状况是影响快速路规划建设的决定性因素，也是影响快速路网规模的关键性因素。城市道路的建设，归根结底是为了保证和促进社会经济的发展。不同经济发展水平的城市对城市快速路网规模的需求也不同，城市快速路网规模应当与城市经济发展相匹配，最好适当超前，以便带动城市经济的发展。

4. 交通发展战略

不同的交通发展战略(例如以公交为导向、以个体机动为导向或以慢行交通为导向)将直接影响城市路网规模。公交设施及轨道交通网较为完善的城市，机动车的出行比例相对会较小，对快速路网的交通需求也会相对减小；而以私人小汽车交通为主导的城市，相对而言，其对快速路网规模的需求将更大。

5. 交通方式划分

城市快速路网机动车交通需求计算中，交通方式划分起着决定性作用。在交通方式划分中，机动车的出行比直接影响着快速路网的需求。同时，交通方式划分受到交通发展战略和城市经济发展状况制约。

6. 城市形态

不同的城市形态对快速路网布局的要求不同，路网格局不同导致城市道路的服务对象不同。单中心城市常见的快速路网布局形式为环形＋放射状；多中心组团型城市要求快速路网能够联系各个组团，使得组团间联系更为紧密便捷。集中型城市则快速路多位于市中心范围内，快速路网规模比较小，而分散组团型城市要求快速路网规模则较大。因此，对于同样人口和面积的大城市，不同的城市形态决定着不同的快速路网布局形式，也就决定了不同的快速路网规模。

7. 匝道间距与交叉口密度

快速路匝道间距的长短直接影响快速路网的通行能力，进而影响其路网容量和建设规模。通常，匝道间距过短，会导致交通交织严重，匝道出入口与主线汇合处会出现较为严重的交通拥堵现象；而匝道间距过长，会降低快速路网的运营效率。

上述因素的综合作用，对城市快速路网的长度、面积、密度等因素产生影响。合理的快速路网规模设置，不但可以在代价最小的前提下满足交通出行需求，而且可以减少用地，为城市后续发展打下基础。

3.3.3 快速路网合理规模的计算方法

常见的快速路网规模计算方法包括密度法、类比法、供需平衡法及节点重要度法等。密度法主要利用城市人口数量、用地面积、机动车保有量等因素指标依据规范或相关指标计算城市快速路网长度等；类比法主要通过类似城市的对比确定快速路网规模；供需平衡法则是通过对道路需求量及供给量分别计算，以供给与需求相平衡为目标，从而确定快速路网规模；节点重要度法将城市内主要组团中心、重要地标建筑、交通枢纽等人员活动密集区域简化为若干节点，通过聚类分析将节点分成不同的层次，将这些不同层次的节点用不同等级的道路进行连接，逐层布设形成网络。

1. 密度法

密度法就是根据城市快速路网的线密度或是面积密度来推算城市快速路网规模。针对每个城市来说，城市规划建设用地或建设区面积是确定的，若已知城市快速路网密度，对于计算城市快速路网规模将会比较容易。

对于城市快速路网规模的合理密度，国家标准《城市道路交通规划设计规范》(GB 50220—95)和《城市综合交通体系规划标准》(GB/T 51328—2018)针对不同城市规模给出了快速路和干线道路总规模的推荐值，结合笔者多年的规划实践，提出快速路网规划指标(表 3-3)。

表 3-3 城市快速路网规划指标

规划人口规模(万人)	干线路网密度(km/km^2)	快速路网密度(km/km^2)
≥1 000	1.8～1.9	0.50～0.65
500～1 000	1.7～1.9	0.45～0.60
300～500	1.6～1.9	0.40～0.55
100～300	1.5～1.9	0.35～0.50
50～100	1.4～1.8	0.30～0.45
20～50	1.3～1.7	—
≤20	1.5～2.2	—

在快速路规划指标具体选用时，还应考虑干线路网密度、人口密度、公交分担率等指标。干线路网密度高时，快速路网指标可取低值；人口密度大时，快速路网指标应取高值；公交分担率高时，快速路网指标可取低值；城市建设用地比率偏低时，快速路网指标可适当降低。

除国家标准外，部分省份颁布的交通规划导则中也对快速路网密度给出了推荐值。如《江苏省城市综合交通规划导则》中提出，大城市快速路、主干路、次干路、支路长度比为 1∶2∶3∶6，快速路占城市规划道路总长的 8.3%。一般情况下，道路网的间距可参考表 3-4 选取。

表 3-4　城市道路规划间距指标

道路等级	快速路	主干路	次干路	支路
道路间距(m)	3 000～4 000	1 800～2 500	1 200～1 800	200～400

2. 类比法

类比法是根据两个或者是两类对象之间存在某些方面的相同或相似，推出二者在其他方面也可能存在相同的一种思维形式和逻辑方法。在具体的应用中，通常首先选取快速路网建设较为成功、世界公认交通运行状况较好或具有较长快速路网建设时间的城市，依据所选取快速路网面积、道路密度、人口密度来推算所研究城市的快速路网合理密度。该方法主要适用于相似度较高的两个城市，但在实际的工作中，由于受到经济、地理、人口、交通政策、城市形态等一系列复杂指标的影响，很难找到在各方面指标均相似的两个城市，因此类比法所得结果在实际工作中，通常仅可作为参考。部分国外典型城市及部分国内典型城市的快速路网规划指标见表 3-5 和表 3-6。

表 3-5　部分国外典型城市快速路网规划指标

城市	范围	面积(km^2)	人口密度(万人/km^2)	道路密度(km/km^2)	快速路长度(km)	快速路密度(km/km^2)
东京	中心城(23 区)	621	1.28	18.4	430	0.70
巴黎	市区(20 区)	105	2.30	—	37	0.35
伦敦	中心城	300	0.83	8.6	89	0.30

表 3-6　部分国内典型城市快速路网规划指标

城市	北京	上海	广州	武汉	南京	苏州	杭州	宁波
中心城区面积(km^2)	650	667	549	450	258	599	453	312
人口密度(万人/km^2)	1.13	1.37	1.14	1.12	1.16	0.60	0.98	0.88
人均出行次数	2.42	2.65	2.33	2.41	2.75	2.78	2.26	3.02
公共交通出行比例(%)	49	50	64	35	—	36	62	50
路网密度(km/km^2)	5.50	6.34	8.06	6.96	5.93	2.60	5.50	6.33
快速路长度(km)	245	330	240	288	130	227	225	132
快速路比例(%)	5.9	7.5	5.4	9.2	8.5	14.6	14.1	9.1
快速路密度(km/km^2)	0.38	0.50	0.43	0.64	0.52	0.38	0.50	0.42

3. 供需平衡法

1）总体思路

供需平衡法的思路为从需求与交通容量平衡角度出发，依据“供给＝需求”的思想建立模型求算快速路网的合理规模，供需平衡中的“供”是指交通供给，“需”是指交通需求，通过对道路供给、需求两端的量化计算，得出快速路网合理规模。针对快速路网的组成特点，对传统的供需平衡法的计算步骤进行优化，具体技术路线如图 3-21 所示。

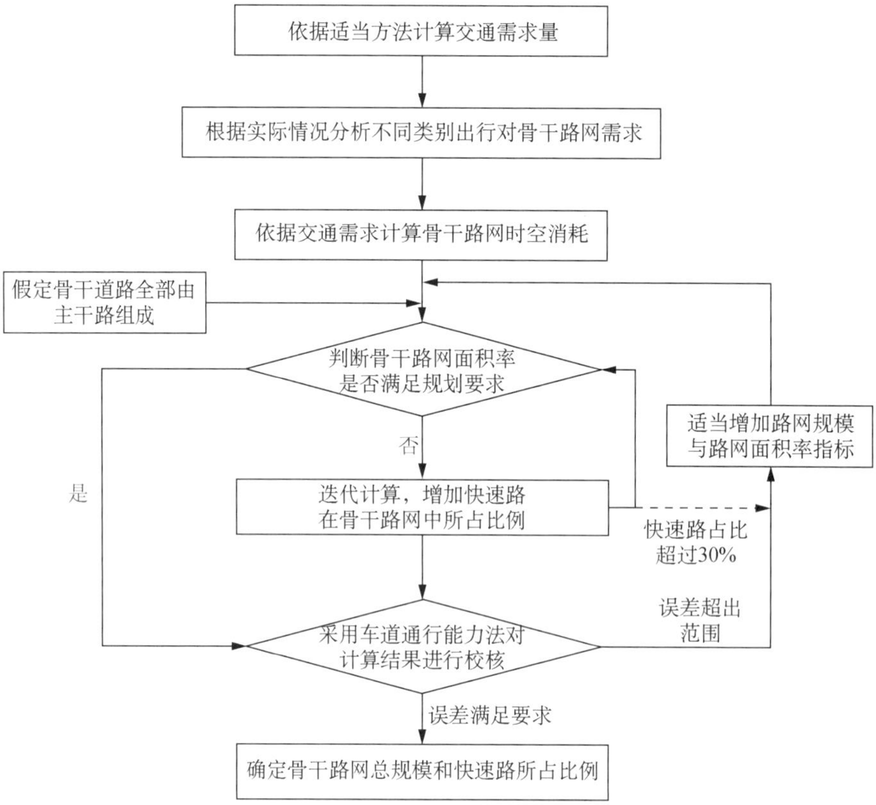

图 3-21　供需平衡法技术路线

第一步:计算城市交通需求,对已有 OD 数据调查的城市可以 OD 调查为依据;未进行 OD 调查的城市可采用增长率法或生成率法等方法,将交通需求分为市内到发交通、对外出行交通和过境交通三大类,根据实际情况分析三类交通对骨干路网(指快速路和主干路组成)需求。

第二步:依据时空消耗法计算道路供给量。首先假定骨干道路全部为间断流主干路,由交通需求反算道路规模。

第三步:判断在骨干路网全部由主干路组成的前提下,骨干道路面积率(通常为 6%～10%)是否满足规划需求。如满足,则该城市骨干路网可仅由主干路组成,无快速路建设需求;如不满足,则需由快速路、主干路共同组成。

第四步:迭代计算,逐步增加快速路占骨干路网的比例,直至骨干路网容量满足交通需求。此步骤中,为防止在交通需求过大时,迭代计算后骨干路网全部由快速路组成的情况,参考《江苏省城市综合交通规划导则》中快速路与主干路比例推荐值,当快速路与主干路比例超过 1∶2 后(也可根据城市特点自行研究确定),需增加规划路网面积率。

第五步:以车道通行能力法对计算结果进行校核。如校核结果在误差范围内,则接受;如超出范围,则需增加道路面积率,重新进行迭代计算。

第六步:根据城市实际情况确定快速路与主干路分别所占比例,并根据各不同道路平均车道规模计算快速路的长度。

2）交通需求计算

交通需求的影响因素较多，但通常对于已进行 OD 调查的城市，可根据其 OD 调查数据，计算其各类型交通量，进而推算其对骨干路网需求。对于未进行过 OD 调查的城市，如为较成熟地区，可根据现状交通流量乘以一定的增长系数进行计算；而对于未开发成熟或规划地块，则可依据用地性质乘以生成率指标，进而计算交通流量和对骨干路网需求。

（1）基于 OD 调查数据的交通需求计算

根据城市机动车 OD 调查分别得出市内到发交通量、对外出行交通量和过境交通量，再考虑骨干路网对三类不同性质交通的吸引系数，求算出城市骨干路网上总的交通需求量。

$$N_{\mathrm{d}}=K_{内}\cdot D_{内}+K_{外}\cdot D_{外}+K_{过}\cdot D_{过} \tag{3-7}$$

式中，N_{d} 为城市骨干路网上日均出行机动车总量（pcu/d）；$D_{内}$ 为市内到发交通需求（pcu/d）；$D_{外}$ 为对外出行交通需求（pcu/d）；$D_{过}$ 为过境交通需求（pcu/d）；$K_{内}$ 为骨干路对市内到发的吸引系数，参照国内实际运行情况，可取 0.4～0.6；$K_{外}$ 为骨干路对对外出行交通的吸引系数，参照国内实际运行情况，可取 0.6～0.8；$K_{过}$ 为骨干路对过境交通的吸引系数，参照国内实际运行情况，可取 0.7～0.9。

（2）基于现状调查的增长率法交通需求计算

以城市主城区机动车保有量、机动车平均增长率、机动车日均出行率、主干路及以上等级道路占出行量比例调查数据等为依据，计算骨干路网出行需求。同时，还应对外来车辆（过境车流）进行考虑，根据实际调查数据推测外来车辆占比。据此来推导出城市骨干路网日均出行机动车总量的计算公式为

$$N_{\mathrm{d}}=N\cdot\gamma(1+\delta)\alpha\cdot\beta(1+K)^{n} \tag{3-8}$$

式中，N_{d} 为城市骨干路网上日均出行机动车总量（pcu/d）；N 为城市主城区现状机动车保有量（veh）；γ 为标准车辆交通换算系数；δ 为外来车辆占总车辆比例；α 为机动车日均出行率；β 为主干路及以上等级道路出行比例；K 为城市主城区规划年内机动车平均增长率；n 为规划年限。

基于增长率法的交通需求计算中，假定现状行驶于骨干路网上的车流未来还将行驶于骨干道路上，行驶于次干路及以下等级的车流未来还将行驶于次干路或支路上。

3）快速路网需求量计算

骨干道路由间断流的主干路和城市快速路共同组成，两种类型道路的设计速度、交叉口间距、运行状况及通行能力计算方法均不相同。首先利用基于时空消耗原理的交通容量计算法计算骨干路网容量，再以基于车道通行能力的交通供给量对计算结果予以校核。

（1）基于时空消耗原理的交通容量计算

时空消耗是指交通个体一定时间内占用的空间或一定空间上使用的时间，单位为 $\mathrm{m^2 s/veh}$。就城市快速路网而言，在一定时期内，时空资源是相对稳定且有限的。交通流中的任一交通车辆在骨干路网中都占有一定的时间和空间。根据此概念，骨干路网需求＝骨干路网出行车辆总量×交通车辆在单位时间内一次出行的平均时空消耗。

交通车辆平均时空消耗是指在高峰小时内，交通车辆在行驶过程中平均占用的时空资

源数量。研究交通车辆高峰小时的平均时空消耗，从骨干路网上行车安全的角度出发，求算在骨干道路上单个安全行驶标准机动车所需的空间：

$$C_{车}=(L_0+L_1+v\cdot t_1+S)b\cdot t \tag{3-9}$$

式中，$C_{车}$为每标准交通车辆时空（$m^2s/d\cdot pcu$）；L_0为交通车辆的平均长度（m）；L_1为交通车辆间的平均安全距离（m）；v为机动车运行速度；t_1为司机的反应时间（s）；S为刹车运行距离（m）；b为一条车道的宽度（m），通常可取 3.5 m；t为骨干路网上机动车平均运行时间（s/d），与城市规模、布局、路网结构等因素有关，该参数需要通过调查确定。

城市道路的突出矛盾主要在于高峰小时，因此高峰小时的交通需求量是路网规模的决定性因素。由于城市骨干路网实际运行时间中受各种因素影响会产生一定程度的折减，主要考虑主干路受交叉口间距、绿信比、行人及非机动车影响的折减；快速路受匝道间距、匝道出入口布置、交通组织及交通管理等因素影响。因此，一个高峰小时内骨干路网有效运行时间的折减系数为

$$T=r_1\cdot k+r_2\cdot(1-k) \tag{3-10}$$

式中，T为高峰小时内骨干路网有效运行时间的折减系数；r_1为快速路运行时间折减系数，通常为 0.95；r_2为主干路运行时间折减系数，通常为 0.6；k为快速路在骨干路中的占比。

高峰小时对骨干路网的总面积需求应为

$$M_{总}=N_d\cdot\lambda\cdot C_{车}/T \tag{3-11}$$

式中，$M_{总}$为骨干路网总面积（m^2）；λ为高峰小时系数，需根据调查确定，通常为 8%～12%。

由所计算得出骨干路网总面积和迭代计算中所取快速路与主干路所占面积比值，进而推算各类道路等效长度。快速路与主干路等效长度分别为

$$\begin{cases}L_r=\dfrac{M_{总}\cdot K}{1\,000\cdot B_r\cdot C_r}\\[2ex]L_m=\dfrac{M_{总}\cdot(1-K)}{1\,000\cdot B_m\cdot C_m}\end{cases} \tag{3-12}$$

式中，L_r为快速路长度（km）；L_m为主干路长度（km）；B_r为快速路单车道宽度（m）；B_m为主干路单车道宽度（m）；C_r为快速路双向车道数，通常为 6～8 车道；C_m为主干路双向车道数，通常为 4～8 车道。

（2）基于车道通行能力的交通供给能力计算

在以时空消耗原理经迭代计算得出城市骨干路网面积和各类道路等效长度基础上，还需以基于车道通行能力的交通供给能力的方法对计算结果予以校核。

① 快速路通行能力计算

快速路属于连续流道路，其交通供给计算如下：

$$N_r=N_p\cdot C_r \tag{3-13}$$

式中，N_r 为快速路双向通行能力(pcu/h)；N_p 为一条车道的设计通行能力。

② 主干路通行能力计算

主干路通行能力主要受行车速度、横向道路、交叉口间距及信号绿信比、非机动车等因素影响，属于间断性交通流。根据《公路与城市道路设计手册(第二版)》(人民交通出版社，2016)，路段双向机动车道通行能力计算如下：

$$N_m = N_p \cdot C_m \cdot \mu \tag{3-14}$$

式中，N_m 为主干路路段双向通行能力(pcu/h)；μ 为交叉口影响通行能力的折减系数，采用式(3-15)计算。

$$\mu = \begin{cases} \lambda & s \leqslant 200 \text{ m} \\ \lambda(0.0013s + 0.73) & s > 200 \text{ m} \end{cases} \tag{3-15}$$

式中，λ 为绿信比；s 为交叉口平均间距(m)。

4) 供需平衡法特点总结

供需平衡法原理浅显易懂，计算简单，易于收敛，适用于各类规模城市，是目前最常用的道路规模计算方法。针对国内城市骨干路网的构成特点，对已有供需平衡法适当改进，以道路面积为核心控制指标，并首先假定骨干道路全部由间断流主干路组成，在不能满足交通需求的情况下，逐步迭代增加连续流快速路长度，符合国内城市工程建设经验中的实际情况，并以基于车道规模的通行能力计算予以校核，使计算结果更为准确。

但同时，该方法也存在一些缺点。主要问题为若干主要参数如各类交通出行对于骨干道路网的使用比例、高峰小时车辆平均占用骨干路网时间、骨干路网占城市的面积率、骨干路网平均宽度等指标依赖实地调查或工程人员经验确定，因此更为适合已有实际运行经验的建成区或城市快速路网系统构建等，对于纯新建城市或组团存在较大的不确定性。

4. 节点重要度法

节点重要度法源自公路规划，本书将该方法运用于城市快速路规划。其核心思想为：首先，将城市内主要组团中心、重要地标建筑、交通枢纽等人员活动密集区域简化为若干节点；然后，通过聚类分析将节点分成不同的层次；最后，将不同层次的节点用不同等级的道路进行连接，逐层布设，形成网络。在具体的规划工作中，首先计算各节点重要度，并将节点按照重要度大小分层，优先布置重要度较大的点之间的联系路段，然后再在此基础上，使下一层次节点之间、下一层次节点与优先布置路网之间沟通，形成整体，实现交通网络的较优配置。其整个工作思路为“点→线→网”的布局过程，其中，最重要层的节点通过快速路连接，将可连接节点全部连接完成后，即得到所需快速路网。

1) 节点重要度计算

本书将重要交叉口视作一个节点，并依据交叉口四周地块的用地性质及开发强度确定其重要度，具体计算方法如下。

(1) 交通吸引点分类

不用类型用地有着不同的交通生成率，对路网的需求也不尽相同。根据城市规划中的常见情况，将用地类型及开发强度分为五类(表 3-7)。

表 3-7　交通吸引点分类

交通吸引点分类	开发强度指数	交通吸引点分类	开发强度指数
居住用地	R1：高	商业、综合服务用地	C1：高
	R2：中		C2：中
	R3：低		C3：低
工业、仓储物流用地	I1：高	对外交通用地	T1：高
	I2：中		T2：中
	I3：低		T3：低
教育、行政用地	E1：高		
	E2：中		
	E3：低		

(2) 节点重要度计算

① 普通十字路口

$$Z_j=\sum_{i=1}^{3}\alpha_{\mathrm{A}i}\frac{n_{\mathrm{A}i}}{4}+\sum_{i=1}^{3}\alpha_{\mathrm{B}i}\frac{n_{\mathrm{B}i}}{4}+\sum_{i=1}^{3}\alpha_{\mathrm{C}i}\frac{n_{\mathrm{C}i}}{4}+\sum_{i=1}^{3}\alpha_{\mathrm{D}i}\frac{n_{\mathrm{D}i}}{4}+\alpha_{\mathrm{E}i}n_{\mathrm{E}i} \qquad (3\text{-}16)$$

式中，Z_j 为 j 节点重要度；$n_{\mathrm{A}i}$ 为该节点周围地区的 i 类居住用地开发强度；$\alpha_{\mathrm{A}i}$ 为 i 类居住用地的权重；$n_{\mathrm{B}i}$ 为该节点周围地区的 i 类商业、综合服务用地开发强度；$\alpha_{\mathrm{B}i}$ 为 i 类商业、综合服务用地的权重；$n_{\mathrm{C}i}$ 为该节点周围地区的 i 类工业、仓储物流用地开发强度；$\alpha_{\mathrm{C}i}$ 为 i 类工业、仓储物流用地的权重；$n_{\mathrm{D}i}$ 为该节点周围地区的 i 类教育、行政用地开发强度；$\alpha_{\mathrm{D}i}$ 为 i 类教育、行政用地的权重；$n_{\mathrm{E}i}$ 为该节点周围地区的 i 类对外交通用地开发强度；$\alpha_{\mathrm{E}i}$ 为i 类对外交通用地的权重。

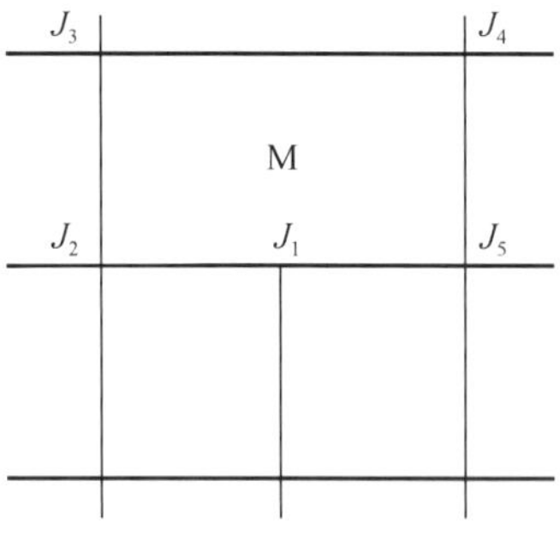

图 3-22　交通小区节点重要度计算示意图

公式(3-16)中主要难点在于确定不同类型用地规模标准和各类用地权重值的标定。通常，可采用因素分析法或专家打分法。

② 畸形交叉口或丁字路口

以图 3-22 为例，在计算时，其中 M 区的各交通吸引点影响到 J_1、J_2、J_3、J_4、J_5 五个交叉路口，即该五个节点分担了 M 区的交通吸引点所引起的交通量。该五个节点的重要度计算如下。

首先，对 M 小区的交通吸引点所引起的节点重要度进行计算。

$$Z_{j\mathrm{m}}=\sum_{i=1}^{3}\alpha_{\mathrm{A}i}\frac{n_{\mathrm{A}i\mathrm{m}}}{5}+\sum_{i=1}^{3}\alpha_{\mathrm{B}i}\frac{n_{\mathrm{B}i\mathrm{m}}}{5}+\sum_{i=1}^{3}\alpha_{\mathrm{C}i}\frac{n_{\mathrm{C}i,\mathrm{m}}}{5}+\sum_{i=1}^{3}\alpha_{\mathrm{D}i}\frac{n_{\mathrm{D}i\mathrm{m}}}{5}+\alpha_{\mathrm{E}i}n_{\mathrm{E}i\mathrm{m}} \qquad (3\text{-}17)$$

式中，Z_{jm} 为M区节点重要度；n_{Aim} 为M区的 i 类居住用地开发强度；α_{Ai} 为 i 类居住用地的权重；n_{Bim} 为M区的 i 类商业、综合服务用地开发强度；α_{Bi} 为 i 类商业、综合服务用地的权重；n_{Cim} 为M区的 i 类工业、仓储物流用地开发强度；α_{Ci} 为 i 类工业、仓储物流用地的权重；n_{Dim} 为M区的 i 类教育、行政用地开发强度；α_{Di} 为 i 类教育、行政用地的权重；n_{Eim} 为M区的 i 类对外交通用地开发强度；α_{Ei} 为 i 类对外交通用地的权重。

对其他交通小区的交通吸引点的节点重要度的计算方法与普通十字形交叉口相同，只是不计入M象限的重要度值，最后将其两部分计算的节点重要度相加即得到节点的最终重要度。

$$Z_j = Z_{jM} + Z_{j\text{其他}} \tag{3-18}$$

该节点重要度计算法的原理就是某交通小区的所有的交通吸引点所引起的交通量由其周围各节点平均分担。节点的重要度主要通过其分得的各交通吸引点的个数及各交通吸引点的规模所决定，其他类型畸形交叉口计算方法与此相同。

2）节点系统聚类分析

在节点重要度计算的基础上，还需根据节点的重要度对节点进行分类。根据国内大、中型城市的交通需求、城市用地、经济水平，其道路等级可分为快速路、主干路、次干路和支路四个等级道路，因此对应节点可分为“特别重要”“很重要”“重要”和“一般”四大类。在节点数量不多的情况下，通过经验判断或依据单一指标即可；在节点较多或情况较为复杂的情况下，可利用系统聚类、动态聚类、图论聚类、模糊聚类等系统分析方法对节点进行分类。

针对节点重要度法的特点，采用系统聚类法对节点进行分类。系统聚类的基本思想是：距离相近的变量先聚成类，距离相远的后聚成类，过程一直进行下去，最终将所有节点都分类完成。具体计算步骤如下。

第一步：定义节点间距离，计算节点间两两距离，得一距离矩阵，记为 $D(0)$，开始每个样品自成一类，此时 $D_{ij} = d_{ij}$。

第二步：找出距离最小元素，设为 D_{pq}，则将节点 Z_p 和 Z_q 合并成一个新类，记为 $G_r = \{G_p, G_q\}$。

第三步：计算新类与其他类距离。

第四步：重复第二步和第三步，直至所有元素并成一类为止。如某一步距离最小的元素不止一个，则对应这些最小元素的类可以同时合并。

3）路网布局展开

根据骨干路网构成特点，按四类节点重要度依次逐层展开，最终连接所有节点，具体方法如下。

第一步：先布置第一层节点，即特别重要节点，布设快速路；再缀加第二层节点，即很重要节点，增设成快速路。

第二步：布设第二层节点，即很重要节点，布设主干路；再缀加第三层节点，即重要节点，增设成主干路。

第三步：布设第三层节点，即重要节点，布设成次干路；再缀加第四层节点，即一般节点，缀加次干路。

第四步：将剩下的节点即一般节点用支路连接。在每一层次的节点布设完成之后，都要根据实际需求和特殊情况进行合适的调整，以更好地满足不同情况的需要。

在路网布设过程中还需遵循以下原则：

① 城市中心位置开发强度大、业态丰富，是城市行政、办公、商务中心，是节点重要度法中"特别重要"节点的聚集地，但市中心通常无快速路的建设条件。因此，快速路的设置，除了考虑该方法的因素外，还要兼顾城市布局、区域要求等因素。

② 若两条主干路所在的路线相交，则两主干路的连接路段也应设为主干路。

③ 重要节点与其邻近的主干路中间路线中若有较重要节点，则加设主干路；若没有较重要节点，则应加设次干路。

④ 各类道路密度合理值与长度比例参见前文。

4）节点重要度法特点总结

节点重要度法吸取了公路网规划中的优点，将城市路网中的交叉口视作一个节点，并根据路口四周用地性质与开发强度确定其重要度，其优点在于不依赖现状流量调查，不需要对实际运行参数进行标定，减少了外业调查量与技术人员主观判断对路网规划的影响，同时可依据规划成果一次性布设全部路网。但节点重要度法同样存在不足：①该方法对用地规划的稳定性要求较高，如地区规划中的用地性质或开发强度存在一定变数则会对该方法的准确性产生较大影响；②节点重要度法中的节点分类标准与计算节点重要度指标中的不同用地性质权重需依据经验或咨询专家进行标定，存在一定的主观因素；③采用节点重要度法所得出路网布设结果，尤其是快速路或交通主干路其可实施性有待根据城市结构、地理环境、财政实力等进一步论证。

3.4 城市快速路网规划评价

3.4.1 现有评价方法综述

快速路网规划方案是一个多目标、多因素的整体，需要对其社会、经济、技术、环境等因素的综合价值进行权衡、比较、优选和决策，因此必须引入综合评价方法，合理全面地评价和比选最佳方案。目前，常用的方法有层次分析法（AHP）、灰色关联度分析法、模糊综合评价法和主成分分析法等。

1. 层次分析法（AHP）

层次分析法是一种定性与定量分析相结合的多目标决策分析方法。其基本过程为：把复杂问题分解成各个组成元素，按支配关系将这些元素分组、分层，形成有序的递阶层次结构，构造一个各因素之间相互连接的层次结构模型。通常，把这些因素按照目标层、准则层和方案层进行自顶向下的分类。在此基础上，通过两两比较方式判断各层次中诸元素的重要性，然后综合这些判断计算单准则排序和层次总排序，从而确定诸元素在决策中的权重。这一过程体现了人们决策思维的基本特征，即分解、判断、再综合。

2. 灰色关联度分析法

灰色关联度分析法是一种可以在数据量比较少的情况下，利用既有数据所潜在之信息来自化处理，并进行预测或决策的方法。其基本原理为：假定若干个统计数列所构成的各条曲线几何形状越接近，即各条曲线越平行，则它们的变化趋势越接近，其关联可利用各方案与最优方案之间关联度的大小对评价对象进行比较、排序。该方法首先是求各方案与最佳指标组成的理想方案的关联系数矩阵，由关联系数矩阵得到关联度，再按关联度的大小进行排序、分析，得出结论。

灰色关联度分析法的优点是计算简单，通俗易懂，数据不必进行归一化处理，可用原始数据进行直接计算。它的缺点是所求得的关联度往往为正值不能全面反映事物之间的关系，目前的"规范性"准则在全面性、准确性上有所欠缺，应该进行修正，不能解决评价指标间相关造成的评价信息重复问题，因而指标的选择对评判结果影响很大。

3. 模糊综合评价法

模糊综合评价法是一种以模糊数学为基础，应用模糊关系合成的原理，将一些边界不清、不易定量的因素定量化，进行综合评价的方法。其评价过程为：首先确定被评价对象的因素(指标)集 $U=\{x_1, x_2, \cdots, x_m\}$ 和评价集 $V=\{v_1, v_2, \cdots, v_n\}$ 。其中，x_i 为各单项指标，v_i 为对 x_i 的评价等级层次，一般可分为五个等级 $V=\{$优，良，中等，较差，差$\}$；然后分别确定各因素的权重及它们的隶属度向量，获得模糊评价矩阵；最后把模糊评价矩阵与因素的权重集进行模糊运算并进行归一化，得到模糊综合评价结果。

4. 主成分分析法

主成分分析法是一种利用降维的思想，把多指标转化为几个综合指标的多元统计分析方法。在路网综合评价中的应用，实际上做了两个层次的线性合成：第一层次将原始指标通过恰当的线性组合成主成分，按此累计方差贡献率不低于某个值(比如0.9)的原则确定前几个主成分，这反映了原始指标的信息；第二层次是各主成分以各自的方差贡献率为权重，通过线性加权求得综合评价指标来分析路网的优劣，这反映了各主成分的信息。

5. 快速路网规划方案评价方法分析

层次分析法的优点是比较全面，在相对重要度确定得比较准确的情况下可靠度比较高，但权重计算中相对重要度的确定一般需专家咨询，受主观因素影响大，在进行方案的总体评价时，缺乏一个统一、具体的指标量化方法，因而在实际使用中，人们大多只采用它进行指标权重的分析，并用其他方法进行指标值的量化和归一化计算；灰色关联度分析法的优点是计算简单，通俗易懂，数据不必进行归一化处理，可用原始数据进行直接计算。它的缺点是所求得的关联度往往为正值不能全面反映事物之间的关系，目前的"规范性"准则在全面性、准确性上有所欠缺，应该进行修正，不能解决评价指标间相关造成的评价信息重复问题，因而指标的选择对评判结果影响很大；模糊综合评价法的优点是考虑到了客观事物内部关系的错综复杂性和价值系统的模糊性，其缺点是不能解决评价指标间相关造成的信息重复问题。因此，它适于处理定性指标较多或指标界限不明的综合评价；主成分分析法理论简洁，客观赋权，权重值根据被评价对象的指标样本值确定，其不足之处是指标样本值的随机性影响权重的稳定性，在对象众多情况下，可确定其中主要指标，降低指标体系复杂程度，进行综合评价。

快速路网规划方案评价从具体指标上来看，各指标值范围以定性与定量相结合方式确定，且两状态分界值附近的指标难以准确判定其实际归属，各指标均存在一定的模糊性，对于评价结果的给出，亦存在一定的模糊性。因此，适宜采用模糊综合评价法。

3.4.2 快速路网规划方案评价指标体系

城市形态对快速路网的影响较大，不同的城市形态对快速路网规划布局要求不同，单中心城市最为常见的快速路网布局形式为环射状，而多中心组团型城市要求快速路网能够联系各个组团，使得组团之间联系更为紧密便捷。城市交通需求是居民对交通设施的需要程度。交通需求的大小和分布特性，是决定快速路网布局规划最直接和最具决定意义的因素。不同的需求类型和不同的需求量，都将导致不同的线网规划成果。经济发展情况因素也将对快速路网规划产生重大影响，快速路网的建设归根结底是为了保证和促进社会经济的发展，不同经济发展水平的城市对快速路网规划提出的要求也不同，路网规划应当与城市形态及经济发展力相匹配，最好能够适当超前，以带动经济的发展。此外，社会及环境影响等因素也会对快速路网规划产生影响。根据主要影响因素，快速路网规划方案评价指标体系归纳见表 3-8。

表 3-8 快速路网规划方案评价指标体系

目标层	准则层	指标层
最优快速路网规划方案	技术指标 u_1	快速路网可达性 快速路网连通度 快速路网平均车速 快速路网平均交通负荷
	经济指标 u_2	平均机动车出行时间节省程度 快速路网方案实施难易程度
	社会影响指标 u_3	与综合运输设施的衔接程度 与用地布局结构的适应性
	环境影响指标 u_4	快速路网对环境的影响程度

1）快速路网可达性

快速路网可达性 γ 是指在规划区内某一节点出发通过区内道路抵达快速路的行程距离、行程时间或交通费用的大小，它直观地反映了快速路网与普通路网之间联系的难易和便利程度。以交通单元出行中心作为节点，以出行中心到达快速路所用时间的平均值作为衡量参数，该数值越小越好。其计算公式如下：

$$\gamma=\frac{1}{N}\sum_{I=1}^{N}\gamma_i \qquad \gamma_i=\frac{l_i}{v} \tag{3-19}$$

式中，γ 为城市快速路网综合可达性；γ_i 为 i 交通单元出行中心达到快速路所需时间(h)；l_i 为 i 交通单元出行中心达到快速路的出行距离(km)；v 为规划年普通道路一般行驶状况下的平均车速，可取 25～30 km/h；N 为交通单元数量。

2）快速路网连通度

快速路网连通度 T 是指快速路网系统中某点到系统中其他点的连接数。在快速路系统中所谓的节点既包括交通单元，也包括重要的城市出入口。它是反映节点连通程度的重要指标。其计算公式如下：

$$T=\frac{M}{N} \tag{3-20}$$

式中，T 为快速路网与其他干线及支线道路的机动车流集散点衔接程度；M 为与快速路网衔接的机动车流集散点数；N 为城市范围内主要功能分区及重要出入口的机动车流集散点总数。

3）快速路网平均车速

快速路网平均车速 v 能反映快速路系统中车流运行状态，能切实反映快速路的运行效率。合理的快速路平均车速应该与设计速度相近。快速路系统平均车速是以快速路各路段的长度为权重得到整个快速路的平均车速。其计算公式如下：

$$v=\frac{\sum_{i=1}^{m} v_i L_i}{\sum_{i=1}^{m} L_i} \tag{3-21}$$

式中，v 为快速路网平均车速(km/h)；v_i 为第 i 条快速路的平均车速(km/h)；L_i 为第 i 条快速路段的长度(km)；m 为快速路网中道路总数。

4）快速路网平均交通负荷

快速路网平均交通负荷 s 是指快速路网中车流饱和度，该指标可定量等于快速路网上的实际交通量与设计容量的比值，它反映了快速路网的交通容量适应交通需求的程度，也反映了快速路网的拥挤程度。其计算公式如下：

$$s=\frac{\sum_{i=1}^{n} Q_i L_i}{\sum_{i=1}^{n} C_i L_i} \tag{3-22}$$

式中，s 为快速路网平均交通负荷；Q_i 为第 i 条快速路的交通量；C_i 为第 i 条快速路的交通容量；L_i 为第 i 条快速路段的长度(km)；n 为快速路网中道路总数。

经济指标中，平均机动车出行时间节省程度的评价可从城市快速路网建成后，城市快速路网中比原路网中每车每公里出行时间的减少量来反映；快速路网方案实施难易程度可以从项目实施过程中沿线城市设施拆迁量的大小与快速路网不同实施形式估算造价二者之和来考虑。具体操作中，可通过专家评定法来确定其难易程度。

社会影响指标中，与综合运输设施的衔接程度可用机场、火车站、港口、汽车场站等交通枢纽到达快速路网的便捷性及直达性来综合定性表示；与用地布局结构的适应性可以用是否起到合理引导城市发展的作用，使城市用地规划与城市交通规划二者处于良性互动发展状态来判定。

对环境的影响程度，由于难以准确判定其实际归属，因此，适宜采用模糊综合评价法。

3.4.3 快速路网规划方案综合评价步骤

采用模糊综合评价法评价快速路网规划方案的具体步骤如下。

(1) 设因素集 U 。“因素”是指人们考虑问题时的着眼点。对评定快速路规划方案来讲，关注的是其合理性、可行性、效益等方面。在因素集 $U=\{u_1, u_2, \cdots, u_n\}$ 中，应尽量用最少的因素来概况和描述问题，以达到简化评价运算的目的。

(2) 设评价集 V 。根据具体情况的需要，对单一因素作出不同程度的评价。

(3) 确定权重集 A 。在诸“因素”中，其侧重点是不同的，这就是权重。综合评价是因素权重和单因素评价的复合作用，因此，权重集的确定十分重要。

(4) 建立评价矩阵 R 。某一因素的评价结果 $r_{ij}(i, j=1, 2, 3, \cdots)$ 表示从第 i 个因素出发，对被评价问题作出第 j 种评价的可能程度。多种因素的评价模糊子集可构成一个评价矩阵 R 。

(5) 综合评价。对于评价对象，模糊综合评价结果为 $B=A \cdot R$ 。

(6) 归一化处理，得出具体可比性的综合评价结果。

3.5 城市快速路网的建设时序

3.5.1 国内主要城市快速路网建设历程

自 20 世纪 90 年代以来，随着经济的快速发展，为满足城市空间不断拓展、城市更新的需要及个人机动化出行的急剧增加的需要，在北京、上海等人口超过 1 000 万的超大城市以及天津、杭州、成都、南京等人口超过 500 万的特大城市，快速路规划和建设得到空前重视和优先发展。目前，超大城市基本形成完善的快速路系统，特大城市已逐步形成快速路系统，而大量的人口超过 100 万的大城市已开始构建快速路系统。

1. 上海市快速路

上海于 20 世纪 90 年代末期提出了“三环十射”快速路网系统的规划，主要承担市区大容量、中长距离快速交通出行。内环线是最早建设的城市快速高架道路，它全长 47.7 km，双向 4 车道，设计速度 80 km/h，浦西段于 1994 年 10 月通车，浦东段于 2009 年 12 月完成。外环线全长 98 km，双向 8 车道，设计速度 80～100 km/h，西南段于 1998 年建成，西北段于 2001 年建成，浦东段于 2002 年建成。中环线全线长约 70 km，双向 8 车道，设计速度 80 km/h，浦西段于 2005 年 12 月建成通车，浦东段于 2016 年 3 月完成。“十射”的建设起步晚于环路，从 1999 年开始至 2010 年，陆续完成了延安高架路、南北高架路、逸仙高架路、沪闵高架路、华夏高架路、北翟高架路等 10 余条快速路的建设。2010 年至 2017 年，先后建成申江路高架专用道、嘉闵高架路等多条城市快速路。

2. 北京市快速路

北京市的二环快速路是中国第一条城市快速环路，全长 33 km，全线共设 31 座(对)立交或出入口，双向 6 车道，是北京市的内环路，是保护老城区以及城市核心区的屏障，1992 年

9 月建成通车。三环路是北京市第二条快速环路，全长 48.2 km，立交或出入口 48 座(对)，双向 6 车道，于 1994 年全线建成通车。四环路全长 65.3 km，立交 51 座，双向 8 车道，于 2001 年 6 月竣工通车。三、四环路位于中心城的中部，具有快速疏导过境及长距离交通运输的功能，同时承担了联系中心城各组团的任务。五环路全长 99 km，设计速度 100 km/h，双向 6 车道，2003 年 10 月全线建成通车。从 2000 年开始，北京市加强了快速联络线和放射线的建设，主要有西外大街、德外大街、学院路、阜石路高架路、德贤路等 10 余条快速路。

3. 苏州市快速路

苏州市中心城区绕城高速内规划形成“井＋环”快速路网。内环快速路最早开建，全长 26 km，大部分为高架或隧道形式，双向 6 车道，设计速度 80 km/h，于 2007 年全线完工。中环快速路分两期建设，一期中环东路和西路全长 35 km，双向 6 车道，设计速度 80 km/h，于 2015 年 7 月建成通车，二期待建。内环快速路向外的延伸线在 2007—2017 年陆续建成，设计速度 60～80 km/h，双向 6～8 车道，构成内环与中环间快速联络线，形成“井”字形布局。

4. 武汉市快速路

武汉市三环线是武汉市最早贯通的快速路环线，主要承担中心城区中长距离的快速出行，同时疏解过境交通，全长 91 km，设计速度 80 km/h，其中西线、北线于 2008 年建成通车，东线、南线于 2010 年贯通。武汉市二环快速路全长 48 km，双向 4～6 车道，设计速度 60～80 km/h，汉阳段于 2010 年 7 月通车，汉口段于 2011 年 9 月通车，武昌段于 2015 年 4 月通车。从 2011 年开始，武汉市加强了快速路射线与连接线的建设，先后建成珞狮南路、金桥大道、姑嫂树路、长丰大道、国博大道、龙阳大道、东风大道、雄楚大街、江北快速路等城市快速路。

5. 青岛市快速路

青岛市规划形成“三纵四横”快速路网。胶宁高架路(东西快速路)是青岛历史上的第一条城市快速通道，全长约 11 km，主线为双向 4～6 车道，工程分三期建设，分别于 2002 年 1 月、2003 年 9 月、2011 年 6 月建成通车。杭鞍高架路为第二条东西向快速路，起于环湾路，止于南京路，全长约 6.2 km，主线双向 6 车道，于 2006 年 12 月建成通车。跨海大桥高架路为第三条东西向快速路，起于跨海大桥，止于滨海大道，全长 9.1 km，主线为双向 6 车道，2011 年 6 月建成通车。新冠高架路为“一纵”的组成部分，位于新疆路和冠县路之间，全长约 3.5 km，双向 6 车道，2015 年 7 月建成通车。2010 年至今，已建成或启动多条快速路联络线和放射线建设，主要有双流高架路、G204 高架路、重庆路等多条城市快速路。

6. 无锡市快速路

无锡市规划形成“两环十射两联”快速路网。快速内环是无锡市首条城市快速路，全长 29.3 km，主线双向 4～6 车道，设计速度 60～80 km/h。2006 年 12 月，内环江海路段建成通车开启了无锡市快速路建设的先河，内环西线于 2008 年 4 月贯通，南线于 2008 年 9 月建成。2008 年后，无锡市加快了快速路射线与联络线的建设进度，在 2～3 年间陆续建成机场路高架、太湖大道东延伸高架、金城东路高架、高浪路高架、新华路高架，形成了“一环多射”的快速路网布局，已建成通车总里程约 90 km。

7. 昆山市快速路

昆山市规划形成“两环一横九放射”快速路网，全长约 194 km。中环快速路是昆山市首条城市快速路，全长约 44 km，双向 6 车道，设计速度 80 km/h，于 2015 年 4 月通车。2017 年开始，外环快速路、G312 国道(阳澄湖方向)快速路射线相继开工，并于 2019 年建成通车。

3.5.2 快速路网建设时机、建设时序影响因素

1. 快速路网建设启动时机影响因素

通过对过往工程经验的总结，快速路建设启动时机的主要影响因素包括城市经济发展水平、城市交通需求、主城区面积、区域一体化程度和交通拥堵发展趋势几个方面。

1) 城市经济发展水平

快速路的建设和运营需要大量的资金支持，以双向 6 车道的快速路建安成本为例：地面形式为 0.8 亿～1.2 亿元/公里，高架形式为 2.0 亿～2.5 亿元/公里，地道形式为 4.0 亿～5.0 亿元/公里，加上征地拆迁等成本，平均每公里造价甚至高达 3 亿～8 亿元，需要城市具备较强的经济实力。联合国开发计划署研究认为，发展中国家城市市政公用基础设施投资占 GDP 的 3%～5%。研究表明，包括快速路在内的交通设施的投资约占城市市政公用基础设施的 16%～20%，快速路网投资占交通设施的 20%～50%，则快速路网投资占城市 GDP 的 0.12%～0.5%。

超大城市、特大城市、大城市 GDP 总量分别达到 1 000 亿元、2 000 亿元、3 000 亿元时启动首条快速路建设比较合适。

2) 城市交通需求

城市交通需求可以用全部机动化交通出行总量乘以出行距离来衡量，主要由机动车保有量、城市布局与土地利用、区域一体化程度等因素决定。总结国内外快速路建设历程，快速路在机动化水平达到 100 辆/千人时开始建设，达 200 辆/千人后全面展开建设，而达到 500 辆/千人后则逐渐进入成熟稳定期。分析国内城市首条快速路建成时的机动车保有量，北京、上海、广州等超大城市超过 35 辆/千人，天津、武汉、杭州、大连等特大城市超过 70 辆/千人，常熟、昆山等大城市超过 200 辆/千人。

3) 主城区面积

随着城市发展，绝大多数城市选择优先向外拓展城市空间，同时对老城区空间及功能布局实施有机更新和调整，城市发展并不追求密集型布局，更倾向于向分散组团式方向发展。通过快速路网系统，缩短城市各个组团之间的时间距离，使城市的概念在时空上得到统一。非机动化的出行一般在 3～5 km 范围内，对应的出行覆盖面积为 30～80 km^2，小汽车出行一般在 5 km 以上，当主城区空间尺度大于 80 km^2 时应该启动快速路的建设。

4) 区域一体化程度

城市群、城市圈的发展使城市间的出行需求愈加紧密，而城际高速公路、高速铁路及航空运输系统的出现极大地改变了城市间交通出行的特征。修建与城市间快捷出行配套的城市快速路，提高城区内部的出行效率，已成为区域中心城市推动区域一体发展的必然选择。总结各大城市的发展经验，城市快速路大多紧随城际高速公路的通车而启动，超大城市的时间差通常为 1～2 年，特大城市通常为 3～5 年，大城市的时间间距较长，但大多为 10 年以内。

5）交通拥堵发展趋势

城市交通拥堵状况随着城市的建设与机动化的发展处于不断变化之中。近年来，随着大数据技术的发展，通过对道路用户手机导航数据的大样本采集，分析自由流条件下与高峰小时下路网平均运行速度的比值，判断城市路网拥堵状况，如高峰时段运行速度逐渐变慢，说明拥堵情况在加剧，快速路建设进程应加快；反之，则可按原定计划实施。

2. 快速路网建设时序影响因素

从前文所述的案例中可以看出，国内主要城市的快速路网建设都经历了“先环后射”的过程。最初城市建设快速环路是为了保护中心城区，分离过境交通。随着城市规模的扩大，中心区人口逐渐向外围疏解，职住分离导致产生明显的向心性交通，因此催生了射线状骨架道路的建设。归纳起来，快速路网建设时序的影响因素主要有以下几点。

1）土地开发(更新)指标

城市空间结构发展有三种基本模式：旧城改造、“摊大饼”、造新城。从城市空间拓展的实践角度看，很多城市的空间拓展都是混合采用了以上三种模式。城市空间结构的发展离不开土地开发，土地开发（更新）时序是指城市各区块土地开发（更新）建设的先后顺序，对交通基础设施的建设时序影响最为直接。对于造新城模式而言，新城除了自身需具备完善的路网外，新城必须优先建立快捷的交通方式与老城进行联系。对于“摊大饼”模式而言，由于城市规模的蔓延式增长，更需要快捷交通方式来协同新老城市空间的布局。对于旧城改造模式而言，需实施对旧城的有机更新，需要重构快捷的交通方式来适应更新的城市空间结构。土地开发（更新）指标可以从土地开发（更新）时序优先级、土地开发（更新）完成率、产业及人口导入率三方面来衡量。

决策准则：快速路网的建设时序应与城市土地开发（更新）指标相匹配，快速路建设时序安排应支持城市空间布局的拓展和调整。

2）交通需求

交通需求是反映快速路建设紧迫性的最直接的因素。快速路沿线现状及未来的人口和岗位分布决定了沿线的交通发生量和吸引量，而快速路吸引的交通量的大小直接影响快速路建设时序安排。

决策准则：优先建设交通流量大、人口岗位分布密集区段的快速路。

3）工程实施条件

不同快速路的工程实施条件直接关系到快速路项目实施的难易程度，由三个子指标组成：征地拆迁、社会影响、施工技术难度。近期实施的快速路必须具备可实施条件，给后续实施的快速路也不增加实施难度，同时还要考虑同期实施快速路之间的相互影响，合理把握建设工期安排，考虑相关的配套道路工程。

决策准则：优先建设具备实施条件的快速路工程。

4）建设资金

快速路网建设是一项长期的工程，需要有充足的资金不断地投入，才能保证建设有序地进行，避免出现建设资金不足的快速路仓促开工建设。国内外快速路建设资金模式有多种，主要有政府财政直接投入、国有融资平台融资、民间投资、PPP、BT 等。

决策准则：优先安排建设资金能落实的快速路实施。

3.5.3 首条快速路建设启动时机判断

在工程建设项目咨询中，编制项目建议书或（预）可行性研究报告时通常采用内部收益、净现值等国民经济评价方法，判断项目建设是否有利于经济发展期收益率、是否大于社会收益率。然而，这种评价方法并不能很好地确定快速路的建设时机，仅能以立即投资的角度，计算项目生命周期内项目绩效情况。

快速路建设时机问题包含两个层面：首先应对现状的道路系统供需情况作出判断，分析一个城市是否需要建设快速路，即必要条件；在满足必要条件的基础上再决策何时启动首条快速路建设可以实行经济效益最大化，即充分条件。

1. 快速路网建设时机类型

交通供需关系是判断基础设施建设与否的根本。从供需关系上，可将快速路建设的启动时机划分为三种模式：滞后型模式、适应型模式和超前型模式。

（1）滞后型模式：指规划建设首条快速路的时机滞后于道路交通发展的需求，即路网建设供应量小于机动车出行的需求。

对道路交通的投资力度落后于城市发展的需求，交通供需矛盾比较突出，导致交通结构与城市布局之间无法实现协调发展。在城市经济步入快速增长阶段后，如仍采用保守型供给模式，则容易给城市的发展造成不可估量的损失。

（2）适应型模式：指路网的通行能力在一定的时期内基本适应交通量的发展需求。

在该模式下，对道路交通的投资与城市的实力相适应，并能与城市布局演变的趋势相匹配。在道路建设方面，一般采取修建需求最迫切的路段，逐段修建，道路里程呈平稳的增长趋势。经济增长和城市格局都比较稳定的西方国家，大多采用这种供给模式。

（3）超前型模式：即道路建设始终超前于交通量发展的需求，这种建设思路在发达国家的建设模式中比较常见。

通常，在城市快速发展初期就开始进行重要的交通设施建设，可以使这些建设成为支撑和引导城市空间演化的重要因素。这时的交通建设一般都具有一定超前性，能使城市的土地发生增值，促进城市空间布局更趋合理。同时，由于空间演化对城市交通方式的路径依赖，更容易形成交通导向型的发展模式。此时，交通设施的建设规模、交通方式的结构安排以及交通系统的整体水平等，对城市空间演化的未来结果将产生重要影响。因此，超前型模式也是国内各大城市所优先选择的快速路网建设模式。

2. 快速路网建设启动时机的实物期权法

实物期权法是指以一个预先确定的价格（执行价格），在一个预先确定的时间内（期权的有效期内），采取某种行动（比如推迟、扩展、收缩、放弃等）的方法。实物期权是一种没有义务的权利，它是一种根据未来环境发展的不确定性情况来决定在未来采取特殊的行动的权利。实物期权理论的中心前提是：如果未来环境是不确定的，以后改变战略会导致实质性的费用，那么相对于项目实施前制定所有的战略决策来说，采用灵活的战略和推迟决策可能是有价值的。具体思路如图 3-23 所示。

快速路网项目投资价值主要有两部分：一部分为项目提供的服务取得的直接收益，主要为经营型价值；另一部分为投资的外部效益，主要为引导型价值，如项目节约在途时间、提高

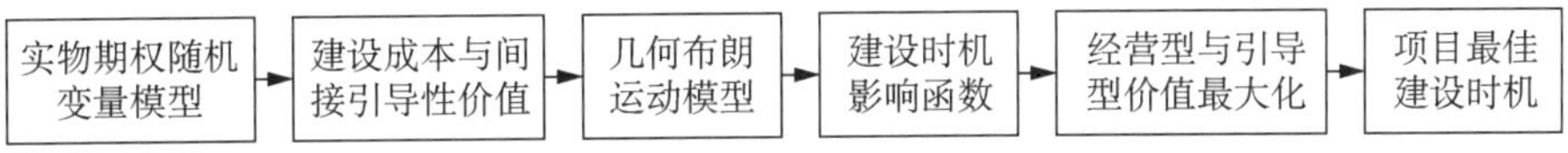

图 3-23　快速路网建设时机实物期权模型分析思路

劳动生产率等外部效益。实物期权法中，首先需构建快速路建设的实物期权模型，涉及建设时机、时间变量、运营利润、总建设成本实际值、项目折旧值、社会折现率、折旧年限、建设成本实际值、建设成本波动系数、建设成本波动率等一系列指标，并在模型中假定项目的运营收入和建设成本均服从几何布朗运动，模型以快速路网建设项目的经营价值和外部价值最大化为目标函数，采用 OptQuest 的分散搜索算法，智能有效地寻找最优结果，即快速路网项目的最佳建设时机。

实物期权法具有较强的理论性，逻辑严密，但其计算方法过于复杂，不利于工程人员及决策人员理解，且所需参数较多，尤其是运营收入一项，快速路建设的收入均为广义社会收入，在不同计算口径下所得出结论均不同。因此，在工程实践中，受各种条件限制，难以准确获取全部参数取值，反而影响了模型预测的准确性。

3. 快速路网建设启动时机的经验公式法

通过对 30 多年来国内各主要城市启动首条快速路建设时数据的梳理，一系列与快速路启动关联度较高的指标均显示了较强的规律性，可供后续尚未开展快速路建设的大中城市参考。

因此，经验公式法的主要研究思路为：以既有数据作为基准，根据实际情况对参数权重进行适当调整，最终得出目标城市快速路建设的启动时机（图 3-24）。

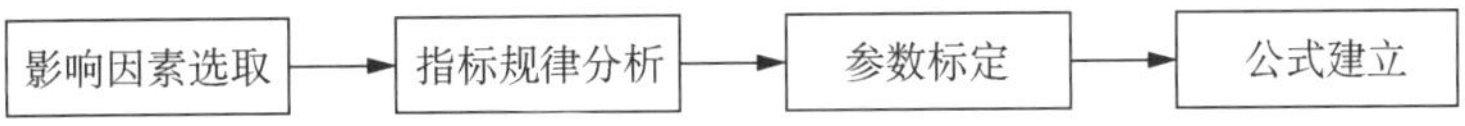

图 3-24　快速路网建设启动时机经验公式建立流程图

根据前文分析，快速路建设启动时机的影响因素包括 GDP 总量、人口数量、机动车保有率、中心城面积、中心城出行距离、区域一体化程度等。其中，GDP 总量指标波动规律性较差，但数据表明，不同类型城市均有一定的启动阈值，否则城市财力将无法承担快速路网的建设及其后续养护；人口与人均机动车保有率对快速路建设的启动也有较大影响，但通过历史数据分析，机动车保有率的影响程度显著高于人口总量，在近年来建设快速路的城市中，如昆山等，其人口仅有 200 万，远低于 20 世纪 90 年代开展快速路建设的城市；中心城面积与中心城出行距离两因素高度相关，对快速路建设启动共同产生较大影响；此外，区域一体化程度也将对快速路建设启动起到一定的影响。

根据前文分析，最终得出快速路建设启动时机因素模型：

$$Q=\left(\frac{GDP}{3.0}\right)^{0.005}\left(\frac{P}{200}\right)^{0.008}\alpha^{0.07}\left(\frac{A}{80}\right)^{0.3}\left(\frac{D}{6.5}\right)^{0.15}\beta\xi \tag{3-23}$$

式中，Q 为快速路建设启动时机因数；GDP 为城市 GDP 总量（千亿元）；P 为主城区人口数量(万人)；α 为机动车保有量指数，$\alpha=\begin{cases}\dfrac{N}{100} & (N\leqslant 150)\\ 1.5 & (N>150)\end{cases}$，$N$ 为千人机动车保有量；A 为主城区面积(km^2)；D 为主城区内机动车平均出行距离(km)；β 为区域一体化程度指数，$\beta=\begin{cases}1.1 & (\text{已形成城市圈且建立高速公路联系})\\ 1.0 & (\text{已与周边主要城市建立高速公路联系})\\ 0.9 & (\text{尚未与周边城市建立高速公路联系})\end{cases}$；$\xi$ 为交通拥堵趋势修正系数(表 3-9)。

表 3-9　交通拥堵趋势修正系数

运行速度年均下降率	小于 1%	1%～3%	3%～5%	大于 5%
ξ 值	1.0	1.03	1.07	1.1

以上公式中各参数主要来源于对过往 30 多年国内主要城市快速路网建设经验的总结，在具体的工程实践中，可根据具体情况对部分参数取值进行调整。

综上，利用 Q 值决策准则为：当 $0.6\leqslant Q<0.8$ 时，应进行快速路网的规划；当 $0.8\leqslant Q<1.1$ 时，应进行首条快速路的设计；当 $1.1\leqslant Q<1.6$ 时，应进行首条快速路的建设；当 $Q\geqslant 1.6$ 时，应全面推进快速路网的建设。

经验公式法易于理解，与工程设计中的实际情况较为复合，且通过与既有城市的建设经验横向比较，利于决策人员决策，同时该方法中所涉及的各项参数易于取得。因此，在实际的工程研究中，推荐采用此方法。

3.5.4　快速路网合理建设时序安排

城市快速路网的完全形成一般需要 15 年以上的时间，快速路的实施先后顺序安排往往以政府决策者或城市建设投资主体意图为准，时序安排缺少科学性，容易带来不必要的交通拥堵以及道路功能重复等问题。

根据前文所述影响因素，首先量化拟建设每条快速路的迫切度，然后分别计算拟建序列快速路的迫切度，并对结果进行聚类分析，得到快速路建设时序结果。具体排序方法如下。

步骤一：交通需求指标和建设资金指标为定量指标，其中交通需求属于效益型指标，转化为定性指标可参照表 3-10；建设资金属于成本型指标，转化为定性指标可参照表 3-11；分类的具体数值可根据实际情况进行调整。土地开发(更新)时序指标直接采用三个子指标的加权值(表 3-12)，属于效益型指标；工程实施条件指标直接采用三个子指标的加权值(表 3-13)，属于成本型指标。采用式(3-24)可以分别计算出土地开发(更新)时序指标、工程实施条件指标的得分，式(3-24)中 p_j、α_j 分别表示各子指标的取值及权重。

$$P=\sum_{j=1}^{3}\alpha_j\cdot p_j \tag{3-24}$$

表 3-10　交通需求定量指标转化为定性指标

交通流量(pcu/h)	2 000	4 000	6 000	8 000	10 000
定性指标	很小	小	适中	高	很高

表 3-11　建设资金定量指标转化为定性指标

建设资金(亿元)	20	40	60	80	100
定性指标	很小	小	适中	大	很大

表 3-12　土地开发(更新)时序指标

土地开发(更新)优先级	指标	土地开发(更新)完成率	指标	产业及人口导入率	指标
1 级优先	很高	80%	很高	70%	很高
2 级优先	高	60%	高	50%	高
3 级优先	适中	40%	适中	30%	适中
4 级优先	低	20%	低	10%	低
5 级优先	很低	10%	很低	5%	很低

表 3-13　工程实施条件指标

征地拆迁	很大	大	适中	小	很小
社会影响	很大	大	适中	小	很小
施工技术难度	很大	大	适中	小	很小

步骤二：将定性指标转化为区间尺度指标，可采用 Bipolar 尺度，具有 10 格的刻度，使用范围是 0～10，采用双极标度的方法可以同时表示成本型和效益型指标(表 3-14)。

表 3-14　Bipolar 标度模糊语言关系

效益型指标	很高	高	适中	小	很小
	9	7	5	3	1
成本型指标	很大	大	适中	小	很小
	1	3	5	7	9

步骤三：采用式(3-25)将效益型与成本型的区间尺度指标进行标准化处理，式中 P_{ij} 表示第 i 条快速路关于第 j 个指标值，P_{ij}^* 为标准化后指标值，满足 $0 \leqslant P_{ij}^* \leqslant 1$。

$$P_{ij}^* = \frac{P_{ij}}{\max(P_{1j}, P_{2j}, \cdots, P_{mj})} \tag{3-25}$$

步骤四：利用式(3-26)可以计算每条快速路建设时序迫切度指标，式(3-26)中 I_i 为区域内第 i 条快速路建设时序迫切度，α_j 表示第 j 个指标权重。指标权重的确定可邀请有经验的专家采用主观赋权法，如专家咨询法、层次分析法等。

$$I_i = \sum_{i=1}^{n} \alpha_j \cdot P_{ij}^{*} \tag{3-26}$$

步骤五：一条快速路可以由若干不同的路段所组成的，一条快速路建设时序迫切度指标为若干不同路段加权平均之和。决策者可根据 I_i 的大小将所有快速路项目进行排序，确定快速路建设项目集合。

利用迫切度值决策准则是：① $0.9 \leqslant I < 1.0$，非常迫切建设项目；② $0.8 \leqslant I < 0.9$，迫切建设项目；③ $I < 0.8$，一般建设项目。可将建设项目分为非常迫切建设项目集合、迫切建设项目集合和一般建设项目集合，科学合理地指导实际建设。

第4章　城市快速路总体设计

4.1 概述

快速路应进行总体设计，并且总体设计应贯穿快速路设计的各个阶段，应系统、全面地协调快速路工程项目外部与内部各专业间的关系，确定本项目及其各分项的技术标准、建设规模、主要技术指标和总体设计方案，并应符合安全、环保、可持续发展的总体目标。

4.1.1　总体设计的主要内容

(1) 制定总体设计原则。

(2) 明确快速路的功能定位和服务对象。

(3) 确定主要技术标准、建设规模、主要技术指标和建设形式。

(4) 确定路线走向及工程范围、总体布置方案和道路用地，并协调与相关工程的衔接。

(5) 提出交通组织设计方案。

4.1.2　总体设计的理念

当今的时代背景下，快速路总体设计要充分吸收国内外快速路建设的经验和教训，以人为本，交通功能优先，妥善处理好快速路建设与综合交通系统、居民日常出行、城市环境的关系。快速路总体设计理念要体现“交通・人・环境”的和谐统一(图4-1)，实现以人为本、功能完善、环境友好、节能环保的四大发展目标(图4-2)，总体设计理念具体体现在以下几个方面。

图4-1　快速路总体设计理念

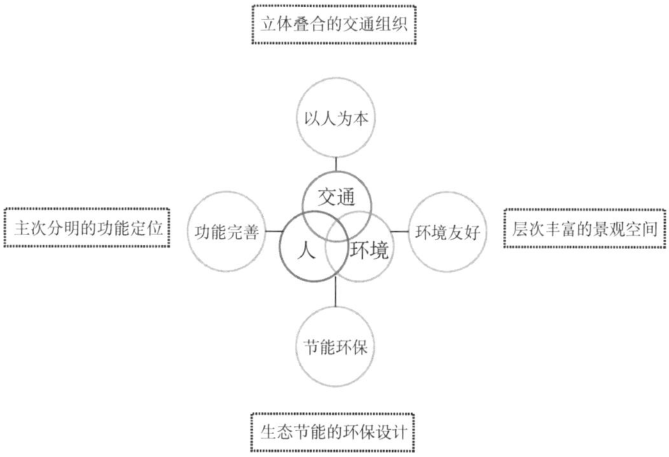

图4-2　快速路总体设计目标

1. 以人为本，体现交通和谐

要充分体现“以人为本”的理念，重点研究快速路的功能定位、快速路与地面辅路和城市道路网的关系，还要研究快速路与沿线用地、轨道交通线网的关系，研究机动车、非机动车、行人之间的路权关系；结合城市总体规划和路网布局，重点对沿线匝道、重要节点进行多方案比选，节点交通转换的畅通、行人的出行便利，提高快速路及区域影响范围的道路服务水平，有利于各种交通方式“和谐”共存，有利于地区规划的开发和协调。

2. 立足网络，强调交通功能

快速路工程是一个复杂的系统工程，以规划建设适当超前为原则，使快速路的建设与快速路网规划、城市总体规划相协调，适应不断增长的交通需求。分析规划城市路网的结构形态，确定快速路的建设标准和建设规模，并力求与功能定位相适应，力求全线标准的一致性。结合国内外已建城市快速路的经验和教训，从交通的系统性、网络性和功能性方面，加强对内、对外交通和城市各功能区之间的交通联系，使建设方案有利于均衡路网流量，有利于提升路网整体运行效率。

3. 环境友好，注重环境协调

重视快速路与城市环境相协调，注重节能和环境保护，注重道路生态环境景观设计，创造层次丰富的景观空间、生态宜人的环境品质，注重快速路的防噪、降噪设计，体现低影响开发的理念，采用海绵城市建设的举措，尽量减少快速路建设对沿线居民生活环境的影响，尽可能使快速路成为交通和景观、生态环境相协调的道路。

4. 节能环保，力求资源节约

在保证交通功能的前提下，采用环保节能新技术、新工艺，并尽量减少征地拆迁，降低工程造价。加强与已建工程、相邻工程衔接设计，使废弃工程减少到最低程度。通过技术经济比较，桥梁及地道结构设计充分体现新颖、轻巧、安全、美观、经济、便于施工的特点，达到国内和国际同类结构的先进水平。

4.1.3 快速路总体设计要点

(1) 应充分、准确分析快速路在路网中的功能定位、服务对象及交通流特性。

(2) 快速路的路线走向应符合城市路网总体规划。确定工程起终点位置时，应有利于相邻工程及后续项目的衔接，或拟定具体实施设计方案。

(3) 设计速度应根据快速路的功能定位和交通特性，并结合沿线用地、城市布局、地形、地质与自然条件等因素，经论证确定。当不同设计速度衔接时，路段前后的线形技术指标应协调与配合。

(4) 快速路应与其他等级道路合理分配交通，达到路网最佳效应。快速路及其辅路应根据预测交通量进行通行能力和服务水平评价，并结合定性分析，分别确定快速路及辅路的机动车道基本车道数。辅路的非机动车车道数、人行道宽度也可根据预测交通量和使用要求，按通行能力论证确定。

(5) 总体方案应与区域总体规划、高速公路网规划、快速路网规划及功能定位相匹配，与周边路网和用地规划相适应，充分考虑区域内路网和交通设施的运营情况、区域规划情况及周边重大工程的实施情况。总体方案应适应重要战略规划发展的需要，为未来区域空间拓展做前瞻性预留及适应性分析。

(6) 应结合路网密度、道路两侧建筑布局、环境景观要求、道路红线宽度、横向道路分布、沿线河道及管网分布等因素合理确定快速路的建设形式。地面辅路的横断面布置应根据道路等级、红线宽度、交通组织和建设条件等，划分机动车道、非机动车道、人行道、分车带、设施带、绿化带等宽度，并应满足地下管线综合布置要求；特殊断面还应包括停车带、港湾式公交停靠站、路肩和排水沟的宽度。

(7) 建设形式采用高架路或隧道时，应根据相交道路或铁路的间距、交通组织以及道路用地、地形地质、沿线环境等实施条件，经多方案比选和技术经济论证，确定总体设计方案以及布设长度、结构形式、衔接段设计等。

(8) 应结合路网现状及规划，沿线合理设置平行匝道，高效地实现快速路交通的集散，避免设置过密或过疏。

(9) 互通立体交叉的设置应根据相交道路等级、使用要求、交通流量流向、车流运行特征、控制条件以及社会经济效益、环境等因素，合理确定互通立体交叉的位置、间距、分类、立交形态、交通组织和用地范围等。

(10) 跨江、跨河桥梁应结合航道或水利部门提出的通航、行洪等控制要求，进行总体布置以及环境景观、附属设施的配套设计。

(11) 合理布设地面辅路，妥善协调与快速路的交通集散关系；合理确定地面辅路的人行过街设施的规模及配套要求；地面辅路或快速路的公共交通设施应结合公交线网规划设计，提出公交专用道、公交站点的布置形式。

(12) 应分别从路网、快速路、地面辅路三个层面进行交通组织设计，快速路应分别从路段、互通立交、平行匝道、出入口提出机动车的交通组织方案，地面辅路应分别对路段、交叉口提出机动车、非机动车、行人以及客车、公交车、货车的交通组织设计方案。

(13) 交通安全和管理设施应按主体工程的技术标准、建设规模及项目交通特性，确定其相应的技术标准、设施等级、设置内容和设计方案，并应协调各设施间的衔接与配合。

(14) 分期修建的快速路工程，应按远期规划的技术标准进行总体设计，并应制定分期修建的设计方案，应近远期工程相结合。

4.2 快速路设计标准和建设形式

城市快速路指中央分隔、全部控制出入、控制出入口间距及形式，具有单向双车道及以上的多车道，并设有配套的交通安全与管理设施的城市道路，具有车流连续、运行速度快、交通流量大等特点。快速路设计标准在规范中有明确的规定，本节重点论述如何取用设计值。

另外，在城市快速路建设的实践中，由于建设条件及建设投资的限制，出现了称之为“快捷路”的一种准快速路。笔者在总结国内同行们的建设实践经验的基础上，研究并提出快捷路的设计标准，供国内同行实践时参照及以后修编规范时参考。

4.2.1 快速路设计标准

城市快速路的主要设计标准包括设计速度、设计年限、净空高度、车行道宽度、平纵线形指标、荷载标准、暴雨重现期等。根据快速路所处区位、功能定位、建设条件的不同，选取不同的设计值。

1. 设计速度

根据《城市道路工程设计规范》(CJJ 37—2012，2016年版)的规定，城市快速路的设计速度分为60 km/h、80 km/h及100 km/h三种。设计速度的选取应结合城市规模、快速路所处的位置、预测交通量及工程建设条件等统筹考虑。

在大多数情况下，城市快速路的设计速度采用80 km/h比较合适。当所设计的快速路是城市外围环线，或者是直接和高速公路相连的射线快速路，抑或是城市组团间中长距离联系的快速路，同时建设条件限制较少时，设计速度也可考虑采用100 km/h。当快速路经过既有建成区或规划开发区，快速路建设受制于建设用地、地形限制、路网间距及既有构筑物限制等因素的影响，并且道路平纵线形及出入口间距条件无法满足设计速度为80 km/h的技术条件要求时，设计速度可采用60 km/h。

长距离地下快速路虽然为大容量、快速连续交通流，但考虑地道内部照明条件、驾驶视线、驾驶心理舒适度、出入口的设置等均受到地道封闭环境的影响，为确保行车安全，地下快速路设计速度不宜过高。分析国内外已建长距离地下通道实践经验(表4-1)可以发现：地下通道(含快速路)的设计速度均不超过80 km/h，结合《城市地下道路工程设计规范》(CJJ 221—2015)的规定，城市地下快速路除短地道外，设计速度不应大于80 km/h。因此，具体设计时还应结合拟建工程的规划建设条件，一般城市地下快速路的设计速度应在60 km/h和80 km/h之间，地下快速路还宜与两侧衔接路段采用相同的设计速度，条件困难时，可降低一个等级选用。

快速路的辅路设计速度宜为快速路的主线设计速度的0.4～0.6倍；若设置互通立体交叉，则匝道及集散车道设计速度宜为快速路的主线设计速度的0.4～0.7倍。城市快速路不同路段(长度不宜小于5.0 km)可以分别采用不同设计速度，但设计速度差不应大于20 km/h，并且应设置过渡段，过渡段长度不宜少于1.0 km。

表4-1 国内外地下快速路设计速度

国家或城市		地下道路名称	设计速度(km/h)
国际	新加坡	KPE地下高速公路	70
	澳大利亚	悉尼 The Cross City Link	80
	澳大利亚	布里斯班 Airport Link	80
	马来西亚	吉隆坡 SMART 地下道路	60
	美国	西雅图阿拉斯加大道地下道路	80
	瑞士	The Southern Link	70
	日本	东京中央环状新宿线	60
	法国	A86西线快速路	70
	德国	易北河隧道	80

（续表）

国家或城市		地下道路名称	设计速度(km/h)
国内	上海	外环隧道	80
		北横通道	60
		外滩隧道	40
	深圳	西部通道深圳侧接线(东滨隧道)	80
		东部通道市政连接线	60
	青岛	胶州湾隧道	80
	南京	横江大道	80
	杭州	紫之隧道	60

2. 设计年限

参考现行相关设计规范的要求，快速路的设计年限可分为达到交通量饱和状态时的设计年限、路面结构设计使用年限、桥隧主体结构设计使用年限等指标，具体取值见表 4-2。

表 4-2　快速路设计年限

达到交通量饱和时的设计年限			路面结构设计使用年限		桥梁隧道主体结构设计使用年限
主线	辅路(主干路)	辅路(次干路)	沥青路面	水泥混凝土路面	
20 年	20 年	15 年	15 年	30 年	100 年

3. 净空高度

快速路设计时考虑的净空高度既包括上跨主线和辅路的结构物及架空管线净高要求(表 4-3)，还包括横向下穿的道路、河道、航道、铁路等净高要求。

表 4-3　快速路的最小净高要求(m)

类别	机动车道		非机动车道及人行道	电力线(kV)						通信线	燃气管道	其他管道
	各种机动车	小客车		<3	3～110	220	330	500	750			
最小净高	4.5	3.5 (3.2)	2.5	6.0	7.0	8.0	9.0	14.0	19.5	5.5	5.5	4.5

注:括号中数值是地下快速路道路在条件受限时的取用值。

横向下穿快速路的最小净空高度应分别满足相应道路、河道、航道、铁路等净空高度要求。具体要求如下：

(1) 通航河流的桥下净空应符合国家现行通航标准的要求。通航海轮桥梁的通航水位和桥下净空应符合现行行业标准《通航海轮桥梁通航标准》(JTJ 311)的规定，通航内河轮船桥梁的通航水位和桥下净空应符合现行国家标准《内河通航标准》(GB 50139)的规定，并应充分考虑河床演变和不同通航水位航迹线的变化。

(2) 不通航河流的桥下净空应根据设计洪水位、壅水和浪高或最高流冰面确定。当在河流中有形成流冰阻塞的危险或有流放木筏、漂浮物通过时，应按当地的具体情况确定。

(3) 立交、跨线桥桥下净空应符合被交叉的、城市轨道交通和铁路等建筑限界的规定，上跨城市道路、公路的桥下净空分别符合现行行业标准《城市道路工程设计规范》(CJJ 37)和《公路工程技术标准》(JTG B01)的规定，上跨城市轨道交通和铁路的桥下净空分别符合现行国家标准《地铁设计规范》(GB 50157)和《标准轨距铁路限界　第2部分：建筑限界》(GB 146.2)的规定。

(4) 对桥下净空有特殊要求的航道或路段，快速路的桥下净空尺寸应进行专题研究和论证。

4. 车行道宽度

1) 车道宽度

快速路的主线及其辅路一条车道宽度可按设计速度及设计车型划分。一条机动车道最小宽度应符合表4-4的规定。

表4-4　快速路机动车一条车道最小宽度

道路级别		设计速度(km/h)	一条车道最小宽度(m)	
			大型车或混行车	小客车
主线	高架、地面	100,80	3.75	3.50
		60	3.50	3.25
	地下	80	3.75	3.50(3.25)
		60	3.50	3.25(3.00)
辅路		60,50,40,30	3.50	3.25

注：括号中数值是地下快速路道路在条件受限时的取用值。

地面快速路的辅路横断面布置，机动车道与非机动车道应采用物体分隔或标线分隔。单向机动车与非机动车采用物体分隔时，机动车道宽度不应小于7.50 m；单向机动车道与非机动车道采用标线分隔时，辅路的宽度不应小于8.50 m。

2) 紧急停车带宽度

紧急停车带宽度是指车辆发生故障或因其他紧急原因需要临时停车而占用的道路宽度。

根据《城市道路工程设计规范》(CJJ 37—2012，2016年版)的规定：当快速路单向机动车道数少于3条时，应设不小于3.00 m的紧急停车带；当连续设置有困难时，应设置港湾式应急停车带，间距不应大于500 m，宽度不应小于3.00 m。

但是对于高架快速路、地下快速路而言，受工程造价和建设条件等因素的限制更大，高架快速路、地下快速路的紧急停车带如何设置，应根据设计速度、设计车型、使用功能、经济成本以及工程可实施性等方面综合论证确定，具体参见第6章和第7章的论述。

3) 分车带宽度

城市道路分车带包括中间带和侧分带(图4-3)，中间带应由中间分隔带及两侧路缘带组成，侧分带应由两侧分隔带及两侧路缘带组成，分车带各项组成最小宽度应满足表4-5的规定。

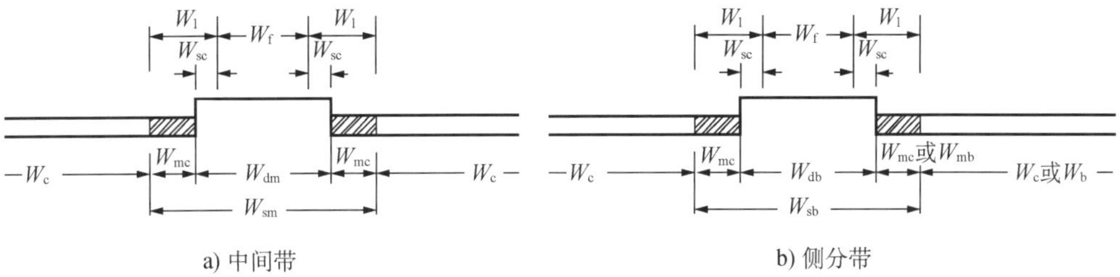

W_{mc}—机动车道路缘带宽度；W_{sc}—安全带宽度；W_l—侧向净宽；W_{dm}—中间分隔带宽度；W_{sm}—中间分车带宽度；W_{db}—两侧分隔带宽度；W_{sb}—两侧分车带宽度；W_c—机动车道或机非混行车道的车行道宽度；W_b—非机动车道的车行道宽度

图 4-3　分车带的尺寸构成

表 4-5　分车带各项组成的最小宽度

类　别		中间带		侧分带	
设计速度(km/h)		≥60	<60	≥60	<60
路缘带宽度(m)	机动车道	0.50	0.25	0.50	0.25
	非机动车道	—	—	0.25	0.25
安全带宽度 W_{sc}(m)	机动车道	0.25	0.25	0.25	0.25
	非机动车道	—	—	0.25	0.25
侧向净宽 W_l(m)	机动车道	0.75	0.50	0.75	0.50
	非机动车道	—	—	0.50	0.50
分隔带最小宽度(m)		1.50	1.50	1.50	1.50
分车带最小宽度(m)		2.50	2.00	2.50 (2.25)	2.00

注：1. 侧向净宽为路缘带宽度与安全带宽度之和。
2. 分隔带宽度中，括号外为两侧均为机动车道时取值；括号内数值为一侧为机动车道，另一侧为非机动车道时的取值。
3. 分隔带最小宽度值系按设施带宽度为 1 m 考虑的，具体应用时，应根据设施带实际宽度确定。

快速路的上下行快速机动车道之间必须设置中间带，快速路外侧必须设置侧分带。快速路的中间带宜为 3.0 m，即中央分隔带 2.0 m，两侧路缘带各 0.5 m；当用地条件受限时，中间分隔带可适当缩窄，对向车流必须采用混凝土分隔墩或中央分隔护栏分隔，分隔墩或中央分隔护栏宽度不应小于 0.5 m。

地面快速路的两侧分带应为主线与辅路的分界线，由分隔带与左、右路缘带组成。分隔带宽度不应小于 1.5 m，可根据用地条件增加宽度以作为绿化隔离设施；主线侧路缘带应为 0.5 m，辅路侧路缘带应为 0.25 m。位于市区人流密集处的侧分带，应在辅路侧设置隔离栅。

5. 平纵线形指标

快速路的主线平纵线形设计指标应符合表 4-6 的规定。

表 4-6 快速路及辅路的平纵线形设计主要指标

设计速度(km/h)		100	80	60
不设超高圆曲线最小半径(m)	一般值	1 600	1 000	600
	极限值	650	400	300
设超高最小半径(m)		400	250	150
不设缓和曲线最小半径(m)		3 000	2 000	1 000
平曲线最小长度(m)		170	140	100
圆曲线最小长度(m)		85	70	50
缓和曲线最小长度(m)		85	70	50
停车视距(m)		160	110	70
最大纵坡	一般值	3%	4%(3%)	5%(4%)
	极限值	4	5	6(5)
最小坡长(m)		250	200	150
最大坡长(m)		700(i=4.0%)	600(i=5.0%)	400(i=6.0%)
				350(i=6.5%)
				300(i=7.0%)
凸形竖曲线最小半径(m)	一般值	10 000	4 500	1 800
	极限值	6 500	3 000	1 200
凹形竖曲线最小半径(m)	一般值	4 500	2 700	1 500
	极限值	3 000	1 800	1 000
竖曲线最小长度(m)	一般值	210	170	120
	极限值	85	70	50
超高渐变率	绕中线旋转	1/225	1/200	1/175
	绕边线旋转	1/175	1/150	1/125
最大超高横坡		6.0%	5.0%	4.0%
最大合成坡度		7.0%		

注:1. 最大纵坡栏中括号内数值指长度大于 100 m 的地下快速路的取值;积雪和冰冻地区的地下快速路洞口敞开段最大纵坡不应大于 3.5%;在地下快速路洞口内外各 3 s 设计速度行程长度范围内的平纵线形应一致。

2. 地下快速路设置平曲线及凹形竖曲线路段,必须进行停车视距验算。

3. 进出城市地下快速路洞口处的停车视距宜采用主线路段的 1.5 倍。当条件受限时,应对洞口光过渡段进行处理。

6. 荷载标准

快速路荷载设计标准主要包括桥涵设计汽车荷载和路面结构设计荷载,应符合表 4-7 的规定。

表 4-7　快速路的荷载标准

道路级别		桥涵设计汽车荷载	路面结构设计荷载
主线		城-A级(城-B级)	BZZ-100
辅路	主干路	城-A级	
	次干路	城-B级(城-A级)	

注:1. 主线为客运车专用时,设计汽车荷载可采用城-B级。
2. 辅路(次干路)重型车行驶频繁时,设计汽车荷载应采用城-A级。

7. 暴雨重现期

根据《城市道路工程设计规范》(CJJ 37—2012，2016 年版),城市建成区的快速路排水应采用管道排水,城市外围快速路可采用边沟排水,设计时应根据区域排水规划、快速路设计及沿线地形环境条件综合确定。而根据《室外排水设计规范》(GB 50014—2006，2014 年版)的规定,雨水管渠设计重现期应符合表 4-8 的规定。

表 4-8　雨水管渠设计重现期(年)

城区类型 / 城镇类型	中心城区	非中心城区	中心城区的重要地区	中心城区的地下通道和下沉式广场等
特大城市	3～5	2～3	5～10	30～50
大城市	2～5	2～3	5～10	20～30
中等和小城市	2～3	2～3	3～5	10～20

4.2.2　快捷路设计标准

快速路建设及运营养护成本均较高,在国内部分三、四、五线城市或一、二线城市的外围卫星城没有足够的财力建设标准的快速路。为解决这类城市的主要通道上快速出行问题,在实践中提出了“快捷路”的概念,通常是选取一些交通性较强的主干路,保证主线交通流连续,对一些主要节点进行立交化改造以提升交叉口通行能力,沿线适度控制出入口间距,出入口不设置加减速车道、仅设置渐变段,沿线可布置公交停靠站,局部路段可设置辅路。快捷路是介于城市快速路和主干路之间,近期可作为快速路的一种补充,远期可进一步改造提升为标准的快速路;在大城市可作为快速路建设的过渡方案,在中小城市则可替代快速路,起到城市骨架道路功能。针对快捷路在实践中的应用日益增多,本节中对快捷路的设计标准进行研究。

1. 设计速度

快捷路尽管是连续运行,但由于出入口处不设置加减速车道、仅设置渐变段,且出入口间距较小,因此设计速度不宜过高,同时考虑其运行效率,设计速度采用 50 km/h、60 km/h 较为合理。如果快捷路设置辅路,辅路设计速度应根据建设条件确定,宜采用 30 km/h 或 40 km/h。

2. 设计年限

快捷路的设计年限可分为达到交通量饱和状态时的设计年限、路面结构设计使用年限、桥隧主体结构设计使用年限等指标。快捷路的设计年限和快速路保持一致。

3. 净空高度

快捷路设计时考虑的净空高度既包括上跨结构物及架空管线净高要求，还包括横向下穿的道路、河道、航道、铁路等净高要求。快捷路的净空高度和快速路保持一致。

4. 车行道宽度

1）车道宽度

快捷路及其辅路一条车道宽度可按设计速度及设计车型划分。一条车道最小宽度应符合表 4-9 的规定。

表 4-9　快捷路机动车一条车道最小宽度

级别	设计速度(km/h)	一条车道最小宽度(m)	
		大型车或混行车	小客车
快捷路	60，50	3.50	3.25
辅路	40，30	3.50	3.25

快捷路无须设置紧急停车带，但可考虑结合路段公交站点设置港湾式停车带。

2）分车带宽度

快捷路对向机动车道之间应设置中间带分隔，中间带应由中央分隔带及两侧路缘带组成。中间带宜为 2.5 m，即中央分隔带 1.5 m(2.0 m)，两侧路缘带各 0.5 m(0.25 m)；当用地条件受限时，可采用中央分隔墩，宽度不应小于 0.5 m。

如果快捷路设置辅路时，快捷路和辅路之间应设置分隔带或分隔墩，分隔带宽度不应小于 1.5 m，分隔墩宽度不应小于 0.5 m。

5. 平纵线形指标

快捷路的主线平纵线形设计指标应符合表 4-10 的规定。

表 4-10　快捷路的主线平纵线形设计主要指标

设计速度(km/h)		50	60
不设超高最小半径(m)		400	600
设超高圆曲线最小半径(m)	一般值	200	300
	极限值	100	150
不设缓和曲线最小半径(m)		700	1 000
平曲线最小长度(m)		85	100
圆曲线最小长度(m)		40	50
缓和曲线最小长度(m)		45	50
停车视距(m)		60	70
最大纵坡	一般值	5.5%(4.5%)	5(4)
	极限值	6(5)	6(5)

（续表）

最小坡长(m)		130	150
最大坡长(m)		350(i=6.0%)	400(i=6.0%)
		300(i=6.5%)	350(i=6.5%)
		250(i=7.0%)	300(i=7.0%)
凸形竖曲线最小半径(m)	一般值	1 350	1 800
	极限值	900	1 200
凹形竖曲线最小半径(m)	一般值	1 050	1 500
	极限值	700	1 000
竖曲线最小长度(m)	一般值	100	120
	极限值	40	50
超高渐变率	绕中线旋转	1/160	1/175
	绕边线旋转	1/115	1/125
最大超高横坡		4.0%	4.0%
最大合成坡度		7.0%	

注：1. 最大纵坡栏中括号内数值指长度大于 100 m 的地下快捷路的取值；积雪和冰冻地区的地下快捷路洞口敞开段最大纵坡不应大于 3.5%；在地下快捷路洞口内外各 3 s 设计速度行程长度范围内的平纵线形应一致。
2. 地下快捷路设置平曲线及凹形竖曲线路段，必须进行停车视距验算。
3. 进出城市地下快捷路洞口处的停车视距宜采用主线路段的 1.5 倍。当条件受限时，应对洞口光过渡段进行处理。

6. 荷载标准

快捷路荷载设计标准主要包括桥涵设计汽车荷载和路面结构设计荷载，应符合表 4-11 的规定。

表 4-11　快捷路的荷载标准

道路级别	桥涵设计汽车荷载	路面结构设计荷载
快捷路	城- A 级(城- B 级)	BZZ-100

注：快捷路主要服务于客运交通时，设计汽车荷载采用城- B 级。

7. 暴雨重现期

快捷路的暴雨重现期标准与快速路保持一致。

8. 出入口间距

快捷路和快速路最大的不同点在于对出入口的控制。为保证快速路中长距离交通出行的连续和快速，快速路严格控制出入口的间距，以控制车辆的频繁进出，避免快速路上出现过多的车辆交织；而快捷路功能定位是主要为沿线集散交通服务，进出快捷路比较频繁，仅需保证快捷路交通处于连续流状态，对快速通行的要求低于快速路。另外，进出快捷路一般采用右进右出模式，不设置加、减速车道，仅设置长度为 50～60 m 的渐变段。为避免车辆过于频繁地进出快速路，进出口间距宜符合表 4-12 的规定。

表 4-12 快捷路出入口最小间距

设计速度(km/h)	出入口类型			
	出口—出口(m)	出口—入口(m)	入口—入口(m)	入口—出口(m)
60	250	120	250	400
50	200	100	200	350

快捷路不应设置平面交叉口,为实现横向相交道路的左转,有三种方式:①设置全互通立交;②快捷路上跨(下穿)横向道路;③在快捷路的路段下游合适位置设置中央掉头车道,将“左转”交通转换为“右转+掉头”交通组织方式(图 4-4)。

图 4-4 快捷路出入口及掉头车道设置示例

4.2.3 快速路建设形式

城市快速路的建设形式根据道路用地、建设成本、沿线构筑物、地形地貌及城市环境等的差异而有所不同。根据断面布置中上下行主线之间的相对关系,可分为整体式快速路和分离式快速路;整体式布置可采用中央分隔带将上下行分隔单向行驶,分离式布置上下行车辆可在不同位置单向行驶。根据快速路敷设形式,可分为地面快速路、高架快速路和地下快速路。不同于快速路,快捷路的主要特点为建设成本低,因此地面快捷路是其主要的建设形式,一般不采用高架或地下的建设形式。不同建设形式的特点与适应性分析如下。

1. 地面快速(捷)路

地面快速(捷)路的主线、辅路及两侧建筑地坪基本位于同一平面层次,车辆通过主线与辅路之间的绿化隔离带(或设施带)的进出口驶入或驶出主线,适用于两侧开发强度不高、沟通需求不强的城市外围环线快速路,或是城市总体布局外扩,利用既有高速公路改扩建为城市快速(捷)路的情况。

地势平坦的城区,快速(捷)路主线宜布置在中间,辅路宜布置在两侧(车辆单向行驶)或布置在单侧(车辆双向行驶)(图 4-5);郊区快速(捷)路横断面主辅路可在同一平面,也可根据地形布置在不同平面,辅路可单侧或双侧布置。

地面快速(捷)路的优点:建设成本相对较低,对环境影响相对较小。

地面快速(捷)路的缺点:工程占地相对较大,对两侧地块的切割明显,横向穿越不便。

图 4-5　地面快速(捷)路

2. 高架快速路

高架快速路是指快速路主线采用高架桥敷设形式(图 4-6),通常设有地面辅路,形成主辅两层道路系统。按道路用地和交通运行特征可分别选用整体式高架路和分离式高架路,分离式高架又分为单层高架和双层高架两种形式。

图 4-6　高架快速路

高架快速路适用于以下区域:

(1) 用地受限制的市区。

(2) 地下水位高的地区。

(3) 地下设有大量公用管线设施的地区。

(4) 横向道路密集,交通较为繁忙的地区。

(5) 其他必须设置高架快速路的地区。

高架快速路的优点:可有效地集约城市建设用地,释放地面空间;同时,可满足两侧地块及路网的横向穿越需求;结合轨道交通一并敷设时,可形成大运量的复合交通走廊,发挥通道最大的交通功能。

高架快速路的缺点：对城市景观及环境带来一定程度的负面影响，主要包括交通噪声、废气等。

3. 地下快速路

地下快速路是指快速路主线采用隧道敷设形式(图 4-7)，通常设有地面辅路，形成主辅两层道路系统。地下快速路按道路用地和交通运行特征可分别选用整体式地道和分离式地道，分离式地道又分为单层分离式地道和双层地道两种形式。地下快速路适用于穿越城市建成区或规划开发区，对城市景观及环保要求均较高的情况。

图 4-7　地下快速路

地下快速路的优点：可有效减少城市建设用地，释放地面空间，环境影响小，景观效果好；同时，可满足两侧地块及路网的横向穿越需求。

地下快速路的缺点：建设成本较高，需处理好与地下构筑物及管线的关系，需进行通风、防灾等专项设计。

4. 不同建设形式适应性分析

地面快速路造价较低，施工难度小，后期拓展性强；但会对沿线土地造成分隔，占用地面资源，对沿线环境影响较大。高架快速路道路容量大，通行能力高；但对城市景观影响较大，环境影响尤为突出。地下快速路施工难度大，建设成本较高，拓展性较差；但节约地面道路空间，对地面环境影响较小。三种快速路建设形式的适应性分析见表 4-13。

表 4-13　快速路建设形式的适应性分析

道路形式	地面快速路＋两侧辅路	高架快速路＋地面辅路	地下快速路＋地面辅路
快速路功能	强	最强	立交节点转换效率较低
辅路功能	功能集散道路两侧地块的交通		
	受地面快速路隔离的影响，只能保证主要相交道路的两侧沟通	辅路布置较为灵活	辅路沟通较为灵活

（续表）

道路形式	地面快速路＋两侧辅路	高架快速路＋地面辅路	地下快速路＋地面辅路
快速路和辅路的连接	以平面出入口连接	以匝道连接	以匝道连接
占地	占地宽	占地较一般地面道路宽 7～10 m	占地较少
环境影响	路侧设置较宽的绿带后，交通噪声、废气、尘埃对街坊影响较高架小	交通噪声、废气、尘埃对街坊影响较大；路边建筑下层的光照受高架结构遮挡	采取适当的通风和除尘设备后，噪声和废气等对道路两侧基本没有影响（敞开段除外）
对城市景观和功能影响	与周边景观融合较好；但快速路交通空间对城市功能、两侧交通有较大的阻隔	大建筑体量形成空间形态同其他城市元素兼容性较差；高架道路两侧沟通较方便	与周边景观融合度较好；对城市功能的影响较小

4.3 快速路建设规模

快速路主线及匝道的规模论证通常可从定性和定量两个方面进行分析。定性分析主要从城市未来发展、人口导入、快速路沿线地块开发强度等角度，宏观分析未来快速路出行需求，并可与国内外城市进行对比分析，判断合理建设规模。定量分析主要以交通流量预测中所预测快速路远期交通流量和规范中所规定服务水平下的道路饱和度，量化计算得出快速路规模需求。

目前，以定量分析为主、定性分析为辅，二者相结合的建设规模论证方法已被广泛接受。在进行规模论证前，首先需进行交通流量预测工作，准确的交通流量预测是定量判断建设规模的基础。

4.3.1　交通量预测

1. 预测方法

交通量预测是在城市规划与交通规划的基础上，结合远期土地利用、社会经济发展预测、人口岗位预测、机动车保有量预测、路网条件等，通过计算机软件、数理统计分析等工具对城市道路网络进行模拟，得出各路段交通量（图 4-8）。

预测基础数据采用近年居民出行调查数据、人口普查数据、现状交通量调查数据、交警卡口流量数据以及基于手机信令大数据信息等。

2. 预测年限及范围

1）预测年限

根据《城市道路工程设计规范》（CJJ 37—2012，2016 年版），快速路的交通量设计年限为 20 年，故预测年限：近期取快速路计划通车年，远期取建成后 20 年（一般与城市总体规划的年限一致）。

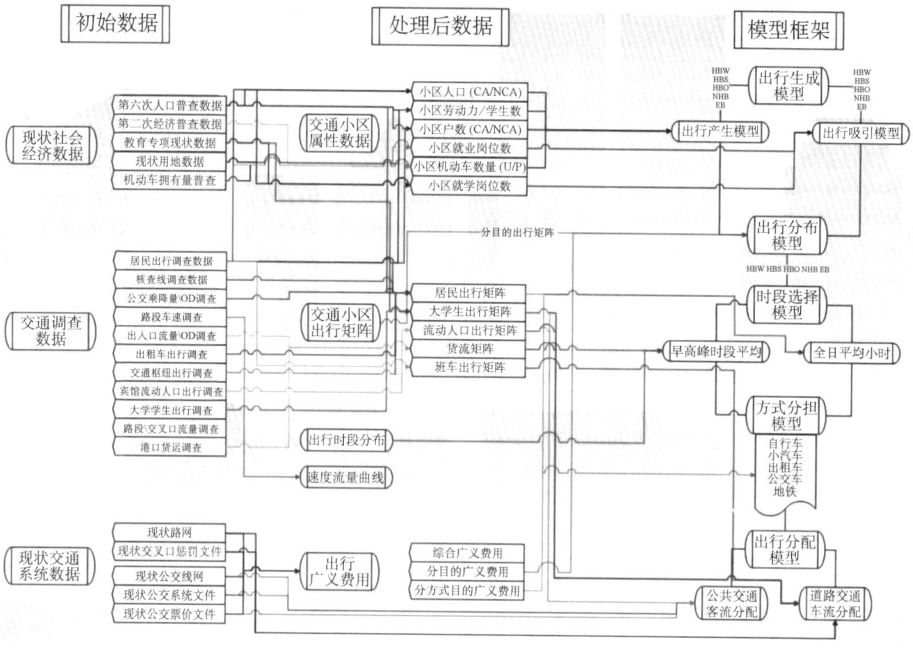

图 4-8　交通预测模型结构图

2）预测范围

重点预测范围：快速路主要的影响区域。

一般预测范围：考虑快速路上存在部分过境交通，预测中将市区作为一般研究范围。

3. 现状道路交通分析

根据统计年鉴、现状调查数据、大数据技术等，进行现状交通需求分析，主要包括：

（1）出行总量及强度（人均出行次数）。

（2）出行空间分布特征。

（3）出行方式比例。

（4）现状干道及主要交叉口流量计服务水平。

4. 城市发展趋势分析

（1）城市空间结构发展：根据城市总体规划及相关控制性详细规划，分析未来年城市空间结构的发展方向。

（2）交通规划发展战略：根据城市总体规划、综合交通规划及相关政策文件，确定交通发展目标。

（3）人口与岗位分布：根据现状人口分布及相关控制性详细规划中地块性质进行预测远景年的规划人口数；根据国家宏观经济新常态发展阶段以及经济发展趋势，并参考国内外城市情况，就业比例考虑未来人口老龄化、劳动力供需不平衡、失业率上升等因素的影响，预测远景年岗位分布。

（4）机动车保有量预测：根据现状机动车保有量，一般采用千人拥有率指标法进行远景年机动车保有量预测。

5. 交通需求预测

常用的交通需求预测方法是采用“四阶段”模型，即按照交通生成、出行分布、出行方式划分和交通分配四步骤进行。

1）交通生成

根据交通小区的经济、人口、就业岗位、出行强度等属性特征，并综合城市发展趋势因素，将社会活动引发的交通需求量化为交通小区的交通出行生成量，包括出行产生和出行吸引两部分，分别进行远期预测。预测出行生成的常用模型包括生成率模型、类别生成率模型、回归分析模型和类别回归分析模型。

2）出行分布

出行分布是指每一个交通小区与其他各个小区之间的交通联系量。出行分布预测的方法很多，主要有重力模型法、增长系数法、系统平衡模型法等。因为重力模型法能比较全面地反映交通分布与各种相关因素关系，所以在城市交通规划中得到广泛使用。重力模型法采用的阻抗是综合成本，即各个小区交通联系量的多少取决于小区间的距离、时间和费用。

3）出行方式划分

出行方式划分主要是指人们选用何种交通工具作为出行手段，包括自行车、电动车、私家车、出租车、公交车(未来年包含地铁)。每个交通小区都要计算出各种交通工具所占的比重。目前，出行方式常用预测模型主要包括转移曲线模型、概率模型、回归模型等。

4）交通分配

将上述得到的各个交通小区的交通分布量分配到相应的道路网络上，交通分配采用平衡分配法，即交通量分配的结果必须满足每个出行路径花费的成本和整个道路网络车流的出行成本均达到最低。常用的交通量分配法有最短路径法(亦称全有全无法)、多路径概率分配法和容量限制-增量分配法。

4.3.2　建设规模论证

1. 快速路主线建设规模论证

1）定性分析

快速路建设规模的定性分析主要从城市未来发展、人口导入、快速路沿线地块开发等角度，宏观分析未来快速路出行需求。分析中既要考虑建设规模对预测交通流量的适应性，又要为沿线地块发展预留空间，并且充分考虑建成后将因为服务水平较高而从横向道路和相邻路网中吸引大部分流量。

国外大城市快速路机动车车道数一般为双向 6 车道及以上。美国华盛顿首都环路大部分路段为双向 8 车道，局部为双向 6 或 10 车道；法国巴黎中环路也是双向 8 车道；日本东京都外环汽车专用道为双向 6 车道。我国已建成快速路机动车道中，市中心区的快速路规模多为双向 4～6 车道。以上海市为例，上海内环线浦西段为高架路形式，新建时为双向 4 车道，南北高架、延安路高架桥上为双向 6 车道。

从上海内环线使用效果看，双向 4 车道由于在匝道之间未设辅助车道，也未设紧急停车带，这对于短距离的区域性交通流上、下高架路的车辆是十分不利的，高架路流量增加时，势必影响快速功能;目前突出的问题是车辆抛锚或事故发生时,易造成堵塞,妨碍救援车对事故车的拖拽,故受车辆故障影响较大。因此,对 4 车道高架路提出应设紧急停车带或增加车道的要求。位于新建城区或中心区外围的快速路,因红线宽度增加,并且为满足设计交通量需要,机动车道多数为双向 6 车道,而位于市郊的快速路,多数为双向 6～8 车道,如上海城市外环、天津外环、北京四环。

因此,考虑到城市经济发展要求与城镇建设的交通发展,并从交通预留合适发展规模角度考虑,新建城市快速路车道规模一般应不小于双向 6 车道;对于条件受限区域,车道规模仅有双向 4 车道时,应设置紧急停车带;交通流量特别大的环线快速路宜采用双向 8 车道。

2）定量分析

快速路建设规模的定量分析是确定建设规模的主要依据,分析满足设计服务水平的条件下,不同车道规模快速路的通行能力是否与预测交通流量相匹配。城市快速路通行能力可分为基本通行能力和设计通行能力。基本通行能力是指在道路和交通都处于理想条件下,由技术性能相同的标准车,以最小的车头间距连续行驶的理想交通流,在单位时间内通过道路断面的最大车辆数。设计通行能力一般采用基本通行能力乘以道路相应设计服务水平的交通量与道路容量的比率及道路条件修正系数得出,具体计算公式如下:

$$C_D = C_B \cdot \delta \cdot N \cdot f_w \tag{4-1}$$

式中,C_D 为单向车行道的设计通行能力(pcu/h);C_B 为基本通行能力,详见表 4-14;δ 为服务水平系数,详见表 4-15,快速路设计应采用三级服务水平;N 为单向车行道的车道数;f_w 为通行能力的修正系数,由修正系数相乘得出。

表 4-14　快速路一条车道基本通行能力

设计速度(km/h)	100	80	60
基本通行能力(pcu/h)	2 200	2 100	1 800

表 4-15　快速路服务水平分级

等级	交通运行特征	设计速度(km/h)		
		100	80	60
一级	自由流	0.40	0.34	0.30
二级	稳定流上段	0.69	0.61	0.55
三级	稳定流	0.91	0.83	0.77
四级	饱和流	≈1.00		
	强制流	>1.00		

快速路通行能力的修正系数主要包括两大类:一类是面向规划设计的静态影响因素,例如车道宽度、车道数等,主要研究成果见表 4-16;另一类是面向管理控制的动态影响因素,例如天气、车型比例等,主要研究成果见表 4-17。

表 4-16　静态影响因素研究总结

文献	研究对象	考虑的影响因素	研究方法	主要结论
Chandra 等，2003	双车道公路	车道宽度	回归分析	通行能力随车道宽度增大而增大
温学钧，2005	快速路	车道宽度、车道分布	回归分析	通行能力与车道宽度存在二次函数关系；外侧车道通行能力可通过内侧车道折减 0.85～0.95 得到
钟连德等，2006	快速路	车道位置	对比分析	不同车道的通行能力修正系数
胡章立，2007	快速路	道路、交通、设施与环境共 20 个因素	层次分析	得到各因素对通行能力影响的相对权重；主要因素包括车道宽度、道路线形与交通组成等
茹红蕾，2008	快速路	车道位置、车道数、车道宽度、路段 S 线形、主线段长度	对比分析、回归分析	车道 2 通行能力最大；通行能力随车道数的增加而有所降低；通行能力与车道宽度和主线段长度均符合三次函数；路段 S 线形对上游通行能力影响很明显
HCM，2010	高速公路	道路条件	—	不同条件下的通行能力折减比例

表 4-17　动态影响因素研究总结

文献	研究对象	考虑的影响因素	研究方法	主要结论
Ibrahim 等，1994	高速公路	恶劣天气	对比分析	大雨与大雪天气分别致使最大流率降低 10%～20%与 30%～48%
Brilon 等，1995	高速公路	日夜、路面湿度、星期特性	对比分析	不同条件下的通行能力折减比例
Agarwal 等，2005	城镇化高速公路	雨雪天气	对比分析	不同降雨/雪强度下的通行能力折减比例
胡章立，2007	快速路	道路、交通、设施与环境共 20 个因素	层次分析	得到各因素对通行能力影响的相对权重；主要因素包括车道宽度、道路线形与交通组成等
杨中良等，2010	快速路	恶劣天气	对比分析	恶劣天气下通行能力折减系数
HCM，2010	高速公路	道路、交通、环境与气候	—	不同条件下的通行能力折减比例

参考上述文献、美国 HCM2010、中国《公路通行能力分析细则》以及工程经验，结合快速路特点，本书主要研究快速路的设计通行能力，总结快速路设计通行能力的影响因素的取值如下。

(1) 车道数

由于车辆在行驶过程中存在变换车道等情况,当单向车道数量从理想条件下的 2 车道变为 3 车道或 4 车道之后,其通行能力不会按车道数成倍增加,每车道的通行能力相对于理想条件下的单车道有所下降。根据实际观察数据及已有的研究成果,车道折减修正系数取值见表 4-18。

表 4-18 车道数折减修正系数

车道数	1	2	3	4
汇入区	1.000	0.982	0.965	0.947
汇出区	1.000	0.976	0.952	0.929

(2) 车道宽度及侧向净宽

国内外研究人员通过对道路宽度影响通行能力的实际观测,均认为:当车道宽度达某一数值时,其通过量能达到理论上的最大值;当车道宽度小于该值时,则通行能力降低。我国规定该宽度为 3.75 m,美国规定为 3.65 m,日本规定为 3.50 m。

侧向净宽是指车道外边缘至路侧障碍物(护墙、桥栏、挡墙、灯柱、交通标志立柱、临时停放的车辆等)的横向距离。根据实际调查表明,当侧向净宽小于某一数值时(理想条件规定的数值)会使驾驶员感到不安全,从而降速、偏离车道线,使旁侧车道利用率降低。故当侧向净宽不足时,应予以修正。

由于《城市道路工程设计规范》(CJJ 37—2012, 2016 年版)及《城市快速路设计规程》(CJJ 129—2009)未明确考虑这些参数折减,故参考《公路路线设计规范》(JTG D20—2017)和《交通工程总论》(徐吉谦, 人民交通出版社, 2002),对相应设计条件下的快速路设计通行能力进行折减计算,车道宽度修正系数及侧向净宽修正系数取值见表 4-19。

表 4-19 车道宽度及侧向净宽对通行能力的修正系数

侧向净宽(m)	行车道单侧有障碍物		行车道双侧有障碍物	
	车道宽度(m)			
	3.75	3.50	3.75	3.50
	有中央分隔带的双向 4 车道公路			
≥1.75	1.00	0.97	1.00	0.97
1.60	0.99	0.96	0.99	0.96
1.20	0.99	0.96	0.98	0.95
0.90	0.98	0.95	0.96	0.93
0.60	0.97	0.94	0.94	0.91
0.30	0.93	0.90	0.87	0.85
0	0.90	0.87	0.81	0.79

（续表）

侧向净宽（m）	行车道单侧有障碍物		行车道双侧有障碍物	
	车道宽度（m）			
	3.75	3.50	3.75	3.50
	有中央分隔带的双向 6 或 8 车道公路			
≥1.75	1.00	0.96	1.00	0.96
1.60	0.99	0.95	0.99	0.95
1.20	0.99	0.95	0.98	0.94
0.90	0.98	0.94	0.97	0.93
0.60	0.97	0.93	0.96	0.92
0.30	0.95	0.92	0.93	0.89
0	0.94	0.91	0.91	0.87

注：一些高级形式的中央分隔墩已为广大驾驶员所熟悉且基本上不影响其行驶时，可不作为障碍物；两边侧向净宽不足且不相等时，取两侧向净宽的平均值。

当具体设计工作中遇到表 4-19 中未明确给出的修正系数值时，也可参考表 4-20、表 4-21 中美国、日本相关规范中的折减系数取值。

表 4-20　美国公路车道宽度及侧向净宽对通行能力的修正系数

距车行道路面	行车道单侧有障碍物			行车道双侧有障碍物		
侧向净宽（m）	车道宽度（m）			车道宽度（m）		
	3.65	3.35	3.00	3.65	3.35	3.00
≥1.83	1.00	0.95	0.90	1.00	0.95	0.90
1.22	0.99	0.94	0.89	0.98	0.93	0.88
0.61	0.97	0.92	0.88	0.95	0.90	0.86
0	0.92	0.88	0.84	0.86	0.82	0.78

表 4-21　日本公路车道宽度及侧向净宽对通行能力的修正系数

侧向净宽（m）		日本《公路技术标准》							车道宽度对通行能力修正系数	
		1.75	1.50	1.25	1.00	0.75	0.50	0	车道宽度（m）	修正系数
双车道	单侧净宽不足	1.00	0.98	0.96	0.93	0.91	0.88	0.85	3.50	1.00
	双侧净宽不足	1.00	0.96	0.92	0.86	0.81	0.75	0.70	3.25	0.94
多车道	单侧净宽不足	1.00	1.00	0.99	0.98	0.97	0.95	0.90	3.00	0.85
	双侧净宽不足	1.00	0.99	0.98	0.97	0.94	0.90	0.81	2.75	0.77

（3）车型比例

由于中型车和大型车在外形尺寸及车辆行驶性能上与小客车存在显著差别，中、大型车会在交通流中占用更大的动态空间，因此对通行能力将产生折减。在我国《公路通行能力分析细则》中，中型车与大型车交通组成修正系数计算公式如下：

$$f_{HV}=\frac{1}{1+\sum p_i(E_i-1)} \tag{4-2}$$

式中，f_{HV} 为交通组成修正系数；p_i 为车型 i 的交通量占总交通的百分比；E_i 为车型 i 的车辆折算系数，详见表 4-22。

表 4-22　车辆折算系数取值

车型	交通量(veh/h/ln)	自由流速度(km/h)			
		110	100	80	≥60
中型车	≤800	1.5	1.5	2.0	2.25
	>800～1 200	2.0	2.5	3.0	3.25
	>1 200～1 600	2.5	3.0	4.0	4.5
	>1 600	1.5	2.0	2.5	3.0
大型车	≤800	2.0	2.5	3.0	3.5
	>800～1 200	3.5	4.0	5.0	5.5
	>1 200～1 600	4.5	5.0	6.0	6.5
	>1 600	2.5	3.0	4.0	4.5

在研究的前期阶段，如快速路采用禁止货车通行的情况下，也可参考美国 HCM2010 中的相关折减系数直接取值进行计算，折减系数取值详见表 4-23。

表 4-23　交通组成修正系数

(a) 大型车修正系数

大型车比例	1%	2%	3%	4%	5%
CHCM2015	0.971	0.943	0.917	0.893	0.870
HCM2010	0.995	0.990	0.985	0.980	0.976

(b) 中型车修正系数

中型车比例	5%	10%	15%	20%
CHCM2015	0.930	0.870	0.816	0.769
HCM2010	0.976	0.952	0.930	0.909

(4) 汇入/汇出长度

在快速路中，加减速车道的鼻端都设有隔离标线，汇入长度指的是匝道车辆汇入主线实际可以利用的长度，汇出长度则指的是等效减速车道长度。当汇入、汇出长度不足时，会对主线通行能力产生折减，具体折减系数可按表 4-24 取值。

表 4-24　汇入/汇出长度修正系数

汇入/汇出长度	50 m	100 m	150 m	200 m	250 m	300 m	350 m
汇入区	0.902	0.918	0.935	0.951	0.967	0.984	1.000
汇出区	0.834	0.861	0.889	0.917	0.945	0.972	1.000

(5) 匝道类型

快速路进、出匝道可分为直接式和平行式两种类型(图 4-9)。研究结果表明,直接式的通行能力高于平行式,在实际工作中,直接式匝道可不折减,即折减系数为 1.000,平行式匝道折减系数可按 0.943 取值。

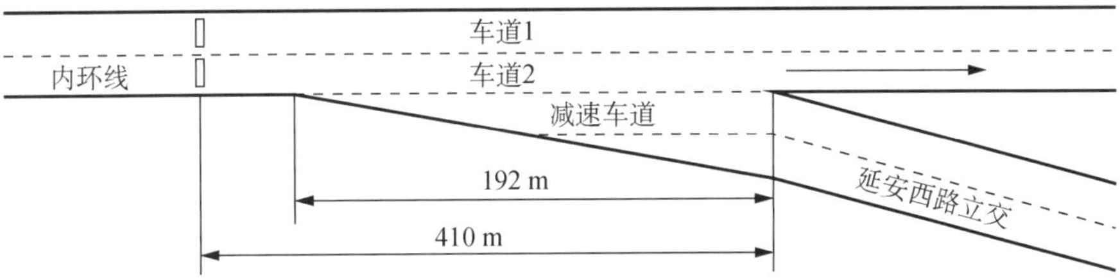

延安西路出口匝道

a) 直接式

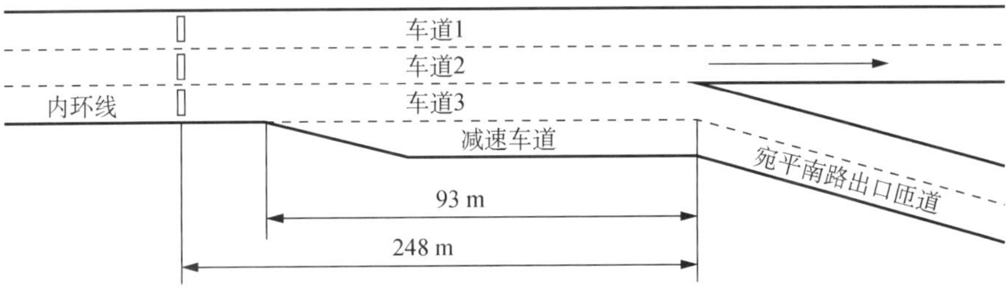

宛平南路出口匝道

b) 平行式

图 4-9　快速路匝道类型

(6) 工作日特性

工作日与非工作日的区别本质就是受驾驶员总体出行特征的影响。通常来讲,工作日驾驶员大部分沿固定熟悉的行驶路线,且因通勤时间的要求而驾驶行为更为专注,容易以较高且一致的速度行驶;非工作日,占更多比例的驾驶员对所行驶路线并不熟悉,且驾驶专注度有所下降,引起交通流速度的变化,导致速度—流量—密度关系曲线频繁发生变化,最终造成通行能力的降低。工作日特性可以采用星期特性修正系数,可按表 4-25 取值。

表 4-25　星期特性修正系数

星期	工作日	非工作日
汇入区	1.000	0.967
汇出区	1.000	0.965

(7) 天气特性

已有的研究表明,不同天气条件会对通行能力产生显著的影响。不同天气条件下通行能力具有明显差异,而且不同程度的恶劣天气对通行能力的影响程度也不同。根据以往数据研究显示,雨天通行能力通常将折减 3.4%～4%,雪天通行能力将折减 8.9%～9.5%,具体可按表 4-26 取值。

表 4-26 天气修正系数

天气	晴	雨	雪
汇入区	1.000	0.966	0.905
汇出区	1.000	0.960	0.911

根据上述通行能力的主要影响因素,相乘后可得出通行能力折减系数 f_W,通过前文所述公式,可计算得到快速路的设计通行能力,并预测高峰小时交通量,对快速路主线进行饱和度分析,进而量化分析快速路规模。

3) 快速路通行能力的估算

在快速路建设方案研究的前期阶段,规划建设方案往往处于动态调整中,出入口间距、侧向净宽、大车比例等对道路通行能力产生较大影响的因素具有一定的不确定性,如全部采用前文所述计算公式,反而影响计算的准确性。

根据美国佛罗里达交通厅(FDOT)最新研究成果、德国 PQF 失效风险概率函数研究成果及国内快速路通行能力实测结果,在设计方案不稳定或基础资料不完备的情况下可依照表 4-27 估算快速路通行能力。

表 4-27 快速路每条车道通行能力估算

估算方法	美国 FDOT(veh/h · ln)	德国(veh/h · ln)	国内经验(veh/h · ln)
估算值	1 800	1 580	1 740

根据表 4-27 所提每条车道通行能力供估算值,与车道规模相乘,即得出快速路总的通行能力的估算值。

此外,快速路设计时还应考虑日均交通流量承载能力,一般可参考下列数据:

(1) 双向 4 车道快速路折合成当量小客车的年平均日交通量为 40 000～80 000 pcu。

(2) 双向 6 车道快速路折合成当量小客车的年平均日交通量为 60 000～120 000 pcu。

(3) 双向 8 车道快速路折合成当量小客车的年平均日交通量为 100 000～160 000 pcu。

4) 结论

根据上述分析可以看出,快速路主线基本路段多采用"定量为主、定性为辅"的车道规模计算方法,并对分合流区及交织区进行重点分析,确保其全线服务水平均衡一致,避免"瓶颈"路段的影响,在考虑分合流区域的通行能力折减情况下局部增设辅助车道,以保证快速路主线通行效率。

结合上述分析及国内快速路的建设经验,本书给出以下快速路车道规模的建议。

(1) 超大及特大城市:新建环线快速路应采用双向 6 车道及以上的规模,有条件情况下宜采用双向 8 车道;新建射线快速路应采用双向 6 车道,交通流量特别大的情况下宜采用双向 8 车道。

(2) Ⅰ类大城市(人口 300 万以上):新建环线快速路应采用双向 6 车道的规模,交通流量特别大的情况下宜采用双向 8 车道;新建射线快速路宜采用双向 6 车道。

(3) Ⅱ类大城市(人口 100 万至 300 万):新建环线快速路应采用双向 4 车道及以上的规模,交通流量特别大的情况下宜采用双向 6 车道;新建射线快速路应采用双向 4 车道,交通流量特别大的情况下宜采用双向 6 车道。

(4) 中等大城市(人口 50 万至 100 万):新建环线快速路应采用双向 4 车道的规模,交通流量特别大的情况下宜采用双向 6 车道;新建射线快速路可采用双向 4 车道,交通流量特别大的情况下可采用双向 6 车道。

2. 匝道规模论证

1) 匝道通行能力

快速路工程的匝道包括互通立交匝道和平行匝道(用于连接快速路主线和辅路)两种。从基本概念来讲,匝道是连接两条道路的一段道路,通常由三部分组成:匝道与快速路连接处、匝道基本路段、匝道与出(入)口道路的连接处。匝道的三个组成部分,其运行特征也各不相同。匝道基本路段中车流运行环境比较简单,运行状态也相对稳定;匝道与快速路连接处车辆需要快速汇入或分离,且汇入或分离车辆将对快速路的主线"直行"交通造成干扰。匝道与出(入)口道路的连接处,其车辆希望在保证交通安全的前提下,顺利汇入(流出)该连接处。值得注意的是,匝道这三部分的运行状态是一个有机的整体,只有这三部分的运行都处于良好的状态时,匝道的运行状态才能有保证;只要其中一个环节出现问题,整个交通运行状态都将受到影响。

根据《城市道路交叉口设计规程》(CJJ 152—2010)的规定,一条匝道的基本通行能力见表 4-28。匝道的设计通行能力可以参照式(4-1)进行计算,匝道的服务水平分级见表 4-29。

表 4-28　一条匝道基本通行能力

设计速度(km/h)	20～25	30	40	50	60
基本通行能力(pcu/h)	1 550	1 650	1 700	1 730	1 750

表 4-29　匝道服务水平分级

等级	交通运行特征	设计速度(km/h)				
		60	50	40	30	20～25
一级	自由流	0.26	0.24	—	—	—
二级	自由流下段	0.43	0.40	0.37	—	—
三级	稳定流上段	0.62	0.58	0.55	0.51	—
	稳定流下段	0.75	0.71	0.67	0.63	0.59
四级	饱和流	≈1.00				
	强制流	>1.00				

注:定向和半定向立交匝道采用三级稳定流上段,平行匝道和其他立交匝道采用三级稳定流下段。

2) 匝道规模

在快速路设计实践中,首先根据预测交通流量计算确定匝道的车道规模,然后结合匝道的长度、建设用地、征地拆迁及建设投资来确定匝道的车道规模。

平行匝道：当计算车道规模为 1 车道，但为满足应急停车和车辆排队的需求，在建设条件及建设投资允许情况下，一般均设置双车道；若采用 1 车道，应设置紧急停车带。

互通立交匝道：当预测交通量大于 1 250 pcu/h，应设置双车道；若匝道长度不小于 300 m，当计算车道规模为 1 车道，为满足匝道上的超车需求，应设置双车道匝道；若匝道长度小于 300 m，在建设条件及建设投资允许情况下，可考虑设置双车道，无条件建设双车道匝道，必须按规范设置紧急停车带；如果预计未来立交匝道采用管制（如信号灯控制）形成车辆排队，宜采用双车道。

3. 辅路规模论证

1）辅路通行能力

快速路的辅路的通行能力计算方法与一般城市道路一致，参考《公路与城市道路设计手册（第二版）》（上海市住房和城乡建设委员会科学技术委员会，人民交通出版社，2016）。路段单向实际设计通行能力还应考虑车道数、车道宽度、非机动车、平面交叉口等因素的折减，计算公式如下：

$$N_n = N_p \cdot f_c \cdot f_n \cdot f_w \cdot f_p \cdot f_b \cdot \delta \tag{4-3}$$

式中，N_n 为路段机动车单向 n 车道的设计通行能力（pcu/h）；N_p 为一条车道的基本通行能力（pcu/h），按照表 4-30 取用；f_c 为机动车道通行能力的分类系数，主干路采用 0.80，次干路采用 0.85；f_n 为车道数修正系数，见表 4-31；f_w 为车道宽度修正系数，见表 4-32；f_p 为驾驶员修正系数，上下班高峰期间经常使用该道路者取 1.00，其他非经常使用该道路者取 0.75～0.90；f_b 为非机动车修正系数，分有无隔离设施及自行车道交通负荷的大小三种情况考虑，按式（4-4）计算；δ 为平面交叉口影响修正系数，按式（4-5）计算，最大取 1.00。

表 4-30 一条车道的基本通行能力

设计速度（km/h）	60	50	40	30	20
设计通行能力（pcu/h）	1 800	1 700	1 650	1 550	1 400

表 4-31 车道数修正系数

车道数	1	2	3	4	5
f_n	1.00	1.85	2.60	3.20	3.70

表 4-32 车道宽度修正系数

车道宽度（m）	3.75	3.50	3.25	3.00	2.75
f_w	1.00	1.00	0.94	0.84	0.77

$$f_b = \begin{cases} 1 & \text{（有机非分隔）} \\ 0.8 & \text{（无机非分隔，非机动车道负荷不饱和）} \\ (0.8 \sim 0.9) - \dfrac{\dfrac{Q_b}{C_b} + 0.5 - W_2}{W_1} & \text{（无机非分隔，非机动车道负荷饱和）} \end{cases} \tag{4-4}$$

式中，Q_b 为非机动车交通量(veh/h)；C_b 为每米宽非机动车道的实际通行能力，取 800～1 000 veh/h；W_2 为单向非机动车道宽度(m)；W_1 为单向机动车道宽度(m)。

$$\delta=\begin{cases}\lambda & (s\leqslant 200\ \text{m})\\ \lambda(0.0013\cdot s+0.73) & (s>200\ \text{m})\end{cases} \tag{4-5}$$

式中，s 为交叉口间距(m)；λ 为绿信比，$\lambda=\dfrac{g_e}{C}$；g_e 为有效绿灯时间(s)；C 为信号周期时长(s)。

2) 辅路车道规模

根据公式(4-3)计算，得到快速路的辅路设计通行能力，结合预测的交通流量，可以方便地计算取整求解出辅路路段的车道规模。

4.4 快速路的总体布置

4.4.1 选线

1. 选线工况

城市快速路的路线走向多按城市快速路网规划进行敷设，但在以下几种情况下，应对路线走向进行重新比选及论证：

(1) 因城市总体规划调整，工程沿线用地性质发生较大变化，涉及占用基本农田及规划水系的情况。

(2) 因铁路、轨道等重大基础设施的建设，涉及与快速路交叉节点实施困难或投资增加较大的情况。

(3) 因路线穿越城郊村镇，对沿线区域农耕环境影响较大，工程维稳压力较大的情况。

2. 选线原则

(1) 以土地利用规划及片区控规为依据，结合自然环境、技术条件以及社会经济条件，选择满足功能定位及线形标准，可有效服务沿线组团，可有效连接城市路网、高速公路网、重要的交通枢纽。

(2) 应尽可能选择避开基本农田，少占农用地及林地，少占水体，少开挖山体。

(3) 应尽可能减少征地和拆迁，避开重要基础设施、建筑物和保护性文物。

(4) 应避开泥石流、滑坡、崩塌、塌陷、地震断裂活动等自然灾害易发区；当不能避开时，必须采取有效的工程技术措施。

(5) 在综合考虑交通功能、环境保护、实施难度等因素基础上，应选择投资节约线位。

4.4.2 横断面布置

1. 一般原则

(1) 横断面设计应在道路规划红线宽度范围内布置，一般由主线和辅路组成。

(2) 快速路的车道数应适应预测交通量的需求，并结合规划红线及用地合理确定。

(3) 横断面布置应根据平面线形、沿线地形地物及建设条件,考虑采用整体式或分离式断面。

(4) 快速路断面布置应充分考虑配套的交通安全设施及管理设施的布设空间。

(5) 应结合功能定位、服务对象及车型比例,采用合适的车道宽度。

(6) 横断面设计应结合总体方案,考虑近远期结合,并为远期实施部分做充分预留,避免废弃。

2. 地面快速路横断面

根据辅路的布设情况可分为不设置辅路、双侧设置辅路和单侧设置辅路等形式。辅路设在两侧时,多采用四幅路的断面布置形式,包括中央分隔带、主线机动车道及变速车道、两侧分隔带、辅路(机动车道、非机动车道、人行道)等部分组成(图 4-10);辅路设在单侧时,多采用三幅路的断面布置形式;不设辅路时,多采用两幅路的断面布置形式。

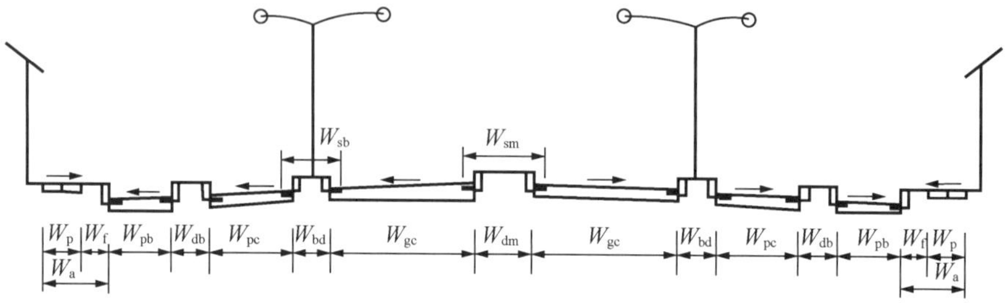

W_{gc}—含路缘带的快速机动车道宽度(m);W_{pc}—含路缘带的机动车道或机动车、非机动车混行的车道宽度(m);W_{gb}—含路缘带的阻道机动车道宽度(m);W_{pb}—非机动车道路面宽度(m),含路缘带宽度;W_{dm}—中间分隔带宽度(m);W_{sm}—中间分车带宽度(m),含路缘带宽度;W_{db}—两侧分隔带宽度(m);W_{sb}—两侧分车带宽度(m),含路缘带宽度;W_a—路侧带宽度(m),含人行道、设施带、绿化带宽度;W_p—人行道宽度(m);W_g—绿化带宽度(m);W_f—设施带宽度(m);W_s—路肩宽度(m);W_{sp}—保护性路肩宽度(m)

图 4-10 整体式地面快速路横断面

3. 高架快速路横断面

高架快速路由高架形式的主线及地面辅路组成。整体式断面主线上下行车道布置在一幅桥上,由中央分隔带(分隔墩)、主线机动车道及变速车道、两侧防撞墙(或墙边安全侧石分隔带)等组成(图 4-11);辅路布置在高架桥下桥墩的两侧,可布置成两幅路或四幅路。两侧设置有平行匝道的整体式高架断面如图 4-12 所示。

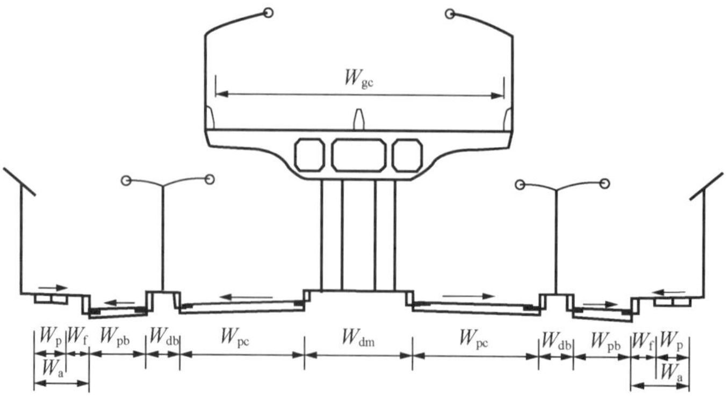

图 4-11 整体式高架快速路无匝道路段横断面

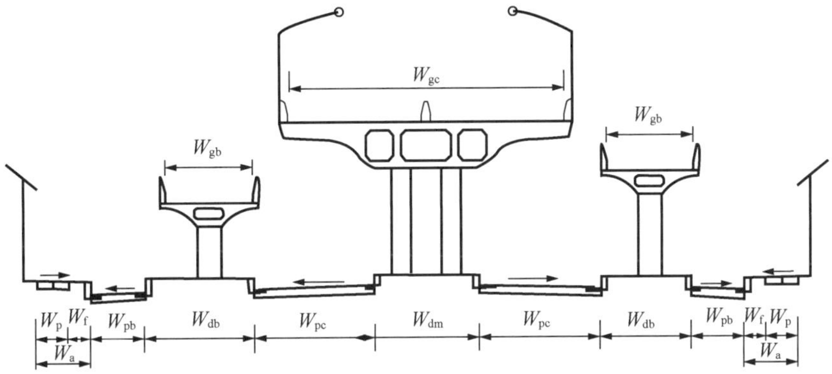

图 4-12　整体式高架快速路有匝道路段横断面

分离式断面主线可以上下高架分层布置(图 4-13),两侧设置有平行匝道的分离式高架断面如图 4-14。分离式断面还可以左右分幅布置(图 4-15),辅路可根据高架桥的布设方式布置成两幅路、三幅路或四幅路。

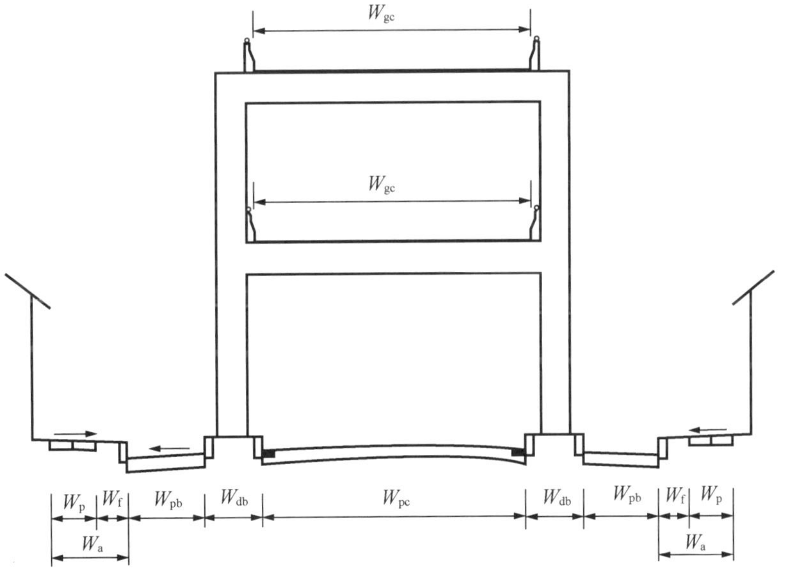

图 4-13　分离式高架快速路无匝道路段横断面

4. 堑式和地下快速路横断面

堑式快速路和地下快速路都可分为整体式和分离式两种布置形式。

堑式快速路断面:主线上下行车道布置在路堑中(图 4-16)。

整体式地下快速路断面:主线上下行车道布置在一个地道内(图 4-17)。

分离式断面主线上下行地道采用上下分层布置(图 4-18),或左右分幅布置成两个地道。辅路则根据情况不同可布置成两幅路、三幅路或四幅路。

高架快速路及地下快速路的具体横断面设计方法在本书后续章节中将作重点论述。

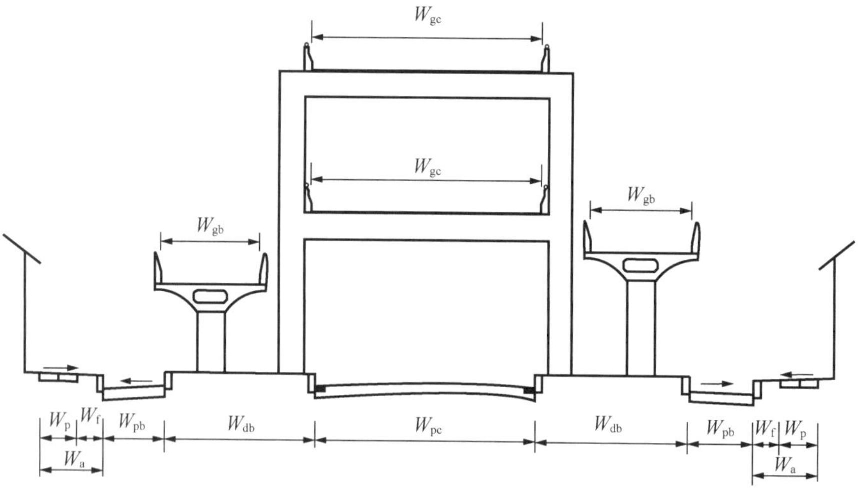

图 4-14　分离式高架快速路有匝道路段横断面

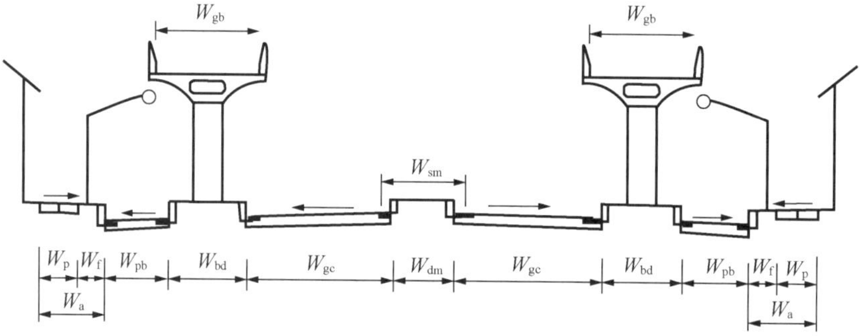

图 4-15　分离式高架快速路横断面

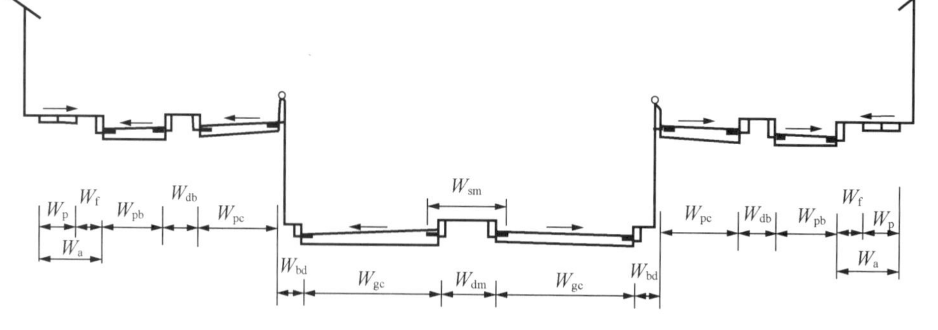

图 4-16　整体式堑式快速路横断面

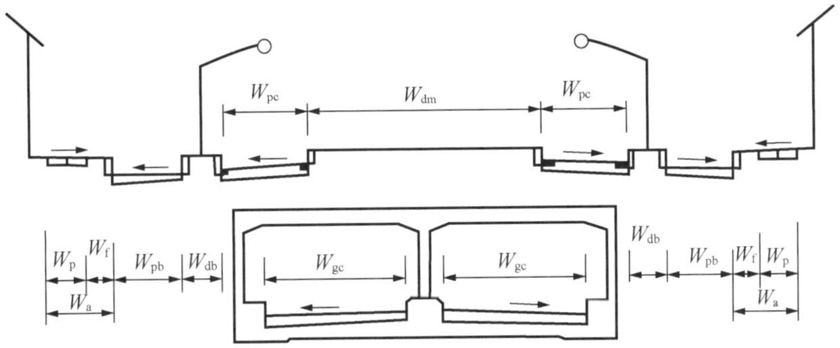

图 4-17　整体式地下快速路横断面

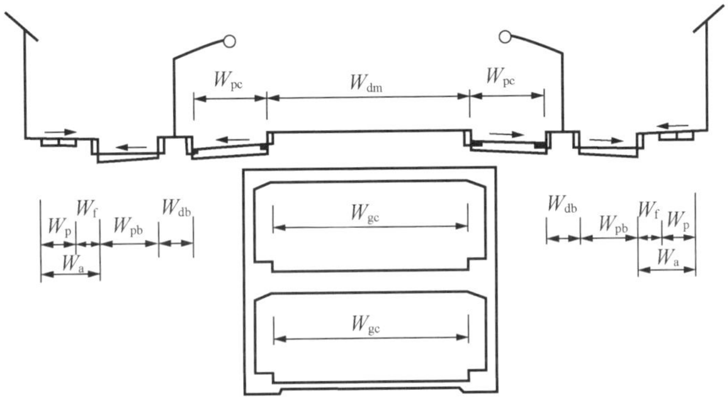

图 4-18　分离式地下快速路横断面

4.4.3　路线交叉布置

城市快速路路线交叉主要涉及与公路、城市道路、铁路及管线等设施的交叉。因快速路全线控制出入，且主要服务于中长距离的客、货车流，故城市快速路沿线交叉均为立体交叉。与快速路、交通性主干路、高速公路、主要干线公路交叉时，应（或宜）设置互通立交；而与其他道路（二级以下公路、次干路及以下城市道路）、铁路及管线交叉时，应设置分离式立交。

1. 路线交叉布置原则

交叉形式的确定，需考虑几方面因素：①规范中对于城市快速路交叉的有关规定；②相交道路的技术等级、规模、现状，交叉节点在路网中的重要性；③用地条件、地形、地物、交通量以及规划年限内的交通量；④与周围路网的协调与平衡。

快速路上立交设置原则如下：

(1) 与快速路或需要互通的高速公路相交，应采用枢纽互通式立交。

(2) 与一级公路及交通性主干路相交，应采用一般互通式立交。

(3) 与路网中重要的二级干线公路相交，可采用一般互通式立交。

(4) 与其他等级道路（包括机耕路）相交或间距受到限制时，应采用分离式立交。

2. 互通立交设置

城市快速路互通立交的设置首先应符合城市道路网的总体规划，其次应考虑相交道路的道路等级、功能定位；此外，还需根据用地规划等建设条件，结合立交间距，论证在节点处设置互通立交是否合理。互通立交的间距应符合下列要求：

(1) 相邻互通立交间距宜满足表 4-33 的规定，中心城区范围内，受制于路网间距及用地条件，最小间距不宜小于 1.5 km。

表 4-33　互通立交最小间距

相邻互通立交的类型	最小间距(km)	
	中心城区	城郊区域
枢纽互通与枢纽互通相邻	3.0	4.5
枢纽互通与一般互通相邻	2.4	3.9
一般互通与一般互通相邻	1.8(1.5)	3.3

注：括号内数值为最小控制值。

(2) 当相邻互通立交间距小于上述规定的最小值，且经论证必须设置时，应将相邻两处互通立交作为一个复合式立交进行设计，在复合式立交的直行车道旁设置分隔的集散车道，将出入口串联起来，使主线一个行驶方向上只保留一对出入口。

(3) 当互通立交匝道与上、下游相邻出入口匝道的距离不满足快速路规范规定的相邻出入口匝道的最小间距要求时，应进行通行能力计算及交织长度验算，并通过增设辅助车道或集散车道的方式合理进行交通组织设计。

此外，在互通立交范围内，主线基本车道数应与路段基本车道数连续一致，匝道车道数应根据匝道交通量及匝道长度确定。互通立交匝道分、合流处应保持车道数的平衡；当相邻路段车道数产生突变、不平衡时，应增设辅助车道。

3. 与其他设施交叉

1) 与铁路、轨道交通交叉

城市快速路与铁路、轨道交通交叉时，必须设置立体交叉；若相交设施为规划设施，则应预留远期实施立体交叉的条件。

当快速路上跨铁路、轨道交通时，快速路跨线桥的跨径与设计标高必须满足铁路及轨道交通建筑限界的要求；快速路跨线桥及引道范围内的排水应自成系统，不得直接排入铁路及轨道交通保护范围内。此外，在上跨铁路及轨道交通范围内还应设置防抛网等安全设施。

当快速路下穿铁路、轨道交通时，铁路及轨道交通跨线桥的跨径与桥下净空须满足快速路建筑限界的要求。在软土地区，铁路及轨道交通跨线桥承台尺寸宜控制在分车带宽度内，如进入到机动车道范围内，则承台顶埋深宜控制在路面以下 1.5 m。若铁路、轨道交通为已建设施，则在建设快速路时需对既有设施保护范围及保护要求进行征询。

2) 与高压管线交叉

城市快速路设计中，常涉及与高压油气、高压电力等管线设施交叉的情况。

高压油气管道大多敷设于地下，当快速路与高压油气管道交叉时，宜采用正交，必须斜交时，交角应大于 30°；快速路跨越高压油气管道时，在高压管道的安全保护范围内，应设置护管桥、地下通道(涵)或套管等对管道进行保护，并应按快速路汽车荷载等级进行验算。此外，管道检查井应设置在快速路车行道路面以外。

高压电力线多采用架空形式敷设，当快速路与高压电力线交叉时，因高压电力线多架设在距地面十几米至几十米范围内，因此宜采用快速路下穿高压电力线的交叉形式。快速路穿越高压电力线时，须满足《110 kV～750 kV 架空输电线路设计规范》(GB 50545—2010)中对道路路面与高压线最低点间的最小垂直距离的相关要求。

4.4.4　出入口布置

1. 出入口设置思路

城市快速路出入口主要指出口匝道和进口匝道，根据形态及功能的不同又可分为立交匝道和平行匝道两种。立交匝道是快速路与快速路、高速公路及干线公路间交通转换的功能实体；平行匝道是快速路主线与地面辅路及周边路网联系的功能实体。

匝道设置位置是否合理将影响快速路功能和作用的发挥。匝道布置一方面需要满足周边区域快速交通出行的需求，另一方面不能影响快速路的主线交通功能，必须根据沿线地区的交通出行需求及特征、周边用地规划开发情况、快速路的交通特征等来确定。

2. 出入口设置原则

(1) 出入快速路的匝道应为单向交通，出入口布置应满足快速路主线交通的快速集散以及与周边配套路网匹配的要求，使得快速路主线与辅路的出行交通相协调。

(2) 出入口的位置、数量、间距及形式，应满足主线车流稳定、分合流交通安全迅速的要求。出入口的位置及形式应因地制宜，尽量减少征迁影响，考虑好近远结合。

(3) 出入口设置位置应充分考虑路网主流向，为沿线重要地块服务。

(4) 出入口数量应权衡服务范围与主线通行效率。出入口间距布置应均衡，一方面要保证主线通行能力及交通安全，间距不宜过小，另一方面为避免进出主线交通过于集中，间距不宜过大。为保证主线通行能力，出口数量宜稍大于入口数量，且应优先考虑“先出后进”。

(5) 出入口布置形式应优先考虑先出后进，减少出入车流交织对主线的影响。应采用“右进右出”，特殊情况确需采用“左出”或“左进”的情况，须采用交通管理等技术措施加强交通安全。

3. 出入口间距控制

出入口布置间距一般指相邻匝道在主线分岔点之间的距离。匝道合理间距与快速路主线的功能和区域路网有关。

匝道布置的出入口应保证主线的直行交通不受干扰，并使分合流交通安全、迅速通行。根据匝道对主线车流运行影响分析，匝道的最小间距除满足变速车道长度、转换车道长度、匝道入口和出口的渐变段、匝道出入车辆与主线车流的交织段长度以及诱导标志距离外，还应考虑合流区与分流区交通紊流的影响范围，采用合理的布置间距。

具体设计方法详见本书第 5 章。

4.4.5 平行匝道布置

平行匝道属于菱形互通立交匝道的一种，在城市的建成区或规划开发区，因用地相对受限，快速路与地面干路相交，常采用菱形立交的变形形式——平行匝道进行互通。平行匝道承载快速路系统与地面道路系统之间车流的转换与集散功能(图 4-19)。

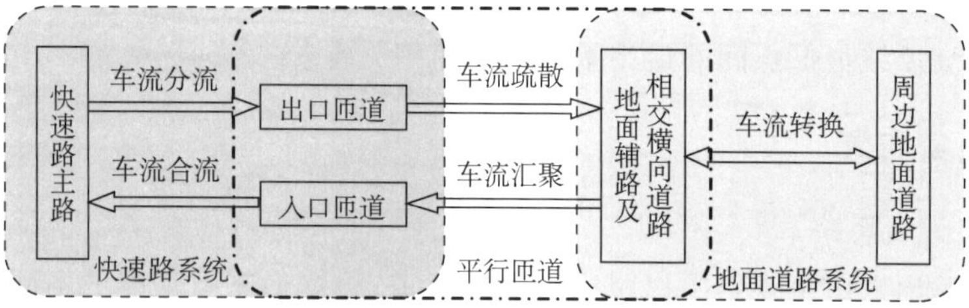

图 4-19 快速路主线、平行匝道以及地面路网关系图

平行匝道的布置除应满足快速路主线出入口的布置要求外，还需考虑与地面道路系统的衔接。因平行匝道的集散交通量较大，匝道落地点的位置对地面交叉口的影响较大，故匝道坡脚至交叉口停车线的距离应满足表 4-34 的要求，并应将该路段纳入同一路口交通信号系统管理之下，在设计时应尽可能增加交叉口进出口车道数，以提高交叉口的通行能力。

表 4-34 匝道坡脚至交叉口停车线的最短距离

匝道流向	匝道坡脚至交叉口停车线的最短距离(m)	
	有条件时	困难路段
下匝道	200	140
上匝道	100～150	50

4.5 快速路的交通组织

4.5.1 交通组织设计原则

(1) 根据城市总体规划与用地布局，结合城市道路网，确保交通转换快捷，路网流负荷均匀，从区域路网交通、快速路交通、辅路交通三个层面开展交通组织设计，充分发挥快速路的主线和辅路的交通功能。

(2) 分析不同层面的交通系统所承担的交通任务，按不同交通流特性总体考虑，分别组织。

(3) 根据快速路总体方案的基本构思和要求，保证过境交通和主要交通流向的便捷、畅通。

(4) 合理处理快速路与地面道路网之间的交通衔接转换的关系，合理协调主线、辅路、平行匝道、互通式立交，在保证交通功能的前提下，扩大快速路的服务区域。

(5) 沿路交通应靠辅路集散，同时考虑城市公共交通规划，并要方便沿线社区进出。

(6) 为避免区域内机动车流、非机动车流及行人的交叉干扰，合理利用立体交通系统，协同地下、地面、地上的交通空间，分别布置机动车系统、非机动车系统和人行系统。

(7) 坚持“以人为本”的原则，完善人行过街设施，配合实施无障碍设施的规划，同步建设方便老弱病残人群的工程配套设施。

4.5.2　区域路网交通组织

区域路网交通组织的目的是确保快速路承担长距离的过境及对外交通功能，同时还要处理好沿线区域的中长距离集散交通。

1. 长距离快速交通组织

快速路作为城市快速路网的重要组成部分，通过快速路网的环线、射线快速路的转换，可以方便地联系对外交通，同时承担着快速路所在区域的长距离快速联系交通功能。图 4-20 是宁波市北环快速路长距离快速交通组织设计示例。

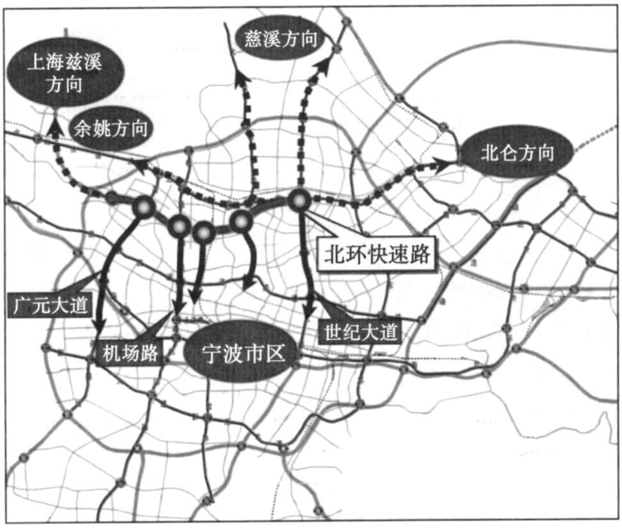

图 4-20　宁波市北环快速路长距离快速交通组织示例

图 4-21　宁波市北环快速路区域中长距离集散交通组织示例

2. 区域中长距离集散交通组织

区域集散交通组织主要通过沿线的上、下平行匝道实现快速路主线与区域内部路网间的联系(匝道的布置和匝道的集散能力决定了长距离集散交通的集散效率),满足沿线各个片区间的中距离交通集散的交通需求。图 4-21 是宁波市北环快速路区域中长距离集散交通组织设计示例。

4.5.3 快速路交通组织

1. 快速路主线交通组织设计

快速路主线为汽车专用道路,全线全封闭中央隔离双向行驶,严格控制出入口,交通行驶条件良好。快速路路段交通组织关键是处理好快速路出入口设置问题,避免车辆因出入快速路而影响快速路车流的行驶,从而保证快速路交通畅通,充分发挥快速路的快速、大容量、长距离出行的交通功能。依据快速路功能定位及运营后的交通流特性,主线应采用合理的车道宽度划分。

2. 快速路主线出入口交通组织设计

快速路出入口包括枢纽型互通立交匝道的出入口以及与平行匝道的出入口。处理好快速路出入口设置,主要是控制好出入口间距,其次是做好出入口几何设计,使其达到规定的标准,以减小出入口车辆对主线快速车流的影响。

合理地布设立交、匝道,并要统一全线的出入口形式,保证主线、地面交通和相交道路之间转换便捷。按照《城市道路交通标志和标线设置规范》(GB 51038—2015)的要求进行快速路及连接匝道的标志标线设计,具体包括驶入匝道标志和标线设置、驶出匝道标志和标线设置、高架道路路段标志和标线设置等。

3. 互通立交的交通组织设计

互通立交具有较好的通行条件,交通组织时应注意:①立交出入口设计尽量避免交织产生;②出入口宜采用“右进右出”,避免采用“左进左出”,保证交通运行安全;③立交区内尽量合并匝道出入口,减少对主线车流影响。

4.5.4 辅路交通组织

辅路的交通组织包括机动车交通组织、非机动车交通组织和人行交通组织。

1. 机动车交通组织

机动车交通组织的主要内容包括路段车道划分和组织(分为有匝道路段和无匝道路段)、交叉口机动车交通组织、公交车道布置、辅路中央分隔带开口、车辆调头、辅路两侧进出口布置等。

2. 非机动车交通组织

非机动车临近路口时必须针对下列事项特别加以处理:①直行非机动车与左、右转车辆之间的冲突;②非机动车在交叉口范围的行驶轨迹处理;③非机动车的左转处理。

非机动车过交叉口分为直接左转或两次过街。非机动车作为“弱势”交通工具,应尽量为其提供较舒适的出行空间,尽量满足直接左转的要求,非机动车较少的路口可采用两次过街组织形式。另外,宜根据交叉口的几何条件,将非机动车、机动车及行人分道行驶,非机动车在交叉口宜跟随机动车方向相位信号灯通过。

3. 人行交通组织

在高架道路下利用高架分隔带宽度，设置行人过街安全保护区。同时，在交通量大的交叉口，宜设置人行过街天桥或地道设施；在其他交叉口及路段，宜结合需求实施人行横道线穿越马路，且同步设置无障碍设施。

第5章 城市快速路出入口及立体交叉

5.1 概述

在完成城市快速路总体设计后，设计重点转向出入口设计及立体交叉设计，下面分别进行概述。

1. 出入口设计

城市快速路出入口设计是快速路设计的关键，良好的出入口布置设计，对于保障快速路主线安全、快速、通畅地运行，实现主线交通的快速安全转换和高效集散，具有重要作用。以交通进、出快速路主线的类型分类，包括出口设计和入口设计；以连接出入口匝道的类型分类，包括平行匝道（连接快速路的主线与辅路）出入口设计和立体交叉（连接快速路的主线与相交横向道路）出入口设计。

城市快速路出入口设计的内容主要包括出入口间距的确定、出入口布置形式、出入口端部设计、变速车道设计、辅助（集散）车道设计等。我国早期的快速路建设实践中，由于缺乏相关经验，在城市快速路出入口设计方面出现了诸多问题。

（1）出入口间距不合理：如上海南北高架部分出入口间距过近（小于 400 m），导致主线交织区长度不足而带来高峰时段主线交通的拥堵；上海中环线汶水路高架出入口间距过大（大于 3 km），导致出口或入口在高峰时段积累的车辆过多引起主线交通和辅路（或连接横向道路）交通的拥堵。

（2）出入口布置形式不合理：如杭州中河路高架部分出入口采用“左出”和“左进”，不符合交通行驶规则，对主线交通干扰很大，高峰时段易产生严重的交通拥堵和安全隐患。

（3）出入口端部设计不合理：如出入口的平面或纵断面线形指标低、出入口识别视距不佳，带来交通安全隐患和通行不畅。

（4）变速车道设置不合理：如变速车道长度或宽度不足，导致出入口段减速、加速不充分，高峰时段会引起主线或连接匝道的交通拥堵。

（5）辅助或集散车道设计不合理：当出入口车道不平衡时，应设置合理长度的辅助车道，否则高峰时段会引起主线或连接匝道的交通拥堵；当出入口间距过小（不满足要求的长度）时，应增加设置集散车道，避免主线交织从而引起主线的交通拥堵。

2. 立体交叉设计

城市快速路和横向道路交叉时，应设置立体交叉。立体交叉的形式可以分为互通式立体交叉和分离式立体交叉。互通式立体交叉可以分为枢纽立交（通行条件较好的全互通式立交）和一般立交（通行条件一般的全互通立交或部分互通立交）。立体交叉选型应根据交叉口在道路网络中的功能定位、相交道路等级、预测交通流量、建设条件等综合确定，并应符合下列要求：

(1) 当快速路和快速路、高速公路相交时，应设置枢纽立交。

(2) 当快速路和主干路、一级公路相交时，可设置一般立交或分离式立交。

(3) 当快速路和次干路、支路、二级公路、三级公路、四级公路相交时，可设置分离式立交。

(4) 当主干路和主干路、一级公路相交时，可设置一般立交或分离式立交。

城市快速路立体交叉设计的内容主要包括立交选型、立交线形设计、主线出入口设计、匝道间分合流设计等。我国城市快速路立体交叉建设实践中，也出现过诸多问题。

(1) 立交选型不合理：如上海南北高架路的天目中路立交和鲁班路立交，本该建设枢纽立交，但实际采用的是通行能力有限的环形立交，在交通量大的情况下易发生严重堵塞。

(2) 立交线形设计不合理：如交通流量大的匝道采用小半径的环形匝道，由于平纵线形条件差、通行能力不足，高峰时段容易引起交通拥堵和交通事故。

(3) 出入口设计、匝道间分合流设计不合理：由于出入口的变速车道长度不足、匝道分合流交织长度不足，高峰时段容易发生严重的交通堵塞。

5.2 快速路出入口设计

5.2.1 出入口设计原则

城市快速路的出入口布置应符合如下设计原则：

(1) 出入口形式应明确，几何设计应能防止车辆逆行。

(2) 出入口之间的间距应满足进出主线交通的交织长度要求。

(3) 出入口附近的平曲线、竖曲线应采用较大半径，入口处应保证一定的通视区域。

(4) 出入口宜设在纵坡平缓路段，设置出入口处纵坡不应大于 2%，否则应增加下坡路段的减速车道和上坡路段的加速车道的长度。

(5) 立体交叉区宜设置单一出入口。

(6) 出入口的设计应协调好与主线衔接、辅路衔接设计，做到交通流量匹配、车道平衡、线形设计平顺。

5.2.2 出入口布置形式

快速路主线的出入口布置形式主要有以下几种(图 5-1)。

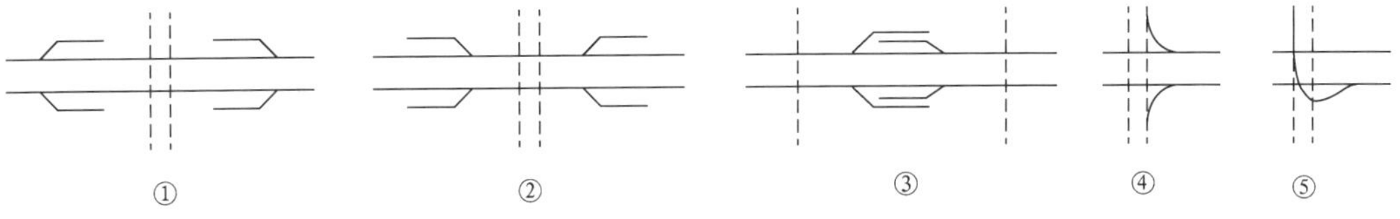

图 5-1　出入口布置形式

1. 平行式

出入口平行于主线布置，正对横向道路，通过辅路交叉口集散各方向的交通。平行式能较好地实现地面辅路路网对主线的集散功能，是最常用的布置形式。

形式①：出入口以“先出后进”的方式布置在横向道路两侧，该形式对主线交通影响小，但对出入口对应的横向道路交叉口交通的影响较大。

形式②：出入口“先进后出”，该形式对主线会产生大量交织，且易吸引部分短距离辅路交通利用主线通行，但对横向道路交叉口交通的影响较小。

形式③：出入口采用“剪刀叉”方式布置，进出主线为“先出后进”，该形式避免了对主线产生大量交织，也避免了出入口直接面向一条横向道路，对横向道路交叉口交通的影响也较小，但在布置出入口形成剪刀叉的区域占地比较大，可能会引起较大的拆迁。

平行式出入口宜根据路网条件，通过多条横向道路疏解交通，尽量避免两对出入口对着一条横向道路的情况。

2. 横向式

出入口直接布置在横向道路上，形式④和形式⑤分别为右转联系、左转联系。该布置形式可直接服务于横向道路，可减少主要横向道路交叉口的交通压力。缺点是地面辅路除匝道联系方向便捷以外，其余方向交通需通过路网绕行。因此，横向式布置形式适用于某转向方向交通特征明显、交通量较大的情况，且附近需有较完善的路网。

5.2.3 出入口间距要求

1. 主线出入口

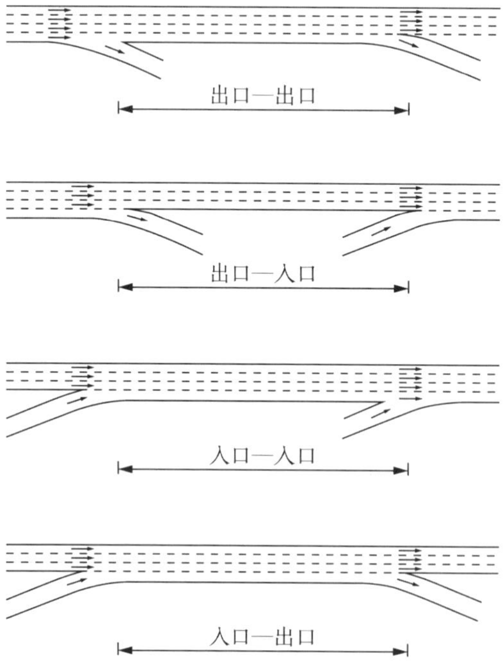

图 5-2 出入口类型

由于汇入、驶出快速路会对快速路的主线交通产生交织，对主线交通的运行速度和轨迹都有一定影响，因此出入口间距的布置应满足一定的距离要求。通常，快速路的出入口类型组合可分为“出口—出口”“出口—入口”“入口—入口”和“入口—出口”四种（图 5-2）。不同的情况下，出口的最小间距有所不同，但应能保证快速路主线交通不受分合流交通的干扰，并应为分合流交通加减速及车道转换提供安全、可靠的条件，且应大于分合流影响区及交织段长度。

根据规范和以往工程经验，出入口最小间距应满足表 5-1 的要求。

当出入口端部间距不能满足表 5-1 要求时，应采取增设辅助车道或集散车道，或者匝道布置采用“剪刀叉”形式实现“先出后进”等技术措施，并进行交织段交通服务水平分析评价。

表 5-1　出入口最小间距

主线设计速度(km/h)	出入口类型			
	出口—出口(m)	出口—入口(m)	入口—入口(m)	入口—出口(m)
100	760	260	760	1 270
80	610	210	610	1 020
60	460	160	460	760

2. 相邻匝道出入口

根据《城市道路交叉口设计规程》(CJJ 152—2010)的规定，相邻匝道口最小间距(图 5-3)应符合表 5-2 的规定。

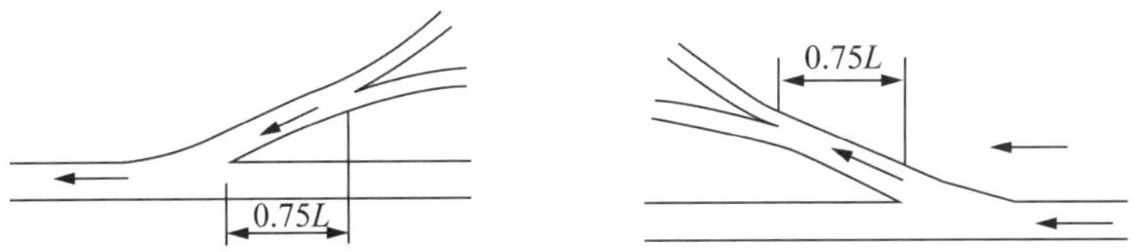

图 5-3　相邻匝道出入口净距示意图

表 5-2　相邻匝道口最小间距

主线设计速度(km/h)		100	80	60
距离 L(m)	极限值	140	110	80
	一般值	280	220	160

5.2.4　出入口端部设计

出入口端部是匝道与主线分合流的交汇点，端部具体设置应注意以下几点：

(1) 出入口端部宜设置在跨线桥等构造物之前；当设置在跨线桥等构造物之后时，出口端部距离跨线桥宜大于 150 m。

(2) 在有货运车辆通行需求的情况下，入口应设在主线的下坡段，便于重型车辆加速；如为客车专用道路，则无须考虑。

(3) 入口端部应保持充分的视距，保证一定的通视区域，以利于合理车辆的运行安全，主线通视距离应≥100 m，匝道通视距离应≥60 m(图 5-4)。

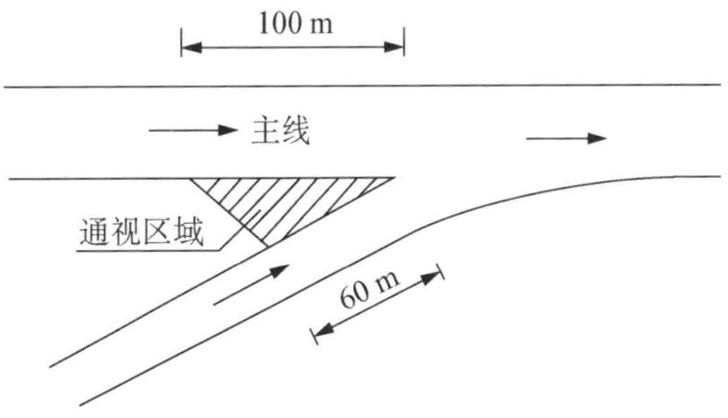

图 5-4　入口端部视距

(4) 在出口端部设计中，考虑为误行车辆提供一定的容错空间，通常在路基段的端部位置车道边缘加宽一定偏置值，并用圆弧连接主线和匝道路面边缘(图 5-5)，偏置值楔形端部鼻端半径规定见表 5-3 要求，楔形端部的过渡段长度 Z_1 应根据表 5-4 要求的渐变率计算。高架及地下道路结构段可不设置偏置加宽。

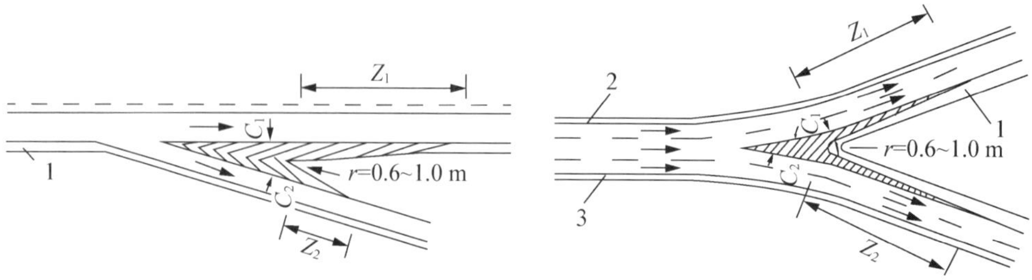

a) 主线匝道出口　　b) 主线分流时

图 5-5　出口楔形端部布置

表 5-3　分流点处偏置值与端部半径

分流方式	主线偏置值 C_1(m)	匝道偏置值 C_2(m)	鼻端半径 r(m)
驶离主线	≥3.0	0.6～1.0	0.6～1.0
主线相互分岔	1.8		0.6～1.0

表 5-4　分流点处楔形鼻端的渐变率

设计速度(km/h)	100	80	60
渐变率	1/11	1/10	1/8

(5) 城市地下快速路主线分流鼻前的识别视距不宜小于 2 倍的主线停车视距;条件受限时,不应小于 1.5 倍的主线停车视距。城市地下快速路主线汇流鼻前的识别视距不应小于 1.5 倍的主线停车视距。

(6) 地下快速路的匝道接入主线入口处从汇流鼻端开始应设置与主线直行车道的隔离段,隔离段长度不应小于主线的停车视距值,隔离设施不应遮挡视线(图 5-6)。地下快速路合流段的汇流鼻端与地下快速路洞口的距离(图 5-7)不应小于表 5-5 的规定。

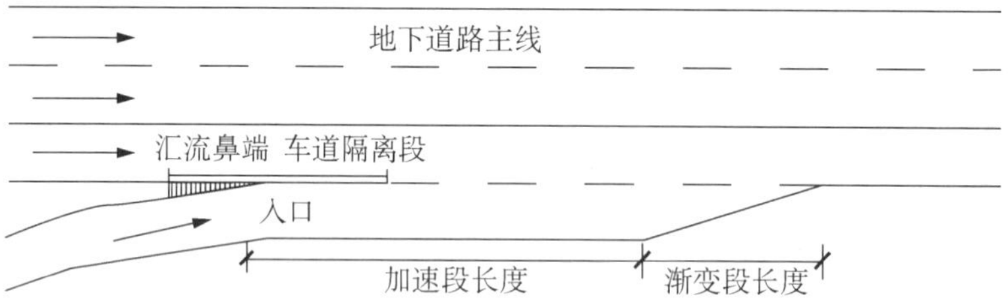

图 5-6　地下快速路入口鼻端的车道隔离段长度

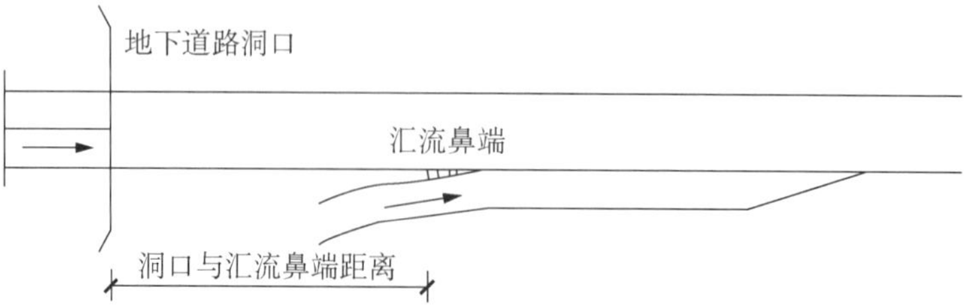

图 5-7　地下快速路洞口与汇流鼻端距离

表 5-5　城市地下快速路洞口汇流鼻端最小距离

设计速度(km/h)	最小间距(m)
80	165
60	85

5.2.5　出入口与辅路交叉口衔接

辅路进出主线的交通需通过辅路交叉口来集散,出入口与辅路连接点至交叉口停车线受同一信号灯管控,对交叉口影响大。因此,应尽可能增加交叉口车道数以提高通行能力,尽量加大进出口距交叉口的距离以减少交织影响。

快速路主线出口与辅路连接点至交叉口停车线距离,由红灯期间的排队长度以及主线出口转向车辆和辅路转向车辆变换车道所需的交织长度两部分组成。该距离的计算方法是根据进口道的通行能力和预测交通量来确定的。根据工程设计实践及相关规范,快速路主线出口与辅路连接点至交叉口停车线距离宜大于或等于 200 m,困难条件下宜大于或等于 140 m。条件受限不满足最小距离要求或距离较短时,可采用主线出口左转车道布置在交叉口中间位置,左转车道集中设置在主线出口与辅路紧邻车道,辅路与主线出口转向车道各自布置等交通组织措施,以减少交织距离过短产生的交通干扰(图 5-8)。

快速路主线入口与辅路连接点至交叉口停车线的距离,应保证辅路与主线入口交通所需的交织长度,一般最小距离宜为 100～150 m,困难条件下宜大于或等于 50 m。条件受限不满足最小距离要求时,可采取在交叉口增加渠化车道、设置车道方向指示标志及地面文字标记等交通管理措施,以减少交通干扰。

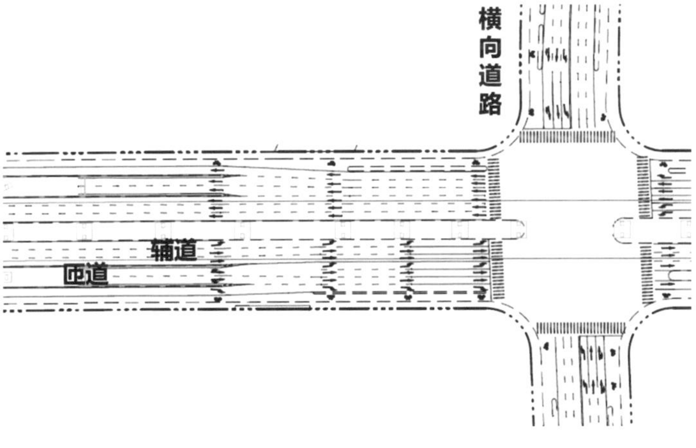

图 5-8　主线出口终坡点距离交叉口较小时的交通组织方式示意图

5.3　快速路平行匝道、变速车道、辅助车道及集散车道设计

5.3.1　平行匝道设计

平行匝道主要承担快速路与地面辅路之间的交通转换与集散功能。平行匝道的设计范

围包括连接快速路入口(或出口)至辅路点的部分。平行匝道设计主要包括设置方式、平纵线形设计及横断面设计。设置方式一般采用平行式布置,具体参见本章第 5.2 节中有关出入口的布置方式。下面重点论述平纵线形设计及横断面设计。

1. 平纵线形设计

(1) 设计速度一般采用 40 km/h、50 km/h、60 km/h。

(2) 平面线形设计指标应满足表 5-16 的要求。

(3) 最大纵坡宜为 6.0%,困难条件下可为 6.5%,积雪冰冻地区最大纵坡宜为 4.0%;纵坡段最小长度及竖曲线设计指标应满足表 5-18 的要求。

2. 横断面设计

(1) 一条混行车道宽度为 3.5 m,一条小客车道为 3.25 m。设计速度小于 60 km/h 时,路缘带宽度为 0.25 m;设计速度为 60 km/h 时,路缘带宽度为 0.5 m。

(2) 当匝道采用 1 条车道时,应设置不小 2.5 m 的紧急停车带;当匝道采用 2 条车道及以上时,可不设置紧急停车带。

(3) 匝道上的圆曲线每条车道加宽值应满足表 5-20 的要求;匝道上的直线与超高圆曲线间或超高不同的圆曲线间,应设置超高过渡段,超高渐变率应满足表 5-22 的要求,最小超高渐变率应符合表 5-23 的要求。

5.3.2 变速车道设计

变速车道由渐变段和加(减)速车道组成,变速车道的设计主要包括变速车道设置方式及变速车道长度的确定。

1. 设置方式

变速车道根据外形分为直接式与平行式两种(图 5-9),根据车道数分为单车道和双车道两种。

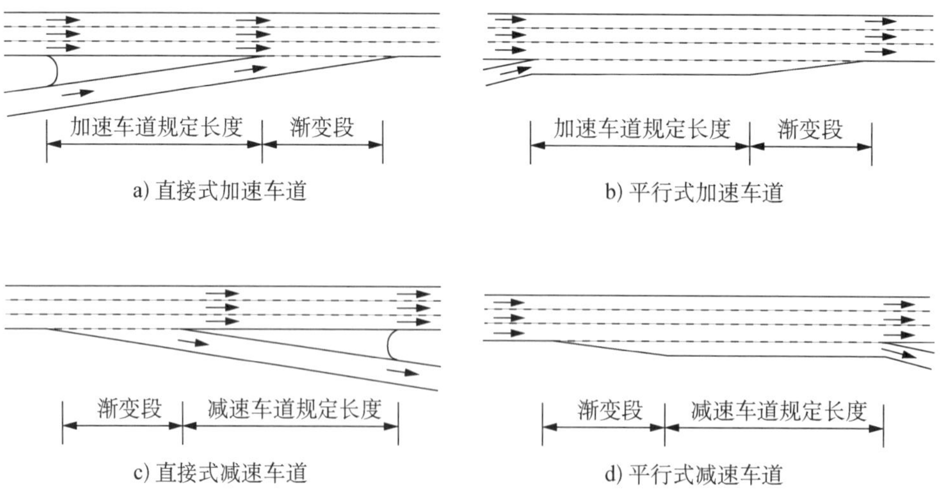

图 5-9 不同类型变速车道布置示意图

(1) 直接式:根据直接以平缓的角度出入主线原理进行设计。直接式车辆行驶方向直接，行驶轨迹平滑。

(2) 平行式：以增设一条平行主线的变速车道方式构成。平行式与直接式相比，起终点及宽度渐变明显。

直接式出入口主要优点是符合车辆行驶轨迹，建设成本较低。对于公路，通常出口使用直接式，入口使用平行式。当变速车道为双车道时，加(减)速车道均采用直接式。平行式变速车道的过渡段和附加车道的作用明显，主线和过渡段起点轮廓线的转折明显，同时平行式有利于加速车道车辆有更多机会汇入主线，且用地集约。因此，对于城市快速路，考虑道路性质、交通条件、用地条件等因素，宜采用平行式加(减)速车道。

2. 设置标准

(1) 快速路出入口均应设置变速车道。

(2) 变速车道长度为加速或减速车道长度与渐变段长度之和。

(3) 对于高架快速路及地面快速路而言，根据《城市快速路设计规程》(CJJ 129—2009)，变速车道长度与出入口渐变率应符合表 5-6 的规定。

表 5-6　变速车道长度与出入口渐变率

<table>
<tr><th colspan="3">主线设置速度(km/h)</th><th>100</th><th>80</th><th>60</th></tr>
<tr><td colspan="2" rowspan="2">减速车道长度(m)</td><td>单车道</td><td>90</td><td>80</td><td>70</td></tr>
<tr><td>双车道</td><td>130</td><td>110</td><td>90</td></tr>
<tr><td colspan="2" rowspan="2">加速车道长度(m)</td><td>单车道</td><td>180</td><td>160</td><td>120</td></tr>
<tr><td>双车道</td><td>260</td><td>220</td><td>160</td></tr>
<tr><td colspan="2">渐变段长度(m)</td><td>单车道</td><td>60</td><td>50</td><td>45</td></tr>
<tr><td rowspan="4">渐变率</td><td rowspan="2">出口</td><td>单车道</td><td rowspan="2">1/25</td><td rowspan="2">1/20</td><td rowspan="2">1/15</td></tr>
<tr><td>双车道</td></tr>
<tr><td rowspan="2">入口</td><td>单车道</td><td rowspan="2">1/40</td><td rowspan="2">1/30</td><td rowspan="2">1/20</td></tr>
<tr><td>双车道</td></tr>
</table>

注：双车道渐变段长度为单车道的 2 倍。

对于地下快速路而言，渐变段长度应符合表 5-6 的规定。根据《城市地下道路工程设计规范》(CJJ 221—2015)，单车道的加减速车道长度应符合表 5-7 的规定，双车道的加减速车道长度宜为单车道的 1.2～1.5 倍。

表 5-7　地下快速路单车道的加减速车道长度

主线设计速度(km/h)	80	60
减速车道长度(m)	80	70
加速车道长度(m)	220	140

(4) 坡道上变速车道长度的修正系数应符合表 5-8 的规定。

表 5-8 坡道上变速车道长度修正系数

主线的平均坡度 i(%)	$0<i\leqslant 2$	$2<i\leqslant 3$	$3<i\leqslant 4$	$4<i\leqslant 6$
下坡减速车道长度修正系数	1.00	1.10	1.20	1.30
上坡加速车道修正系数	1.00	1.20	1.30	1.40

(5) 变速车道长度选用除应符合表 5-6 和表 5-7 规定的最小长度要求外，还应结合主线和匝道的设计速度、交通量、大型车所占比例等对变速车道长度进行验算，按实际情况确定其合理的长度。

(6) 变速车道的横断面布置应由车行道、左侧路缘带和右侧路缘带组成(图 5-10)，左侧路缘带应兼作主线的右侧路缘带，宽度为 0.5 m；车行道宽度一般取 3.5 m。

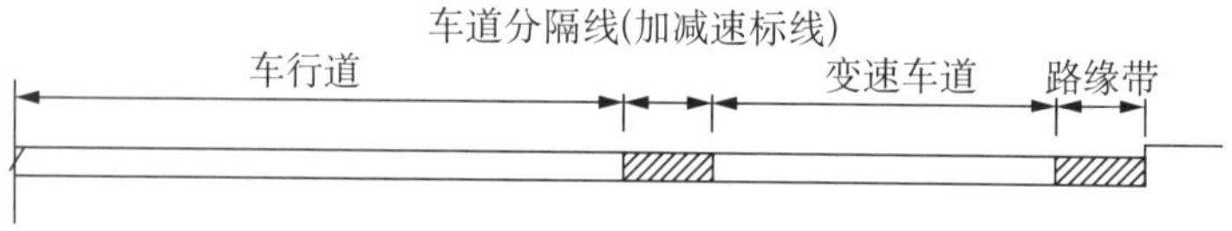

图 5-10 变速车道横断面示意图

3. 设置示例

1) 高架快速路

高架快速路通常采用平行匝道进出主线，当匝道预测流量小于等于单车道通行能力时，一般为“单进双出”的形式(平行匝道规模一般为 2 车道，采用单车道加速车道进主线、双车道减速车道出主线，但出口匝道预测流量小于等于 0.5 倍单车道通行能力时，采用单车道减速车道出主线)，几何上边线为两段渐变线(一段为车道渐变线，另一段为变速车道部分的几何衔接渐变线)。以设计速度 80 km/h 为例，高架快速路进出主线加减速车道布置如图 5-11 所示。

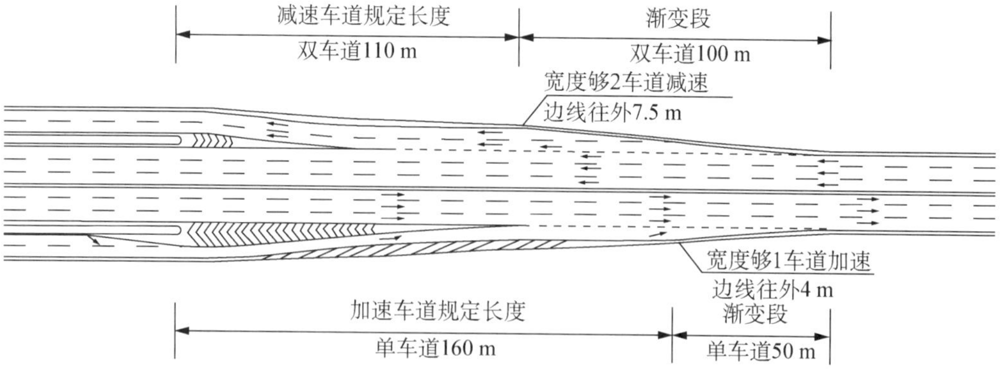

图 5-11 高架快速路进出主线加减速车道布置示意图(80 km/h)

2) 地面快速路

地面快速路进出主线采用地面出入口，考虑交通、用地条件以及平行匝道较短等因素，地面快速路出入口一般采用“单进单出”。以设计速度 80 km/h 为例，地面快速路进出主线加减速车道布置如图 5-12 所示。

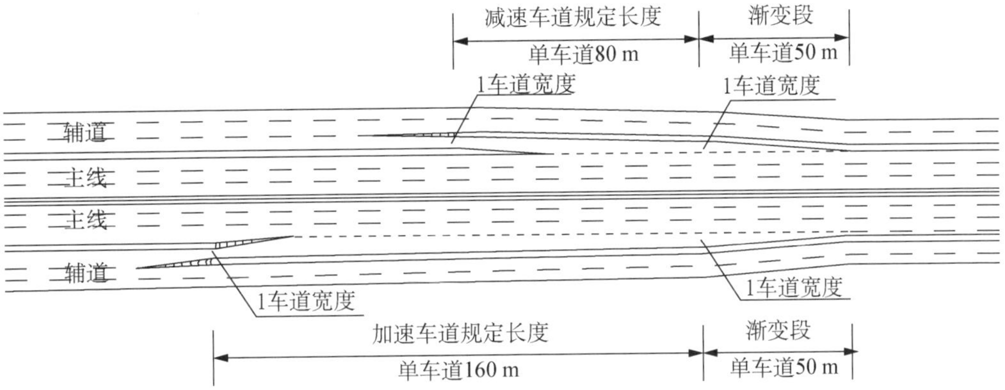

图 5-12　地面快速路进出主线加减速车道布置示意图(80 km/h)

3）地下快速路

地下快速路的加减速车道设置类似高架快速路，一般为“单进双出”的形式。

5.3.3　辅助车道设计

在出入口(包含互通立交和平行匝道)合流段下游、分流段上游，为出入主线的车辆调整车速、车距、变换车道或平衡车道数等而在主线直行车道外侧平行增设的附加车道称为辅助车道。

1. 设置条件

(1) 根据《城市快速路设计规程》(CJJ 129—2009)，对于基本车道数的连续与平衡应符合下列规定：

① 在全长或较长的路段内必须保持一定的基本车道数。

② 相邻两段同一方向上的基本车道数每次增减不得多于 1 条，变化点应距出入口起终点 0.5～1.0 km，并设渐变率不大于 1/50 的过渡段。

③ 在分合流处，车道数应按下式进行计算，以检验车道数的平衡。当不平衡时，应增设辅助车道(图 5-13)。

$$N_C \geqslant N_F + N_E - 1 \tag{5-1}$$

式中，N_C 为分流前或合流后的主线车道数；N_F 为分流后或合流前的主线车道数；N_E 为匝道车道数。

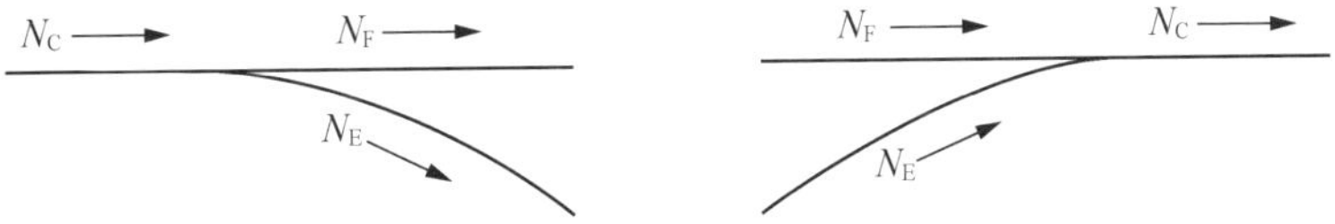

图 5-13　分合流处车道数平衡示意图

(2) 根据《城市快速路设计规程》(CJJ 129—2009)，当前一个互通式立体交叉的加速车道末端至下一个互通式立体交叉的减速车道起点的距离小于 500 m 时，必须设置贯通的辅助车道。

(3) 根据《城市地下道路工程设计规范》(CJJ 221—2015),地下道路入口匝道和出口匝道之间宜设置辅助车道;当出入口端部之间的间距不满足表 5-1 的要求时,应设置辅助车道,并应保证辅助车道长度满足交织要求。

(4) 当高架或地面快速路的平行匝道出入口端部间距不能满足表 5-1 要求长度,宜设置贯通的辅助车道;如果在条件受限,出口间距大于或等于要求长度的 0.7 倍且小于 1.0 倍时,应对交织区域的主线及交织段通行能力进行分析评价,若满足要求,综合考虑交通组织及经济性也可不设辅助车道。

2. 设置标准

(1) 辅助车道长度(包括渐变段)在分流段应大于 1 000 m,最小应为 600 m;在合流段,应大于 600 m。

(2) 辅助车道的设计速度宜与主线设计速度相同,特殊需求时也可适度低于主线设计速度,宽度应与主线车道宽度相同,与主线车道间可不设路缘带。

(3) 辅助车道的车道规模宜为 1 车道。

(4) 辅助车道与主线一般采用线宽为 45 cm 的纵向虚线(线段及间隔均为 3 m)进行分隔。

(5) 辅助车道过渡段的渐变率应大于或等于 1/50。

3. 设置示例

以高架快速路为例,当进出口距离过近时增设辅助车道,则可借用部分辅助车道进行加减速,几何设计上进口、出口处各设置一段渐变段即可,布置示例见图 5-14。

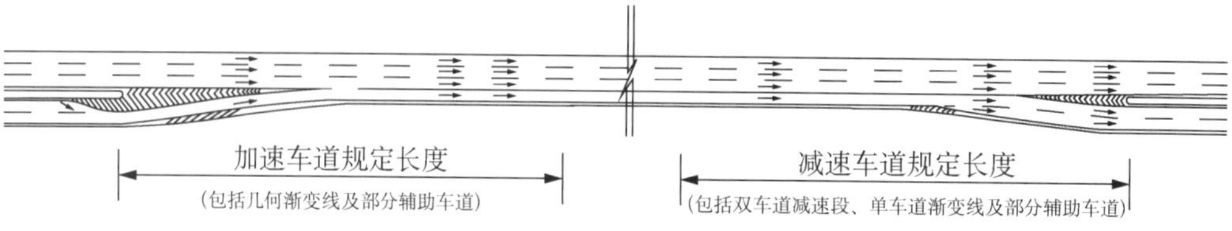

图 5-14　辅助车道设置示意图

5.3.4　集散车道设计

为减少主线交通流的交织,在主线外侧设置的与主线平行且横向分离,并在两端与主线相连,供进出主线车辆通行的车道称为集散车道。

1. 设置条件

(1) 当出入口端部间距不能满足表 5-1 要求,且设置辅助车道不能满足交通交织需求时,应设置集散车道。

(2) 当出入口端部间距不满足表 5-1 要求长度的 0.7 倍且大于 0.5 倍时,尽管设置辅助车道能满足交通交织需求,也必须设置集散车道。

2. 设置标准

(1) 集散车道的设计速度宜与匝道或辅路设计速度一致,集散车道应通过变速车道与主线直行车道相接。

(2) 集散车道可为单车道或双车道，每条车道宽度应为 3.5 m，在主线出入口处应保持车道平衡。

(3) 集散车道宜采用物理分隔设施分离；在困难情况下，可考虑采用标线分隔。

3. 设置示例

集散车道设置示例见图 5-15 和图 5-16。

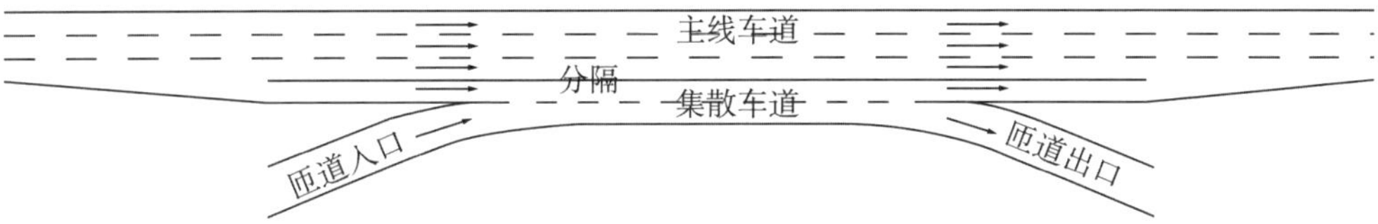

图 5-15 集散车道设置示意图一

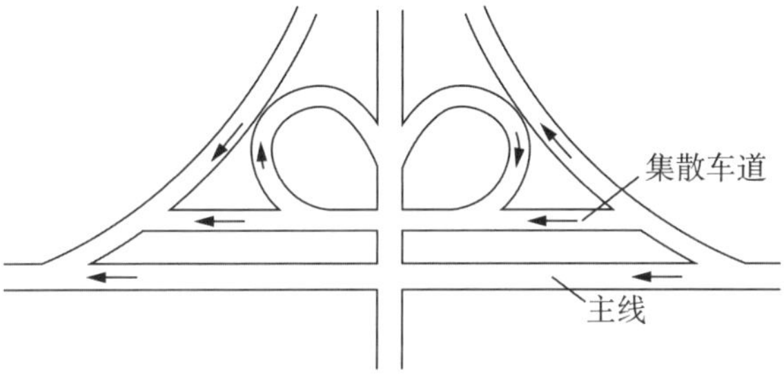

图 5-16 集散车道设置示意图二

5.4 城市立体交叉设计

5.4.1 城市立交的基本形式

城市快速路立交的形式很多，目前世界各国已经采用的约有 180 余种，其中应用最多的有 10 余种。根据交通功能和匝道布置方式，立交分为两类：一类是分离式立交，相交道路上的车辆在交叉处不能直接转到另一条道路上去；另一类是互通式立交，在相交道路之间设置连接道路(匝道)，相交道路上的车辆可以通过匝道直接转向行驶到另一条道路上去。

1. 分离式立交

分离式立交形式(图 5-17)简单、占地少、造价低，一般适用于快速路同支路、次干路、主干路、低等级公路(三、四级公路)、二级公路、一级公路相交。当快速路同快速路、高速公路的转向交通很小、高差过大或用地条件受限等特殊情况下，也可采用分离式立交。

2. 互通式立交

互通式立交按交通功能和行驶方式，分为部分互通立交和全互通立交。部分互通立交是指部分方向转向匝道缺失，这些方向车流平面交叉，存在冲突点。全互通立交是指各个方向均有转向匝道的立交形式，车流在立交上行驶不存在冲突点。互通式立交主要适用于快速路同快速路、转换交通流量大的主干路、不收费的高速公路、转换交通流量大的一级公路。

互通式立交的匝道按转向，可分为左转匝道和右转匝道。匝道形式包括定向式、迂回式和环形式三种形式(图5-18)。右转匝道一般采用定向式；左转匝道可采用定向式、迂回式和环形式。转向流量大且设计速度高的匝道一般采用定向式，转向流量较大或设计速度较高的匝道一般采用迂回式，转向流量小且设计速度低的匝道可采用环形式。

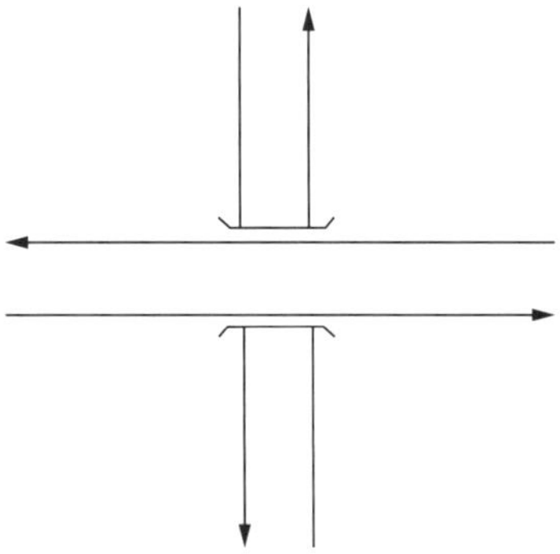

图5-17 分离式立交

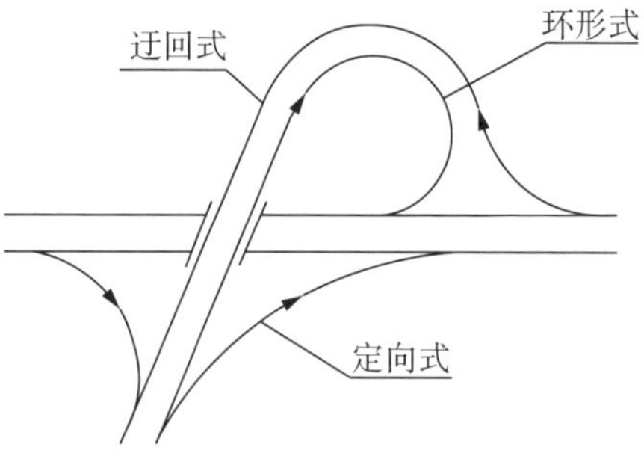

图5-18 互通式立交匝道形式

常见的互通立交的形式主要包括单喇叭形、叶形、菱形、苜蓿叶形、环形、定向Y(T)形、迂回Y(T)形、定向十字形、迂回十字形、迂回定向十字形等。不同互通立交形式的特点和适用条件总结见表5-9。

表5-9 常见互通立交形式特点及适用条件

形式	特点	适用条件
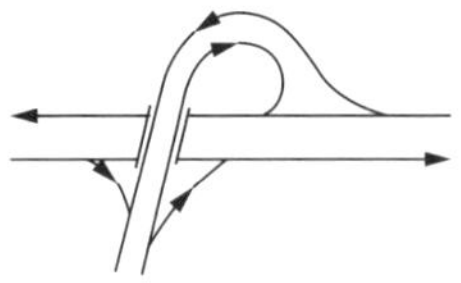 单喇叭形	1. 是三路交叉的代表形式，占地大； 2. 有一条左转匝道线形标准较低； 3. 主次交通流明显时，适应性较强； 4. 立交层次较少，桥梁结构较少	1. 一般仅用于无辅路系统的三路交叉； 2. 适用于次要流向的情况
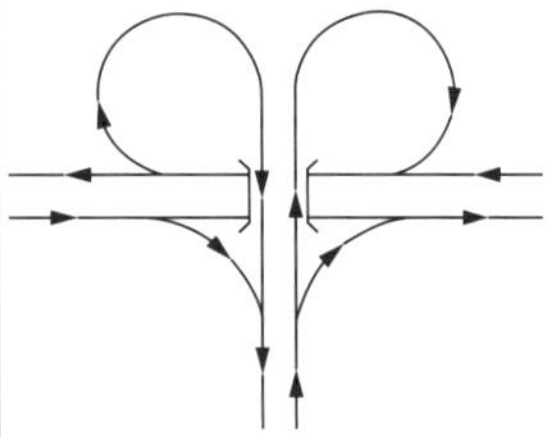 叶形	1. 匝道布设对称，造型较好； 2. 左转匝道线形条件差，主线侧有交织段，车流量大时，立交易发生交通拥堵； 3. 占地比喇叭形大； 4. 立交层次较少，桥梁结构较少	1. 一般仅用于无辅路系统的三路交叉； 2. 适用于左转流量略小的情况
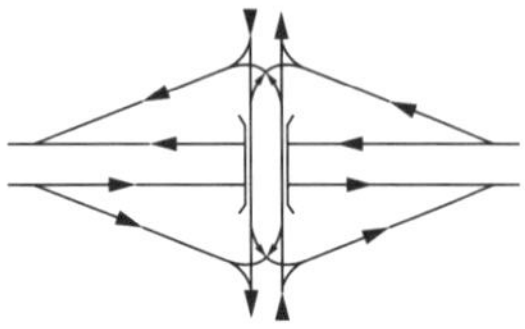 菱形	1. 主线通行能力较强，被交路平交口的通行能力较弱； 2. 用地受限时，可在跨线桥两侧设置辅路，转向车流通过地面交叉口实现； 3. 占地较小	1. 适用于快速路与低等级城市路的交叉； 2. 适应性较好

（续表）

形式	特点	适用条件
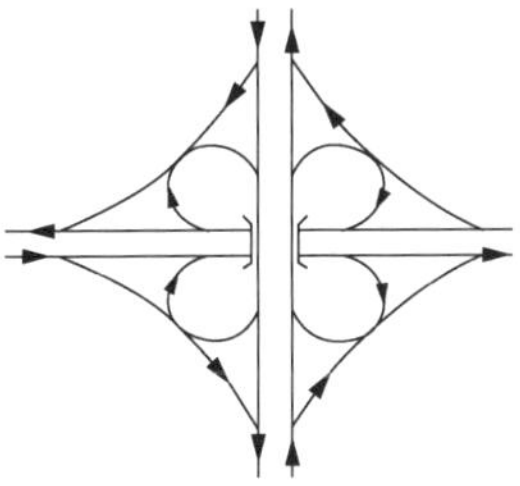 苜蓿叶形	1. 左转匝道出入口之间交织段制约立交通行能力，可通过设集散道合并进出口、加长入环前减速距离，减少对主线干扰； 2. 占地较大，工程造价低，可分期修建	1. 适用于左转流量较小的四路交叉； 2. 用地限制较少时可采用
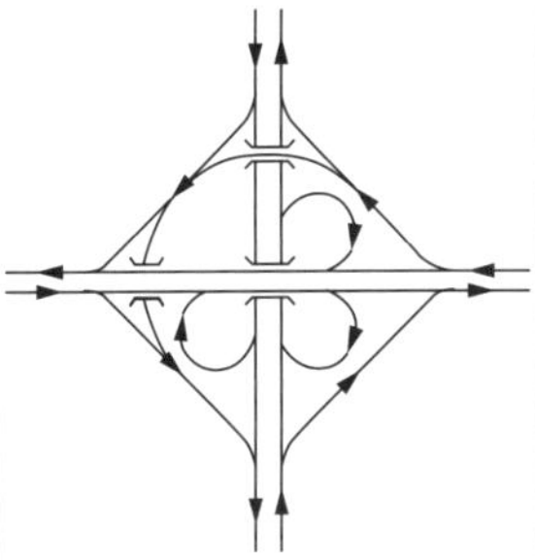 部分苜蓿叶形（一）	1. 两个苜蓿叶式匝道在同一侧，存在交织段，通行能力受到限制，可通过设置集散车道来减轻交织段对主线交通的影响； 2. 桥梁结构略少； 3. 相较全苜蓿叶形占地稍小	1. 适用于向某一侧转向的交通量较小的情况； 2. 适用于某一侧用地受到限制的情况
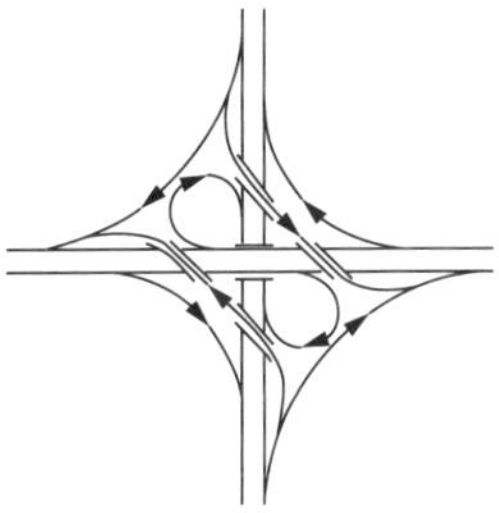 部分苜蓿叶形（二）	1. 两个左转弯匝道为定向式匝道，其通行条件提高； 2. 桥梁结构较多，造价较高； 3. 占地较大	适用于左转弯交通流主次方向比较明显的快速路间的立体交叉
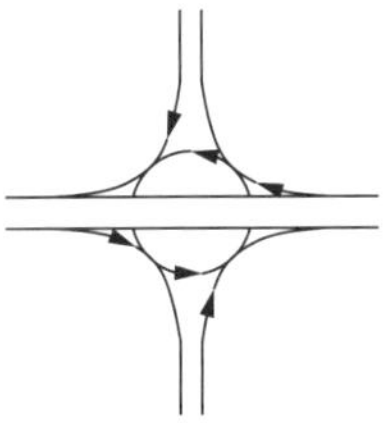 环形（两层）	1. 占地较大，工程造价相对较低； 2. 交织段限制了速度和通行能力； 3. 左转绕行距离较长	1. 适用于快速路与低等级城市道路的交叉； 2. 左转交通量不大时，适应性较好
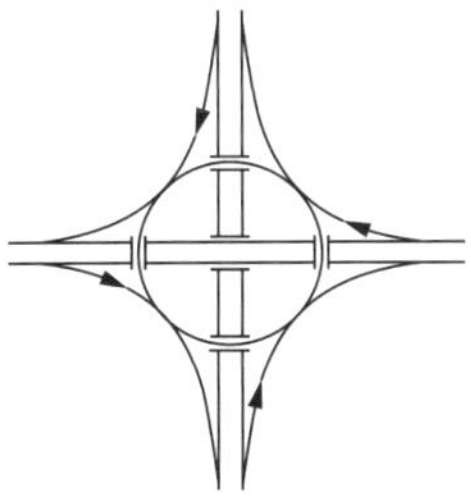 环形（三层）	1. 占地较大，工程造价中等； 2. 交织段限制了速度和通行能力； 3. 左转绕行距离长	适用于快速路与主干路间转向流量较大的交叉

（续表）

形式	特点	适用条件
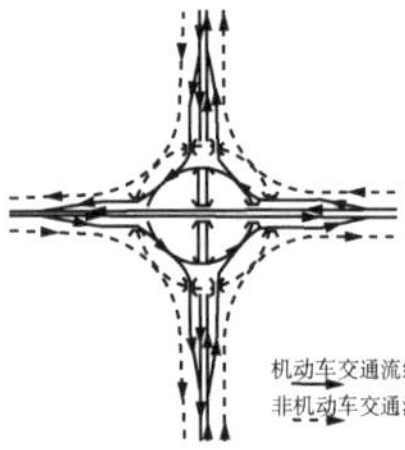 环形（四层）	1. 占地较大，工程造价相对较高； 2. 避免了交叉口处转向机动车与非机动车之间的交织，提升效率与安全性； 3. 左转绕行距离长	1. 适用于快速路间转弯交通量不太大且速度要求不高的交叉； 2. 适用于快速路与主干路间转向交通量大且非机动车流量大的交叉
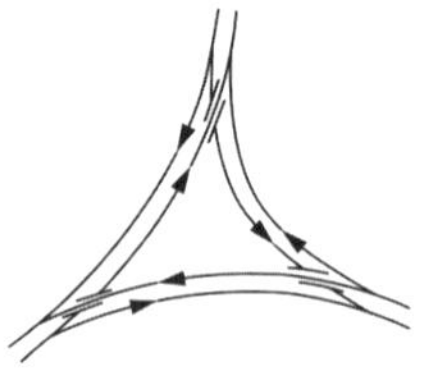 定向 Y 形	1. 左转行驶路线短捷，运行流畅，行车方向明确； 2. 左转匝道左出左进，不利主线行车； 3. 主线必须采用分离式，并且必须要有足够距离，占地较大； 4. 桥梁结构较多	1. 特别适用于两条快速路各转向车流量相当时； 2. 可将三个交叉点集中在一处形成三层立交，减少占地
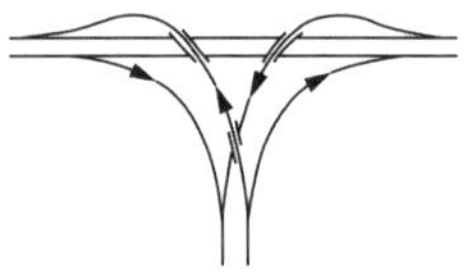 定向 T 形	1. 对繁重的左转弯交通量能提供高速的半定向运行，通行能力高； 2. 可以保证主线完整的线形； 3. 占地较小，桥梁结构较多	1. 适用于枢纽立交，且主线直行车流明显比转弯车流大时； 2. 立交适应性好
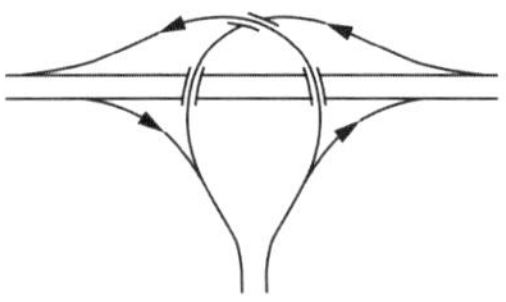 迂回 Y(T)形	1. 对繁重的左转弯交通量能提供高速的迂回式运行，通行能力较强； 2. 可以保证主线完整的线形； 3. 占地较小，桥梁结构较多	1. 适用于枢纽立交，且主线直行车流明显比转弯车流大时； 2. 立交适应性好
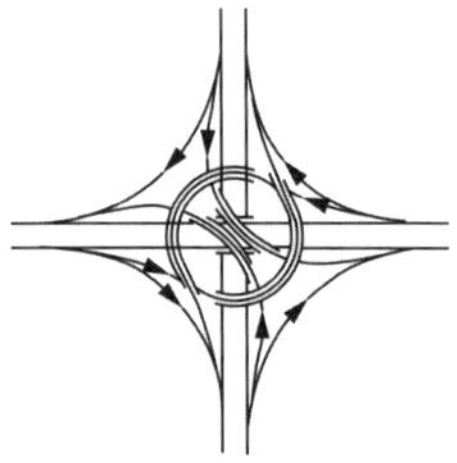 迂回定向十字形	1. 左转交通由两个定向和两个迂回匝道完成，每处左右转弯进口或出口都合并成一个进出口； 3. 转弯模式统一，便于识别； 4. 造价较高	1. 适用于两条快速路的四路交叉，能适应大的交通量； 2. 用地限制时采用
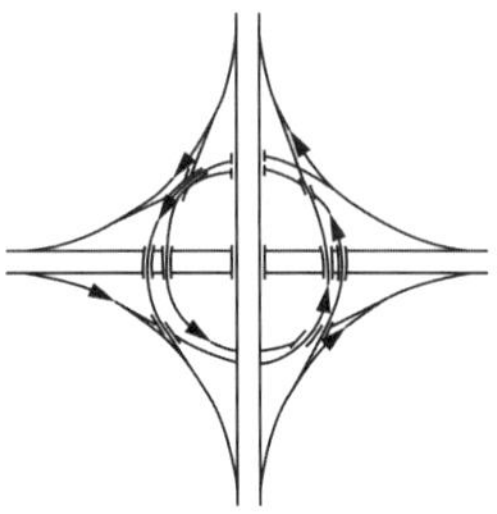 迂回十字形	1. 左转交通由四个迂回匝道完成，每处转弯进口或出口都合并一个进出口； 2. 转弯模式统一，便于识别； 3. 造价较高	1. 适用于两条快速路的四路交叉，能适应较大的交通量； 2. 用地限制时采用

（续表）

形式	特点	适用条件
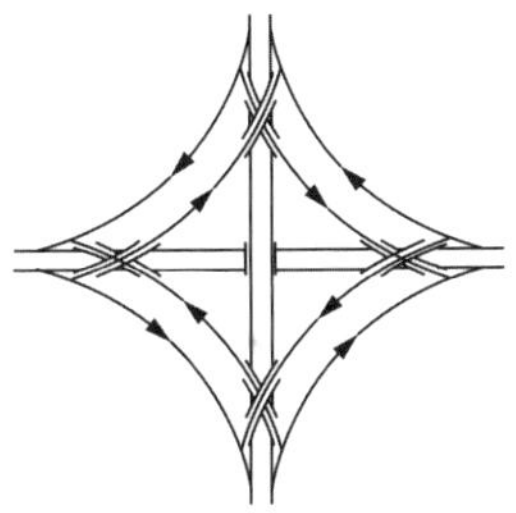 定向十字形(一)	1. 能提供各方向自由流畅的运行； 2. 每处左右转弯进口或出口都合并成一个进出口； 3. 转弯模式统一，便于识别； 4. 需设四层立交，桥梁较长，造价较高	1. 适用于两条快速路的四路交叉； 2. 用地较大时采用； 3. 能适应各方向交通量均大的情况
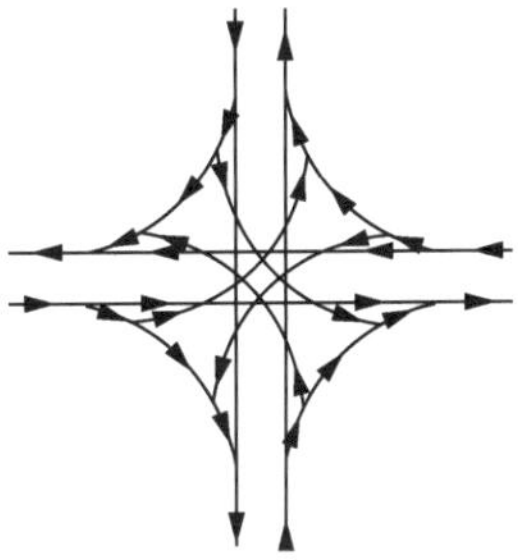 定向十字形(二)	1. 比定向十字形(一)线形更流畅； 2. 桥梁长度减短，比定向十字形(一)造价低； 3. 占地较定向十字形式(一)小	1. 适用于两条快速路的四路交叉； 2. 用地略小； 3. 能适应各方向交通量均大的情况

5.4.2　城市互通立交发展及问题

1. 城市互通立交在我国的发展情况

我国城市道路立交建设可以划分为改革开放前、改革开放后至 20 世纪 90 年代初和 20 世纪 90 年代至今三个阶段。

1) 改革开放前

改革开放前，我国城市机动车数量少，城市交通处于相对稳定平衡的状态。此时，交通堵塞通常发生在机场、火车站等吸引大量车流、人流的地方。在此背景下，建设了一些互通立交：国内第一座立交是 1955 年在武汉修建的半苜蓿叶形立交；1956 年北京在滨河路上修建了 3 座部分互通式立交；1964 年广州在白云机场附近修建了大北立交。此时，道路立交以满足主线顺畅通行为目的，多采用简单或容易施工的立交。

2) 改革开放后至 20 世纪 90 年代初

改革开放后，我国城市机动车数量开始增加，同时城市非机动车保有量也居高不下。此时，城市交通主要汇集在几条贯通的主干路上，主干路与主干路的交叉口开始发生严重的交通堵塞。在这种情况下，道路立交开始在主干路堵塞严重的交叉口出现。此时，建设立交的目的是分离机动车与非机动车交通，避免机非干扰，提高交叉口通行能力。这一时期，立交建设形式以环形、苜蓿叶形以及半苜蓿叶形为主。

3) 20 世纪 90 年代至今

20 世纪 90 年代后，我国城市小汽车以年平均 20％～30％的速度快速增长，城市内的机动车行驶速度明显下降。在这种情况下，许多城市启动了快速路系统规划建设，国家启动了大规模的高速公路建设。伴随这些高速公路和快速路建设，许多城市在高速公路出入口和快速路沿线建设了很多互通立交。快速路上的互通立交必须满足大流量、速度快的要求。在互通立交形式上，原来在城市中占主导地位的环形和苜蓿叶形立交普遍出现了通行能力不足等问题，菱形、迂回形、定向形及迂回定向形立交开始大量使用。

2. 城市互通立交存在的问题

1）形式不恰当

在我国大城市快速路规划建设过程中，部分互通立交的选型不合理，制约了快速路预期功能的发挥。如上海南北高架路的天目中路口，本该建设互通等级高的枢纽型立交，但实际采用的是通行能力有限的环形立交(图 5-19)，在交通量大的情况下环形匝道易发生严重堵塞，目前由于北横通道的建设，正在对该立交进行改建。再如北京二环的建国门(图 5-20)、复兴门(图 5-21)均采用苜蓿叶形立交，由于受立交形式限制，高峰时段在苜蓿叶之间的主线交织段发生堵塞，影响了二环主线的顺畅运行。

图 5-19　上海南北高架天目路立交

图 5-20　北京建国门立交

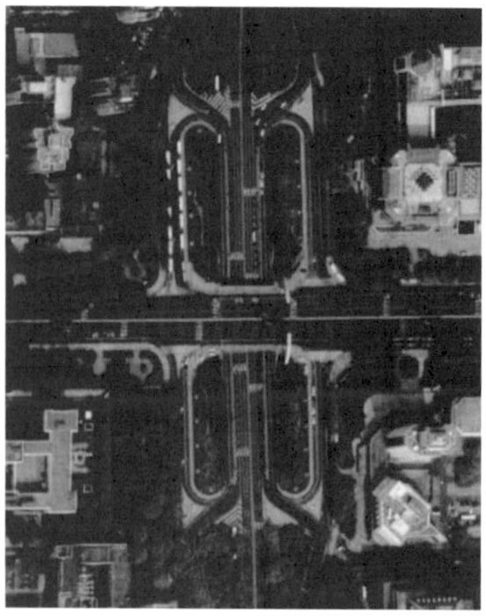

图 5-21　北京复兴门立交

2）形式变化大

以北京为例，二环路、三环路上有苜蓿叶形、菱形、定向形等多种立交形式（表 5-10）。由于不同形式立交的左转机动车运行有很大的差异，多样的立交形式使快速路系统缺乏统一的行车规律，造成车辆在快速路上频繁交换车道，形成反复交织。

表 5-10　北京二环路和三环路立交形式统计（座）

立交形式	二环路	三环路	合计
菱形	12	25	37
苜蓿叶形	9	9	18
环形	5	13	18
（部分）定向形	5	2	7
分离形	0	3	3
合计	31	52	83

3）间距不合理

快速路上设置互通立交，前后互通立交间应保持最小的间距，但在快速路建设的实践中，有些城市的互通立交间距过近（图 5-22），导致前后互通立交的分合流点出口很快成为制约快速路和互通立交功能的瓶颈，使快速路系统不畅，甚至瘫痪。

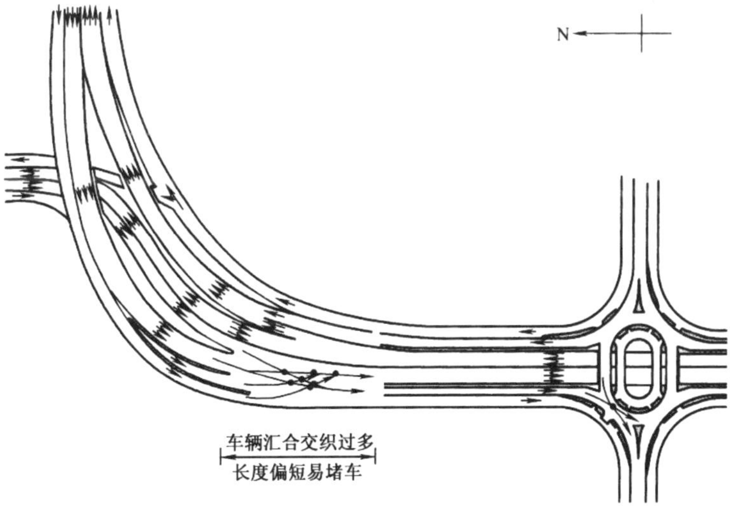

图 5-22　互通立交间距过近、交织段偏短

4）出入口布置不合理

互通立交出入口布置不合理主要包括主线出入口布置不合理、出入口变速车道设置不合理、匝道分合流间距不足。

主线出入口布置不合理：如图 5-23(a)所示的入口①为左转匝道及右转匝道两次进入主

线，而出口②为右转匝道及左转匝道两次驶出主线，并且相邻出口间、相邻入口间的距离很近，对主线交通造成较大影响。图 5-23(b)调整了布置，统一了出入口匝道进出主线的形式，便于主线交通，也保障了交通安全。

出入口变速车道设置不合理：当进出主线的交通流量大于 1 车道所需流量时，如果仍然采用单车道变速车道，变速车道(包括渐变段及加减速车道)长度及车道规模不足，会导致进出主线处产生严重的拥堵。

匝道分合流间距不足：匝道间分合流间距过小(图 5-24)，无法满足正常行驶的驾驶员辨认交通标志引起反应所需的时间及汽车驶向邻近车道(车流交织)所需的时间，会导致进出主线的交通拥堵。

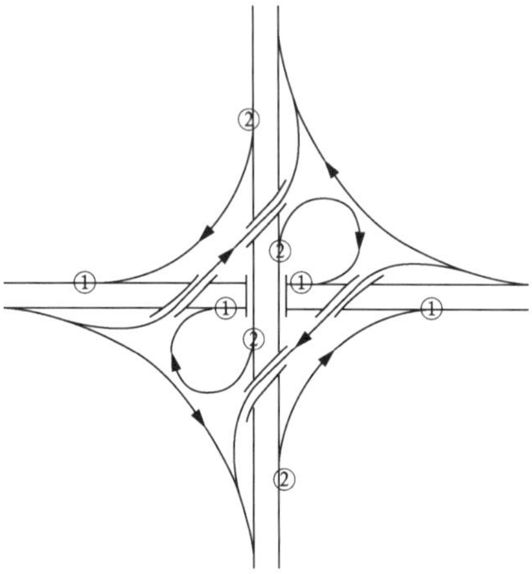

a) 部分出入口不合理布置

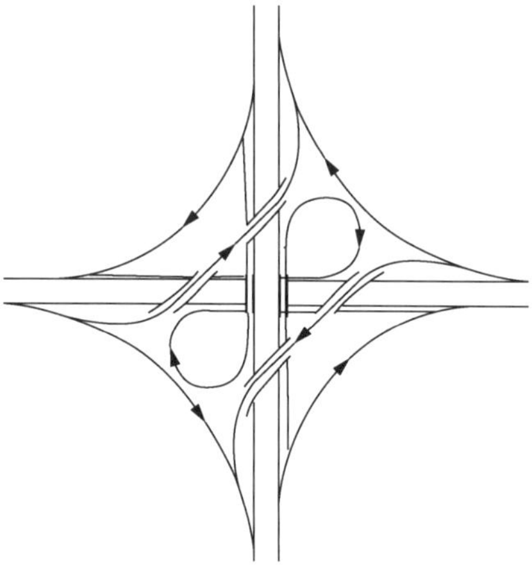

b) 调整为统一出入口布置

图 5-23　互通立交匝道出入口布置

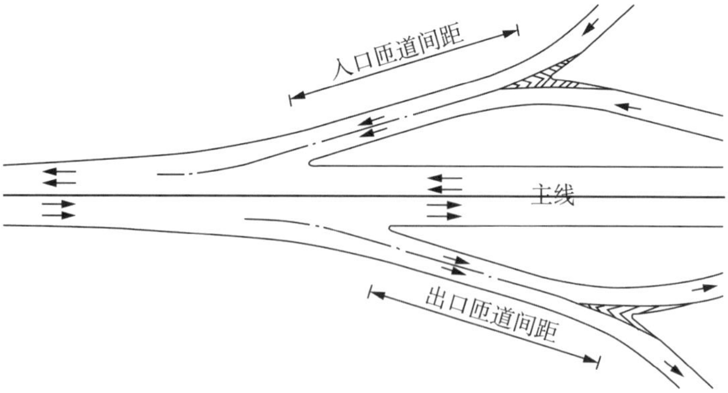

图 5-24　匝道间分合流间距不足

5) 匝道线形设计不合理

互通立交匝道线形设计不合理主要包括平纵线形指标不合理、超高加宽设计不合理、出入口线形指标偏低等。

平纵线形指标不合理：如交通流量大的匝道采用较小半径的环形匝道，并且纵坡较大，由于平纵线形条件差、通行能力不足，高峰时段容易引起交通拥堵，特别是在北方冰冻地区的城市，匝道纵坡大，极易产生交通事故。

超高加宽设计不合理：根据现行设计规范，对于圆曲线半径小于 250 m 的立交匝道的车道均应进行加宽，但现实中许多立交匝道的车道宽度并没有按照要求进行加宽，导致立交匝道通行能力的降低和运行安全事故频发；现实中部分立交匝道没有按照要求设置合理的超高，导致运行时车速的降低而影响通行能力。

出入口线形指标偏低：主要表现在立交出入口处的竖曲线半径偏小，可能因出入口的识别不够清晰而容易产生拥堵甚至交通事故。

5.4.3　城市互通立交总体布置

1. 互通立交规划设计原则

城市互通立交是城市道路网络中的重要枢纽，具有空间多层的立体结构形态，承担着道路网络系统中重要的交通转向功能，在规划设计中应遵循以下原则。

1）布局合理，层次分明

互通立交宜采用 Y(或 T)形交叉、十字形交叉，应避免采用五路及以上互通交叉形式，尽可能避免采用畸形的互通交叉形式。快速路与不同等级道路相交应采用不同等级的立交形式，可采用全互通、部分互通和分离式三种形式。快速路与快速路、需要互通的高速公路，应采用全互通立交；快速路与交通性主干路、一级公路，可根据需要设置部分互通立交或全互通立交；快速路与其他等级的道路间，不宜采用互通立交。快速路上互通立交的间距应保持合理距离，同时也应与平行匝道的出入口保持合理的间距。

2）合理选型，安全有序

互通立交的具体形式应根据相交道路等级及功能定位、交通需求、用地条件等因素综合确定。相同等级的互通立交宜采用相同形式，以方便汽车行驶。相交道路等级高，应采用枢纽型互通立交；交通流量大、设计速度较高的流向，应采用较高的匝道线形标准。

3）规划控制，建设合理

城市互通立交规划建设是百年大计。在一些关键节点，应尽可能按照全互通立交控制用地。城市互通立交建设宜“一次规划、一次建成”，确实需要分期建设的互通立交，可根据交通需求先期建设部分匝道，同时预留接口，避免废弃和出现后期无法实施的情况。

4）以人为本，交通畅通

互通立交区域不仅应考虑快速系统间转换交通的交通组织，而且应考虑地面辅路的机动车流、非机动车流、行人、公交车流等的交通组织。

5）注重景观，关注防灾

互通立交设计应在起伏韵律、尺度、比例、色彩和光影等方面与周围的城市景观相协调。城市设计中，宜将互通立交和周围环境进行协同设计。互通立交结构设计中，必须考虑美学问题，宜多采用简洁轻巧的结构，避免“肥梁胖柱”带来的沉重感。没有设置辅路系统的互通立交桥下的空间可供停车，也可布置绿化。

应注重互通立交桥梁结构的抗震、防风、交通安全设计，尤其是加强地下互通立交的通风、照明、监控、交通安全及紧急救援的设计。

2. 互通立交的间距

确定互通式立交间距时，应主要考虑以下影响因素。

1）均匀地分散交通量

相邻互通立交之间应保持合适的间距，以均衡交通流量。互通立交间距过大，会使交通联系不便；反之，间距过小，则又影响快速路功能的发挥，且使建设投资增加。

2）满足交织路段长度及顺畅驾驶的要求

相邻互通立交之间要有足够的交织路段（指前一个互通立交匝道的合流点到后一个互通立交匝道的分流点之间的距离），以便在相邻互通立交出入口之间设置足够的加减速车道。另外，相邻互通立交之间的距离如果过近，因互通式立交的平面连续变化，纵断面起伏频繁，对车辆运行、驾驶操作以及景观均不利。

3）满足标志和信号布置的需要

相邻互通立交之间应保证足够的距离，在此路段内设置一系列交通标志和信号，以便连续不断地告诉驾驶员下一互通立交出口的到来。

对于互通立交的间距要求，公路与城市道路是不同的。在高速公路上，大城市、重要工业区周围的互通立交的间距为 5～10 km，一般地区为 15～25 km，最大间距以不超过 30 km 为宜，最小间距不应小于 4 km。城市道路上互通立交的间距一般比公路小，应满足表 4-33 的规定。

当路网结构或其他条件受限制时，经论证，相邻互通式立交的间距可适当减小，但其上一互通式立交加速车道终点至下一互通式立交减速车道起点间的距离应不小于 500 m，且应设置完善的标志、标线等交通安全设施。当间距小于上述规定的最小值且经论证而必须设置时，应将二者合并为组合式互通式立交，并设置集散车道。

互通式立交与相邻的其他出入口匝道的最小间距应满足表 5-1 的要求。如果相邻的出入口匝道的间距不满足表 5-1 的要求，应进行通行能力及交织长度验算，按 5.3 节的要求设置辅助车道或集散车道。

3. 互通立交形态的选择

1）城市互通立交形态选择的原则

（1）相交道路主线均为快速路且各方向交通转换需求量大的互通立交，应采用枢纽型立交，优先采用定向 T 形、定向十字形，也可采用迂回 Y(T)形、迂回十字形、迂回定向十字形，避免使用苜蓿叶形、单喇叭形、叶形、环形、菱形。

（2）对于交通转向需求量不大的互通立交，可采用原则(1)进行互通立交的选型，还可采用苜蓿叶形、部分苜蓿叶形、单喇叭形、环形。

（3）快速路和交通流量大的主干路之间，可采用一般互通立交，宜按原则(2)进行互通立交选型；也可考虑设置菱形互通立交，必要时横向主干路设置为分离式（下穿或上跨）。

（4）对于既有的环形互通立交，随着交通流量增加，环形匝道出现交通拥堵情况下，可以对部分交通流量较大的方向实施新建匝道，减少直接进入环形匝道的交通流量；还可采用在环形匝道上设置交通信号的方法，减少直接交织，从而提高通行能力。

（5）城市互通立交应采用紧凑型立交形式，减少占地。用地条件受限的情况下，优先采用定向十字形(一)、迂回十字形、定向 T 形，也可采用迂回 Y(T)形、迂回定向十字形，避免采用苜蓿叶形、单喇叭形、叶形。

(6) 对于用地条件和交通需求没有很明显特点的情况，宜优先采用紧凑型，互通立交形态可根据情况进行灵活组合布置。

(7) 在特别需要控制互通立交总体高度、用地条件约束不大且交通转换需求量不大的情况下，可优先采用苜蓿叶形、部分苜蓿叶形、单喇叭形、叶形。

(8) 对于城市快速环线在切向射线节点的互通立交形态，宜优先采用定向 Y 形、组合形，避免环向交通采用匝道形式布置。

2) 互通立交选型的工程案例

下面结合宁波北环快速路来分析互通立交的选型。

(1) 宁波北环快速路工程概况

宁波北环快速路是宁波市快速路系统“四横五纵”中重要“一横”，贯通宁波江北的东西，西面接绕城高速前洋互通立交，连接上海、杭州、慈溪，东接绕城高速东线临江互通立交，连接镇海片、北仑片。快速路设计速度为 80 km/h，双向 6 车道，路线全长约 22 km，全线大部分采用“高架快速路＋地面辅路”的建设形式，地面辅路为双向 6 车道，其中广元大道至江北大道的高架(约 7 km)为双层结构，上层为快速路，下层为轨道交通 4 号线。

沿线从西往东依次设置前洋互通立交、广元大道互通立交、机场快速路互通立交、江北大道互通立交、九龙大道互通立交、世纪大道互通立交、东外环互通立交和临江互通立交 8 座互通立交(图 5-25)，其中枢纽互通立交 7 座，一般互通立交 1 座(江北大道互通立交)，互通立交平均间距 3.14 km。

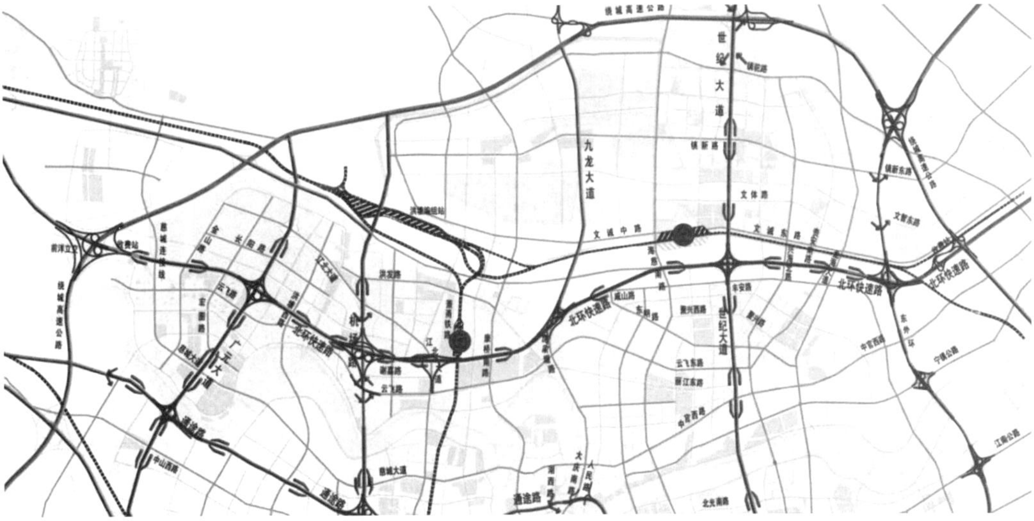

图 5-25　宁波北环快速路的互通立交总体布置

(2) 前洋互通立交

位于绕城高速和 G15(沈海高速)的相交点，G15 经过前洋立交后向南转向与绕城高速共线，前洋立交节点采用三层“定向迂回＋苜蓿叶”组合式互通立交(图 5-26)，其中南向西方向采用全定向形匝道，北向东方向采用迂回形匝道，西向北方向、东向南方向均采用环形匝道，右转匝道均采用定向形匝道；绕城高速位于第一层，G15—北环快速路位于第三层，在前洋立交东侧，设置高速主线收费站，主线收费站以东为北环快速路的西起点。

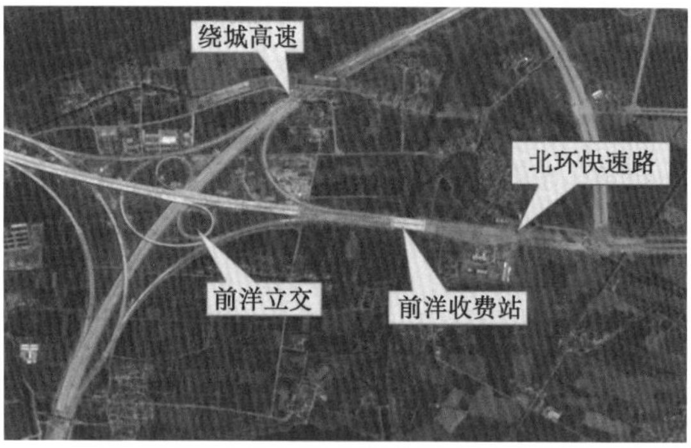

图 5-26 宁波前洋互通立交总体布置

图 5-27 宁波广元大道互通立交总体布置

(3) 广元大道互通立交

位于广元大道快速路和北环快速路的相交点，采用五层“迂回＋苜蓿叶”组合式枢纽型全互通立交(图 5-27)，其中西向北方向采用环形匝道，其余左转匝道均采用迂回形匝道，右转匝道均采用定向形匝道；北环快速路位于第四层，轨道 4 号线位于第三层(与北环快速路共线)(图 5-28)，广元大道快速路位于第二层。

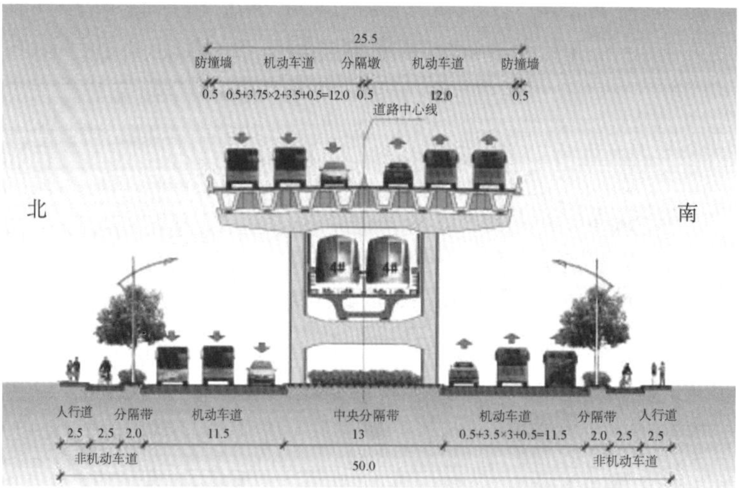

图 5-28 北环快速路横断面布置

(4) 机场快速路互通立交

既有机场路互通立交是机场路和北环西路之间的互通，2009 年建成通车，为两层“迂回＋苜蓿叶” 一般型全互通立交(图 5-29)，南向西方向、东向南方向均采用迂回形匝道，北向东方向、西向北方向均采用环形匝道，右转匝道均采用定向形匝道；机场路位于地面层，北环西路位于第二层。

2014 年后，由于规划北环快速路采用高架形式，既有北环西路调整为辅路，要对既有互通立交实施改建。改建方案：保留既有两层互通立交，维持机场快速路的辅路和北环快速路的辅路的互通；在既有两层互通立交上，新建三层迂回形枢纽型全互通立交（图 5-30），东向南方向、南向西方向均采用迂回形匝道（左转），西向南方向、东向南方向实现均采用定向形匝道（右转），通过新建这四条匝道实现北环快速路与机场快速路（北环快速路以南）的直接互通；由于机场快速路（北环快速路以北至江北大道）的主线和辅路双向 8 车道混合行驶，先利用现状互通立交实现北环辅路和机场快速路的交通转换，然后通过北环快速路的平行匝道实现和北环快速路交通连接。

图 5-29　既有机场路互通立交总体布置

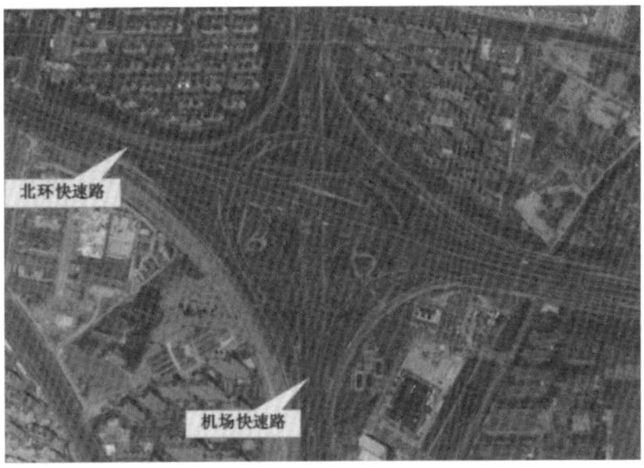

图 5-30　机场快速路互通立交总体布置

（5）江北大道互通立交

位于江北大道（主干路）和北环快速路的相交点，采用三层迂回 T 形部分互通立交（图 5-31），南向西方向、东向南方向均采用迂回形匝道，南向东方向采用定向形匝道（右转），西向南的右转方向利用平行匝道落地、在交叉口右转；北环快速路位于第三层，江北大道位于地面层。

图 5-31　江北大道互通立交总体布置

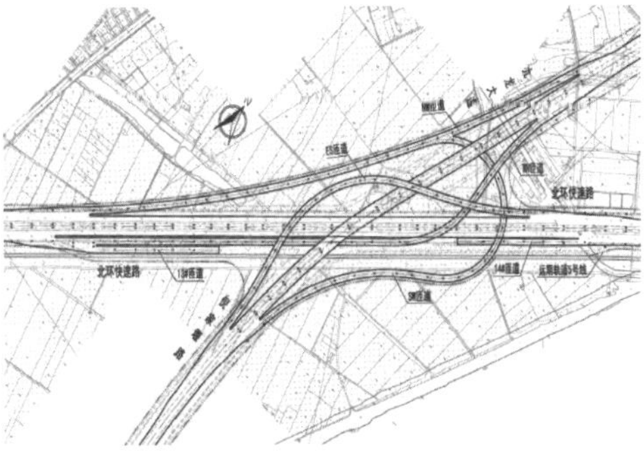

图 5-32　九龙大道互通立交总体布置

（6）九龙大道互通立交

位于九龙大道（快速路）和北环快速路的相交点，采用四层迂回定向形一般型全互通立交（图 5-32），南向西方向、东向南方向及西向北方向均采用迂回形匝道，北向东方向采用定向形匝道，右转匝道均采用定向形匝道；北环快速路位于第三层，九龙大道位于第二层。

（7）世纪大道互通立交

位于世纪大道快速路和北环快速路的相交点，采用四层迂回定向形枢纽型全互通立交（图 5-33），南向西方向、北向东方向均采用定向形匝道，西向北方向、东向南方向采用迂回形匝道，右转匝道均采用定向形匝道；北环快速路位于第四层，世纪大道快速路位于第三层。

(8) 东外环互通立交

位于东外环快速路和北环快速路的相交点，互通立交的功能定位：功能完善的大型枢纽型城市互通立交，实现东外环快速路和北环快速路的转向交通及直行交通快速顺畅，实现快速路间其他方向交通的快速转换，实现辅路间各种交通方式(机动车、非机动车、行人)均能直行与转向。

采用四层迂回定向形枢纽型全互通立交(图 5-34)，南向西方向和西向南方向按照环线快速路主线标准进行设计、位于第二层，东外环位于第三层，北环快速路位于地面层，东向南方向、北向东方向、西向北方向均采用迂回形匝道，右转匝道采用定向形匝道。

图 5-33　世纪大道互通立交总体布置

图 5-34　东外环互通立交总体布置

(9) 临江互通立交

位于绕城高速公路和北环快速路的相交点，采用双喇叭形枢纽型全互通立交(图 5-35)，在两喇叭之间设置匝道收费站，北环快速路(此段亦称雄镇路)位于地面层，绕城高速公路位于第二层。

图 5-35　临江互通立交总体布置

5.4.4　城市互通立交线形设计

1. 主线设计

(1) 互通立体交叉的主线设计速度应符合表 5-11 的规定。

表 5-11　互通立体交叉的主线设计速度

道路等级	设计速度(km/h)
高速公路	80，100，120
一级公路	80，100
快速路	60，80，100
快捷路	50，60
主干路	40，50，60

(2) 互通立体交叉范围内，城市道路主线的平面线形指标要求应与路段一致，行车视距宜大于或等于 1.25 倍的停车视距；公路主线的平面线形指标应符合《公路立体交叉设计细则》(JTG/T D21—2014)的相关规定。互通立体交叉范围内，城市道路主线的纵断面线形设计应满足表 5-12 的规定；一般情况下，竖曲线半径应大于或等于一般值，最大纵坡应小于或等于一般值；公路主线纵断面线形指标应符合《公路立体交叉设计细则》(JTG/T D21—2014)的相关规定。

表 5-12 互通立体交叉范围内主线的纵断面线形指标

设计速度(km/h)			100	80	60	50	40
最小竖曲线半径(m)	凸形	一般值	10 000	4 500	1 800	1 350	600
		极限值	6 500	3 000	1 200	900	400
	凹形	一般值	4 500	2 700	1 500	1 050	700
		极限值	3 000	1 800	1 000	700	450
最大纵坡		一般值	3%	4%	5%	5.5%	6%
		极限值	4%	45%	6%	6%	7%
最小坡长(m)			250	200	150	130	110
竖曲线长度(m)		一般值	210	170	120	100	90
		极限值	85	70	50	40	35

(3) 互通立体交叉范围内,主线分流之前应保证判断出口所需的识别视距。识别视距应大于表 5-13 的规定。

表 5-13 互通立体交叉范围内主线的识别视距

设计速度(km/h)	100	80	60	50	40
识别视距(m)	290~380	230~300	170~240	140~190	120~170

2. 匝道设计

(1) 互通立交匝道的设计速度应符合表 5-14 的规定。

表 5-14 互通立交匝道的设计速度(km/h)

匝道形式		定向式	迂回式	环形式
匝道设计速度(km/h)	枢纽互通式立体交叉	40~60	40~50	35~40
	一般互通式立体交叉	40~50	35~45	25~35

(2) 互通立交匝道全长范围内应具有不小于表 5-15 规定的停车视距。

表 5-15 互通立交匝道停车视距

匝道设计速度(km/h)	60	50	45	40	35	30	25
停车视距(m)	70	55	48	40	35	30	25

(3) 匝道的平面线形指标应符合表 5-16 的规定。缓和曲线长度实际取值为超高缓和段长度与平曲线缓和长度二者中的大值。

表 5-16　匝道平面线形设计指标

匝道设计速度(km/h)			60	50	45	40	35	30	25
圆曲线最小半径(m)	一般地区	一般值	160	105	85	65	50	35	25
		极限值	130	90	75	55	40	30	25
	积雪冰冻地区	一般值	240	150	120	90	70	50	35
缓和曲线最小长度(m)			60	50	48	45	40	35	25
平曲线最小长度(m)			120	100	95	90	80	70	50
圆曲线最小长度(m)			50	45	40	35	30	25	20

(4) 匝道的最大纵坡不应大于表 5-17 的规定。出口匝道宜为上坡匝道，入口匝道宜为下坡匝道；上坡加速或下坡减速的匝道应采用较缓的纵坡，避免采用最大纵坡。

表 5-17　匝道的最大纵坡度

匝道设计速度(km/h)			60	50	45	≤40
最大纵坡度	出口匝道	上坡	4.5%	5.0%	5.2%	5.5%
		下坡	4.0%	4.5%	4.8%	5.0%
	进口匝道	上坡	4.0%	4.5%	5.0%	5.2%
		下坡	4.5%	4.8%	5.2%	5.5%

注：1. 困难条件下可增大 1.0%。
2. 积雪冰冻地区最大纵坡为 4.0%。

(5) 匝道纵坡段最小长度及竖曲线设计指标应符合表 5-18 的规定。匝道同主线相连接部位，其纵面线形应连续，避免突变。

表 5-18　匝道纵坡段最小长度及竖曲线设计指标

设计速度(km/h)			60	50	45	40	35	30	25
纵坡段最小长度(m)			150	140	130	110	100	85	70
最小竖曲线半径(m)	凸形	一般值	1 800	1 200	1 000	600	450	400	250
		最小值	1 200	800	600	400	300	250	150
	凹形	一般值	1 500	1 050	800	675	525	375	255
		最小值	1 000	700	550	450	350	250	170
竖曲线最小长度(m)		一般值	75	60	55	50	45	40	30
		极限值	50	40	35	35	30	25	20

注：匝道起终点处对应的纵坡段的最小长度可仅满足竖曲线最小长度的一半。

(6) 平纵线形组合设计时应遵循原则：变坡点不应与反向平曲线的拐点重合，尤其是跨线桥不应设在反向曲线的拐点处；直线段内不宜插入短的竖曲线；出口处的凸形竖曲线接下坡匝道时应加大竖曲线半径；入口处如上坡接凸形竖曲线，应使匝道纵断面与邻近的主线基本一致。

(7) 匝道横断面各组成部分的尺寸应符合表5-19的规定。

表5-19 匝道横断面组成部分尺寸

设计速度(km/h)		60	50	45	≤40
车道宽度(m)	小客车道	3.25	3.25	3.25	3.25
	混行车道	3.5	3.5	3.5	3.5
路缘带宽度(m)		0.5	0.25	0.25	0.25
紧急停车带宽度(m)		2.5	2.5	2.5	2.5

注:当匝道规模为1车道以上时,可以不设置紧急停车带。

(8) 匝道圆曲线半径小于或等于250 m时,应在圆曲线内侧设置加宽(有困难或对线形影响较大时可在两侧均等分配加宽),每条车道的加宽值应符合表5-20的规定。加宽缓和段长度应采用与回旋线或超高缓和段长度相同的数值;设回旋线或超高缓和段时,加宽缓和段长度应按渐变率为1∶15,且长度不小于10 m的要求设置。加宽缓和段的过渡方式可以采用线性分配(式5-1),当加宽值较大时,还可以采用高次抛物线分配[式(5-2)]或改进抛物线分配[式(5-3)]。对于线性分配和高次抛物线分配而言,有自己的特点和使用范围,但它们有一个共同的缺点——变化起点和终点曲率不连续,存在折点,不符合汽车行驶轨迹,在中心线为曲线时会造成偏距较大端横向路基宽度过大,偏距较小端横向路基宽度不够。改进抛物线变距方式的显著特点是支距变化起点和终点无折点,曲率变化大→小→大,这种变化符合汽车行驶轨迹,边线线形流畅、圆滑,并且可以减少道路面积。

$$h(S)=K_s(h_e-h_s)+h_s=K_s\cdot h_e+(1-K_s)\cdot h_s \quad (5\text{-}1)$$

$$h(S)=(4K_s^3-3K_s^4)\cdot(h_e-h_s)+h_s \quad (5\text{-}2)$$

$$h(S)=(3K_s^2-2K_s^3)\cdot(h_e-h_s)+h_s \quad (5\text{-}3)$$

式中,$h(S)$为过渡段任意点到既有道路中心线的垂直距离;$K_s=S/L$为变距比例系数;S为过渡段任意点和起点在对应的既有道路中心线的桩号长度差;L为过渡段终点和起点在对应的既有道路中心线的桩号长度差;h_e为过渡段终点到既有道路中心线的垂直距离;h_s为过渡段起点到既有道路中心线的垂直距离。

表5-20 匝道圆曲线每条车道加宽值(m)

车型 \ 圆曲线半径(m)	200<R≤250	150<R≤200	100<R≤150	60<R≤100	50<R≤60	40<R≤50	30<R≤40	20<R≤30	15<R≤20
小型汽车	0.28	0.30	0.32	0.35	0.39	0.40	0.45	0.60	0.70
普通汽车	0.40	0.45	0.60	0.70	0.90	1.00	1.30	1.80	2.40
铰接车	0.45	0.55	0.75	0.95	1.25	1.50	1.90	2.80	3.50

(9) 匝道上的圆曲线不设超高的最小半径及最大超高应符合表5-21的规定。匝道上

的直线与超高圆曲线间或超高不同的圆曲线间，应设置超高过渡段，超高渐变率规定见表 5-22。为保证横坡处于水平状态下的路面排水通畅，最小超高渐变率应符合表 5-23 的规定。有缓和曲线时，超高过渡段在回旋线的全长或部分范围内进行；没有缓和曲线时，可将所需过渡段长度的 1/3～1/2 插入圆曲线，其余设置在直线上；两圆曲线径相连接时，可将过渡段的各半分别布置于两圆曲线上。

表 5-21　匝道不设超高的最小半径及最大超高

匝道设计速度(km/h)	60	50	45	40	35	30	25
不设超高最小半径(m)	200	130	110	80	60	45	30
最大超高	5%	5%	5%	4%	3%	3%	3%

表 5-22　匝道的超高渐变率

匝道设计速度(km/h)	60	50	45	40	35	30	25
路缘带外边线	1/125	1/115	1/110	1/100	1/85	1/75	1/60
车行道中心线	1/175	1/160	1/155	1/150	1/135	1/125	1/115

表 5-23　匝道的最小超高渐变率

旋转轴位置	车行道中心线	1/600
	路缘带外边线	1/300

第6章　城市高架快速路

6.1 概述

高架快速路是城市快速路集约设计的一种建设形式，具有节省用地、施工速度快、造价经济、易于养护、不割裂道路两侧地块等优点，通常适用于用地条件紧张、交通需求大的超大城市、特大城市、大城市的建成区域。在我国已建成运行的城市快速路中，多数为高架形式，例如上海市内环及中环快速路、广州市内环快速路、杭州市德胜快速路及秋石快速路、宁波市机场快速路及环城南路快速路等。同时，高架快速路还具有良好的功能扩展性，可通过合理设计，使城市快速路与轨道交通或其他中高运量公交形成复合通道，如上海市共和新路高架、宁波市机场快速路南延伸快速路复合通道、成都市二环快速路复合通道等，最大限度地实现了土地资源的集约化利用。

城市高架快速路在横断面布置、结构布置等方面不同于地面快速路，在服务对象、长度设置等方面不同于上跨部分城市道路交叉口或河流的跨线桥。城市高架快速路主线服务对象为机动化客运车辆，设计道路技术等级为城市快速路，通常采用特长距离高架桥梁形式（城市高架桥梁长度分类见表6-1），连续跨越横向相交城市道路，主要解决中长距离快速交通出行，沿线设置联系高架道路与地面辅路的匝道。城市高架快速路的下层一般考虑设置辅路，分别满足机动车、非机动车和人行交通通行，高架道路的结构形式总体一般采用梁式桥梁，局部路段也可采用斜拉桥、悬索桥和拱桥等其他的形式。本章将从高架快速路横断面布置、桥梁结构设计等方面进行重点论述。

表6-1　城市高架道路长度分类

分类	特长距离	长距离	中等距离	短距离
长度 L(m)	$L>5\ 000$	$5\ 000\geqslant L>3\ 000$	$3\ 000\geqslant L>1\ 000$	$L\leqslant 1\ 000$

6.2 城市高架快速路横断面总体布置

6.2.1　一般原则

高架快速路横断面总体布置包括高架快速路横断面布置和地面辅路横断面布置，高架快速路横断面总体布置的选择与城市总体规划、道路交通规划、交通功能、总体设计、管线设施、城市绿化及环境景观等诸多因素有关。高架快速路横断面布置形式需综合考虑各方面的需求，根据道路使用功能要求和道路沿线环境特点等因素确定，一般应遵循以下原则。

(1) 应符合城市总体规划及路网规划。道路两侧的用地规划、道路性质、道路红线宽度是决定高架快速路横断面总体布置形式的重要因素。

(2) 应符合快速路总体设计。快速路的功能定位及服务对象、预测交通量、建设形式、地面辅路的设置是决定高架快速路横断面总体布置的直接因素。

(3) 应满足沿线其他基础设施建设需要。高架快速路是主要交通走廊，地面辅路一般是重要城市管网设施的走廊，担负着敷设市政管线的重要功能，其地面辅路的横断面布置形式要为其他市政管线留有充分余地。

(4) 应满足城市绿化建设的需要。城市快速路兼有交通和美化环境的功能。高架快速路作为城市道路中等级最高的道路，其地面辅路的横断面形式选择要为城市绿化预留足够的空间，满足道路绿化占有率的要求。

(5) 符合城市景观要求。城市高架快速路景观包括高架快速路系统景观和地面辅路景观，是展示城市形象、城市景观的重要载体。城市形象由“道路、边沿、区域、节点和标志”等景观要素构成，并通过这些景观要素之间的协调统一而体现。因此，高架快速路横断面形式的选择需符合城市特点和景观要求。

(6) 应符合近远期相结合的原则。对于需要分期、分段修建的高架快速路，应根据近远期交通需求和沿线建筑的拆迁情况合理选择横断面形式，并为远期实现规划断面留有余地。

(7) 横断面设计的技术参数应满足总体设计及相关技术要求。设计技术参数包括高架快速路的车道宽度、路缘带宽度、中央分隔带(墩)宽度、辅助车道宽度、紧急停车带宽度，地面辅路的分隔带宽度、车道宽度、非机动车道宽度、路缘带宽度，平行匝道的车道宽度、路缘带宽度等。

6.2.2 横断面布置形式

高架快速路横断面总体布置设计需根据规划建设条件，结合现场用地空间，因地制宜，综合比选后选定。高架快速路横断面布置设计应在城市规划的红线宽度范围内进行。横断面布置应按高架快速路的形式、设计速度、匝道布置、高架桥墩布置、设计年限的机动车道与非机动车道的交通量和人流量、交通特性、交通组织、交通设施、地上杆线、地下管线、绿化、地形等因素统一安排。

高架快速路横断面布置形式根据主线上下行交通的空间位置关系，可分为整体式和分离式；根据匝道布置，又可分为无平行匝道标准段和有平行匝道段两种横断面；局部用地空间受限的城市中心区域，还可结合具体情况，考虑采用集约式高架道路横断面，如双层高架横断面、高架＋轨道交通一体化结构横断面等，最大化地提升空间利用效率。

1. 整体式高架道路横断面

整体式高架道路是城市高架快速路最常见的结构断面形式，利用地面中央分隔带设置高架桥立柱，支撑上部结构。根据路段是否设置平行匝道，整体式高架道路横断面分为无平行匝道段(图 6-1)和有平行匝道段(图 6-2)；当平行匝道布设受限但交通功能需要同时设置出入口时，还可以考虑以“剪刀差”形式、设置“先出后进”的平行匝道(图 6-3)，同时满足建设条件和交通需求。

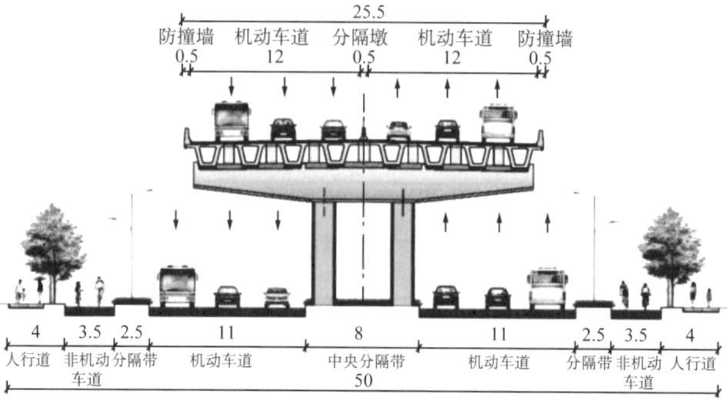

图 6-1　整体式高架道路无平行匝道段横断面布置图(m)

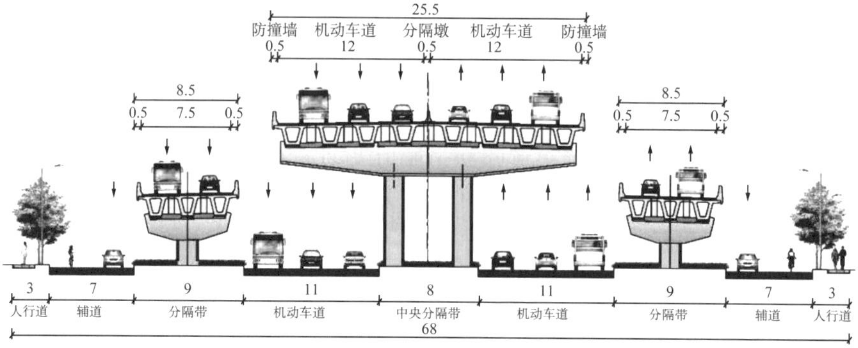

图 6-2　整体式高架道路有平行匝道段横断面布置图(m)

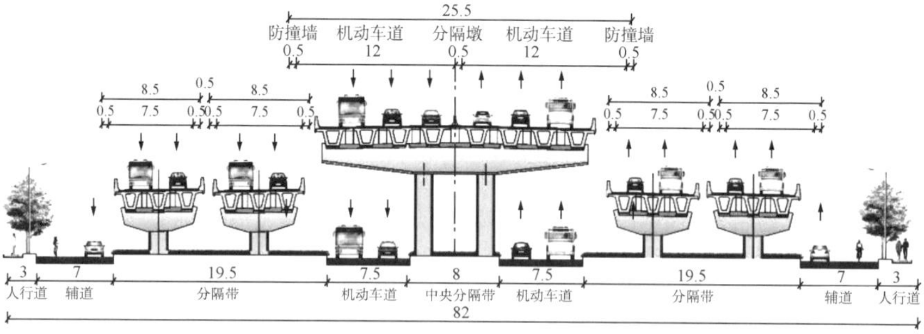

图 6-3　整体式高架道路平行匝道“剪刀差”路段横断面布置图(m)

当地面辅路需要跨越横向河道或铁路等设施时,可以在地面辅路桥梁的基础上,新建高架快速路系统,可以采用图 6-4 的方式,形成“桥上桥”方案,集约布设横断面,可避免新增用地。

整体式高架道路横断面的桥梁上部结构通常为小箱梁或空心板梁,可大规模采用工厂预制装配工艺,实现快速化施工。如果对于施工速度要求不高,或新建高架桥、无保通压力时,也可考虑上部采用大箱梁结构(图 6-5)。

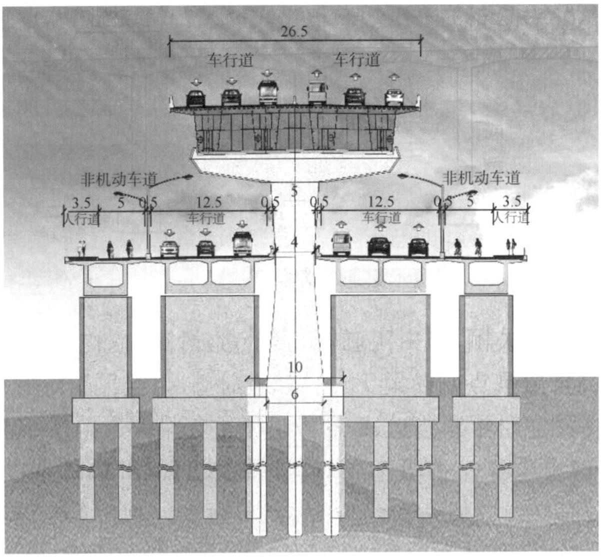

图 6-4　结合现状双幅桥梁的整体式高架横断面布置图(m)

图 6-5　整体式大箱梁高架桥梁结构横断面布置图(m)

在有些特殊条件下，如地面道路用地受局限时，整体式高架也可采用门墩式横断面布置方式(图 6-6)，但门墩式横断面存在三个不可回避的问题：①交叉口交通组织困难，且交通

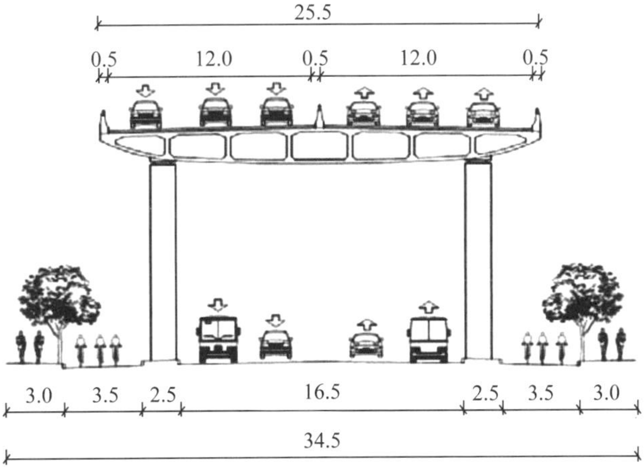

图 6-6　门墩式整体高架道路横断面布置图(m)

安全视距无法得到保障；②地面辅路车道规模受门墩的限制，双向6车道高架快速路的地面辅路在门墩下面只能设置双向4车道，如果要设置更多的辅路，只能在门墩外侧设置，这样地面辅路的交通组织更为复杂，也不利于交通安全；③地面辅路行车视距不佳，同时会给地面辅路的景观布置带来不利影响。

2. 分离式高架道路横断面

当高架桥梁结构横断面过宽（如双向8车道以上）直接采用整体式高架结构，导致地面中央分隔带太宽而影响地面辅路的布置，同时由于挑臂太大导致高架桥梁结构建设不经济时，可考虑采用分离式高架道路横断面形式，同样可分为无平行匝道段（图6-7）和有平行匝道段（图6-8）。

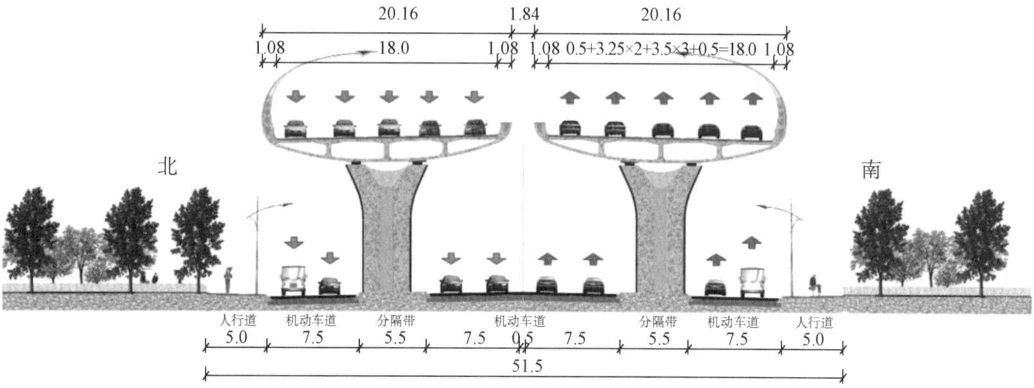

图6-7 分离式高架道路无平行匝道段横断面布置图(m)

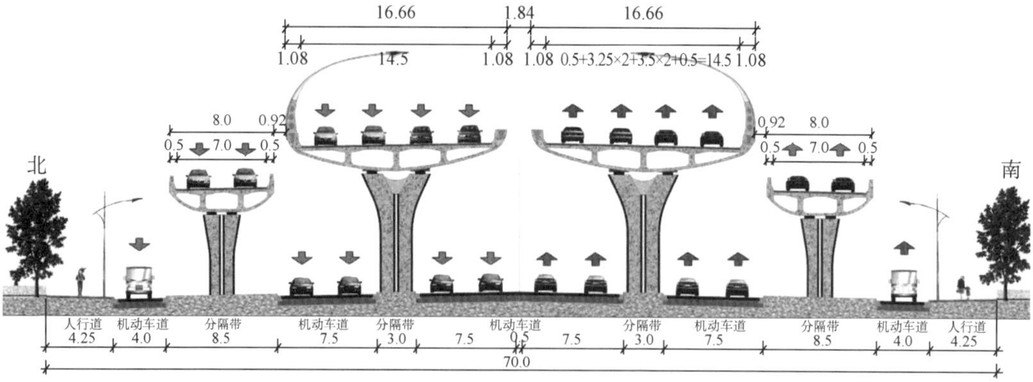

图6-8 分离式高架道路有平行匝道段横断面布置图(m)

分离式高架道路横断面能实现上下行车行道桥梁结构分离，对于单幅横断面结构宽度适应性更强，但需要在地面道路两侧都设置地面分隔带，用于分幅桥梁立墩，尽管地面侧分带整体占地宽度较小，但双排桥梁立柱对桥下景观及行车视距有一定影响，也不利于地面辅路横向交叉口展宽渠化，因此一定程度上限制了分离式高架道路横断面的实际应用。

3. 集约式高架道路横断面

在大城市核心区域，土地空间为稀缺公共资源，需要充分考虑提升城市空间利用率，可采用集约式高架道路横断面，打造复合功能的交通通道，提升城市交通通行效率。

1) 双层高架横断面

当道路红线宽度受限制，无法直接采用整体式高架断面时，还可考虑双层高架横断面形式，将上下行方向设置在双层高架空间内，实现道路空间的集约利用。双层高架横断面分为无平行匝道段(图 6-9)和有平行匝道段(图 6-10)。

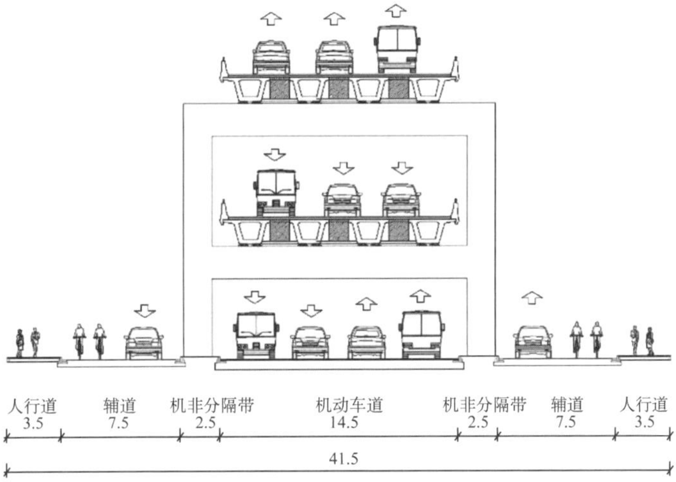

图 6-9　双层高架无平行匝道段横断面布置图(m)

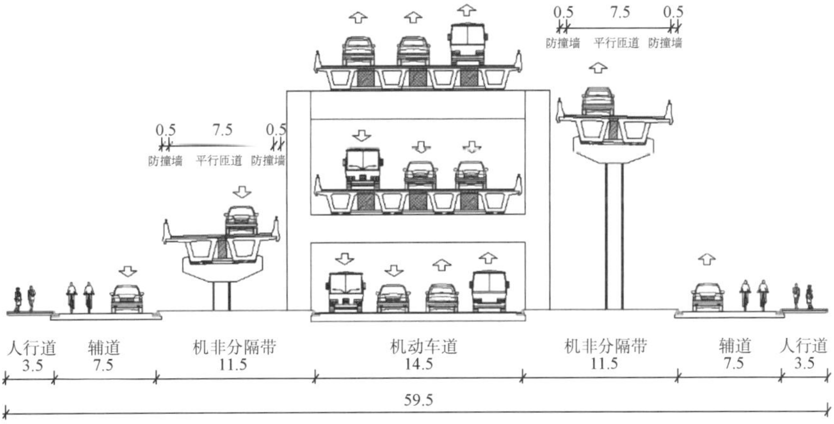

图 6-10　双层高架有平行匝道段横断面布置图(m)

在有平行匝道路段，结合双层高架布置形式，上层高架对应的平行匝道长度大致需增加 1 倍，以满足高架快速路到地面辅路的接坡衔接长度。因此，尽管双层高架横断面可集约利用道路红线宽度，但需结合横向相交道路，灵活细致地分别布设上层、下层的连接地面辅路的平行匝道，以满足高架快速路的交通集散。

如果高架快速路采用双层高架横断面布置，在需要设置互通立交的节点，互通立交的匝道需要更长的展线长度，互通立交匝道设置对高架快速路主线影响范围更大。

另外，双层高架横断面路段到单层高架横断面路段的过渡段的线形设计比较复杂，需要足够的空间实现转换，过渡段的地面辅路布设也比较复杂。

一般双层高架桥梁可采用框架结构形式代替整体式桥墩的桥梁立柱和盖梁，桥梁上部结构可选用小箱梁。

2）复合交通通道一体化结构横断面

高架快速路是城市中心区域中长距离交通联系的客运车辆快速路通道。当与轨道交通或城际铁路等共线设置时，可以采用双层一体化高架桥梁结构横断面，分上下层设置高架快速路和轨道交通，分别实现两种交通方式的高效运营，形成用地集约的复合交通通道。复合交通通道一体化结构横断面分为无平行匝道段（图 6-11）和有平行匝道段（图 6-12）。由于高架快速路位于第三层，平行匝道长度需相应增加，应结合横向道路及建设条件综合设计。

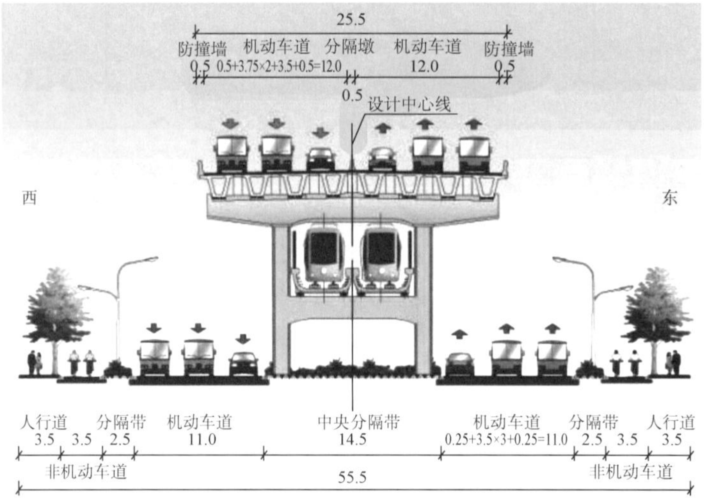

图 6-11　复合交通通道一体化高架道路无平行匝道段横断面布置图(m)

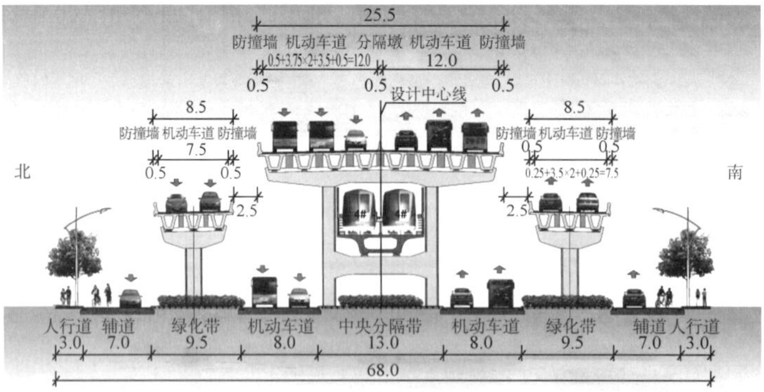

图 6-12　复合交通通道一体化高架道路有平行匝道段横断面布置图(m)

上海市共和新路高架是地铁 1 号线与共和新路高架快速路的复合交通通道，为国内第一条高架快速路与高架地铁相结合的工程，采用双层一体化结构断面形式，上层为双向 6 车道的南北高架快速路，下层为 Y 型桥墩结构内的地铁 1 号线轨道，一体化结构线路为 4 站

5 区间，全长 6.5 km。Y 型桥墩造型美观(图 6-13)，一体化结构集约用地，复合通道社会效益显著。

图 6-13　上海市共和新路高架复合通道 Y 型一体化结构断面(m)

宁波市北环高架快速路是浙江第一条、全国第二条高架与轨道一体化工程，采用双层一体化结构断面形成复合交通通道，共线段 4 站 5 区间，全长 6.9 km。采用简洁敦实的 H 型桥墩(图 6-14)，上下层结构竖向不约束，施工便捷，用地集约。

图 6-14　宁波市北环高架复合通道 H 型一体化结构断面

6.2.3　横断面设计

城市高架快速路的路段(不含互通立交节点)一般由高架道路主线、地面辅路及平行匝道三个部分共同组成。高架道路主线为城市快速路；地面辅路一般为城市主干路，规模和标准受限制时也可降低为次干路。高架主线和地面辅路两个系统之间通过平行匝道路段衔接，一般采用匝道设计标准。横断面布置形式确定后，横断面设计的要点主要是确定各个组成部分的宽度。

1. 车行道宽度的论证

高架快速路、平行匝道、地面辅路的车行道宽度主要由车道规模、一条车道宽度及路缘带宽度确定。

高架快速路、平行匝道、地面辅路的车道规模的论证，应结合交通需求预测、规划建设条件和投资能力等综合确定，详见本书第 4 章的相关论述。

高架快速路横断面设计的重要参数车行道宽度(包括一条车道宽度、路缘带宽度、辅助车道宽度、变速车道宽度)应结合规划建设条件,根据设计速度,考虑服务对象(大型车比例)和经济性要求,参照《城市快速路设计规程》(CJJ 129—2009)、《城市道路工程设计规范》(CJJ 37—2012, 2016 年版),参考国内高架快速路的建设经验,经深入论证后选用。

根据相关规范,城市快速路主线、平行匝道和辅路的车行道宽度见表 6-2。

表 6-2 城市快速路主线、平行匝道和辅路的车行道宽度

道路等级	类别	设计速度(km/h)	一条车道宽度(m)		路缘带(m)
			大型客车或混行车	小客车	
快速路	主线标准段	60	3.5	3.25	0.5
		100, 80	3.75	3.5	
	辅助车道段	与主线保持一致	3.75	3.5	—
	变速车道段	匝道~主线	3.5		0.5
	集散车道段	0.5~0.7 倍主线速度	3.5		0.25
平行匝道	匝道段	60	3.5	3.25	0.5
		50, 40	3.5	3.25	0.25
主干路/次干路	地面辅路	60, 50, 40	3.5	3.25	0.5, 0.25

设计实践中,平行匝道和辅路的车行道宽度基本都按照规范的要求进行取值。高架快速路车行道宽度的取值涉及因素多,针对具体设计项目往往有不同的选择。

调查国内部分省市的高架快速路(设计速度均为 80 km/h),车行道断面尺寸见表 6-3。通过分析可以发现:①所有的高架快速路的路缘带宽度均采用 0.5 m;②双向 4 车道高架快速路单向均采用"1 条小客车道+1 条混行车道",单向车行道总宽为 8.25 m;③双向 6 车道高架快速路单向采用"2 条小客车道+1 条混行车道"或"1 条小客车道+2 条混行车道",单向车行道总宽为 11.75 m 或 12.0 m;④双向 8 车道高架快速路单向采用"3 条小客车道+1 条混行车道"或"2 条小客车道+2 条混行车道",单向车行道总宽为 15.25 m 或 14.5 m。特别需要说明的是,上海市中环线是客运交通专用车道,服务对象主要是小客车,为节省投资,控制用地,减少拆迁,曾组织全国知名的道路交通专家召开多次论证会,最终确定一条小客车车道宽度为 3.25 m、一条混行车道宽度为 3.5 m,相比于规范规定的车道宽度少 0.25 m。

表 6-3 部分城市高架快速路车行道断面尺寸

项目		断面宽度(m)	单向车行道构成(m)	双向车道规模(条)
上海	中环线	30.5	14.5=0.5+3.25×2+3.5×2+0.5	8
	内环线	18.0	8.25=0.5+3.75+3.5+0.5	4
	嘉闵高架(莘松路—G60)	32.0	15.25=0.5+3.75+3.5×3+0.5	8
	延安路高架	25.5	12.0=0.5+3.5+3.75×2+0.5	6

（续表）

项目		断面宽度 （m）	单向车行道构成 （m）	双向车道规模 （条）
宁波	环城南路	25.5	12.0=0.5+3.5+3.75×2+0.5	6
	机场快速路	25.0	11.75=0.5+3.75+3.5×2+0.5	6
	北环快速路	25.5	12.0=0.5+3.5+3.75×2+0.5	6
杭州	彩虹快速路	25.0	11.75=0.5+3.75+3.5×2+0.5	6
	德胜快速路	25.0	11.75=0.5+3.75+3.5×2+0.5	6
	文一路快速路	18.0	8.25=0.5+3.75+3.5+0.5	4
	东湖连接线	25.0	11.75=0.5+3.75+3.5×2+0.5	6
	垦山路快速路	25.0	11.75=0.5+3.75+3.5×2+0.5	6
江苏	昆山中环快速路	25.5	12.0=0.5+3.5+3.75×2+0.5	6
	苏州中环快速路	25.5	12.0=0.5+3.5+3.75×2+0.5	6

通过上述分析，可以发现，在设计速度及车道规模确定的情况下，高架快速路主线的车行道宽度的取值主要根据大型车的比例来确定。

高架快速路主线设置出入口时，主线和匝道衔接路段设置变速车行道，可分为加速车道和减速车道两种。变速车行道的宽度由变速车道、左侧路缘带、右侧路缘带组成，其中车行道宽度为 3.5 m，而左侧路缘带应兼作主线的右侧路缘带，应按主线设计标准，采用 0.5 m，能够满足加速或减速标线的宽度，变速车道的右侧设置 0.5 m 的路缘带（图 6-15）。

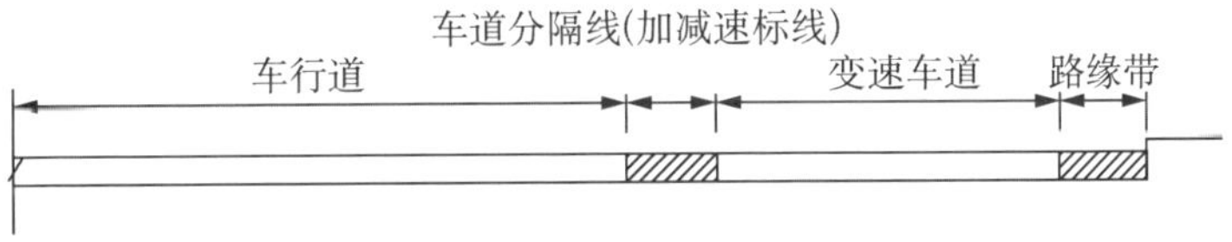

图 6-15　变速车行道横断面示意图

需要设置辅助车道的高架快速路路段，辅助车道的设计速度宜与主线设计速度相同，车道宽度应与主线车道宽度相同，与主线车道间可不设路缘带。

2. 快速路紧急停车带及分隔墩

快速路紧急停车带的设置应根据《城市快速路设计规程》(CJJ 129—2009)的规定：单向 2 车道的高架快速路上，应设 2.5 m 宽连续或不连续紧急停车带；不连续紧急停车带应每 500 m 设 1 处。

为节省投资，减少征地拆迁，双向 4 车道以上的高架快速路不设置紧急停车带。双向 4 车道高架快速路，有条件时可以设置 2.5 m 宽连续的紧急停车带。受投资和征地等条件的限制，高架快速路段可每 500 m 设置 1 处港湾式应急停车带（图 6-16），港湾式应急停车带有效长度应不小于 40 m，过渡段长度应不小于 10 m，有效宽度应不小于 3.0 m。另外，为减少投资，港湾式应急停车带应结合平行匝道出入口布设。

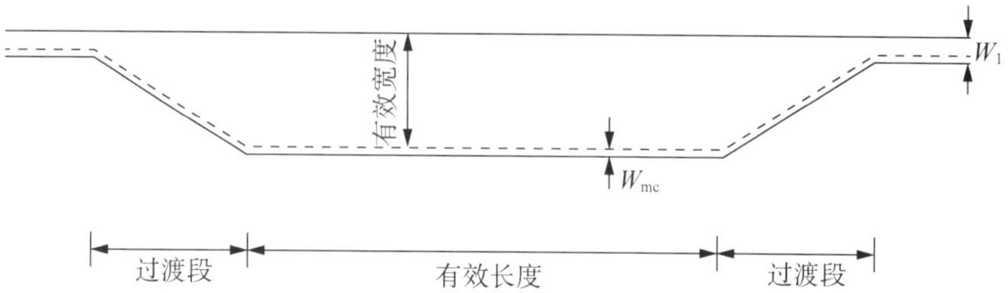

图 6-16　港湾式应急停车带

对于整体式高架而言，分隔墩最小宽度不应小于 0.5 m，有条件时宜为 1.0 m。

3. 地面分隔带

高架快速路的地面分隔带包括中央分隔带和侧分带，中央分隔带和侧分带的宽度除了满足本书第 4.2.1 节的相关要求外，还应满足高架桥结构设计的需要。

对于高架快速路，地面分隔带宽度主要由高架桥梁结构的挑臂大小决定。对于整体式高架快速路而言，双向 6 车道高架快速路，地面中央分隔带宽度一般为 8.0 m；双向 4 车道高架快速路，地面中央分隔带宽度一般为 6.0 m；双向 8 车道高架快速路，地面中央分隔带宽度一般为 12.0 m。对于分离式高架快速路而言，单向 2 车道高架快速路，地面侧分带宽度一般为 2.5 m；单向 3 车道高架快速路，地面侧分带宽度一般为 3.5 m；单向 4 车道高架快速路，地面侧分带宽度一般为 4.5 m。对于高架快速路需要设置边墩的情况，地面分隔带宽度一般为 3.5 m。

4. 横坡

路拱坡度的确定应以有利于路面排水和保障行车安全平稳为原则。根据各地降雨量大小、路面宽度及路面类型，高架快速路、地面辅路的路面横坡应采用单面直线坡，考虑快速路车速较高，高架快速路的横坡坡度宜采用 2%，以利于路面排水，避免水雾影响驾驶视线；地面辅路的横坡坡度可采用 1.5%～2%。

5. 设计示例

整体式高架快速路的设计示例可参见图 6-1 和图 6-2。对于整体式高架快速路设置辅助车道、集散车道、变速车道的路段，往往需要设置边墩，其横断面布置如图 6-17 所示。分离式高架快速路的设计示例可参见图 6-7 和图 6-8。

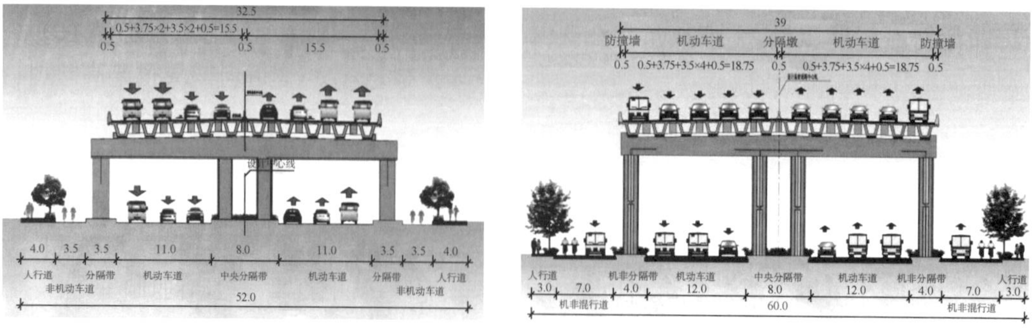

图 6-17　整体式高架快速路设置边墩横断面布置图(m)

分析国内城市快速路的交通需求特征，总结高架快速路的建设经验，除少数疏港及货运快速通道外（建议按照公路建设标准进行设计），城市高架快速路主要服务对象为客运交通，大型车比例几乎都在 40%以下。根据上述分析，下面给出设计速度 80 km/h 时城市高架快速路建设横断面布置的建议。

1）整体式高架双向 4 车道规模的横断面布置

当大型车比例大于或等于 20%时，一般需设置 2 条混行车道。不设置连续紧急停车带的高架道路横断面布置：0.5 m（防撞墙）＋8.5 m（机动车道）＋0.5 m（分隔墩）＋8.5 m（机动车道）＋0.5 m（防撞墙）＝18.5 m。设置连续紧急停车带的高架道路横断面布置：0.5 m（防撞墙）＋11.0 m（机动车道）＋0.5 m（分隔墩）＋11.0 m（机动车道）＋0.5 m（防撞墙）＝23.5 m。

当大型车比例小于 20%时，一般设置 1 条小客车道、1 条混行车道。不设置连续紧急停车带的高架道路横断面布置：0.5 m（防撞墙）＋8.25（机动车道）＋0.5 m（分隔墩）＋8.25 m（机动车道）＋0.5 m（防撞墙）＝18.0 m。设置连续紧急停车带的高架道路横断面布置：0.5 m（防撞墙）＋10.75（机动车道）＋0.5 m（分隔墩）＋10.75 m（机动车道）＋0.5 m（防撞墙）＝23.0 m。

2）整体式高架双向 6 车道规模的横断面布置

当大型车比例大于或等于 30%时，一般设置 1 条小客车道、1 条大型车道、1 条混行车道。高架道路横断面布置：0.5 m（防撞墙）＋12.0 m（机动车道）＋0.5 m（分隔墩）＋12.0 m（机动车道）＋0.5 m（防撞墙）＝25.5 m。

当大型车比例小于 30%时，一般设置 2 条小客车道、1 条混行车道。高架道路横断面布置：0.5 m（防撞墙）＋11.75（机动车道）＋0.5 m（分隔墩）＋11.75 m（机动车道）＋0.5 m（防撞墙）＝25.0 m。

3）整体式高架双向 8 车道规模的横断面布置

当大型车比例大于或等于 20%时，一般设置 2 条小客车道、1 条大型车道、1 条混行车道。高架道路横断面布置：0.5 m（防撞墙）＋15.5 m（机动车道）＋0.5 m（分隔墩）＋15.5 m（机动车道）＋0.5 m（防撞墙）＝32.5 m。

当大型车比例小于 20%时，一般设置 3 条小客车道、1 条混行车道。高架道路横断面布置：0.5 m（防撞墙）＋15.25（机动车道）＋0.5 m（分隔墩）＋15.25 m（机动车道）＋0.5 m（防撞墙）＝32.0 m。

4）平行匝道的横断面布置

城市高架快速路的平行匝道衔接高架快速路和地面辅路，设计速度一般为高架主线的一半，通常取 40 km/h。根据交通量预测和规模论证，匝道分为单车道匝道和双车道匝道两种规模，具体布置可以参见图 6-18。

6.3 城市高架快速路桥梁结构设计

6.3.1 设计原则

城市高架快速路工程桥梁结构的实施受到规划、投资、工期、地面交通、施工场地等条件

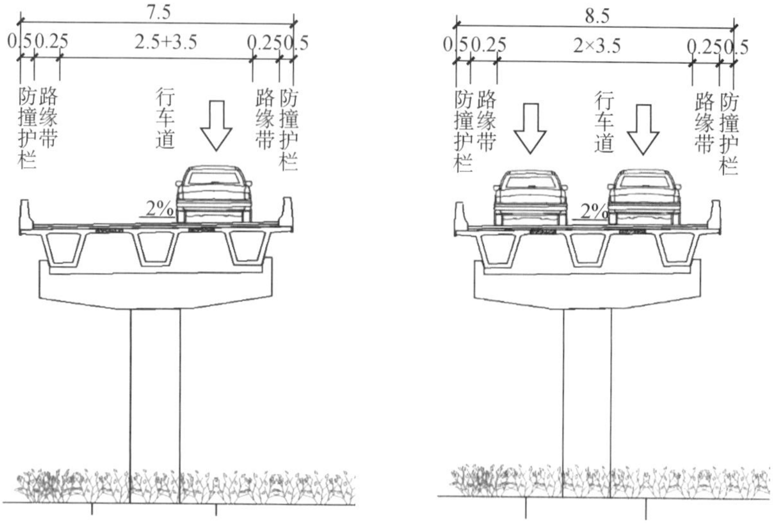

图 6-18　单、双车道平行匝道横断面布置图(m)

的限制，在工程设计阶段，应综合考虑，并遵循以下结构设计原则。

(1) 高架桥梁结构的设计应符合城市规划、交通规划、快速路网规划，满足快速路总体设计的要求。

(2) 应广泛吸取国内外经验及先进技术，积极贯彻结构受力合理、经济实用、桥型美观、方便实施及后期养护的总体建设方针。

(3) 桥梁结构应符合快速路路线设计的要求，满足路线平、纵、横设计指标，避免出现不良线形的搭配和组合，保证高架快速路的行车安全性和舒适性。

(4) 应选用合理的桥梁结构形式，设置合理的跨径布置，精心设计桥梁的上部结构、下部结构及附属结构，满足抗震设防的要求，充分保证桥梁结构的安全。

(5) 应高度重视总体布置和结构选型，总体布置和结构选型应注意与街区的景观、空间的比例相协调，以期塑造高架道路这一空间结构的美感，创造清晰、明朗、轻巧、通透的建筑形式，满足人们视觉上的协调，将桥梁的力学美与建筑美相结合。

(6) 为方便施工、节省工期、减少施工期间的交通影响，桥梁的单体构件应尽量标准化，提高工厂化预制构件的比例，减少现场工作量。

6.3.2　桥型和跨径选择

1. 桥型选择

1) 桥梁结构的分类

根据桥梁外形及受力特点，可以简单地把桥梁分成梁桥、拱桥、斜拉桥和悬索桥四类(图 6-19)。

梁桥是在竖向荷载作用下无水平反力的结构，以主梁(梁或桁架梁)作为主要承重结构，主梁以受弯为主，需要抗弯能力强的材料来建造，支点只产生竖向反力，是城市高架快速路中最为常见的结构形式，也是快速路标准路段一般所采用的结构形式。梁桥的整体造型较

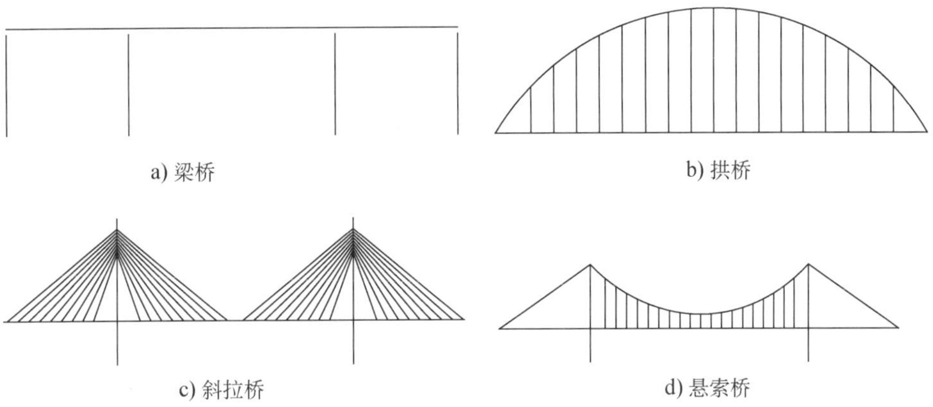

图 6-19　常用桥梁桥结构类型

为简洁，跨度适应性强；体系成熟，单位工程造价较低，施工便捷快速，可采用预制装配，能很好地适应城市高架快速路的结构建造需求。但梁桥的结构高度受跨径影响较大，一般桥梁结构高度是跨径的 1/25～1/18，随着跨径的增大，梁桥的结构高度也要随之增加，为了确保桥下的净空要求，除跨越高等级通航河道等情况外，通常城市快速路高架梁桥的跨径单跨不会超过 100 m。

拱桥是梁体通过吊杆或立柱将结构受力传递给拱肋的桥梁结构，通常适用于单跨跨径 100～400 m 的桥梁。拱桥造型优美，气势磅礴，历史悠久，举世闻名的赵州桥是我国古代拱桥的杰出代表。根据拱的受力特征可知，拱桥在拱脚处会产生很大的水平推力，故多在工程场地岩层较浅、地质条件良好的地方修建拱桥，或者通过设置系杆来平衡拱的水平推力。拱桥施工过程复杂，桥梁造价高，且施工周期较长。

斜拉桥是将主梁用许多拉索直接拉在桥塔和梁之间的一种桥梁，是由承压的塔、受拉的索和压弯的梁体组合起来的一种自锚式结构体系。其可看作是拉索代替支墩的多跨弹性支承连续梁。其可使梁体内弯矩减小，降低建筑高度，减轻了结构重量，节省了材料。斜拉桥主要由索塔、主梁和斜拉索组成。斜拉桥是大跨度桥梁的最主要桥型，通常适用于跨径 300～1 000 m 的桥梁结构，在这一跨径范围，斜拉桥与悬索桥相比，斜拉桥有较明显优势，目前在我国应用广泛。

悬索桥，又名吊桥，是以通过索塔悬挂并锚固于两岸（或桥两端）的缆索（或钢链）作为上部结构主要承重构件的桥梁。其缆索几何形状由力的平衡条件决定，一般接近抛物线或悬链线。从缆索上垂下吊杆，将桥面吊住，桥面通常设置在加劲梁上，加劲梁的结构形式多采用钢桁梁或钢箱梁。悬索桥更适用于跨径 1 000 m 以上的情况，其主要缺点是刚度小，在荷载作用下容易产生较大的挠度和振动，设计时需要采取相应的措施。

2）桥梁结构选型

从结构功能上讲，高架快速路桥梁结构要满足设计汽车荷载的要求，保证桥梁结构在各种工况下的结构安全性；从美观性方面来说，应能够反映城市风貌和城市经济发展水平。桥梁结构的选型以安全、经济、实用和美观为原则，应根据本地区的自然条件、材料供应、地质条件以及施工要求和使用效果等综合考虑，尽量采用技术先进、受力明确、结构成熟、施工简便、造价节省和养护费用低的桥型方案，做到技术可行、经济合理、美观简洁，结合城市桥梁的特点，充分考虑桥梁的美学设计。

梁桥、拱桥、斜拉桥和悬索桥四类桥型中，梁桥的单位面积造价最经济，工期最短，建安成本通常在 6 000～8 000 元/平方米；悬索桥造价最高，一般超过 2.5 万元/平方米；拱桥和斜拉桥居于二者之间，其单位面积造价高低则需视施工方法、地质条件、结构形式等因素确定，通常在 1.5 万～2.0 万元/平方米。

城市快速路的高架桥梁工程规模大，建设成本高，造价经济是必须要考虑的因素。在四种桥型中，梁桥造价最经济。梁桥受力明确，结构简单，施工便捷，在中小跨径的桥梁选型中具有较明显的优势。因此，城市高架桥梁标准段首选桥型即为梁桥，只有在需要设置大跨径桥梁的地方，如上跨干线道路、高等级航道、铁路线等情况下才会考虑采用拱桥、斜拉桥和悬索桥等桥型。

由于梁桥是城市高架快速路标准段通常采用的桥型，拱桥、斜拉桥、悬索桥等只在特定节点使用，本书主要针对梁桥进行论述。

2. 梁桥的跨径选择

从传统意义上讲，常规梁桥的结构受力体系一般由三个部分组成：上部结构、下部结构和基础(图 6-20)。上部结构又称桥跨结构，是跨越障碍的主要结构，指梁桥的支座以上的部分，包括梁体自身以及梁体横向连接部分；下部结构是指梁桥的支座以下到承台的部分，包括桥墩(立柱和盖梁)和桥台；基础则指桥墩以下，将桥梁上部结构和下部结构传来的力传递给地基的结构，通常包括承台、桩基础或扩大基础。本书中为表达方便，将下部结构和基础统称为下部结构。

另外，梁桥还包括桥面铺装、支座、防撞设施、排水系统、伸缩缝等附属结构。支座为在下部结构支承上部结构处所设置的传力装置。

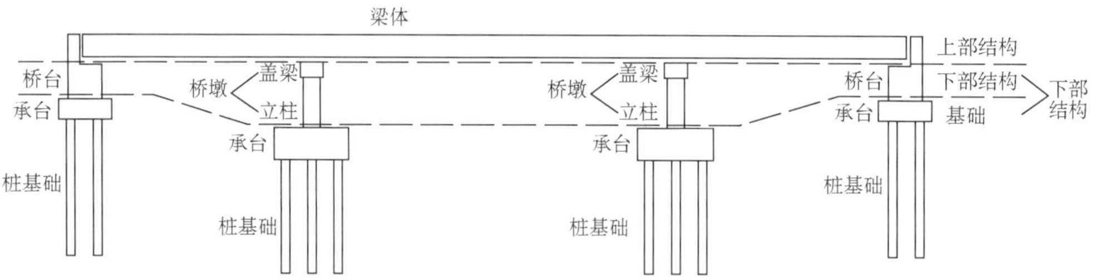

图 6-20　梁桥组成示意图

城市高架快速路是大规模的桥梁工程，为了施工方便，一般会选择一个基本跨径。基本跨径的选择与工程造价、地质条件、景观要求、施工方法有着很大的关系。

从以人为本、设计美观等角度出发，选取较大的跨径作为基本跨径，相应的下部结构的数目会减少，同时较少的桥梁立柱会给人以通透舒适感，而桥下密集的立柱则会带给人以压抑凌乱感，交通安全性也受到影响。因此，选择较大的跨径作为城市高架的基本跨径，可以获得更好的景观效果和安全性。然而，从经济角度考虑，随着桥梁跨径的增大，相应的结构高度也需要增大，这样，上部结构的单位面积造价也随之变高，下部结构的数目虽然减少，但传到每个下部结构上的力却增加，单个下部结构的造价也会增加；反之，亦然。因此，基本跨径并不可以一味选择较大的跨径，需要根据不同的地质条件、施工条件、施工方法，选择一个基本跨径，使上部结构和下部结构的造价总和最经济。

根据过往的工程经验，城市高架快速路的基本跨径一般为 25～40 m，在这个区间内可选的梁桥结构形式包括空心板梁、T 梁、小箱梁、整体现浇箱梁、节段拼装整体箱梁等。

6.3.3　上部结构设计

根据不同的分类标准，城市高架快速路桥梁的上部结构可以分成不同的种类：①根据材料不同，可以将高架桥梁的上部结构分成钢结构、混凝土结构和组合结构三类，混凝土结构造价较经济，是目前国内高架桥梁采用的主要形式。②根据施工方法不同，可以将高架桥梁的上部结构分成预制结构和现浇结构两类，预制结构现场施工时间短，对现状交通影响小，目前越来越多的城市高架桥梁采用这种形式。③根据静力体系方式不同，可以将高架桥梁的上部结构分成简支梁、连续梁和悬臂梁三类（图 6-21），简支梁桥桥面不连续，梁端接缝较多，行驶舒适性不好，连续梁桥为超静定结构，桥面连续，伸缩缝较少，行车平稳舒适，目前我国已建成的城市高架桥中较多采用这种形式。④根据结构形式不同，可以将高架桥梁的上部结构分成空心板梁、小箱梁、T 梁、大箱梁、组合梁、钢箱梁和其他结构形式。

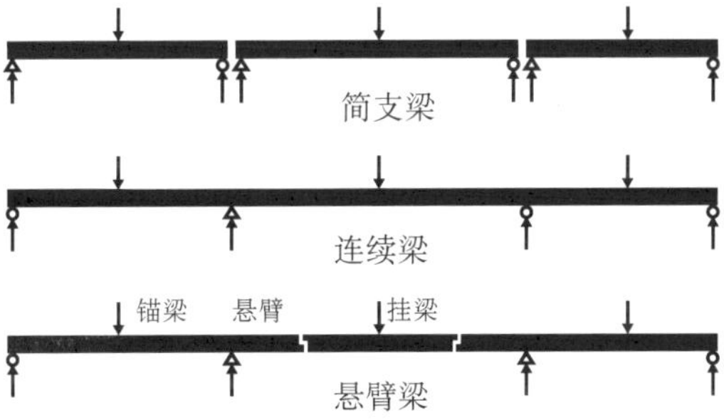

图 6-21　梁桥的结构受力分类示意图

下面将按照结构形式对城市高架桥梁的上部结构进行论述。

1. 空心板梁

空心板梁是一种预制的混凝土结构，通常在梁厂内或工地上预制，运输至现场后安装。根据是否张拉预应力，可以分成普通钢筋混凝土空心板梁和预应力混凝土空心板梁两种。普通钢筋混凝土空心板梁均为简支结构；预应力混凝土空心板梁根据结构形式和施工工艺又可以分成先张简支、先张连续和后张简支三种。空心板桥梁通常设计成简支结构或者结构简支桥面连续的形式。

空心板梁结构可适应的跨径一般为 6～25 m，其设计通常依据标准图进行。根据交通运输部颁布的空心板梁标准图，普通钢筋混凝土空心板梁包括 6 m、8 m 和 10 m 三种跨径，预应力混凝土空心板梁包括 10 m、13 m、16 m 和 20 m 四种跨径；其中先张连续法可以采用 16 m 和 20 m 两种跨径，先张简支和后张简支四种跨径全部涵盖。当跨径超过 20 m 时，空心板梁需要进行专门的设计（一些地方省市的标准图中会包含跨径 22 m 的空心板梁），从结构安全性和经济性角度考虑，空心板结构跨径一般不超过 25 m。交通运输部颁布的空心板梁标准图中有 1.0 m 和 1.25 m 宽(边板因包含挑臂长度,相应的宽度分别大于 1.0 m 和 1.25 m)两种空心板(图 6-22);各预制板横向间通过铰缝连接,组合起来如图 6-23 所示。

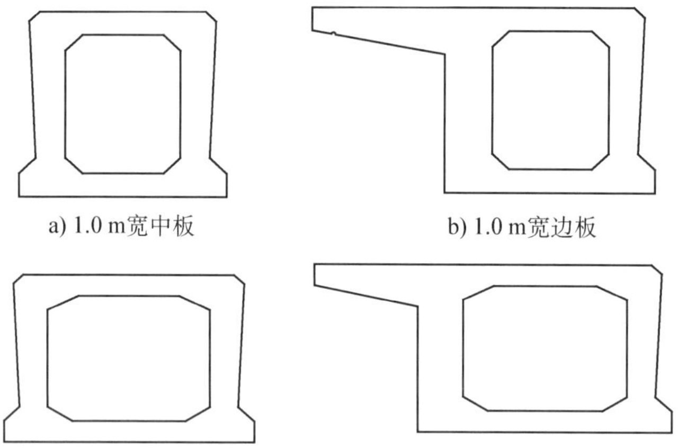

a) 1.0 m宽中板　　b) 1.0 m宽边板

c) 1.25 m宽中板　　d) 1.25 m宽边板

图 6-22　空心板梁标准图

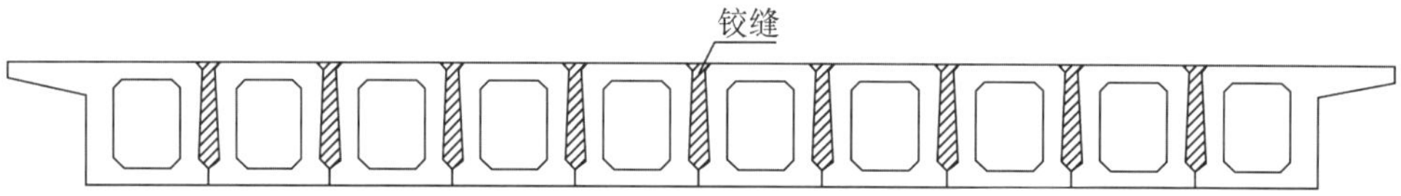

图 6-23　空心板梁横向连接示意图

空心板梁结构的主要优点是结构高度低,重量小,施工方便,造价经济。交通运输部颁布的空心板梁标准图中空心板梁的结构高度见表 6-4。空心板梁一般采用施工现场或者工厂内集中预制,批量生产,现场吊装的方式进行施工。由于空心板梁结构每片板梁的重量较轻,采用起吊吨位较小的吊机即可进行施工。以 1.25 m 宽(其中边板含挑臂)的后张简支空心板梁为例,不同跨径的单片板梁最大吊装重量见表 6-5。

表 6-4　空心板梁结构高度

跨径(m)	普通钢筋混凝土空心板			预应力混凝土空心板			
	6	8	10	10	13	16	20
空心板结构高度(m)	0.32	0.42	0.5	0.60	0.70	0.80	0.95

表 6-5　1.25 m 宽后张简支空心板单片板梁最大吊装重量

跨径(m)	10	13	16	20
边板最大吊装重量(kN)	159	220	289	391
中板最大吊装重量(kN)	123	171	227	313

空心板梁结构的缺点主要体现在三个方面。首先,空心板梁结构的跨越能力差,一般来说空心板梁的跨径不会超过 20 m,最大跨径也不会超过 25 m,高架快速路桥梁基本路段采

用 20 m 左右空心板梁的跨径布置,会使得地面辅路的桥梁景观稍显凌乱。另外,在跨越具有较宽通航要求的河道或者宽阔的横向道路时,空心板梁结构就显得力不从心了。其次,空心板梁横向联系较弱,横向板梁结构之间依靠铰缝结合,这是结构的薄弱部位,在车辆等荷载的长时间反复作用下,铰缝处容易疲劳破坏,从而影响桥梁结构的长期正常使用。最后,空心板梁结构的线形适应能力不好,在城市高架快速路中,由于会设置平行匝道和立交,存在着大量的桥梁宽度变化段。通常有三种做法:①桥梁宽度变化幅度较小的情况下,可以通过调整挑臂段的长度来实现桥面的变宽;②桥梁宽度的变化幅度较大的情况下,需要将空心板梁做成大小头的形式,但这需要进行专门的设计;③用直线的边界包络住桥梁的曲线外边界,将桥梁结构的面积做足,确保快速路的使用面积要求,仅适用于大半径的平曲线路段且宽度变化比较缓和的情况(景观影响,一般不用)。

基于以上原因,现在城市高架快速路开始较少采用空心板梁结构形式,通常地面辅路可以采用空心板梁结构。

2. 小箱梁

小箱梁也是一种预制的预应力混凝土结构,通常在梁厂内或工地上预制,现场采用吊装施工或架桥机架设,横向采用湿接缝连接,纵向采用简支变连续的方式。交通运输部颁布的小箱梁标准图包含 20 m、25 m、30 m、35 m 和 40 m 五种跨径。小箱梁结构通常设计成先简支后连续的结构,如果情况特殊,可以设计为简支结构,需要对标准图中的结构进行验算,确保桥梁结构的安全;横向中梁顶宽 2.4 m,边梁顶宽 2.85 m(图 6-24),横向通过湿接缝相连,组合后的形式如图 6-25 所示。

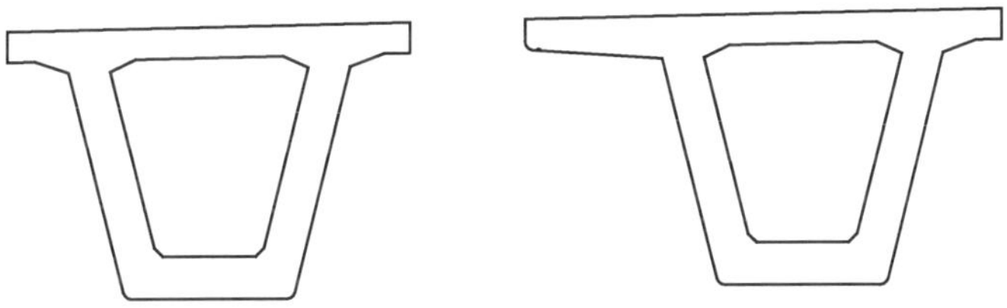

a) 小箱梁中梁　　b) 小箱梁边梁

图 6-24　小箱梁标准形式图

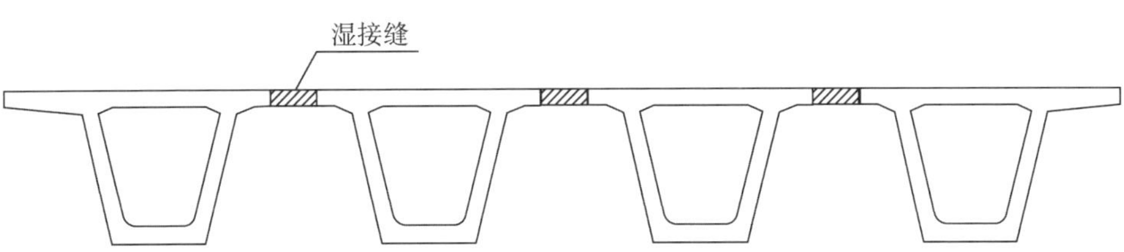

图 6-25　小箱梁横向连接示意图

小箱梁的优点是结构高度适中,耐久性能好,造价经济,施工快捷。交通运输部颁布的标准图中小箱梁的结构高度见表 6-6。与现浇结构相比,小箱梁的施工措施减少,预制部分在工厂内易于控制质量,整体造价较经济。与空心板梁相比,小箱梁的吊装要求有所提升,但满足条件的吊机相对而言还是比较容易寻找的。不同跨径的单片小箱梁(中梁顶宽 2.4 m、边梁顶宽 2.85 m)最大吊装重量见表 6-7,表中数值仅选取了标准图中的一种情况,仅供参考。

表 6-6 小箱梁结构高度

跨径(m)	20	25	30	35	40
小箱梁结构高度(m)	1.2	1.4	1.6	1.8	2.0

表 6-7 单片小箱梁最大吊装重量

跨径(m)	20	25	30	35	40
边梁最大吊装重量(kN)	559	749	957	1 219	1 531
中梁最大吊装重量(kN)	510	684	884	1 136	1 438

小箱梁结构在外观上要略逊于整体大箱梁,墩顶需设置盖梁,对互通区内的异形桥和小曲线半径路段桥跨布置受限,是目前城市高架快速路桥梁中采用最多的结构形式。对于变宽段小箱梁,可采用调整边梁的挑臂长度和湿接缝的宽度相结合的方法;桥梁变宽段外边线为曲线变化时,小箱梁也可采用和空心板梁类似的方法,用直线边界包络住曲线边界,将桥梁的面积做足。

3. T梁

T 梁也是一种预制的预应力混凝土结构,通常在梁厂内或工地上预制,现场吊装,横向及纵向采用湿接缝连接。交通运输部颁布的 T 梁标准图包含 20 m、25 m、30 m、35 m 和 40 m 五种跨径,虽然标准图中 T 梁的最大跨径只有 40 m,但相对空心板梁和小箱梁而言,T 梁的跨越能力最大,在一些城市快速路高架中会有 50 m 甚至更大跨径的 T 梁结构。T 梁的中梁顶宽有 1.7 m 和 1.5 m 两种,一般采用 1.7 m 宽,1.5 m 宽多用在桥面较窄的桥梁上(如 8.5 m 宽的匝道),边梁顶宽可通过外挑臂和湿接缝宽度在 1.775~2.05 m 范围内调整(图 6-26)。T 梁通常设计成简支结构或者先简支后连续结构,T 梁间一般通过横隔板和湿接缝相连接,具体形式如图 6-27 所示。

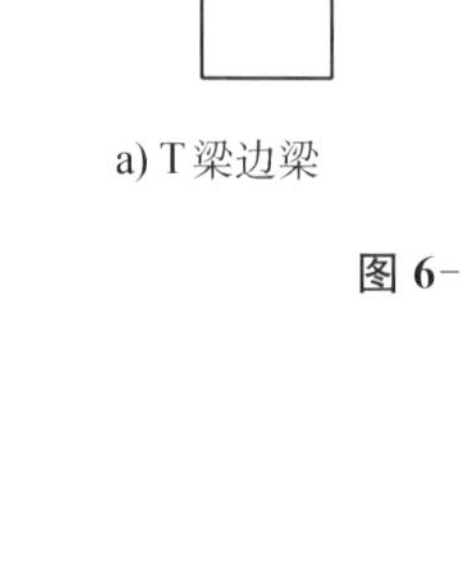

a) T梁边梁

b) T梁中梁

图 6-26 T梁标准形式图

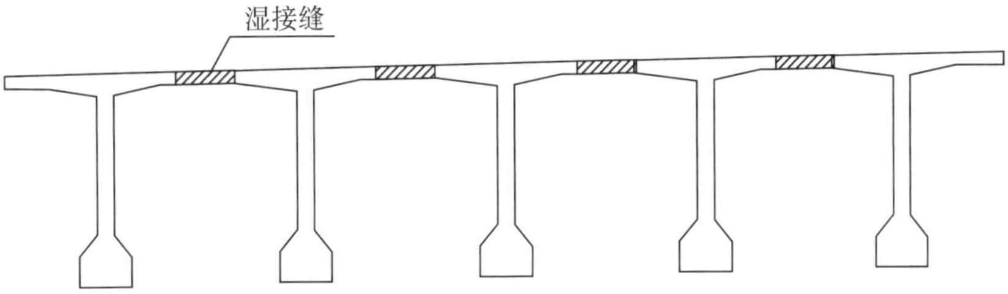

图 6-27　T 梁横向连接示意图

T 梁的优点是结构跨越能力较强，造价经济，施工快捷，耐久性能好。另外，T 梁外形简单，制作方便，横向采用横隔梁连接，整体性较好。T 梁的缺点是建筑高度大，桥下视觉效果较差。不同跨径的单片 T 梁最大吊装重量见表 6-8（仅选取了标准图中的一种情况）。与小箱梁相比，相同跨径条件下，T 梁的重量较轻，对施工设备的要求也较低，施工机械易于寻找，但吊装完成后，T 梁需进行临时支撑，存在一定的安全风险。交通运输部颁布的标准图中 T 梁的结构高度见表 6-9。

表 6-8　单片 T 梁最大吊装重量

跨径（m）	20	25	30	35	40
边梁最大吊装重量（kN）	406	564	740	1 002	1 327
中梁最大吊装重量（kN）	407	577	756	1 020	1 340

表 6-9　单片 T 梁结构高度

跨径（m）	20	25	30	35	40
T 梁结构高度（m）	1.5	1.7	2	2.3	2.5

与小箱梁相比，相同跨径的条件下，T 梁的结构高度要比小箱梁高出 30～50 cm，城市高架采用 T 梁结构需要较高的桥面设计标高，这也是 T 梁的一个缺点。此外，由于 T 梁的横隔板设置较密，从桥梁底部向上看，结构纵横交错，景观性能较差。

对于变宽段，T 梁可采用调整现浇湿接缝方法。桥梁变宽段外边线为曲线变化时，T 梁也可采用前述空心板梁和小箱梁类似的方法，用直线边界包络住曲线边界，将桥梁的面积做足。

4. 大箱梁

大箱梁也叫整体箱梁，在本书中大箱梁专指混凝土结构的大箱梁，对于钢混结构和钢结构的大箱梁，则分别归为组合梁和钢箱梁。大箱梁由顶板、底板和腹板构成，各部分结构如图 6-28 所示。大箱梁的分类方式较多，下面分别介绍。

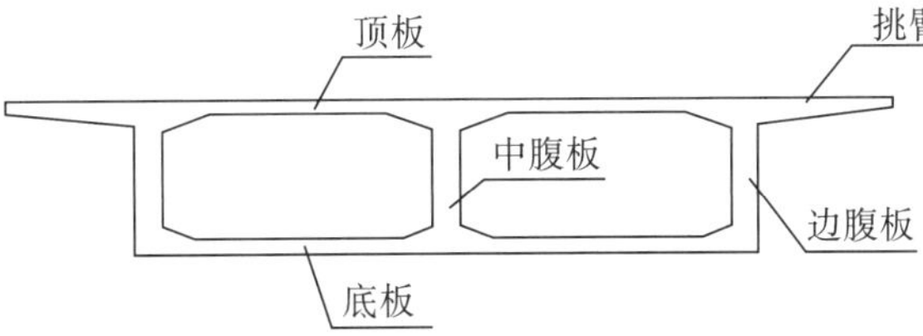

图 6-28　大箱梁结构形式

根据箱室的数目，可分为单箱单室大箱梁、单箱多室大箱梁、多箱单室大箱梁和多箱多室大箱梁，如图 6-29 所示。

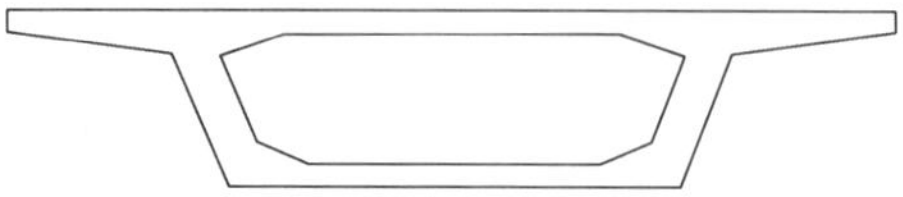

a) 单箱单室大箱梁

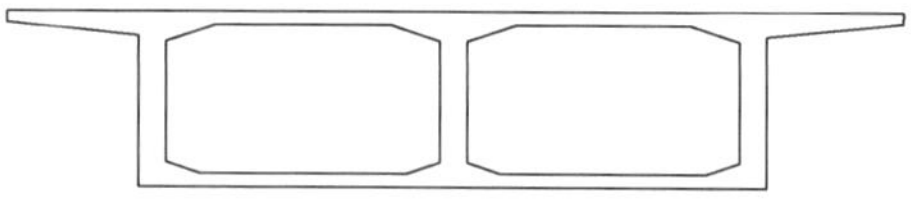

b) 单箱多室（单箱双室）大箱梁

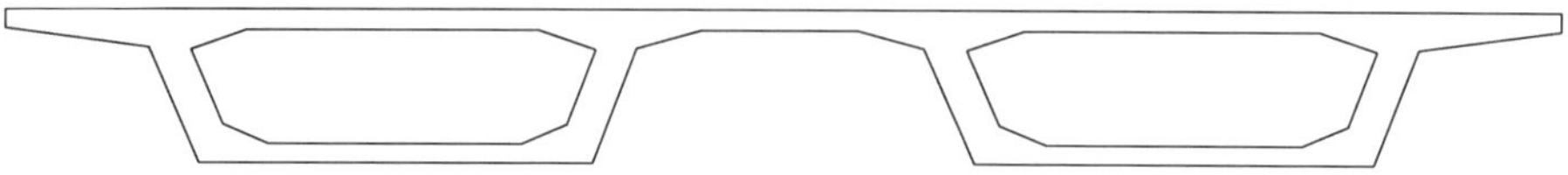

c) 多箱单室（双箱单室）大箱梁

d) 多箱多室（双箱双室）大箱梁

图 6-29　大箱梁结构箱室分类

根据边腹板的形式，可分为竖腹板大箱梁、斜腹板大箱梁、碗形腹板大箱梁和蝶形腹板大箱梁，如图 6-30 所示。

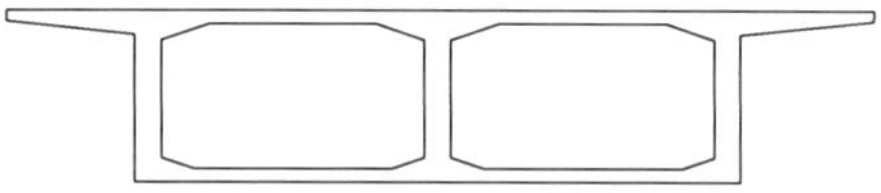

a) 竖腹板大箱梁

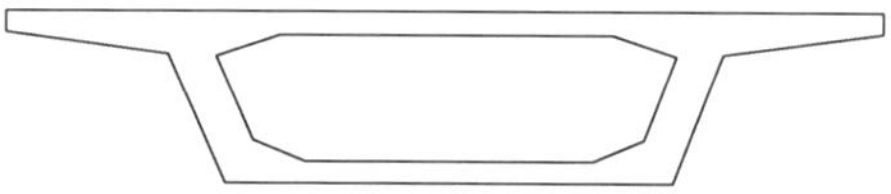

b) 斜腹板大箱梁

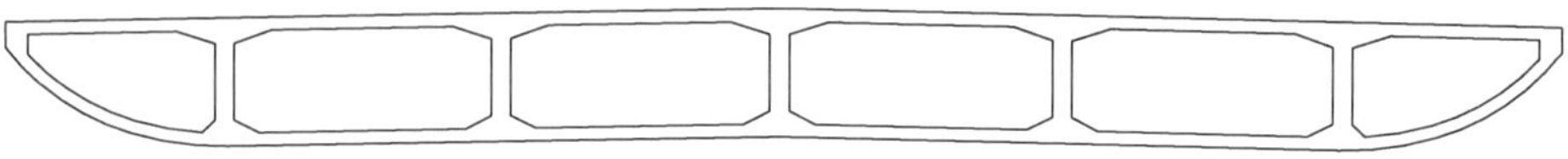

c) 碗形腹板大箱梁

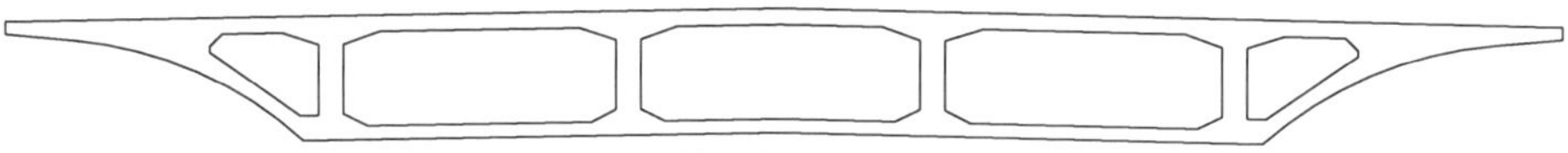

d) 蝶形腹板大箱梁

图 6-30　大箱梁结构腹板形式分类

根据是否张拉预应力，可分为普通钢筋混凝土大箱梁和预应力混凝土大箱梁。预应力混凝土大箱梁除了纵向设置预应力外，还需要根据支座的布置和受力情况，决定是否在横梁中设置横向预应力，根据挑臂的悬挑长度决定是否在桥面板中设置横向预应力，一些大跨径的预应力混凝土箱梁往往还会设置竖向预应力。

根据施工方法，可分为现浇箱梁和装配式预制箱梁。

根据结构形式，可分为简支箱梁、连续箱梁和连续刚构箱梁。连续刚构箱梁在我国的城市高架中很少采用。

根据截面高度的变化情况，可分为等高截面箱梁和变高截面箱梁。等高截面箱梁多用在小跨径的情况，到了大跨径的时候，变高截面箱梁的经济性要好于等高截面箱梁。

对于大箱梁的设计也有标准图可供参考，交通运输部曾颁布过少量的现浇箱梁的标准图，但在城市高架中采用得较少。多数情况下，是通过计算来确定大箱梁的结构尺寸。在初步确定结构高度时，钢筋混凝土简支箱梁可按照高跨比（梁高与跨径之比）在 1/18～1/11 之间取值，跨径大取用偏小的值，跨径在 40 m 以下预应力混凝土简支箱梁的高跨比可在 1/25～1/15 之间取值，连续大箱梁的高跨比见表 6-10。另外，城市高架桥的梁高除了与跨径相关外，还与支座的数目和横向的布置方式有关，在平行匝道段或设置辅助车道等横向宽度较大的路段，大箱梁的梁高是由横向因素控制的。

表 6-10　连续梁在支点和跨中梁高估算值

桥型	支点高跨比	跨中高跨比
等高度连续梁	1/30～1/15，常用 1/20～1/18	
变高度（折线形）连续梁	1/20～1/16	1/28～1/22
变高度（曲线形）连续梁	1/20～1/16	1/50～1/30

现浇大箱梁整体性好，抗弯扭刚度大，适用于弯、坡、斜异型桥梁，外观效果良好，桥跨布置灵活，特别对于较宽的城市高架快速路桥梁，可采用宽箱扁平式的断面，通过箱室的调整满足宽度变化的要求。但是上、下部需顺序施工，工期略长，工程造价较高，需搭设支架施工，施工期对被交道通行有一定的影响。

大箱梁结构简洁、轻盈，线条流畅，桥下视觉较通透开阔，总体上较为美观舒适。大箱梁结构整体受力性能好，抗弯抗扭刚度大，跨越能力强，适用范围广。

大箱梁结构对于平面线形具有较高的适应性，对于变宽段和主线曲线段均能适应。变宽段既可以通过调节挑臂和箱室的宽度来实现，也可以通过变化箱室的数目来实现。对于曲线段，如果平曲线半径较大时，可以采用预应力混凝土结构；如果平曲线半径较小时，则可采用钢筋混凝土结构。

大箱梁的缺点是一般采用就地现浇的施工方法，与装配式上部结构相比，造价略高，施工时需要搭设支架，占用一部分地面道路，对地面辅路交通影响较大。而装配式大箱梁则对施工的精度要求大大提高，前期需要投入大量的设备。

5. 组合梁

组合梁具有多种叫法，也称为叠合梁、迭合梁或结合梁，我国现行设计规范中称之为组合梁。

组合梁是指下部采用钢结构，上部采用混凝土结构（钢筋混凝土或预应力混凝土结构），通过可靠的措施使二者形成整体的梁式结构。钢和混凝土在截面上通过合理布置，可以充分发挥钢材抗拉、混凝土抗压的材料特性，具有承载能力高、刚度大、延性好、节约钢材、降低造价、施工方便等优点，经济技术效益良好，近年来在城市高架快速路桥梁工程中得到广泛应用。此外，组合梁还有一个优点，由于钢结构具有一定的支撑能力，若桥面由于超载等原因损坏时，可以在不搭设支架的情况下直接调换桥面板。

组合梁桥可以设计成简支结构，也可以设计成连续结构。简支结构的组合梁可以充分发挥钢结构抗拉、混凝土结构抗压的优良性能，是最适合组合梁的结构形式。但简支结构伸缩缝较多，尤其是在采用倒 T 盖梁的情况下，行车的舒适性不佳。连续结构的组合梁，在中墩位置上层的桥面板会受拉，因此需要在桥面板中张拉预应力，或者在施工的时候预先顶升中墩的钢结构，待桥面板施工完成后再将整个结构降下来，使桥面板预存一部分压应力，这些都对施工提出了较高的要求。随着 UHPC（超高性能混凝土）这种新型材料的出现，也有一些连续组合梁在中墩处采用 UHPC，利用其自身较高的抗拉强度（相对普通混凝土而言）来抵抗拉力，从而可以避免张拉预应力或者临时顶升。

根据下部钢结构的特征，组合梁桥可以分成组合钢板梁桥、组合钢箱梁桥、组合钢桁梁桥、波折腹板组合梁桥、桁式腹杆组合梁桥几类。目前，城市高架快速路中应用最多的是组合钢板梁桥和组合钢箱梁桥。组合钢板梁桥和组合钢箱梁桥的结构形式如图 6-31 所示。

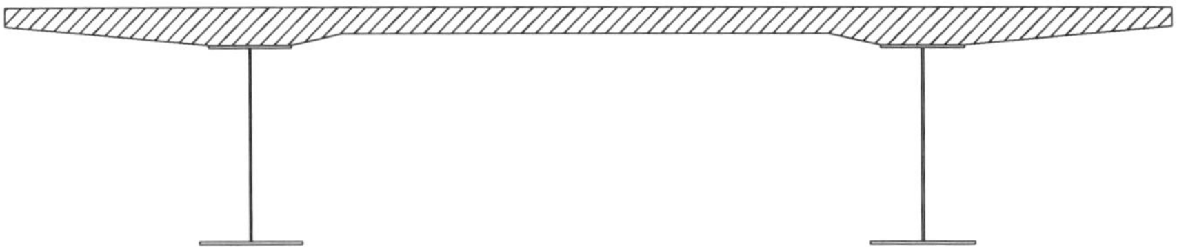

a) 组合钢板梁

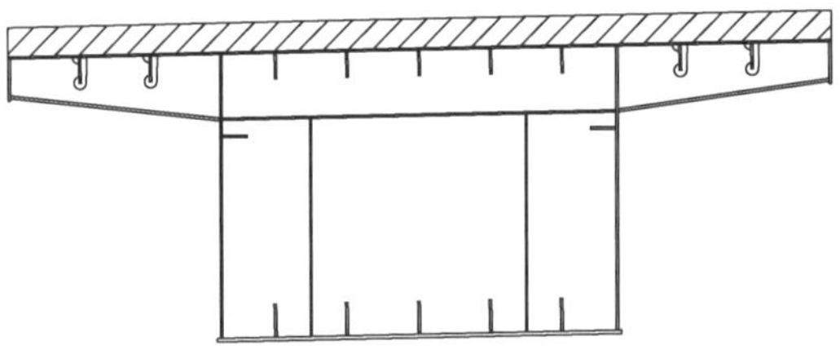

b) 组合钢箱梁

图 6-31　组合钢板梁桥和组合钢箱梁桥结构图

组合梁中钢梁的高跨比一般为 1/28～1/24，钢筋混凝土桥面板的厚度一般为 22～26 cm，整个结构的高跨比在 1/20 左右。目前也有一部分城市高架快速路桥梁工程采用 UHPC 作为组合梁的桥面板，其厚度可以做到 10～16 cm，这样可以降低上部结构的重量，从而减少下部结构的造价。但由于 UHPC 的造价较高，且施工的要求较高，UHPC 桥面结构目前并没有得到广泛应用。

城市高架快速路桥梁工程中，在跨越路口或者河道，跨径需要在 40 m 以上的时候，通常会考虑采用组合梁。一般情况下，简支组合梁跨径不宜大于 55 m；若跨径大于 55 m，宜采用连续组合梁。

由于钢结构易于加工，对于变宽和曲线段，组合梁桥均能适应。组合梁的钢梁一般是在工厂内加工完成，现场通常采用吊装或者顶推施工，桥面板可以现浇施工，也可以采用预制桥面板、现浇湿接缝的方法施工。

6. 钢箱梁

钢箱梁是一种薄壁钢箱结构，一般由顶板、底板、腹板、横隔板、横肋及加劲肋等组成，各部分的具体结构如图 6-32 所示。

与钢筋混凝土箱梁一样，钢箱梁也可根据箱室的数目分成单箱单室、单箱多室、多箱等；根据结构形式，分为简支钢箱梁和连续钢箱梁（由于钢材的抗拉和抗压性能均很优秀，因此将钢箱梁设计成连续结构的形式会更经济一些）；根据截面高度的变化情况，可分为等高截面钢箱梁和变高截面钢箱梁(等高截面钢箱梁多用于小跨径的情况,变高截面钢箱梁多用于大跨径的情况)。

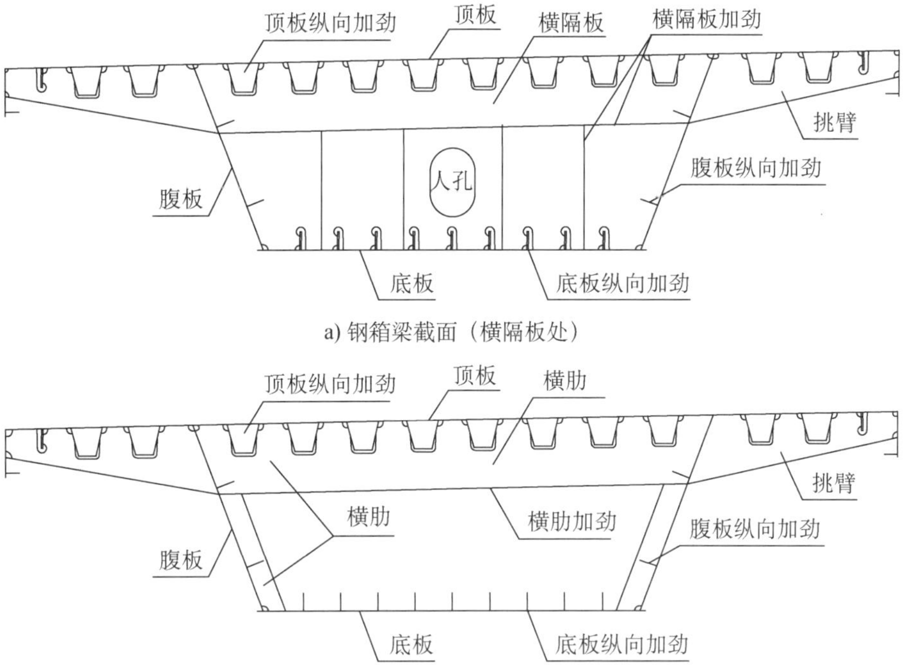

a) 钢箱梁截面 (横隔板处)

b) 钢箱梁截面 (横肋处)

图 6-32　钢箱梁结构图

钢箱梁的高跨比通常采用 1/25～1/20,在调整钢号、增加钢板厚度的情况下,也可以采用更低的高跨比,但不推荐采用,这会增加结构的造价和施工难度。考虑经济性,一般在跨径大于 40 m 时,城市高架桥梁会考虑采用钢箱梁。

由于钢结构易于加工,对于变宽和曲线段,钢箱梁桥均能适应。钢箱梁桥一般采用钢结构厂家内分段预制、现场吊装焊接的方法施工。

7. 其他结构

城市高架快速路桥梁工程除了可以采用上述的几种结构外,还有一些其他的结构,由于这些结构应用得较少,在此仅做简单介绍。

1) 现浇板梁

城市高架快速路桥梁工程在某些地段,桥下净空会受到限制,在采用现浇箱梁的时候,若梁高低于 1.4 m,去除掉顶底板的厚度,箱室内高度不超过 1 m,施工人员很难进入箱室内施工(比如张拉预应力),此时采用现浇板梁是一种解决方案。

根据截面形式,现浇板梁可分为实心截面和空心截面两种。根据结构形式,可分为简支板桥和连续板桥,简支板桥的板厚度与跨径之比一般为 1/16～1/12,连续板桥也可以做成变厚度的,跨中厚度与跨径之比一般为 1/28～1/22,支点截面的厚度较大,约为跨中截面板厚的 1.2～1.5 倍,这不但是为了使其能承受较大的负弯矩,而且也可进一步减小跨中的板厚。现浇板梁适用于小跨径桥梁,实心截面的板梁本身自重较大,且一部分材料没有充分发挥作用，空心截面的板梁施工难度较大，施工完成后胶囊无法取出，因此现浇板梁在目前的城市高架快速路桥梁工程中很少被采用。

2）刚接空心板梁

空心板梁横向是通过铰缝连接在一起的，铰缝是整个结构的薄弱点，在汽车荷载的长期反复作用下会疲劳破坏，为了克服空心板梁的这一缺点，出现了刚接空心板梁这一结构形式。刚接空心板梁是一种预应力结构，可参考上海市住房和城乡建设管理委员会发布的标准图，共有 10 m、13 m、16 m、18 m、20 m 和 22 m 六种跨径布置，截面形式如图 6-33 所示。刚接空心板梁横向通过湿接缝相衔接，组合起来的形式如图 6-34 所示。

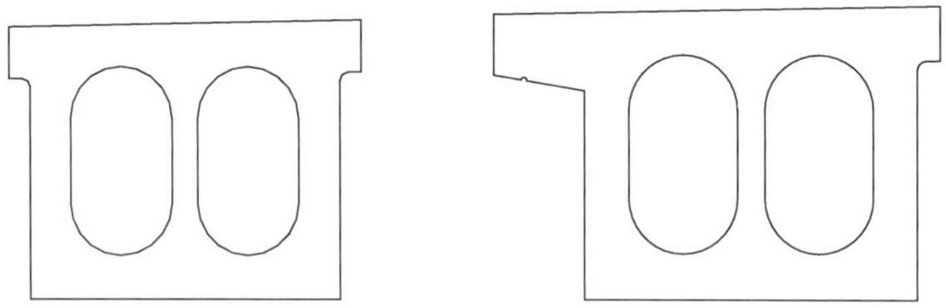

a) 刚接空心板梁中板　　b) 刚接空心板梁边板

图 6-33　刚接空心板截面图

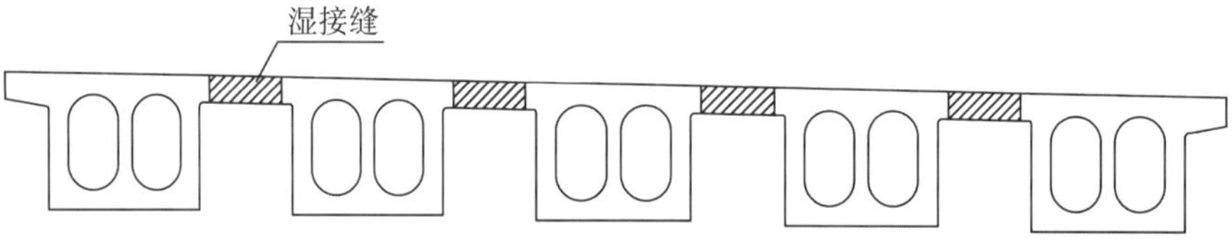

图 6-34　刚接空心板梁桥面图

3）矮 T 梁

和刚接空心板梁产生的背景相同，矮 T 梁也是一种预应力结构，可参考浙江省交通运输厅发布的标准图，该套标准图共有 10 m、13 m、16 m 和 20 m 四种跨径，每种跨径又有 0°、15° 和 30°三种斜交角。结构形式分为简支结构（适用于 10 m、13 m、16 m、20 m 跨径）和先简支后连续结构（适用于 13 m、16 m、20 m 跨径）两种，截面形式如图 6-35 所示。矮 T 梁同样通过横向湿接缝相衔接，组合起来形式如图 6-36 所示。

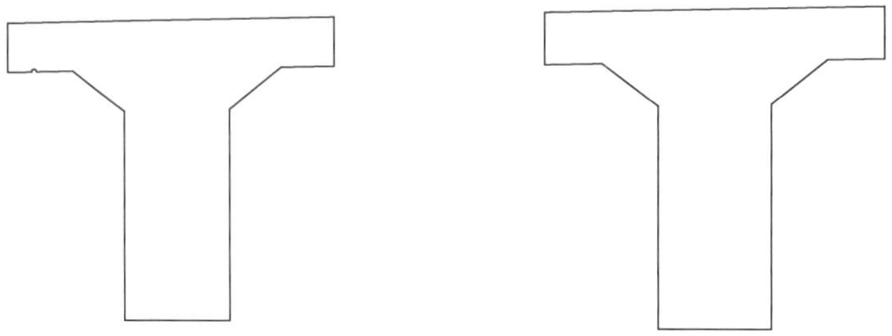

a) 矮T梁边梁　　b) 矮T梁中梁

图 6-35　矮 T 梁截面图

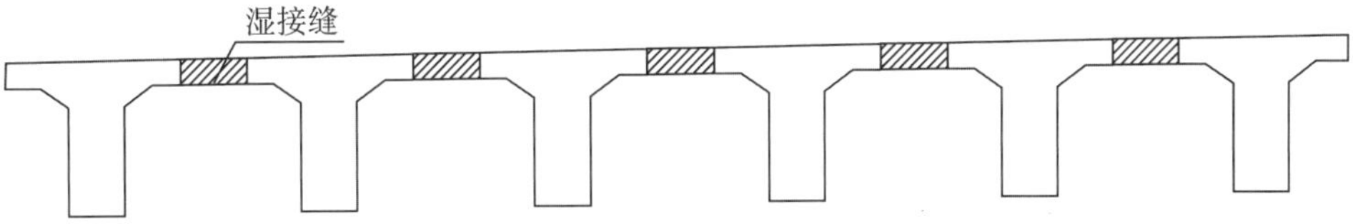

图 6-36 矮 T 梁桥面图

8. 常用上部结构形式对比分析

分析国内高架快速路桥梁工程的建设经验，可以发现，在高架桥梁的基本路段一般采用空心板梁、T 梁、小箱梁、大箱梁四种形式；在跨越道路交叉口、河道、铁路等需要设置大跨径的情况下，通常采用钢箱梁、组合梁等形式。下面对空心板梁、T 梁、小箱梁和大箱梁四种常见上部结构形式进行综合比较分析，详见表 6-11。

表 6-11 常用上部结构形式对比分析

结构形式		空心板梁	T 梁	小箱梁	大箱梁
桥型图例					
适用跨径		6～25 m	20～40 m	20～40 m	20～65 m
桥型概述		结构高度低，预制吊装，工程造价低。跨越能力较低，变宽度适应性较差，耐久性稍差	结构高度较高，跨越能力较强，对变宽度桥适应性较强，预制吊装，工程造价较低。美观性稍差	跨越能力较强，预制吊装，先简支再连续或简支，工程造价较低	跨越能力较强，对各种平面线形和宽度的桥适应性强，可适应多种外形，工程造价较高
结构性能		板与板之间横向通过铰缝或刚接连接，结构性能一般	横向刚接，纵向每隔一定长度设一道横梁，结构性能较好	小箱梁结构刚度大，抗扭性能较好，纵、横向整体性均较好	整体大箱梁，结构整体刚度大，抗扭性能好
行车舒适度		较差	好	好	好
施工情况	施工方法	工厂或就地预制，吊装就位后现浇铰缝，完成横向联系	工厂或就地预制，吊装就位后纵、横向连接，张拉预应力，形成连续体系	工厂或就地预制，吊装就位后现浇横向桥面板和横梁接缝，横向形成整体	主要采用支架现浇施工方法
	施工难度	工厂化程度高，现场施工量小，施工便捷，对运输和吊装设备要求不高	与空心板梁相比，运输和吊装难度略大；T 形截面抗扭刚度差，架设过程中横向易失稳	与于空心板梁相比，运输和吊装难度略大；同 T 梁比，小箱梁吊装过程中横向稳定性好	无须大型运输和吊装设备，但对工人技术水平要求高

（续表）

结构形式		空心板梁	T梁	小箱梁	大箱梁
施工情况	施工速度	施工速度快，上、下部可同时施工，有利于工期安排	施工速度快，上、下部可同时施工，有利工期安排	施工速度快，上、下部可同时施工，有利工期安排	施工速度较慢，可通过加大投资、合理地组织施工，达到满足工期的要求
	交通影响	较小	较小	较小	较大
景观效果		跨径小，有墩柱林立之感，宽桥梁底会有较多纵向拼缝	桥下纵、横梁密集，景观性不佳	梁距较大，横梁少，景观性较T梁好	线形流畅，外形简洁、轻盈，桥下空间通透
建安费比较		较低	较低	一般	较高
综合比较		经济性好，施工便捷，景观性一般，耐久性稍差	经济性、结构性能较好，施工便捷，景观性较差	结构性能较好，行车平顺，施工便捷，景观性较好，造价较低	结构性能好，行车舒适度好，工艺成熟，景观性好，造价较高，施工速度慢

6.3.4 下部结构设计

桥梁的下部结构包括桥墩（或桥台）和基础两大部分。桥台是位于桥梁两端、支撑上部结构并和路堤相连的构筑物，除了传递桥梁结构的上部荷载外，还抵挡台后的填土压力；桥墩是两孔及以上桥梁中除两端桥台外其余的中间支撑结构，桥墩包括盖梁和立柱。桥墩的主要作用是支撑上部结构，并将上部结构传来的荷载传至基础；基础的作用是承受上部结构传来的全部荷载，并把它们和下部结构荷载一起传递给地基。

城市高架快速路桥梁的下部结构的设计不同于常规的城市地面道路桥梁和公路桥梁，由于地面辅路的存在，必须要面对地面道路用地宽度及桥下净空的限制、地面辅路交通组织的苛刻要求、桥下景观的要求、避让地下管线的要求等因素，并应遵从如下的设计原则。

（1）安全至上的原则。要立足于保证快速路高架桥梁结构安全，确保高架桥下部结构可以满足承受上部荷载，同时防范地面辅路车辆碰撞问题等基本要求。

（2）减少城市占地面积原则。由于受城市建设用地红线的控制，在有限的用地空间中，要同时满足地下管线的布设、地面辅路的布设，必须要尽可能地减少高架桥梁下部结构的占地面积，减少或避免多柱式桥墩结构、桩柱式桥墩结构使用，尽可能采用独柱墩或双柱墩。

（3）生态景观性设计原则。在保证桥梁结构安全性的基础上，尽可能增强桥梁的美观性，协调高架桥梁结构和周边环境，避免因为笨拙的高架桥桥墩结构而影响桥下地面辅路和城市景观的实现。

下面结合上述设计原则，依据桥梁下部结构的分类分别进行介绍。

1. 桥墩（桥台）

1）桥墩

由于基础埋在地下，因此下部结构中我们见得最多的就是桥墩。根据上部结构形式的不同，桥墩可以简单分成不带盖梁和带盖梁两种形式。不带盖梁的形式是指上部结构采用整体结构（如混凝土大箱梁、钢箱梁、钢箱组合梁等）；带盖梁的形式是指上部结构采用横向预制拼装结构(空心板板梁、小箱梁、T 梁等)。

城市快速路高架桥梁常用的不带盖梁桥墩如图 6-37 所示。一般采用双支座,主要用于高架快速路桥梁的标准路段。需要强调的是,花瓶式桥墩不仅可以拉开桥梁的横向支座间距,增加横向稳定性,还可以增加桥梁桥墩的美观性,目前在城市高架桥梁中使用最为广泛。高架快速路的加减速车道、辅助车道等桥面较宽路段的桥梁,往往会采用多支座的形式,如图 6-38 所示。此外,在互通立交匝道的平曲线桥梁中也会采用独柱桥墩,但目前城市高架桥梁设计中不建议采用这种桥墩形式。

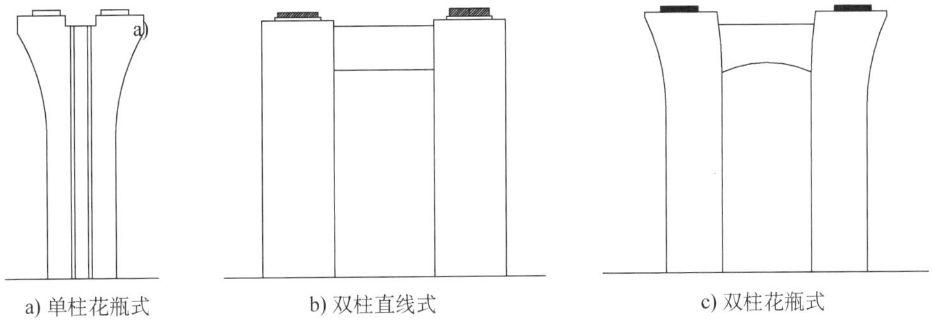

图 6-37　常用不带盖梁的双支座桥墩形式图

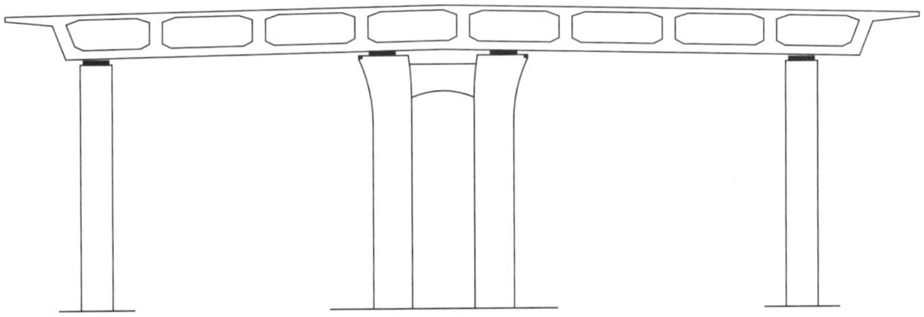

图 6-38　常用不带盖梁的多支座桥墩形式图

盖梁是为支承、分布和传递上部结构的荷载,在桥墩的顶部设置的横梁,是以弯剪受力为主的构件。根据盖梁的形状,城市高架快速路常用盖梁可以分为 T 形、倒 T 形和矩形等形式(图 6-39)。其中,T 形和矩形盖梁施工简单,结构高度高,应用面最广;倒 T 形盖梁的

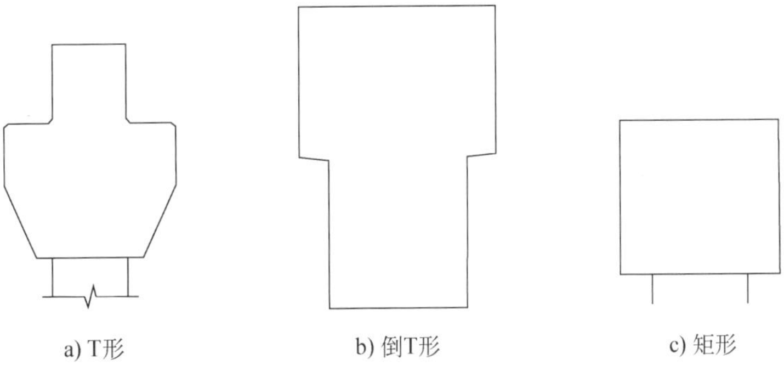

图 6-39　常用盖梁形式图

结构高度低,施工较为复杂,上部结构为简支结构,行驶舒适性差,在净空受限时也有应用。

城市快速路高架桥梁常用的带盖梁的桥墩一般分为立柱和盖梁两个部分。根据立柱的数目,可分为图 6-40 所示的几种形式。

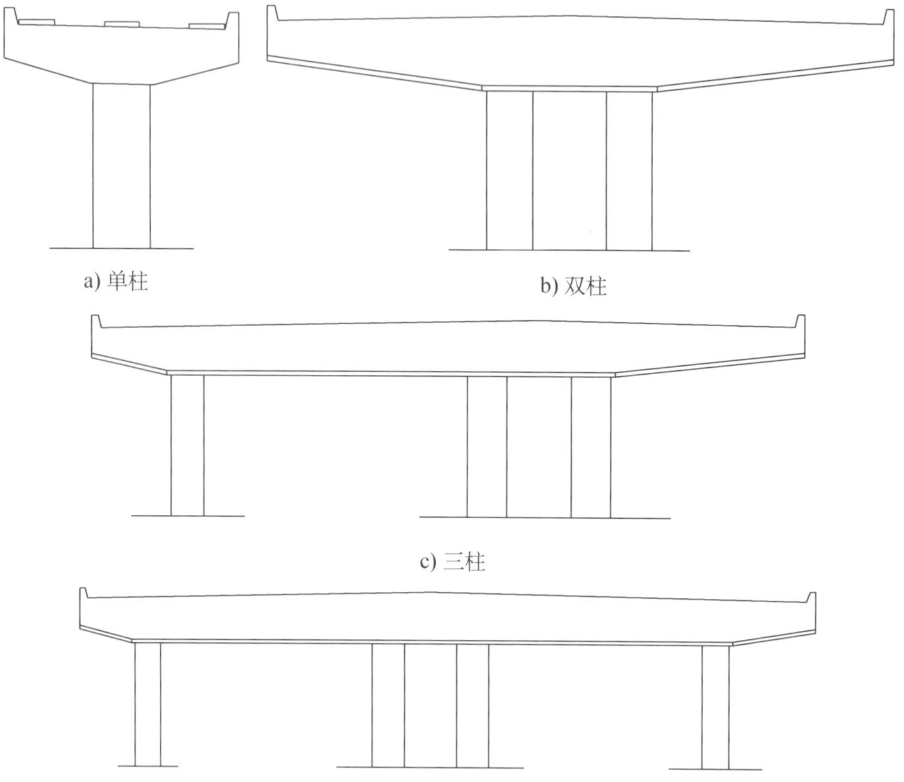

a) 单柱　b) 双柱

c) 三柱

d) 四柱

图 6-40　带盖梁桥墩形式图

相较而言,不带盖梁桥墩的桥下空间较通透,可以充分利用桥下净空。采用带盖梁的桥墩,设计地面辅路时,快速路高架的桥下净空应把盖梁的高度计算到结构高度中。

桥墩一般情况下都是普通钢筋混凝土结构,但在一些特殊情况下也会在桥墩中设置预应力(如一些拱桥的桥墩)。此外,有些地方受局部条件的限制(如地面分隔带的宽度、施工条件、抗震要求等),桥墩也会采用钢结构(图 6-41)。

图 6-41　钢结构桥墩

盖梁通常采用普通钢筋混凝土结构或者预应力混凝土结构，但在一些特殊情况下，如跨越铁路，无法支架施工时，也会采用钢盖梁。通常，与钢盖梁相对应的可以是混凝土立柱，也可以是钢立柱，但与钢立柱对应的则只能是钢盖梁。

立柱和盖梁以往都是采用现浇施工，近年来，预制拼装施工也逐渐开始流行。在上海市中环线国定东路新增下匝道工程项目中，桥梁工程由拼桥与匝道桥组成，全长 518 m [(图 6-42a)]，其中拼桥段的新老上部结构采用结构挑臂处钢筋以铰接形式相连的半刚性连接；为尽可能减少施工期间对现状交通的影响，承台以上构件(包括小箱梁、盖梁、立柱)均在工厂预制加工，现场进行拼装[(图 6-42b)]，为减少预制拼装过程中构件的数量和吊装运输工作量，上部结构吊装重量控制在 200 t 以内，下部结构吊装重量控制控制在 100 t 以内(下部结构为有盖梁圆形独柱墩，立柱直径 1.6 m，为减轻起吊重量，倒 T 形盖梁取消外侧常规挡块，抗震装置调整至梁底，盖梁外形与小箱梁外轮廓一致)。

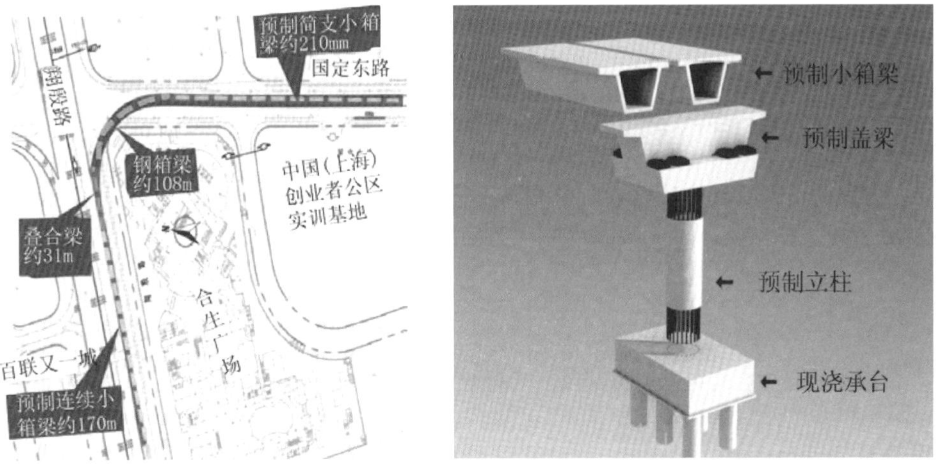

a) 桥梁跨径布置图　　b) 预制拼装技术示意图

图 6-42　上海市中环线国定东路新增下匝道方案布置图

2) 桥台

梁桥的下部结构，通常称作墩台。所谓墩台，就是桥墩和桥台的合称，二者在桥梁中的位置不同。位于端部(起桥和落地处)的是桥台,位于中间的是桥墩。由于二者在结构外形和受力存在较大差异,因此这里将桥台单独拿出来简单介绍。

桥墩的作用是支承桥跨结构,所承受的水平力主要有风力、温度力、制动力或支座摩阻力;而桥台除了支承桥跨结构的作用外,还要与路堤衔接,并防止路堤滑塌。桥台承受的水平力主要是台后土压力。为保护桥台和路堤填土,桥台两侧常做一些防护和导流工程。

城市高架快速路在高架快速路主线、互通立交匝道、平行匝道等落地前均需设置桥台。一般而言,桥头路基填土高度决定了桥台的高度,过高的填土高度,会带来土压力的增加,从而容易引起桥台的位移,另外还由于城市景观的需要,不宜建过高的桥台,因此,城市高架快速路工程的桥台高度一般不超过 6.0 m,其中软土地区桥台一般控制在 3.0 m 左右,从景观的角度考虑,将台后填土控制在 2.5 m 以下,是目前比较常用的做法。

桥台主要由台帽、台身和基础组成,有些桥台还设有翼墙或耳墙。桥台可分为重力式桥台、轻型桥台、框架式桥台、组合桥台和承拉桥台等几种。结合城市的地形、地貌和桥梁周边的一些限制,目前城市桥梁应用比较广泛的为重力式桥台、轻型桥台和肋板式桥台(框架式桥台的一种)(图 6-43)。

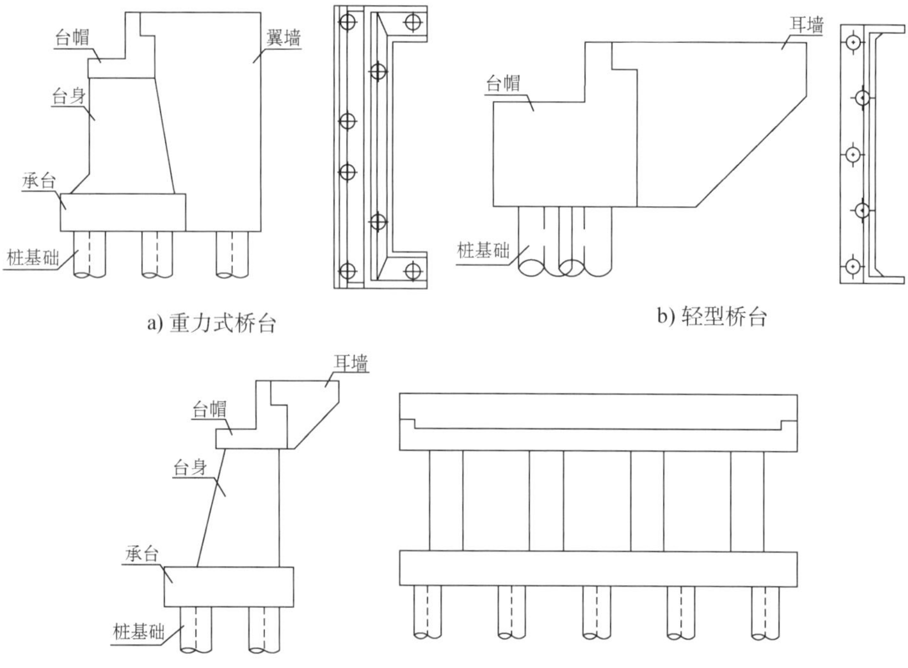

a) 重力式桥台　b) 轻型桥台

c) 肋板式桥台

图 6-43　常用桥台类型

重力式桥台也称实体式桥台,它主要靠自重来平衡桥台后的土压力,桥台本身多数由石砌、片石混凝土或混凝土等圬工材料建造,并采用就地浇筑的方法施工。在城市高架快速路工程中,若填土高度超过 3.0 m,往往会考虑采用重力式桥台。通常情况下,重力式桥台是不设置普通钢筋或者仅在其表面设置一层防裂钢筋网,但也有一些工程师出于提高耐久性、减少施工量等原因,将重力式桥台设计成钢筋混凝土结构。

轻型桥台一般由钢筋混凝土材料建造，其特点是利用钢筋混凝土结构的抗弯能力来减小圬工体积而使桥台轻型化，主要可分为薄壁轻型桥台和支撑梁轻型桥台。其优点是结构自重轻，施工方便，适用的城市高架快速路工程轻型桥台的填土高度在 2.5 m 左右。

框架式桥台是一种在横桥向呈框架式结构的桩基础轻型桥台。其中台身采用墙式的框架式桥台即为肋板式桥台。在城市高架快速路工程中，填土高度在 3.0 m 以上、6.0 m 以下也可以考虑采用肋板式桥台。与重力式桥台相比，肋板式桥台的工程数量较为节省，是一种比较经济的选择，但施工要比重力式桥台麻烦。

2. 基础

桥梁下部结构的基础直接反承在岩石或土地基上，其顶端连接桥墩或桥台，桥梁基础一般由承台和桩基础或扩大基础构成。

为了保证桥梁结构的安全和正常使用，桥梁基础设计要求地基和基础有足够的强度、刚度和整体稳定性，使其不产生过大的水平变位或不均匀沉降。另外，与一般建筑物基础相比，桥梁基础埋置较深，其原因是：①由于作用在基础上的荷载集中而强大，必须把基础向下延伸，使之置于承载力较高的地基上；②对于水中墩台基础，如果河床受到水流的冲刷，桥梁基础必须有足够的埋深，以防冲刷基础底面（简称“基底”）而造成桥梁沉陷或倾覆事故；③对于陆地墩台基础，要求基础基底应在冻结线以下至少 0.25 m，同时考虑生物和人类活动及其他自然因素对基础结构的破坏，基顶一般应在地面以下不小于 0.75 m。

根据基础的设置深度，桥梁基础类型可分为浅基础和深基础。浅基础和深基础并没有一个明确的界限，浅基础一般指埋深在 5.0 m 以上；反之，称之为深基础。通常，浅基础只需经过基坑开挖、排水、浇筑基础等施工工序就可以建造，设计计算只考虑基础底面的承载力作用，不考虑基础侧壁摩阻力的影响。若浅层土质不良，需要将基础置于深处好的地层时，就要借助于特殊的施工方法来建造，设计计算应考虑基础侧壁摩阻力和桩端承载力的作用。

根据构造和施工方法不同，城市桥梁常用基础类型还可分为明挖基础、桩基础、沉井基础、沉箱基础和管柱基础。其中，沉井基础、沉箱基础和管柱基础在城市高架快速路中应用少，下面主要介绍明挖基础和桩基础。

1）明挖基础

也称扩大基础，系由块石或无筋混凝土或钢筋混凝土等砌筑而成的大块实体基础，属于浅基础（图 6-44）。它的构造简单，由于所用材料不能承受较大的拉应力，故基础的厚宽比要足够大，使之形成所谓刚性基础，受力时不致产生挠曲变形。为了节省材料，这类基础的立面往往砌成台阶形，平面将根据墩台截面形状而采用矩形、圆形、T 形或多边形等。建造这种基础多用明挖基坑的方法施工。在陆地开挖基坑，将视基坑深浅、土质好坏和地下水位高低等因素，判断是否采用坑壁支持结构——衬板或板桩；在水中开挖，则应先筑围堰。明挖基础适用于浅层土（岩）坚实地区；若位于水中，则要求在水流冲刷不严重的浅水地区。

2）桩基础

桩基础是通过承台把若干根打入或沉入土中的桩的顶部连接成整体，共同承受动、静荷载的一种深基础，桩是设置于土中的竖直或倾斜的基础构件，其作用在于穿越软弱的高压缩性土层或水，将桩所承受的荷载传递到更硬、更密实或压缩性较小的地基持力层上，桩基础

图 6-44　明挖基础施工图

中的桩通常称之为基桩。桩基础适用于持力层埋深较大处，在所有深基础中，它的结构最轻，施工机械化程度较高，施工进度较快，是一种较经济的基础结构。

根据不同分类方法，桩基础可以分为不同类型，下面分别介绍它们的特性及适用范围。

(1) 按承载性状分类

桩基础可以分为摩擦桩和端承桩。摩擦桩桩顶竖向荷载主要由桩侧阻力承担，桩端阻力小；端承桩桩顶竖向荷载主要由桩端阻力承担，桩侧阻力较小。由于摩擦桩和端承桩在支承力、荷载传递等方面都有较大的差异，通常摩擦桩的沉降大于端承桩，会导致桥墩和桥台产生不均匀沉降，因此，在同一桩基础中，不应同时采用摩擦桩和端承桩。

(2) 按承台位置分类

桩基础可以分为低桩承台基础和高桩承台基础(简称“低桩承台”和“高桩承台”)。低桩承台的承台底面位于地面(或冲刷线)以下，高桩承台的承台底面位于地面(或冲刷线)以上。低桩承台的基桩全部埋入土中，受力性好，可以承受较大的水平外力。高桩承台的基桩部分埋入土中，部分露在地面以上，施工方便，受力性不好，稳定性不如低桩承台。城市高架快速路的桥梁的桩基础基本上都是采用低桩承台。

(3) 按施工工艺分类

桩基础可以分为预制桩和灌注桩两大类。城市高架桥梁采用的预制桩有预制钢筋混凝土桩、预应力钢筋混凝土桩和钢管桩等。

预制钢筋混凝土桩最常用的是实心方桩，该类桩型质量可靠、制作方便、沉桩快捷；桩长在现场制作时可达 25～30 m，在工厂预制时一般不超过 12 m；接桩的方法有钢板角钢焊接、法兰盘螺栓和硫黄胶泥锚固等。

预应力钢筋混凝土桩常简称为预应力桩，是预先将钢筋混凝土桩的部分或全部主筋作为预应力张拉钢筋，采用先张法或后张法对桩身混凝土施加预压应力，以提高桩的抗冲(锤)击能力与抗弯能力。预应力桩与普通钢筋混凝土桩比较，桩强度质量比大、含钢率低、耐冲击、耐久性和抗腐蚀性能高、穿透能力强，但制作工艺比较复杂。

预应力桩按其制作工艺又可分为两类：一类是普通立模浇制的，断面形状为含内圆孔的正方形，称为预应力混凝土空心方桩(简称“预应力空心桩”)；另一类是离心法旋制的，断面形状为圆环形的预应力混凝土管桩，按照混凝土强度可以分为预应力混凝土管桩(简称“PC

桩”)和预应力高强混凝土管桩(简称“PHC 桩”)。其中 PHC 桩是城市高架桥梁中应用较多的预应力桩,外径 Φ300～1 400 mm,壁厚 70～150 mm,桩段长 7～30 m,混凝土强度最高达到 C80。

钢管桩由钢板卷焊而成,壁厚通常是按使用阶段应力设计的,一般为 10～20 mm。钢管桩具有强度高、抗冲击疲劳性能好、贯入能力强、抗弯曲刚度大、单桩承载力高、便于割接、质量可靠、便于运输、沉桩速度快以及挤土影响小等优点;但它的抗腐蚀性能较差,须做表面防腐处理且价格昂贵。钢管桩在工业发达国家使用较多,目前国内在一些大跨径或重要的桥梁上也经常使用。

预制桩的沉桩工艺主要有锤击式、静压式和振动式三种。如果设计的桩径比较大,采用预制桩存在沉桩困难时,应考虑采用灌注桩。

灌注桩是指在工程现场通过机械钻孔、冲击成孔或人力挖掘等手段在地基土中形成的桩内放置钢筋笼并灌注混凝土而做成的桩。目前,灌注桩最大的桩径能够做到 3.3 m,不宜小于 600 mm(冲孔)或 800 mm(钻孔)。

灌注桩根据施工方法不同,可分为钻孔灌注桩、冲孔灌注桩和人工挖孔灌注桩。钻孔灌注桩采用钻头回转钻进成孔,同时采用具有一定重度和黏度的泥浆进行护壁,通过泥浆不断地正循环或反循环,完成将钻渣携运出孔的任务。冲孔灌注桩则是利用冲击钻头成孔。人工挖空灌注桩简称挖孔桩,是先用人力挖土形成桩孔,在向下掘进的同时,设孔壁衬砌以保证施工安全,在清理完孔底后,浇灌混凝土。这种方法可形成大尺寸的桩,成本较低,且对周围环境也没有影响。

城市桥梁中桩基础当遇到含盐量较高的水文地质条件,应考虑腐蚀问题,采取防护措施。

(4) 按桩的数目分类

桩基础根据桩的数目分为柱桩基础和群桩基础,城市高架桥梁多采用群桩基础,只有在一些地面桥梁或条件所限的情况下采用柱桩基础。此外,采用群桩基础时,应尽量采用多排桩基础,少采用单排桩基础。

对于桥梁基础要承受较大的水平力的情况,桩基可采用斜桩以及调整基础重心。

6.3.5　附属结构设计

城市高架桥梁的附属结构包括桥面铺装、防撞墙、伸缩缝、支座、排水等。附属工程对城市高架桥梁运营的安全性与舒适性具有很大影响,如果处理不好,将影响高架快速路正常功能的发挥。桥梁附属结构设计包含非常广泛的内容,涵盖多个专业的设计,本书中限于篇幅只作一些简单的介绍。

1. 桥面铺装

桥面铺装即行车道铺装,亦称桥面保护层,它是车轮直接作用的部分。桥面铺装的作用首先在于为车辆提供平整、防滑、低噪声、舒适的行驶表面,其次保护主梁免受雨水侵蚀,并对车辆轮重的集中荷载起分布作用。

桥面铺装一般有以下五个基本要求:

(1) 重量轻。桥面铺装的厚度增大,一般不能使桥梁结构的整体刚度增强,反而增大了桥梁的恒载，尤其对于大跨径桥梁，桥面铺装的重量对桥梁的经济性可能产生较大影响。因此，桥面铺装在满足车辆行驶及桥梁防水的要求下，应尽可能薄些，以减轻重量。

(2) 平整性。平整的桥面铺装，除能满足车辆行驶平稳舒适的要求外，还能减小车辆荷载对桥梁结构的冲击作用，改善桥梁的负荷条件，也有利于铺装表面的排水。

(3) 挠曲性(延伸性)。桥梁在车辆荷载作用下会产生挠曲，使得桥面铺装也产生挠曲变形，因此，在重复荷载作用下，桥面铺装容易产生疲劳开裂。铺装材料的良好挠曲性，可减弱或避免铺装层的挠曲开裂。

(4) 变形稳定性。桥面铺装材料的弹性模量，一般远比桥面板的弹性模量小，沥青铺装层又较薄，在车辆荷载作用下，桥面铺装处于比普通路面更为不利的受力状态。特别在高温季节，沥青类桥面铺装容易产生塑变、滑移，形成波浪、车辙。因此，要求铺装材料具有较好的抗变形稳定性，与桥面有很好的黏接，避免发生塑变和滑移。

(5) 不透水性。桥面铺装渗水，将导致钢桥面或混凝土内钢筋的腐蚀。因此，与普通路面相比，对桥面铺装的防渗水要求更高。

根据城市高架快速路桥梁的桥面材料不同，可分为混凝土桥面铺装和钢桥面铺装。

1) 混凝土桥面铺装

目前城市高架中混凝土桥面的铺装绝大多数采用沥青混凝土铺装，该类铺装主要分成两层，底部为混凝土调平层，上部为沥青层。调平层早期采用比结构混凝土标号低一号的混凝土，目前大都采用与结构混凝土标号相同的混凝土，内设直径 8～10 mm 的钢筋网片，厚度 8～10 cm，一般情况下预制结构(如空心板梁、T 梁、小箱梁)的调平层厚度为 8～10 cm，现浇梁的调平层厚度为 6～8 cm。沥青层一般采用双层式沥青面层，分为上层(表面层)和下层(下面层)，厚度一般为 7～10 cm。表面层称之为磨耗层或防滑层，用于抵抗车辆荷载对桥面铺装产生的磨耗与剪力，提供行车所需要的粗糙度，一般选用 4 cm 左右的 SMA 混合料或密级配沥青混合料；下面层主要作用是调平桥面结构的凹凸不平，保证上层的铺筑厚度，有时也兼有防水作用，一般采用 5 cm 左右的密级配沥青混合料。调平层与沥青层之间通常会设置防水层，厚度一般不超过 1 cm，常采用聚合物改性沥青、沥青砂胶、沥青油毡等；防水层下设置粘结层，是位于调平层与防水层之间的涂抹薄层，主要用于保证桥面铺装与桥面板良好粘结，常采用沥青、橡胶或环氧树脂等改性的沥青、树脂等材料，粘结层也可视作防水层的一个组成部分；各个沥青层之间应设粘结层(图 6-45)。在降雨强度大的城市，也有部分高架快速路沥青层采用排水降噪沥青路面：表面层为 4 cm OGFC，下面层为 5 cm 的密级配沥青混合料。

2) 钢桥面铺装

钢桥面铺装铺设于桥梁钢桥面板上，不仅保证车辆安全舒适行驶，同时对钢桥面板具有保护作用。钢桥面铺装技术要求：良好的抗疲劳开裂性能、优良的高温稳定性能、优良的钢板变形随从性能、良好的层间结合性能、良好的平整性能及抗滑性能、适当的厚度等。

钢桥面铺装主要由结构层和界面功能层组成。结构层通常由保护层和磨耗层构成；界面功能层通常包括防腐层、防水粘结层、缓冲层和粘层等(图 6-46)，其中防腐层和缓冲层可

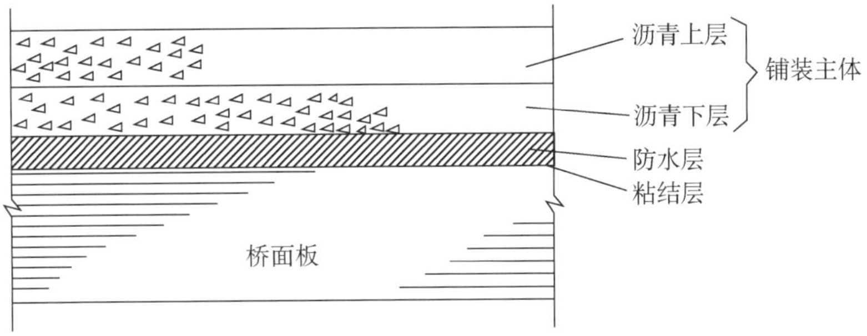

图 6-45　高架混凝土桥面铺装图

根据需要设置。钢桥面铺装的磨耗层应平整密实，具有抗滑耐磨、抗裂耐久、抗高温变形等性能；保护层应具有抗渗水、随从变形、抗高温变形等性能，应与防水粘结层粘结良好。

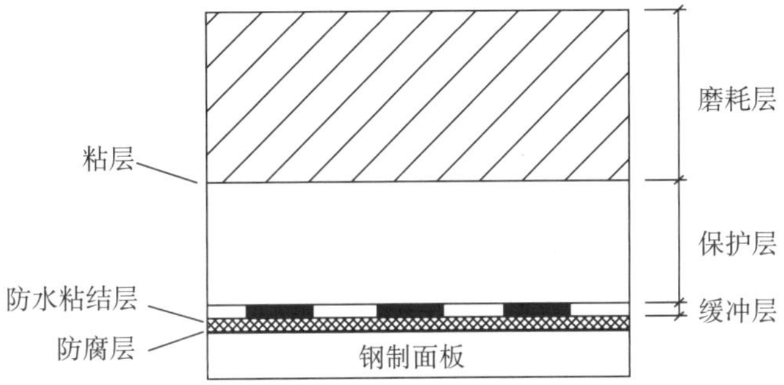

图 6-46　钢桥面铺装结构示意图

钢桥面铺装的结构层采用的材料主要有浇注式沥青混合料、环氧沥青混合料和改性沥青混合料三种。浇注式沥青混合料常用的名称有 Guss asphalt 和 Mastic asphalt 两种，Guss asphalt 源自德国，通常采用拌和站一次拌和；Mastic asphalt 源自英国，早期通常采用首先拌和沥青、矿粉和细集料，再加入粗集料拌和的二次拌和方式，但目前也常采用拌和站一次拌和的方式。环氧沥青混合料通常分为热拌环氧沥青混合料、温拌环氧沥青混合料和冷拌环氧沥青混合料；热拌环氧沥青混合料拌和温度一般为 170～190℃，温拌环氧沥青混合料拌和温度一般为 110～130℃，冷拌环氧沥青混合料在常温下拌和。钢桥面铺装常用改性沥青混合料包括 SMA 和 AC 两种，其中欧洲和我国多采用改性沥青 SMA，日本则多采用改性沥青 AC 作为浇注式沥青混合料的磨耗层使用。

界面功能层的设置应符合的原则有：①钢桥面顶板表面宜设置防腐层，如防水粘结层具有防腐功能时可不设置防腐层；钢桥面铺装应设置防水粘结层；②磨耗层与保护层之间宜设置粘层；③在防水粘结层与改性沥青 SMA 保护层之间，有隔热、缓冲荷载、提供施工平台等要求时应设置缓冲层。常用的防腐层有环氧富锌漆和丙烯酸防腐漆；防水粘结层有甲基丙烯酸甲酯树脂、丙烯酸树脂粘结剂、环氧树脂粘结剂Ⅰ型、环氧树脂粘结剂Ⅱ型、环氧沥青粘结剂和溶剂型沥青粘结剂；缓冲层常采用改性沥青砂胶；常用的粘层有改性乳化沥青、环氧树脂粘结剂Ⅱ型、环氧沥青粘结剂个改性沥青。

具体可依据《公路钢桥面铺装设计与施工技术规范》（JTG/T 3364—02—2019）进行

设计。

上述的钢桥面铺装均为不同的沥青混合料，此外目前国内还有一种钢桥面铺装方案，即采用 UHPC＋磨耗层的形式，这是随着 UHPC 材料在国内的推广出现的一种铺装形式，该铺装方案能够加强钢桥面板，较好地解决重车作用下钢桥面板的疲劳破坏问题。

2. 防撞墙

防撞墙也称防撞护栏，是高架桥梁上的安全设施。随着人们对出行安全关注程度的提高，《城市桥梁设计规范》(CJJ 11—2011, 2019 年版)中提高了防撞墙的设计标准，防撞墙共分为 6 个等级，桥梁两侧的防撞墙分别为 B、A、SB、SA、SS 和 HB，桥梁中央的防撞墙分别为 Bm、Am、SBm、SAm、SSm 和 HBm。每个等级具有不同的碰撞能量，其中 B 和 Bm 级最低，HB 和 HBm 级最高。防撞墙的等级根据高架桥梁所处的地段和设计速度确定。

防撞墙的设计在本书第 8 章有进一步的论述，可以参考《城市道路交通设施设计规范》(GB 50688—2011, 2019 年版)。此外，还可以参考《公路交通安全设施设计规范》(JTG D81—2017)和《公路交通安全设施设计细则》(JTG/T D81—2017)。

3. 伸缩缝

高架桥梁在气温变化和收缩徐变作用时，桥面有膨胀或收缩的纵向变形；在车辆荷载作用下，尤其是车辆的制动力，将引起纵向位移。因此，需要在梁端设置伸缩缝。

伸缩缝构造应满足的要求有：①在平行和垂直于桥梁轴线的两个方向均能自由收缩；②牢固可靠；③车辆驶过时应平顺，无突跳与噪声；④防止雨水和垃圾泥土渗入阻塞；⑤安装、检查、养护、清除污物都要简易方便。

在设置伸缩缝处，防撞护栏与桥面铺装都要断开。伸缩缝必须与桥面牢固连接，如结构埋置太浅，在车辆不断冲击下会使伸缩缝附近的桥面铺装崩碎破坏。伸缩缝是高架桥梁的薄弱位置，很微小的不平整就会使它承受很大的冲击作用，因此常遭到损坏而需要养护、更换。

作用在伸缩缝上的力是多种多样的，而且很难确定它的大小。如作用在伸缩缝的纵向力，随结构的形式不同会差别很大，特别是在冬天，缝隙中的结冰可能形成对桥梁伸缩的阻力。因此，伸缩缝的锚固必须有相应的强度，伸缩缝的结构也要考虑这个力的作用。

在选择伸缩缝的类型时，主要取决于桥梁的伸缩量，其大小由计算确定，并考虑留有一定的附加量。实践表明，在选用时，除了必要的计算之外，还应注意构造措施，注意对实际构件的测定，积累更多的经验。目前，高架桥梁常用的伸缩缝有模数式伸缩缝、梳齿板式伸缩缝和无缝式伸缩缝。伸缩缝的设计要求可参考《公路桥梁伸缩装置通用技术条件》(JT/T 327—2016)。

4. 支座

支座设置在桥梁的上部结构与墩台之间，其作用是把上部结构的各种荷载传递到墩台上，并能够适应活载、温度变化、混凝土收缩与徐变等因素所产生的位移，使上下部结构的实际受力情况符合设计要求。

城市高架桥梁的支座一般分为固定支座和活动支座。固定支座允许梁截面自由转动而不能移动，活动支座允许梁在挠曲和伸缩时转动与移动。

简支结构通常每跨一端设置固定支座，另一端设置活动支座。每个桥墩上布置 1 个(组)活动支座与 1 个(组)固定支座，以便使所有墩台均匀承受纵向水平力。若个别桥墩较高，在上面可布置 2 个（组）活动支座，以减少其所受到的水平力。对于平行匝道，宜将固定支座布置在标高低的墩台上。

连续结构一般在一个墩台上设置固定支座，其他墩台上均设置活动支座。某些特殊情况下，支座不仅要传递压力还要传递拉力，此时需要设置能承受拉力的抗拉支座。对于刚构桥梁，则不需要支座，结构的位移由柔性桥墩的变形予以调节。

支座在横桥向设置的数量通常根据桥梁的宽度及结构的类型确定。一般，在同一支座位置的横向设置 1 组支座，以保证桥梁的稳定。正常情况下 1 片空心板和小箱梁底部横向设置 2 个支座，1 片 T 梁底部横向设置 1 个支座。大箱梁在通常情况下底部横向也设置 2 个支座，这是因为在大箱梁的底部横向设置 2 个以上的支座时，如果施工不能保证箱梁底部和墩台顶部的平整性，会造成某个支座不受力的情况。但是如果大箱梁的横向很宽，且采用支架现浇施工，能够保证每个支座均能受力的情况下，大箱梁底部横向也可以设置 2 个以上的支座。此外，还有一点需要注意，不管设计条件如何，桥梁底部横向尽量不要采用单支座。

城市高架桥梁的常用的支座有板式橡胶支座、盆式支座和球钢支座。其中，板式橡胶支座的承载能力较小，主要用在空心板梁、小箱梁和 T 梁上，对于大箱梁多采用盆式支座和球钢支座。此外，在地震基本烈度较高的地区，还会用到各种抗震支座和减隔震支座。

5. 排水

为了迅速排除桥面积水，防止雨水积滞于桥面并渗入梁体而影响桥梁的耐久性，在城市高架桥梁设计时要有一个完整的排水系统。在桥面上除设置纵横坡排水外，常常需要设置一定数量的雨水口和泄水管，必要时可以设置线性排水沟（图 6-47）。

图 6-47　用于城市高架桥梁的线性排水沟

城市高架桥梁的排水设计需要桥梁、道路和排水等多个专业协同设计。首先，道路专业在设计总体方案时需要确保高架桥梁具有合适的纵坡、横坡，以利于桥面结构的排水；其次，排水专业需要计算高架桥面汇水面积，结合本地的暴雨强度公式等技术条件，计算出需要的雨水口数目和排水管的尺寸；最后，由桥梁专业的设计人员进行排水结构的设计。

6.3.6　抗震设计

随着社会经济、城市建设的发展，现代中心城市地区一旦遭遇破坏性的地震，造成的经济损失将越来越严重。在城市防灾减灾的研究中，重要的一环是生命线工程的防灾减灾研究，其中特别是交通线上的重要工程——桥梁。下面从几个方面论述高架桥梁的抗震设计。

1. 抗震设计的发展

从 20 世纪 70 年代开始，由于地震震害的教训，使各国学者对桥梁抗震十分重视，展开了广泛研究。

1971 年的圣·费尔南多地震对美国桥梁抗震设计研究与发展都是一个重要的折转点（图 6-48）。在这之后，经过 10 年的研究工作，美国于 1981 年出版了《桥梁抗震设计指南》；又经过 10 年的应用与修改，于 1992 年被正式收入美国各州公路运输工作者协会（AASHTO）编辑的《公路桥梁标准规范》，俗称 AASHTO 规范。这次桥梁和建筑结构的震害，使人们开始从单一强度抗震设防原则转入结构强度与延性双重抗震设防原则的研究，并进一步促进了对结构减震与隔震的研究，以及随后的结构振动控制研究。1989 年美国洛马·普里埃塔地震使研究人员开始关注桥墩的脆性剪切破坏，促进了桥梁延性抗震设计的发展（图 6-49）；1994 年美国北岭地震再次暴露出支承连接的易损性（图 6-50），突出了细部设计缺陷对桥梁抗震性能的不利影响。

图 6-48　美国金州 5 号高速干道与州际 210 干道立交枢纽部分塌落

图 6-49　美国塞普里斯高架桥上层框架塌落

图 6-50　美国 Mission Gothic 跨线桥桥墩典型破坏情况

1995 年日本阪神地震(图 6-51),使日本对其相对保守的抗震设计规范重新进行审视,公路和铁路的抗震规范都作出较大的修改。修改的内容主要体现在设防标准、分析方法、性能目标、地面运动特性、场地效应、非线性时程分析、延性设计、减隔震设计和采用能力保护设计方法等方面,并对按以前设计理论和旧规范设计的桥梁结构进行抗震性能评估,对性能不能满足现行规范要求的结构进行抗震加固。

图 6-51　日本阪神高速公路神户段内高架桥部分倾覆

1976 年唐山地震推动了我国桥梁抗震的各项研究工作。1988 年颁布施行了铁路工程抗震设计规范(国标),1990 年颁布施行了公路工程抗震设计规范(部标)。2008 年汶川地震(图 6-52)和 2010 年玉树地震,促使研究人员对抗震规范进行了修订,2011 年新编了《城市桥梁抗震设计规范》(CJJ 166—2011),2020 年修编了《公路桥梁抗震设计规范》(JTG/T 2231—01—2020)。

图 6-52 百花大桥第 5 联垮塌

2. 桥梁震害

城市桥梁在地震中的破坏形式复杂多样,但主要破坏与成因有上部结构的落梁、桥梁横向倾覆、桥梁基础破坏和混凝土墩柱破坏,详见表 6-12。

表 6-12 高架桥梁常见震害

桥梁震害类型	破坏形式及成因
上部结构的落梁	梁墩相对位移超过墩顶支承宽度
	相邻跨上部结构横向反向变位所致
	相邻上部结构间距过小,上部结构相撞
	逐跨施工的连续上部结构,在近墩处有一支承牛腿连接处,在纵、竖向地震作用下,连接破坏,导致梁体折断下落
	桥墩强度与变形能力不足,以致产生较大墩顶位移
	相邻上部结构的支座纵向破坏,位移过大
桥梁横向倾覆	独柱式桥墩横向破坏
	砂土液化或地层不均匀震陷
桥梁基础破坏	桩基折断
	地层震陷
混凝土墩柱破坏	临界截面处弯矩强度和延性不足
	承台顶面钢筋与墩身主钢筋在墩底搭接和焊接处的弱点
	墩身的剪切破坏,可能发生在帽梁与墩柱连接处、墩柱中部或墩柱与承台的连接处

城市桥梁震害现象更多的介绍可以参看《桥梁延性抗震设计》(范立础、卓卫东著)、《桥梁抗震》(范立础著)、《桥梁抗震研究》(第二版,王克海编著)和《城市轨道交通结构抗震设

计》(王君杰、黄勇、董正方、赵密著)等书籍。

3. 桥梁抗震设计基本理论

自 1899 年日本学者大房森吉首次提出用于抗震设计的静力法以来,桥梁结构地震反应分析方法历经了从静力法到反应谱法和动态时程法的演变过程。

1) 静力法

首先假设结构各个部分与地震动具有相同的振动,因此,结构因地震作用引起的惯性力——地震力就等于地面运动加速度与结构总质量的乘积;再把地震力视为静力作用在结构上,进行结构线弹性静力分析计算。地震力的计算公式如下:

$$F = \frac{\ddot{\delta}_g}{g} W \tag{6-1}$$

式中,W 为结构总质量;$\ddot{\delta}_g$ 为地面运动加速度峰值;g 为重力加速度。

在大房森吉之后,日本学者佐野利器于 1916 年开始倡导震度法,他根据静力法概念提出以结构 10%的总质量作为水平地震力来考虑地震作用。在日本 1923 年关东大地震之后,震度法理论被应用到日本最早的公路桥梁抗震设计规范中,其考虑地震力的这种方法则一直被日本公路桥梁抗震设计沿用至今。

从动力学的角度来看,静力法在理论上存在极大的局限性,因为它把结构的动力反应特性这一重要因素忽略了。只有当结构物可以近似地视为刚体时,静力法才能成立。不过,静力法概念简单,计算公式也简明扼要,因此在实际应用中仍受到欢迎(比如用在桥台和挡土结构的抗震设计中)。

2) 反应谱法

在早期的抗震设计中,对于静力法在理论上的基本缺陷虽然已有认识,但是由于缺乏对地震动特性的认识和结构振动分析理论的了解,基于动力学的地震反应分析理论一直未能得到发展。

在美国,由于加利福尼亚州经常遭受地震的困扰,所以促使加州对地震现象开展专门的调查研究,并在 1930 年之后,开始逐步认识到查明地震动特性对确立合理的抗震设计方法的重要意义。从 1931 年起,美国开始逐步进行强震观测台网的布置,并在 1940 年帝国峡谷地震中成功地收集了包括埃尔森特罗地震记录在内的大量地震记录资料。这些强震记录,为以后抗震动力学方法的发展提供了宝贵的材料。1943 年,比奥特(M. A. Biot)提出了反应谱的概念,并给出世界上第一条弹性反应谱曲线(即单自由度弹性振子对应某一个强震记录情况下,体系的周期与绝对加速度、相对速度和相对位移的最大反应量之间的关系曲线)。1948 年,豪斯纳(G. W. Housner)提出基于加速度反应谱曲线的弹性反应谱法;1956 年,纽马克(N. M. Newmark)率先把该法应用于墨西哥城拉丁美洲大厦的抗震设计,在翌年发生的里氏 8 级的墨西哥大地震中,周围建筑破坏殆尽,唯有该建筑保持完好。这一成功的范例,使弹性反应谱法获得了极大的声誉。自 1958 年第一届世界地震工程会议后,这一方法被许多国家所接受,并逐渐被采纳应用到结构抗震设计规范中。

在弹性反应谱的概念提出不久之后,就提出了非线性反应谱的概念,试图将这样一种简单的概念应用于非线性地震反应分析中。但目前除了新西兰规范以外,非线性反应谱在其他国家的结构抗震设计规范中基本没有直接得到应用。

反应谱的概念可以通过单自由度振子的地震响应来阐明：对不同周期和阻尼比的单自由度体系，在选定的地震加速度输入下，可以获得一系列的相对位移、相对速度和绝对加速度的反应时程曲线，并可从中找到它们的最大值。以不同单自由度体系的周期为横坐标，以不同阻尼比为参数，就能绘出最大相对位移、最大相对速度和最大绝对加速度的谱曲线，分别称为相对位移反应谱、拟相对速度反应谱和拟加速度反应谱（分别可简称为“位移反应谱”“速度反应谱”和“加速度反应谱”），这三条反应谱曲线合起来简称为反应谱。

对于具体的桥梁结构，在进行反应谱分析时，首先要进行结构动力特性分析，求出结构的各阶振型的周期；之后再根据反应谱曲线得到对应各阶振型的放大系数，求出该阶振型下的最大地震力；最后对各阶振型下的最大地震力进行组合得到结构的地震力，针对不同情况，已经提出了不少的组合方法，如 SUM 法、SRSS 法、CQC 法和 HOC 法等。关于反应谱法的具体计算原理此处不作累述，有兴趣的读者可以参看相关书籍。

从上面介绍的反应谱概念中可以看出，采用反应谱方法计算得到的桥梁结构地震力是一个包络值，无法描述桥梁结构在地震作用下随时间变化的情况。这是反应谱法的一个不足之处。此外，目前反应谱法主要是进行弹性分析，对于非线性分析则需要采用等效线性化或者非线性反应谱。

3）动态时程法

借助于强震台网收集到的地震记录和模拟电子计算机，豪斯纳在 20 世纪 50 年代末开始把地震记录输入结构上，来计算结构的地震反应，这种方法即为最初的动态时程分析方法。日本则于 20 世纪 60 年代初，在武藤清教授的领导下，也开始进行这种研究。随着数字计算机的发明，动态时程分析方法在国外 20 世纪六七十年代得到迅速发展，在国内大量开展这方面的研究工作，则始于 20 世纪 70 年代末和 80 年代初期。

动态时程分析方法，是将地震动记录或人工波作用在结构上，直接对结构运动方程进行积分，求得结构任意时刻地震反应的分析方法，故动态时程分析方法也称为直接积分法。根据分析是否考虑结构的非线性行为，动态时程分析方法又可分为线性动力时程分析和非线性动力时程分析两种。但不管是哪一种，分析过程都需要借助计算机程序完成，其执行步骤如下。

（1）将振动时程分为一系列相等或不相等的微小时间间隔 Δt。

（2）假定在 Δt 时间间隔内，位移、速度和加速度按一定规律变化（中心差分、常加速度、线性加速度、Newmark-β 法或 Wilson-θ 法等）。

（3）求解 $t+\Delta t$ 时刻结构的地震反应。$t+\Delta t$ 时刻结构的动力平衡方程可以表示为公式(6-2)的增量形式：

$$[K_{\mathrm{D}}]\{\Delta u\}_{t+\Delta t}=\{\Delta F_{\mathrm{D}}\} \tag{6-2}$$

式中，$[K_{\mathrm{D}}]$ 为结构等效动力刚度；$\{\Delta F_{\mathrm{D}}\}$ 为等效荷载向量。

（4）对一系列时间间隔按上述步骤逐步进行积分，直至完成整个振动时程。

从理论上讲，弹塑性动态时程分析提供了对结构地震反应的最准确计算，而且它还可以同时进行结构在地震动作用下进入塑性后的需求与能力比较。但是,弹塑性动态时程分析方法需要耗费大量的计算时间,输出大量的计算数据,这些都不利于工程师进行结构设计。因此,对于大量常规的桥梁结构,一般不采用这种分析方法,在很多情况下仅限于进行弹性动力时程分析;只有特别复杂和重要的桥梁,才需要使用弹塑性动态时程分析方法。

迄今为止,结构非线性动力时程分析方法仍得到大量研究,虽然计算方法已经相当成熟,但依然存在一些难于解决的问题,包括:①输入地震动问题;②结构—基础—土相互作用问题;③结构构件的非线性动力特性和屈服后的行为。

这些问题在很大程度上影响了非线性动力时程分析的结果,因此,一般要求能够对分析结果进行解释,并与反应谱分析结果进行相互比较和校核(在线性范围内)。然而,随着计算手段的不断进步和对结构地震反应认识的不断深入,动态时程分析方法已越来越受到重视。对体系复杂的桥梁的非线性地震反应,动态时程分析方法还是理论上唯一可行的分析方法,最新的日本、美国和中国规范都已将此方法列为规范采用的分析方法之一。

除上面介绍的静力法、反应谱法和动态时程法外,桥梁地震反应的分析方法还有 Pushover 法、基于随机振动理论的功率谱法(反应谱法就是由功率谱法推导出的)等。这些方法普遍应用在理论研究中,目前很少在实际的工程设计中采用,故本书不作介绍。

4. 高架桥梁抗震设计

1) 抗震概念设计

抗震概念设计就是根据地震灾害和工程经验等归纳的基本设计原则和设计思想,进行桥梁结构总体布置、确定细部构造的过程。我国桥梁进行抗震概念设计这一观点最早是在《公路桥梁抗震设计细则》(JTG/T B02—01—2008)中提出的。

传统桥梁结构的设计流程:工程设计人员先是根据静力荷载确定桥梁的构造,之后对桥梁结构进行抗震分析计算,根据计算的结果来调整桥梁结构的设计。由于将静力设计和抗震设计割裂开来,整个过程耗时较长,对于一些设计周期非常紧张的项目,经常会出现提交施工图后由于抗震的原因需要调整设计的情况。

抗震概念设计就是为了避免出现这一情况而提出的。抗震概念设计并不是一种新的计算分析方法,而是在原有设计方法的基础上,要求设计人员在设计的初期就考虑地震对结构的影响,据此来确定结构的总体布置和细部构造。因此,抗震概念设计对设计人员的要求更高,设计人员应具备系统的桥梁抗震知识,并对结构在地震中的反应有一定程度的了解。只有累积了足够的工程经验,设计人员才能较好地进行抗震概念设计。

抗震概念设计内容主要包括:①根据工程地质条件选择合适的桥位、基础应穿过液化土层和软弱土层;②桥梁应尽量采用对称的结构形式和均匀的布置方案;③梁式桥同一联内的桥墩刚度比、多联梁式桥相邻联的基本周期比满足规范要求;④梁式桥矮墩不宜设置固定支座;⑤双柱或多柱墩在横桥向地震作用下,盖梁的抗震设计应考虑可能出现正负弯矩交替的情况。

2) 抗震设防标准

在进行桥梁抗震设计前,首先需要确定抗震设防标准(抗震设防要求高低的尺度),之后对桥梁结构进行设计分析,确保在该强度的地震作用下,桥梁结构能够满足设计目标。地震的强度如何确定? 在这里先介绍几个概念:地震超越概率、设计基准期和地震重复周期。

所谓地震超越概率,是指一定场地在未来一定时间内遭遇到大于或等于给定地震特征值(如给定震级、烈度、地震动加速度峰值等)的地震的概率,常以年超越概率或设计基准期超越概率表示。

设计基准期为确定地震作用的取值而选用的时间参数,也就是上面地震超越概率定义中的"未来一定时间"。通常情况下设计基准期选用 50 年或 100 年。

地震重复周期也叫地震重现期,是指一定场地大于或等于给定地震特征值的地震重复出现的平均时间间隔。

地震的强度可以用设计基准期和超越概率的组合来表示,如 50 年超越概率 63%的地震,50 年超越概率 2%,100 年超越概率 10%的地震等。至于这种组合描述的地震动之间的大小,则可以通过地震重复周期来判断。这三个概念之间的关系如公式(6-3)所示。

$$T = T_0/\ln[1 - P_{T_0}(I)] \tag{6-3}$$

式中,T 为地震重复周期;T_0 为设计基准期;$P_{T_0}(I)$ 为地震超越概率。

这样,在进行桥梁抗震设计前,首先规定 2 个或 3 个地震动水准,常称之小震和大震,或小震、中震和大震。小震指的是对工程建设地点而言经常发生的地震,中震是指在工程的使用年限内仅偶然发生的地震,大震则指在使用年限内发生概率极小的地震。国内外现行的一些结构抗震设计规范,通常把 50 年超越概率 63%的地震定义为小震,超越概率 10%的地震定义为中震,超越概率 2%～3%的地震定义为大震。与这三个地震动水准相应的抗震设防目标是:在小震作用下,结构物不需修理,仍可正常使用;在中震作用下,结构物无重大损坏,经修复后仍可继续使用;在大震作用下,结构物可能产生重大破坏,但不致倒塌。

这种抗震设防思想,即所谓的"小震不坏,中震可修,大震不倒"的三级设防标准。在我国现行公路桥梁抗震设计规范中,将桥梁分成 A、B、C、D 四类(表 6-13),A 类桥梁的抗震设防目标是中震(E1 地震作用,重现期约为 475 年)不坏,大震(E2 地震作用,重现期约为 2000 年)可修;B、C 类桥梁的抗震设防目标是小震(E1 地震作用,重现期约为 50～100 年)不坏,中震(重现期约为 475 年)可修,大震(E2 地震作用,重现期约为 2000 年)不倒;D 类桥梁的抗震设防目标是小震(重现期约为 25 年)不坏。需要指出的是,对于 B、C 类桥梁,其抗震设计只进行 E1 地震作用下的弹性抗震设计和 E2 地震作用下的延性抗震设计,满足了这两个阶段的性能目标要求后,中震(重现期约为 475 年)可修的目标即认为已隐含满足。

表 6-13　公路桥梁抗震设防类别

桥梁抗震设防类别	适用范围
A 类	单跨跨径超过 150 m 的特大桥
B 类	单跨跨径不超过 150 m 的高速公路、一级公路上的桥梁 单跨跨径不超过 150 m 的二级公路上的特大桥、大桥
C 类	二级公路上的中桥、小桥 单跨跨径不超过 150 m 的三、四级公路上的特大桥、大桥
D 类	三、四级公路上的中桥、小桥

城市桥梁抗震设防类别见表 6-14。

表 6-14　城市桥梁抗震设防类别

桥梁抗震设防类别	适用范围
甲类	悬索桥、斜拉桥以及大跨度拱桥
乙类	除甲类桥梁以外的交通网络中枢纽位置的桥梁和城市快速路上的桥梁
丙类	城市主干路和轨道交通桥梁
丁类	除甲、乙、丙三类以外的其他桥梁

3) 抗震设计原则

合理的桥梁抗震设计，要求设计出来的桥梁结构，在强度、刚度和延性等指标上有最佳的组合，使桥梁结构能够经济地实现抗震设防的目标。以下列出抗震设计应遵循的一些基本原则。

(1) 场地选择

除了根据地震危险性分析应尽量选择比较安全的场址之外，还要考虑一个地区内的场地选择。桥梁基础应避免选择地震时可能发生地基失效的松软场地，如饱和松散粉细砂、人工填土和极软的黏土地基或不稳定的坡地；应选择坚硬场地，如基岩、坚实的碎石类地基、硬黏土地基。在地基稳定的条件下，还可以考虑桥梁结构与地基的振动特性，力求避免共振影响；在软弱地基上，设计时要注意基础的整体性，以防止地震引起的动态的和永久的不均匀变形。

(2) 体系的整体性和规则性

桥梁的整体性要好，上部结构应尽可能是连续的。整体性可防止结构构件及非结构构件在地震时被震散掉落，同时它也是结构发挥空间作用的基本条件。

无论是在平面或立面上，结构的布置都要力求使几何尺寸、质量和刚度均匀、对称、规整，避免突然变化。

(3) 提高结构和构件的强度和延性

桥梁结构的地震破坏源于地震动引起的结构振动，因此抗震设计要力图使从地基传入结构的振动能量为最小，并使结构具有适当的强度、刚度和延性，以防止不能容忍的破坏。在不增加重量、不改变刚度的前提下，提高总体强度和延性是两个有效的抗震途径。刚度的选择有助于控制结构变形；强度与延性则是决定结构抗震能力的两个重要参数。由于地震动是周期反复作用的运动，还要注意周期反复变形下结构和构件的刚度与强度的退化效应。

(4) 能力设计原则

传统的设计思想认为，理想的设计是使结构各构件都具有近似相等的安全度，即结构中不要存在局部的薄弱环节。但由于结构各构件的重要性程度并不相同，近似相等安全度设计思想并不合适，尤其对于抗震结构，更是如此。

能力设计思想强调强度安全度差异，即在不同构件[延性构件和能力保护构件(不适宜发生非弹性变形的构件统称为能力保护构件)]和不同破坏模式(延性破坏和脆性破坏模式)之间确立不同的强度安全度。通过强度安全度差异，确保结构在大地震下以延性形式反应，不发生脆性的破坏模式。在桥梁设计中普遍采用"强梁弱柱"的设计思想，这种思想即为能力设计原则的具体体现。

(5) 多道抗震防线

应力图使桥梁具有多道抵抗地震侧向力的体系，在强地震动过程中，一道防线破坏后尚有第二道防线可以支承结构，避免倒塌。

4) 抗震设计

如果桥梁抗震按最安全的原则进行设计，即在任何强度的地震作用下，桥梁结构都不会发生损坏，这样所需付出的代价是非常大的。目前，比较实用的一种设计理念：在中小震的作用下，要求桥梁结构在地震的作用下处于弹性范围内；在大震的作用下，桥梁结构可以产生能够承受的损坏(比如墩底出现塑性铰、桥梁的支座发生破坏等)，确保桥梁结构在大震作用下不发生倒塌，在震后能够对其进行修复加固。基于这种设计理念，目前城市高架桥梁常采用延性设计或减隔震设计。

(1) 延性设计

早期的抗震设计是以弹性理论为基础的。1956 年，豪斯纳首先提出了极限设计概念在抗震设计中的应用；1961 年，在美国波特兰水泥协会(PCA)发布的《多层钢筋混凝土建筑抗震设计》中，引入了“延性”和“延性系数”的概念。20 世纪 60 年代，关于结构非线性反应的研究盛行，这种思潮在抗震理论上的反映是结构非线性地震反应的研究。以纽马克为首的研究者们取得了有意义的成果，他们提出用“延性”这个简单概念来概括结构物超过弹性阶段的抗震能力，延性大小是结构物抗震能力强弱的重要标志。他们认为在抗震设计中，除了强度与刚度之外，还必须重视加强延性，并提出了按延性系数将弹性反应谱修改为弹塑性反应谱的具体方法和数据。

延性抗震概念的提出，也与观察到的结构震害现象有关。20 世纪 60 年代，人们发现，在强烈的地震动作用下，按规范规定的侧向力进行抗震设计的结构，在很多情况下并不具备抵抗强震的足够强度。从实际地震中观察到的结构反应性能显示：强度不足不一定总是导致结构倒塌，甚至不一定严重破坏；只要结构的初始强度能够基本维持，不出现因非弹性变形的加剧而导致强度过度下降，那么结构就能在地震中幸存，而且震后常只需花少量的费用即可修复。但是，如果非弹性变形导致强度急剧降低，结构的严重破坏甚至倒塌现象则是通常可见的，这种情况还经常与混凝土或砌体构件的剪切破坏同时出现。

尽管较早就已有了延性抗震的认识，但世界上大多数地震国家并没有把延性抗震内容列入结构抗震设计规范，直至 1971 年美国圣・费尔南多地震爆发之后，延性抗震才真正被摆到一个十分突出的位置。20 世纪 70 年代初，以 R・帕克(R. Park)和 T・鲍雷(T. Paulay)为首的新西兰学者在总结震害教训和实验研究成果的基础上，提出了延性抗震设计和能力设计的抗震思想。目前，我国的抗震设计规范也采用了能力设计的抗震思想。

这里先介绍一下延性的基本概念。材料、构件或结构的延性，通常定义为在初始强度没有明显退化情况下的非弹性变形的能力，主要包括两个方面的能力：①承受较大的非弹性变形，同时强度没有明显下降的能力；②利用滞回特性吸收能量的能力。

可以简单地将延性理解为当材料、构件或结构进入非线性阶段，其自身的强度与弹性阶段的强度相比，下降的幅度不大，这个幅度为 15%～20%。

结构延性抗震设计中的一个重要原理——能力设计原理(Philosophy of Capacity Design)，是由新西兰学者 T・鲍雷等提出的。这里通过一个简单的例子对该原理进行说明。

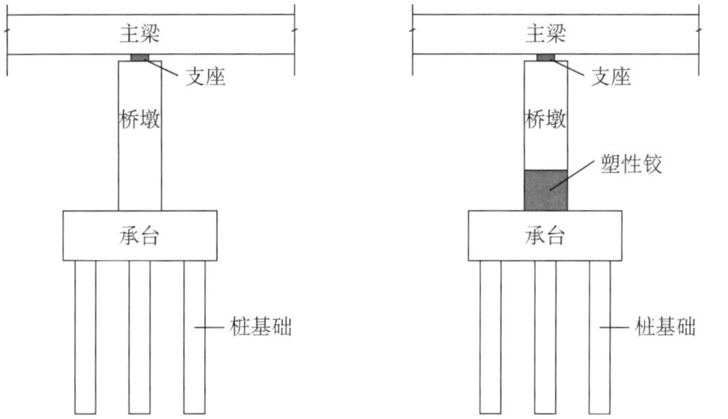

a) 常规的桥梁结构设计　　b) 基于能力设计原理的桥梁结构设计

图 6-53　能力设计原理

对于图 6-53a)所示的桥梁结构，如果在设计时不考虑地震的因素，仅根据所承受的静力荷载进行设计，则在发生地震时，最先发生破坏的构件存在着不确定性，这个构件可能是梁，可能是支座，可能是桥墩，也可能是承台或桩基础。假如是承台或桩基础破坏，由于是埋在地下，其破坏不易被发现，且震后很难维修，若主梁发生破坏，且短时间内无法修复临时恢复交通，相当于抗震救灾的生命线中断，由此引起的损失更是巨大。相对而言，若仅是桥墩发生一定的损伤但并未倒塌，在震后救灾阶段，仅需要在桥墩位置搭设一临时墩，便可恢复交通，震后的桥墩修复也相对容易一些。因此，在设计的时候，可以通过一定的构造设置，允许墩底的区域[图 6-53b)]在地震作用下发生破坏，进入非线性，产生塑性铰，但不发生倒塌。此时，由于墩底区域处于塑性，其在地震作用下的内力是不会随着地震的增强而变大，不论是地震波通过桥墩传给主梁的力还是主梁通过桥墩传给基础的力(假定此时支座不发生破坏)都有一个上限值。只要主梁、支座、承台和桩基础的设计强度能够满足这个上限值，那么，上述结构在地震作用下，仅有桥墩发生局部的破坏，而其他构件(主梁、支座、承台和桩)均不会发生破坏。这就是能力设计原理，其中桥墩为延性构件，主梁、支座、承台和桩则为能力保护构件。由于将桥墩设计为延性构件，地震作用下墩顶会产生较大的位移，在实际设计中还需要对墩顶的位移进行验算，以防落梁。

在我国的抗震规范中，允许产生塑性铰的区域如图 6-54、图 6-55 所示。

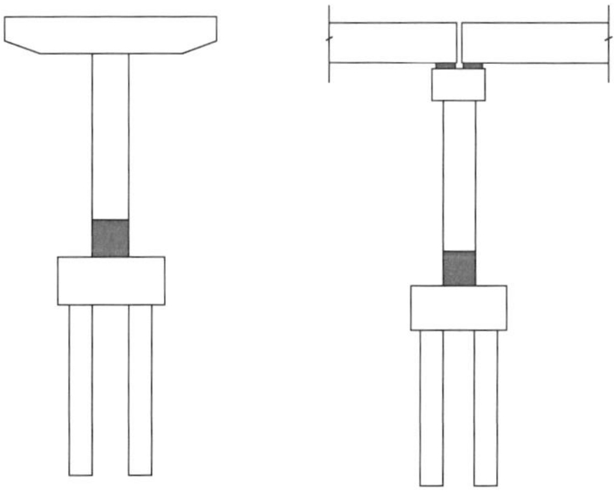

a) 横桥向　　b) 顺桥向

图 6-54　连续梁、简支梁桥单柱墩的塑性铰区域(阴影部分为塑性铰)

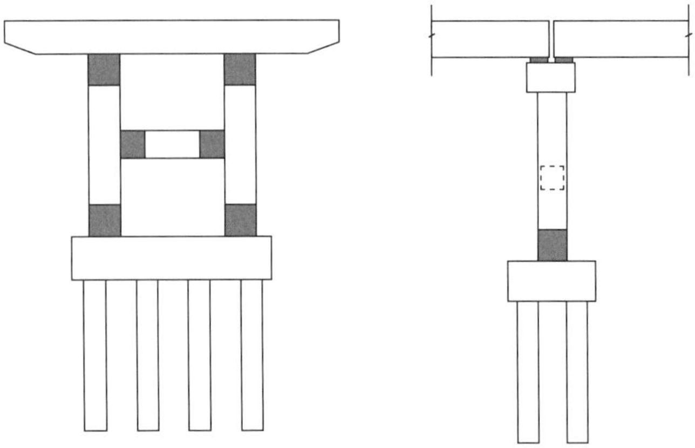

图 6-55 连续梁、简支梁桥双柱墩的塑性铰区域(阴影部分为塑性铰)

(2) 减隔震设计

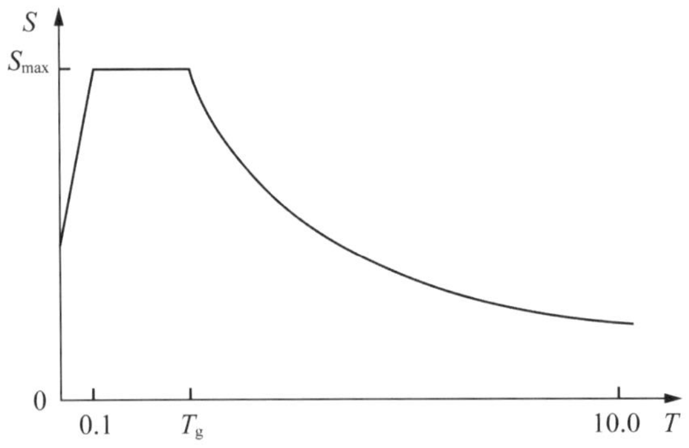

图 6-56 设计加速度反应谱

减隔震技术是通过采用减隔震装置来尽可能地将结构或部件与可能引起破坏的地震地面运动或支座运动分离开来，大大减少传递到上部结构的地震力和能量。在这里先看一下《公路桥梁抗震设计规范》(JTG/T 2231—01—2020)的反应谱图(图 6-56)，加速度反应谱图中横坐标为周期，纵坐标为加速度。

本书中对于反应谱是如何计算的不作介绍，只需了解在抗震计算中通过反应谱求得结构反应的放大系数。反应谱中的横坐标越大，相应求得的放大系数越小，对应的结构反应也越大。减隔震设计就是通过减隔震装置(主要是支座)，在地震中延长结构的周期，使求得的放大系数变小，从而降低结构的地震力。伴随着周期的延长，结构在地震中的位移也会增大，为了控制过大变形，可通过在结构中引入阻尼装置，以增加结构的阻尼，从而减低结构在地震中的位移。这就是减隔震设计的主要思路。

目前，国内常用的减隔震装置分为整体型减隔震装置和分离型减隔震装置。常用的整体型减隔震装置有铅芯橡胶支座、高阻尼橡胶支座、摩擦摆式减隔震支座。常用的分离型减隔震装置有橡胶支座＋金属阻尼器、橡胶支座＋摩擦阻尼器。

值得指出的是，减隔震技术的应用并不是在任何情况下均适用。存在下列情况之一时，不宜采用减隔震设计：①地震作用下，场地可能失效；②下部结构刚度小，桥梁的基本周期比较长；③位于软弱场地，延长周期也不能避开地震波能量集中频段；④支座中可能出现负反力。

从国内外已有的研究结果可知，如果满足下面三个条件或其中一条就可尝试使用减隔震技术进行桥梁的减隔震设计：①桥墩为刚性墩，桥梁的基本周期比较短；②桥墩高度相差较大时;③桥梁工程场地的预期地面运动特性比较明确主要能量集中在高频段时。

在城市桥梁设计中,一般情况下,高墩会考虑采用延性设计,矮墩则考虑采用减隔震设计。此外,在欧洲规范中还有将延性设计和减隔震设计放在一起考虑的建议。

(3) 抗震措施

抗震措施是地震作用计算和抗力计算以外的抗震设计内容,包括抗震构造措施。抗震措施等级根据桥梁抗震设防分类和抗震设防烈度确定,具体包括纵横向防落梁措施、梁与梁或梁与桥台之间的缓冲设施等。

6.4 工程案例

6.4.1 嘉兴市环线快速路

嘉兴市环快速路总长 28.7 km,线路走向利用市内核心区边缘的干线道路布置线路,沿"三环东路—长水路—中环西路—中环北路"布置,环线快速路采用"主线高架＋地面辅路"为主的建设形式。嘉兴市环线快速路主线设计速度采用 80 km/h,地面辅路根据所处路段不同,道路等级分为城市主干路、一级公路等类别,设计速度以 40～50 km/h 为主,局部具有一级集散公路功能的路段设计速度采用 80 km/h,平行匝道设计速度为 40 km/h。环线快速路总体布置如图 6-57 所示。

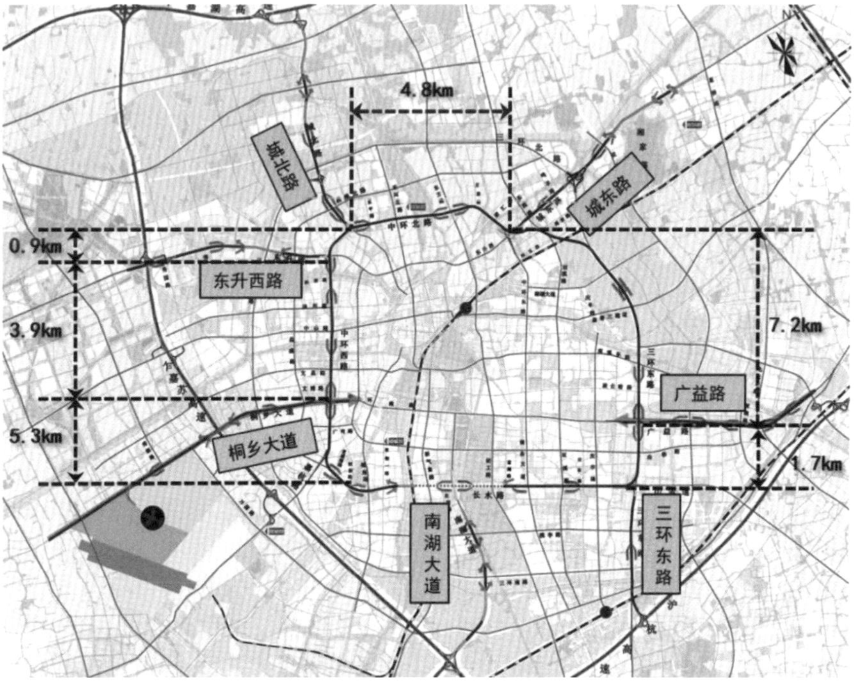

图 6-57 嘉兴市环线快速路总体布置图

根据道路等级和设计速度,结合项目的功能定位,按照规范的要求,经反复论证,嘉兴市环线快速路横断面设计的主要指标见表 6-15。

表 6-15 嘉兴市环线快速路横断面设计的主要指标

设计标准	快速路主线	辅路	平行匝道
设计速度(km/h)	80	40～50,一级集散公路段 80	40
交通流量预测年限(年)	20	20	40
通行净空(m)	≥5.0	≥4.5(机动车道) ≥2.5(非机动车道)	≥5.0
路段车道宽度(m)	3.75(混行车道) 3.5(小型车道)	3.75(混行车道) 3.5(小型车道)	3.5(混行车道)
路缘带宽度(m)	0.5	0.5	0.25

嘉兴市环线快速路主线规模分别从定性、定量两个角度进行分析。从定性角度,一是国内各城市快速路以 6 车道或 6 车道以上为多,嘉兴市区快速路具备建设双向 6 车道条件;二是从嘉兴市快速路规划线位的道路现状来看,快速路双向 6 车道规模与现状地面道路规模可以较好匹配;三是快速路如按 4 车道考虑,仅可满足近期通行需求,但在远期将有较大通行压力,如采用 6 车道将大大提高其在很长时间内的对交通和城市发展的适应性,为远期发展留有余地。从定量角度,依据本书 4.3.2 节公式计算,采用双向 6 车道方可满足远期三级以上服务水平,因此快速路主线采用双向 6 车道规模。

地面辅路及匝道同样采用本书 4.3.2 节公式计算,根据不同路段建设条件与交通需求不同,辅路采用双向 6 车道或双向 6 车道+外侧双向 2 车道辅路。平行匝道考虑排队蓄车需求,统一采用单向 2 车道规模。

嘉兴市环线快速路主要利用既有主干道路红线空间建设,现状主干路已建有较宽的中央分隔带,结合建设条件并从节省用地和建设成本角度,高架道路采用整体式断面,单向布置 1 条混行车道和 2 条小型车道,一条混行车道宽度为 3.75 m,一条小型车道宽度为 3.5 m;辅路规模双向 6 快 2 慢,单向布置 2 条混行车道和 1 条小型车道,一条混行车道宽度为 3.75 m,一条小型车道宽度为 3.5 m,如图 6-58 所示。

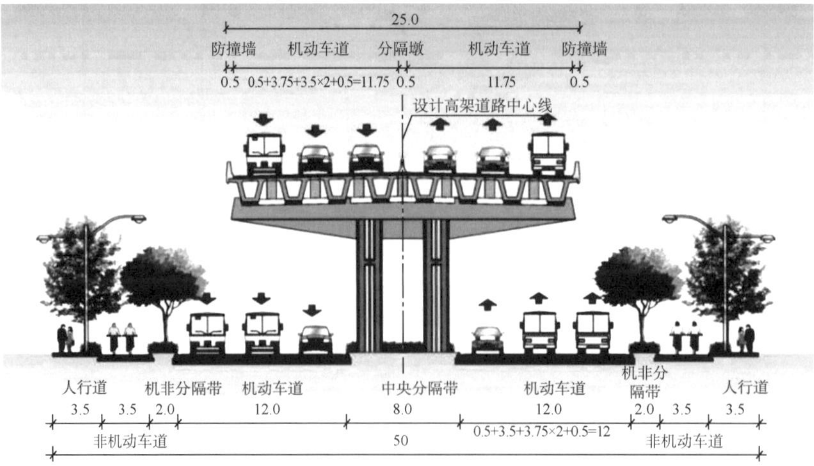

图 6-58 嘉兴市环线快速路标准横断面布置(m)

高架段标准横断面布置：0.5 m(防撞墙)＋11.75 m(机动车道)[0.5 m(路缘带)＋3.75 m(混行车道)＋3.5 m(小型车道)×2＋0.5 m(路缘带)]＋0.5 m(中央分隔墩)＋11.75 m(机动车道)[0.5 m(路缘带)＋3.5 m(小型车道)×2＋3.75 m(混行车道)＋0.5 m(路缘带)]＋0.5 m(防撞墙)＝25.0 m。

辅路标准段横断面布置：3.5 m(人行道)＋3.5 m(非机动车道)＋2.0 m(机非分隔带)＋12.0 m(机动车道)[0.5 m(路缘带)＋3.75 m(混行车道)×2＋3.5 m(小型车道)＋0.5 m(路缘带)]＋8.0 m(中央分隔带)＋12.0 m(机动车道)[0.5 m(路缘带)＋3.5 m(小型车道)＋3.75 m(混行车道)×2＋0.5 m(路缘带)]＋2.0 m(机非分隔带)＋3.5 m(非机动车道)＋3.5 m(人行道)＝50.0 m。

平行匝道为单向 2 车道，设置 2 条混行车道，平行匝道横断面布置：0.5 m(防撞墙)＋7.5 m 机动车道[0.25 m(路缘带)＋3.5 m(混行车道)×2＋0.25 m(路缘带)]＋0.5 m(防撞墙)＝8.5 m。

平行匝道段地面辅路横断面布置：3.0 m(人行道)＋7.0 m(机非辅路)＋9.0 m(分隔带)＋11.0 m(机动车道)[0.25 m(路缘带)＋3.5 m(小型车道)×2＋3.5 m(混行车道)＋0.25 m(路缘带)]＋8.0 m(中央分隔带)＋11.0 m(机动车道)[0.25 m(路缘带)＋3.5 m(小型车道)×2＋3.5 m(混行车道)＋0.25 m(路缘带)]＋9.0 m(分隔带)＋7.0 m(机非辅路)＋3.0 m(人行道)＝68.0 m，详见图 6-59。

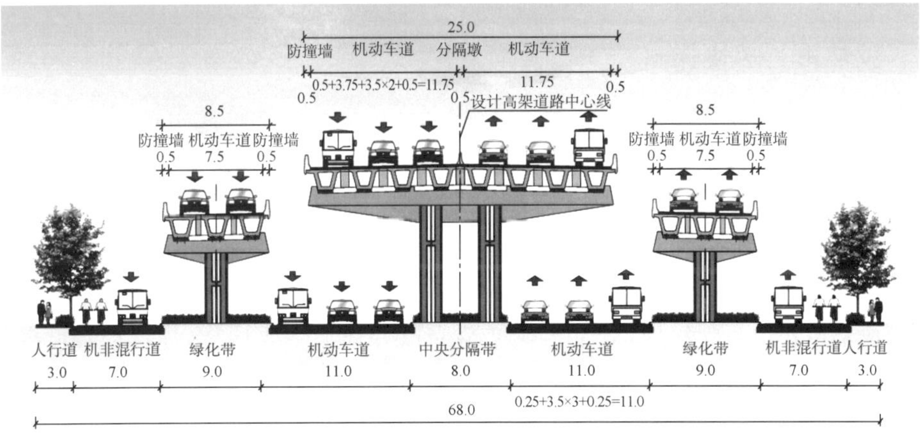

图 6-59　嘉兴市环线快速路平行匝道段横断面布置(m)

嘉兴市环线快速路的桥型选择兼顾快速化施工及景观要求，标准段一般采用小箱梁结构，标准跨径 30 m，结构体系采用桥面连续、结构简支体系，上部结构梁高 1.7～2.0 m，构造简单，施工速度快，桥梁下部结构桥宽标准段采用双柱式墩[图 6-60a)]，主线变宽段采用双柱墩＋辅墩形式的门架墩[图 6-60b)]，桩基采用钻孔灌注桩，主要采用钻孔桩，桩径采用 1.0 m 和 1.2 m。

由于部分路段存在跨越大型横向路口、大型河道以及小半径转弯段等节点工程，该工程中针对上述节点工程的不同情况，桥梁结构形式选择见表 6-16。

a) 标准段

b) 变宽段

图 6-60　嘉兴市环线快速路桥梁布置效果图

表 6-16　嘉兴市环线快速路桥梁跨越路口和河道的结构形式

序号	结构形式	跨径(m)	桥面板		结构体系	
			普通混凝土	UHPC	简支	连续
1	小箱梁	$L\leqslant40$	普通梁段	桥面连续	全部采用	—
2	等高钢混组合梁	$40<L\leqslant55$	等宽或变宽<5 m	变宽≥5 m	跨河道	跨路口
3	变高钢混组合梁	$L>55$ m	等宽或变宽较小	变宽≥5 m	—	跨路口
4	钢 UHPC 组合梁	$L>55$ m	—	曲线半径较小	—	跨路口

6.4.2　成都市二环快速路

成都市二环快速路是成都市“三环十六射”快速路网系统的重要组成部分，是城市核心区的保护环、主城交通的集散环和沿线区域的服务环。二环快速路全长 28.3 km，红线控制为 45～60 m。成都市二环快速路采用“高架快速路＋地面辅路”的总体建设形式，高架主线设计速度 60 km/h，采用双向 6 车道的建设规模，地面辅路设计速度 60～80 km/h，采用双向 6 车道＋2 慢的建设规模。

根据成都市快速公交规划，成都市快速公交以二环为主要构架，连接周边 6 条射线道路，形成快速公交网络。结合二环快速系统的功能定位、交通量预测、分析及考虑周边路网情况，二环快速系统总体形成主线环内 3 车道(社会车辆 2 车道，快速公交 1 车道)、环外 3 车道(社会车辆 2 车道，快速公交 1 车道)的高架布局，快速公交车道宽度 3.75 m，社会车道宽 3.5 m，路缘带宽度 0.5 m，最小圆曲线半径 210 m，最大纵坡 3.2%。

该项目在国内首次将城市高架快速路与城市高架快速公交系统“双快结合”，同步建设，同步使用，通过公交优先战略，起到环线公共交通动脉的作用，并与底层城市主干道系统有机结合，增加交通容量，为中长距离出行创造了高效快捷的通道，成为成都核心城区的交通保护壳。

高架段标准横断面布置：0.5 m(防撞墙)＋11.75 m(机动车道)[0.5 m(路缘带)＋3.5 m(混行车道)×2＋3.75 m(BRT 车道)＋0.5 m(路缘带)]＋0.5 m(防撞墙)＋3.0(中央分隔带)＋0.5 m(防撞墙)＋11.75 m(机动车道)[0.5 m(路缘带)＋3.75 m(BRT 车道)＋3.5 m(混行车道)×2＋0.5 m(路缘带)]＋0.5 m(防撞墙)＝28.5 m。中央分隔带考虑快速公交设站空间净宽 3 m(不含两侧各 0.5 m 防撞墙)。地面辅路横断面布置：5.5 m

(人行道＋非机动车道)＋10.25 m(机动车道)[3.5 m(混行车道)＋3.25 m(小型车道)×2＋0.25 m(路缘带)] ＋8.0 m(中央分隔带)＋10.25 m(机动车道)[0.25 m(路缘带)＋3.25 m(小型车道)×2＋3.5 m(混行车道)]＋5.5 m(非机动车道＋人行道)＝39.5 m。详见图 6-61。

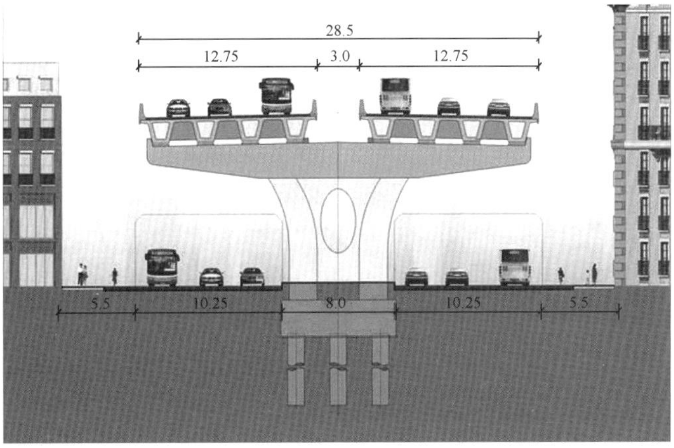

图 6-61　成都市二环快速路标准横断面布置图(m)

成都市二环快速路桥梁上部结构考虑到结构的安全性、美观性、耐久性、舒适性及经济性,并统筹考虑工厂化预制的可靠性,施工期间对周围环境及现状交通的影响等因素综合比选,最终选定小箱梁作为标准段上部结构形式,结构体系采用结构简支、桥面连续,主线标准跨径采用 30 m。

在建设期间大量运用快速化建设方案,采用预制拼装构件,总工期减少 50%以上。下部结构创新设计双向 6 车道大悬臂盖梁、立柱一体化桥墩,充分释放桥下空间,盖梁、立柱通过空间弧线整体过渡,结构现代、美观、通透(图 6-62)。桥墩管线按照内埋式设计,使结构外观更加整洁,在桥墩侧面开槽内嵌桥面落水管,避免落水管外露影响美观(图 6-63)。桥梁桩基采用钻孔灌注桩,桩径 1.2～1.5 m。

图 6-62　成都市二环快速路桥梁结构实景图

图 6-63　成都市二环快速路落水管开槽内嵌实景图

二环高架快速路主线在跨越路口、无条件现浇以及匝道大跨度小半径时，采用钢结构，跨径 40～55 m，腹板高 1.5～2.8 m，钢梁顶板厚 14～20 mm，底板厚 20～25 mm，腹板厚 14～16 mm，横向各箱室通过横隔板进行连接，横隔板纵桥向 3 m 一道。顶板与纵、横向加劲板构成桥面板，采用钢正交异形板承受局部车轮荷载，箱梁纵肋一般采用闭合截面的 U 形肋，特殊小半径路段可结合钢结构加工工艺情况进行合理调整；翼板纵肋采用一字肋或 T 形肋。顶板厚度随着截面内力的变化而变化，顶板的板厚差放在上面，以保证箱梁内纵肋可以平顺通过。底板设有纵向一字肋或 T 形肋。底板厚度随着截面内力的变化而变化，底板的板厚差放在下面，以保证底板纵肋可以平顺通过。

6.4.3　宁波市机场快速路南延伸工程

宁波市机场快速路南延伸工程是连接宁波市主城区和奉化市（现为奉化区）的主要通道，是完善宁波市快速路网布局，构建奉化、鄞南片—三江片“30 分钟交通圈”的重要支撑。同时，机场快速路南延伸与宁奉城际铁路共线位，为节约建设成本，集约化利用建设用地，城际铁路与快速路共通道建设。

宁波市机场快速路南延伸主线设计速度 80 km/h，地面辅路设计速度 50 km/h，宁奉城际铁路土建结构按 B 型车 6 辆编组控制，运行速度根据区段不同采用 80 km/h 和 120 km/h。机场快速路南延伸最小平曲线半径 550 m，最大纵坡 4%，总体平纵线形较为缓和。

宁波市机场快速路南延伸工程主线规模双向 6 车道，辅路规模 6 快 2 慢，全长 18.8 km，其中明州大道—岳林东路（约 12.4 km）与轨道宁奉城际线共线，新建 1 座立交、预留 3 座互通立交、新建 9 对平行匝道，出入口平均间距约 1.35 km（图 6-64）。

高架段标准段横断面布置：0.5 m（防撞墙）+12.0 m（机动车道）[0.5 m（路缘带）+3.75 m（混行车道）×2+3.5 m（小型车道）+0.5 m（路缘带）] +0.5 m（中央分隔墩）+12.0 m（机动车道）[0.5 m（路缘带）+3.5 m（小型车道）+3.75 m（混行车道）×2+0.5 m（路缘带）]+0.5 m（防撞墙）=25.5 m。地面辅路标准段横断面布置：3.5 m（人行道）+3.5 m（非机动车道）+2.5 m（机非分隔带）+11.0 m（机动车道）[0.25 m（路缘带）+3.5 m

图 6-64　宁波市机场快速路南延伸工程总体布置图

(混行车道)×2+3.5 m(小型车道)+0.25 m(路缘带)]+12.0 m(中央分隔带)+11.0 m(机动车道)[0.25 m(路缘带)+3.5 m(小型车道)+3.5 m(混行车道)×2+0.25 m(路缘带)]+2.5 m(机非分隔带)+3.5 m(非机动车道)+3.5 m(人行道)=53.0 m。详见图 6-65。

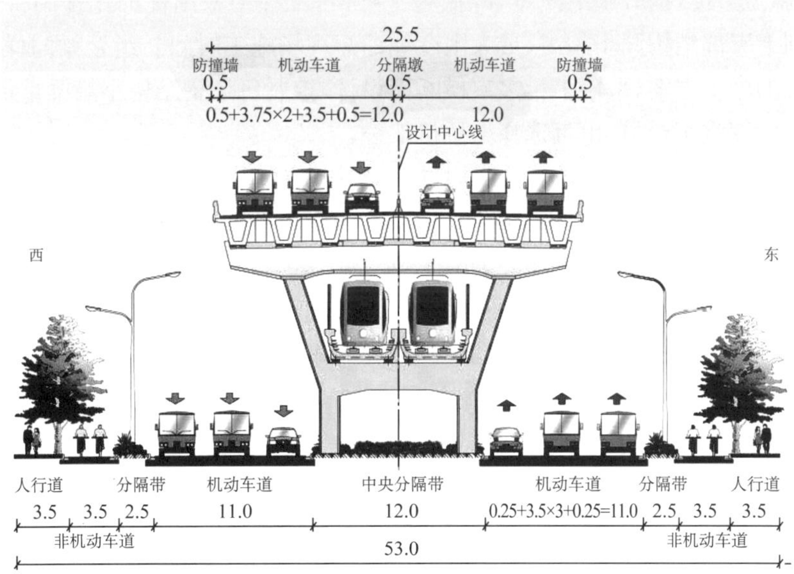

图 6-65　宁波市机场快速路标准横断面设计图(m)

平行匝道为单向 2 车道,设置 2 条混行车道,平行匝道横断面布置:0.5 m(防撞墙)+7.5 m 机动车道[0.25 m(路缘带)+3.5 m(混行车道)×2+0.25 m(路缘带)]+0.5 m(防撞墙)=8.5 m。

平行匝道段地面辅路横断面布置:3.5 m(人行道)+7.5 m(机非辅路)+9.5 m(分隔带)+11.0 m(机动车道)[0.25 m(路缘带)+3.5 m(小型车道)×2+3. 5 m(混行车道)+0.25 m(路缘带)]+12.0 m(中央分隔带)+11.0 m(机动车道)[0.25 m(路缘带)+3.5 m(小型车道)×2+3. 5 m(混行车道)+0.25 m(路缘带)]+9.5 m(分隔带)+7.5 m(机非辅

路)+3.5 m(人行道)=75.0 m,详见图 6-66。

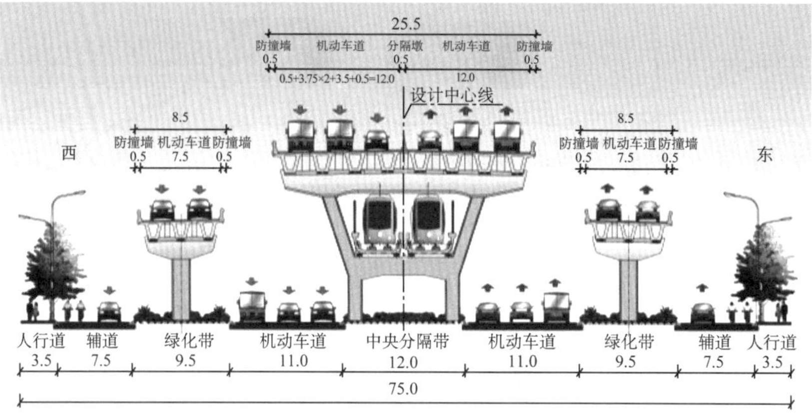

图 6-66 宁波市机场快速路平行匝道断面设计图(m)

宁波市机场快速路南延伸工程桥梁上部结构形式以连续结构体系小箱梁为主,标准跨径以 30 m 为主,局部采用 35 m,对于跨径超过 40 m 的非标准跨采用钢-混凝土组合梁结构。为加快施工进度,提升施工质量,降低施工噪声,工程中采用标准化预制拼装代替现浇混凝土,做到上下部结构同步施工,最大限度地缩短现场施工时间。组合梁同样采用工厂预制、现场拼装的施工方案,采用多箱多室横断面设计,控制每个钢结构小箱梁重量在 100 t 以下,安装可采用双汽车台吊,也可选择架桥机架设。

在主线高架与轨道交通一体化建设段(图 6-67),主线机动车道下需提供轨道交通行驶空间,桥墩采用 Y 形墩,Y 形墩下部直立,在桥墩横梁以上向两侧外伸,斜率为 1∶3。轨道线路半径 $R \geqslant 2\,000$ m 段,桥墩外侧之间距离为 10.9 m,地面车行道的隔离带宽度 12.0 m。轨道线路半径 $600\text{ m} \leqslant R < 2\,000$ m 段,桥墩外侧之间距离为 11.4 m,地面车行道的隔离带宽度 13.0 m。下层桥采用槽形轨道梁供轨道交通车辆行驶。

图 6-67 轨道交通一体化建设段横断面布置图

宁波市机场快速路南延伸工程在部分变宽段采用现浇混凝土箱梁。采用单箱多室箱形截面，顶、底面均设 2% 横坡。箱梁挑臂长度与预制小箱梁一致，为 647 mm，挑臂端部高 0.2 m，根部高 0.55 m。箱梁边腹板为斜腹板，斜率同预制小箱梁结构，混凝土箱梁采用支架现浇施工。

主线单层高架 6 车道标准桥宽（B＝25.5 m）结构采用装配式预应力混凝土小箱梁结构，先简支后连续体系，基本跨径 30～35 m，3～4 跨一联，小箱梁架设在盖梁上，桥梁下部结构采用 11.9 m 宽承台，桩基础采用钻孔灌注桩，根据立柱高度的不同，钻孔桩孔径、数量均有所差异。

高架匝道标准桥宽（B＝8.5 m）结构采用装配式预应力混凝土小箱梁结构，先简支后连续体系，标准跨径 30～35 m，3～4 跨一联，小箱梁架设在盖梁上。

第7章　城市地下快速路

7.1 概述

城市地下快速路是快速路系统的重要组成部分，随着中国城市化的发展，超大、特大城市商业等核心区域土地开发强度日益提高，交通需求持续增加，常规的高架或地面快速路建设形式往往并不适用于该类区域。主要原因是核心区域如果采用高架或地面快速路，会大量占用有限的城市地上空间，而且高架快速路景观不佳，对核心商业区域的环境将带来很大的负面影响，同时也会降低城市核心商务区周边土地的商业价值。另外，在城市景观廊道或历史风貌保护区域范围内，高架或地面快速路的建设将与风貌保护、功能发展之间也会产生矛盾。因此，为充分利用城市地下空间，实现城市功能的均衡协调发展，最大程度地保护城市景观，虽然工程投资大，但采用明挖法、盾构法或矿山法等工艺实施的长距离、大容量、多点进出的城市地下快速路，已在部分超大及特大城市的商业核心区域和环境敏感区域得到应用(图7-1～图7-4)，并且正被越来越多的其他城市仿效。

城市地下快速路在服务对象、长度设置、横断面布置、结构布置等方面不同于传统的下穿单个城市道路交叉口的地道节点以及高速公路隧道，城市地下快速路主线服务对象为机动化客运车辆，设计道路技术等级为城市快速路，通常采用特长距离地道形式(城市地下道路长度分类见表7-1)，连续下穿多个横向相交城市道路，主要解决中长距离快速交通出行，沿线均衡设置联系地下道路与地面辅路的匝道。城市地下快速路主线两侧一般不考虑人行和非机动车交通通行。地下道路的结构形式总体可采用明挖法、盾构法或矿山法，局部路段也可采用顶管法、管幕法和沉管法。本章将从地下快速路的横断面布置、停车视距检验、结构设计等方面进行重点论述。

图7-1　上海外滩通道断面布置示意图

图 7-2　上海北横通道断面布置示意图

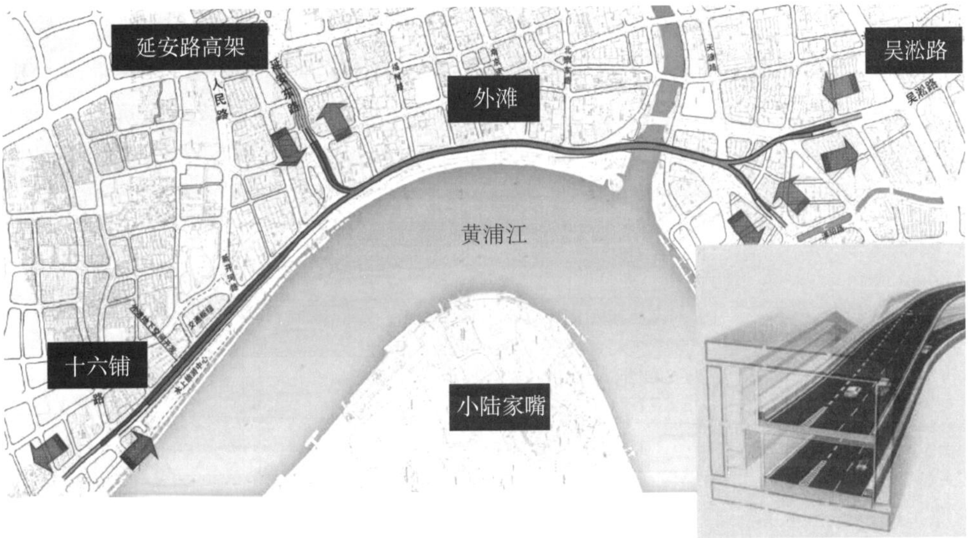

图 7-3　上海外滩通道交通衔接示意图

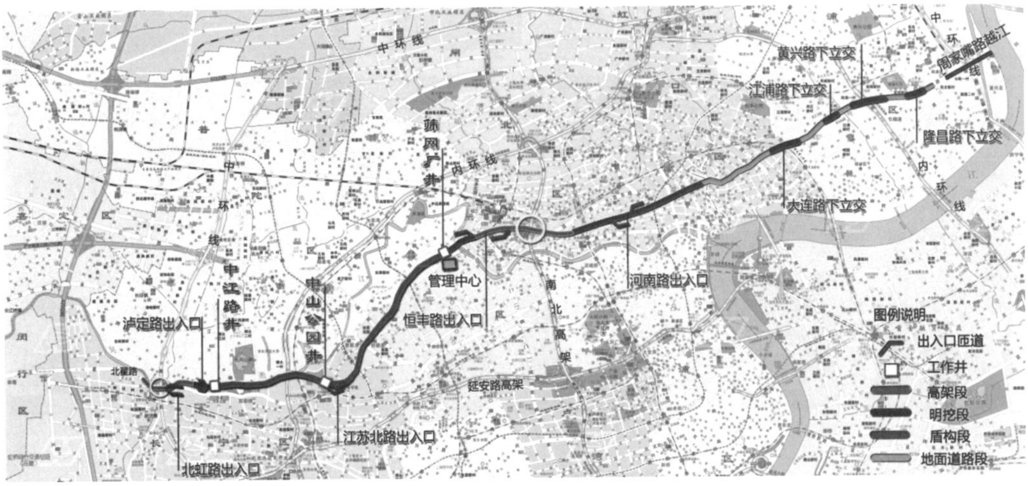

图 7-4　上海北横通道总体布置图(西段盾构段为 10. 3 km 的地下快速通道)

表 7-1 城市地下道路长度分类

分类	特长距离	长距离	中等距离	短距离
长度 L(m)	$L>3\ 000$	$3\ 000 \geqslant L>1\ 000$	$1\ 000 \geqslant L>500$	$L \leqslant 500$

7.2 城市地下快速路横断面布置

7.2.1 横断面空间的组成

相比于高架快速路及地面快速路，城市地下快速路的横断面空间构成更为复杂，除满足正常的交通通行空间外，还需考虑通风、照明、消防、监控、紧急疏散设施等地下快速路正常运营所需的设施空间，同时预留结构变形、路面加罩及调坡等因素。因此，城市地下快速路的横断面空间包括交通通行空间、设备设施空间及盈余空间（图 7-5）。城市地下快速路的交通通行空间就是道路建筑限界，包括机动车行道、检修道等构成的横向宽度，以及机动车行及人行检修要求的净高高度所围合形成的空间。设备设施空间指道路建筑限界以外与地下结构之间，可供保障地下快速路正常运营的各种设施设备（图 7-6）的安装空间以及供紧急疏散之需的逃生空间。盈余空间指地下结构内部空间除去上述空间以外的空间。

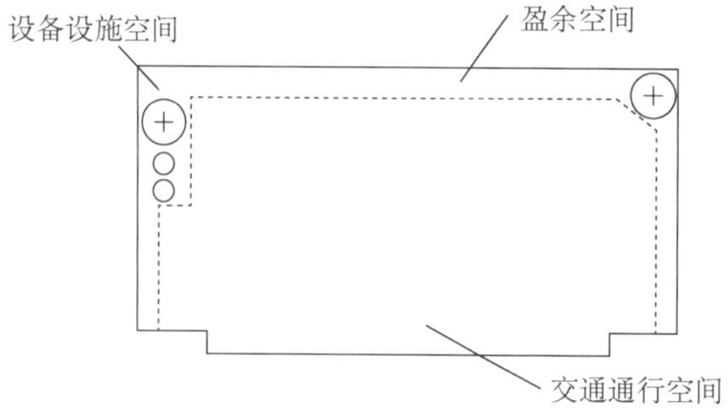

图 7-5 城市地下快速路横断面布置空间组成

图 7-6 地下快速路内照明、通风结构设备

7.2.2　横断面布置形式

城市地下道路根据服务对象不同，可分为机动车专用地下道路和机动车、人非共用地下道路，城市地下快速路必须为机动车专用，若采用机动车、人非共用通道，也必须采用分孔布置；根据服务车型不同，可分为混行车地下道路和小客车专用地下道路，城市地下快速路的服务车型可以采用混行车，也可采用小客车专用；根据施工工艺不同，可分别采用盾构断面、沉管断面、马蹄形断面、顶推断面和明挖断面等不同断面形式。另外，为节省投资和减少地下空间资源的占用，城市地下快速路一般不设置检修道，通常通过夜间封闭交通进行集中养护检修；当断面形式为马蹄形时，由于结构受力的原因，两侧宽度有一定的富余量，也可以考虑设置检修道。因此，不同的服务车型、施工工艺均会对城市地下快速路的横断面形式及具体布置产生直接影响。

城市地下快速路根据地下结构是否封闭，可以分为敞开式、半敞开式和封闭式三种形式（图 7-7）。城市地下快速路根据道路用地和交通运行特点，可以分为单层式和双层式布置；一般采用单层布置，用地受限等特殊需求时也可以采用双层布置。

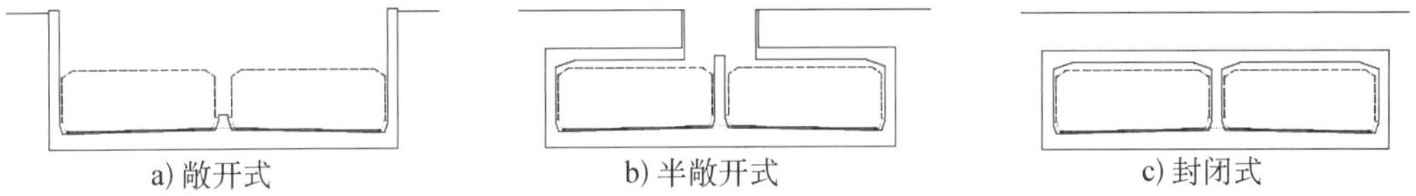

图 7-7　地道封闭形式分类图

1. 单层式地道布置

单层式布置指上下行交通在同层布置供机动车辆行驶，内部空间利用率不高，需采用双孔实现双向通行(7-8)。单层式地道的横断面形式主要包括箱形（矩形）横断面、类矩形横断面、圆形横断面和马蹄形横断面。

图 7-8　单层式地道布置图

1）箱形（矩形）横断面

箱形（矩形）横断面（图 7-9）一般在明挖地下通道工程中采用，具有空间利用率高、施工方便的特点，在敞开段则为 U 形槽横断面。当覆土厚度较大时，可采取折线形顶板控制结构计算跨度，优化结构受力。

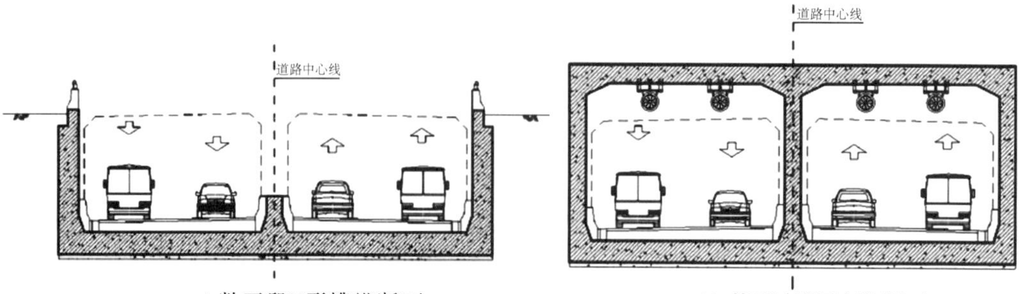

a) 敞开段U形槽横断面　　　　b) 箱形（矩形）横断面

图 7-9　箱形（矩形）横断面布置图

2）类矩形横断面

类矩形横断面（图 7-10）一般在顶管、盾构隧道等工程中采用较多，具有空间利用率好、受力相对矩形横断面更优的特点。

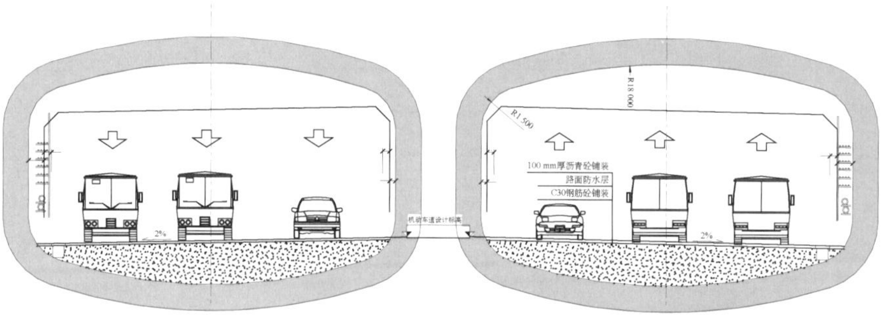

图 7-10　类矩形横断面布置图

3）圆形横断面

圆形横断面（图 7-11）一般用于盾构隧道工程中，具有受力优越、施工便捷的特点。

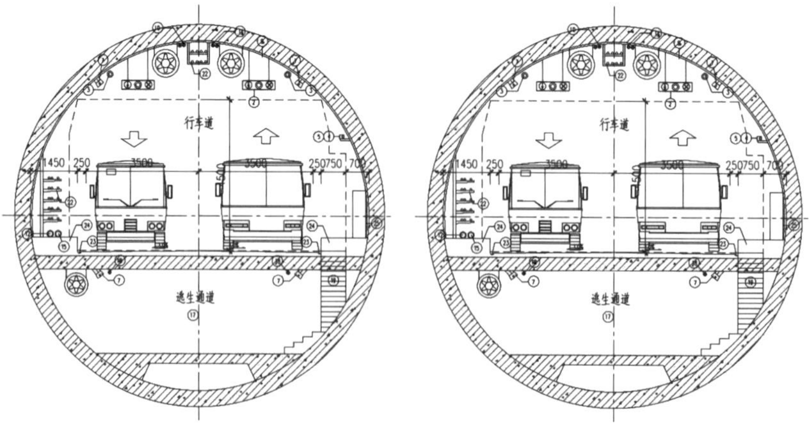

图 7-11　圆形横断面布置图

4）马蹄形横断面

马蹄形横断面（图 7-12）一般用于采用新奥法施工的山岭隧道工程中，具有受力合理、施工方便的特点。

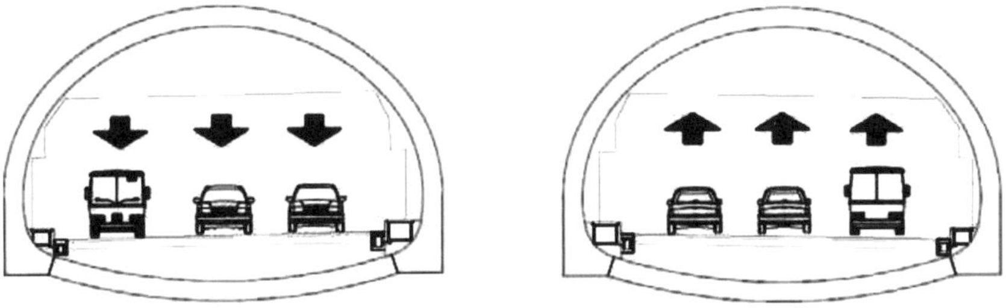

图 7-12　马蹄形横断面布置图

2. 双层式地道布置

双层式布置指在同孔同一断面布两层车道板，分别满足上下行交通通行，内部空间利用率相对较高（7-13），比较适合小汽车专用的地下快速路。双层式地道的横断面形式主要包括箱形（矩形）横断面、类矩形横断面和圆形横断面。

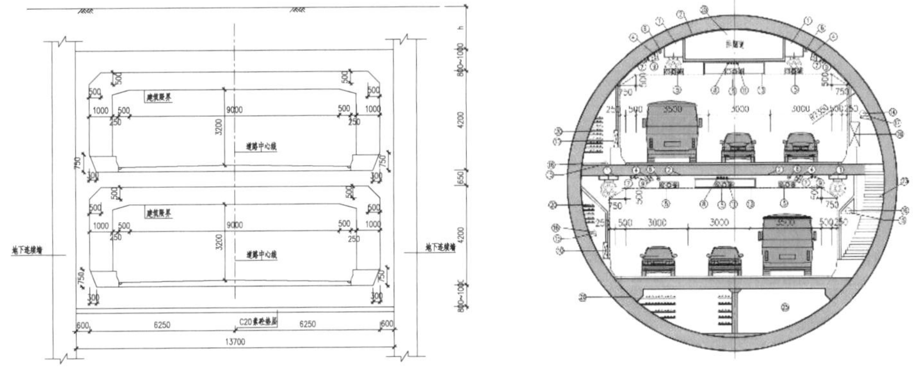

a) 箱形 (矩形) 横断面　　b) 圆形横断面

图 7-13　双层式地道布置图

7.2.3　横断面设计

1. 设计原则

城市地下快速路的横断面布置，需综合考虑服务对象、设计标准、车道规模、道路限界空间、通风照明、配套设备空间需求、施工工艺适应性、施工期间对城市交通运行影响、建设成本等多重因素。根据已有工程实践，城市地下快速路横断面设计原则总结如下。

（1）应结合规划建设条件及现状路网情况，对该快速路项目的交通功能和服务对象进行分析，是否仅考虑作为小客车专用通道。

（2）结合地质条件和用地空间等分析，通过方案比选，确定施工工艺和横断面形式。

（3）在总体设计确定的设计速度及车道规模的基础上，结合服务对象分析成果，论证车行道宽度和路缘带取值，并分析是否设置紧急停车带，需设置时应确定紧急停车带的宽度。

(4) 论证是否设置检修道，需设置时应确定检修道的宽度。

(5) 在上述分析的基础上，论证地下快速路的道路建筑限界。

(6) 应考虑监控、照明、通风、消防、安全疏散、内部装饰等相关配套设施的布置空间。

2. 横断面设计

1) 交通功能与服务对象分析

城市地下快速路的功能定位决定了地下快速路的服务对象，地下快速路的服务对象将直接影响其横断面布置形式和净空净宽标准。因此，必须结合路网规划、工程建设条件和现状区域路网交通运营情况，对所建项目在城市路网中的作用和功能定位进行充分论证。如果服务对象是仅为小客车专用，那就可以定位为小客车专用通道；否则，应按照能行驶各种机动车辆的城市地下道路进行设计。

结合目前实施的地下快速道路工程实例，在满足交通功能前提下，地下快速路需尽可能集约化设计横断面、紧凑布置横断面以控制最终投资。通常，地下快速路通道不需要考虑慢行交通。另外，为控制工程总投资，在小汽车交通占据了相当大的比例的城市核心区的城市快速路，可采用小汽车专用通道，也可适当降低设计速度(60 km/h)，能够在满足未来绝大多数交通需求的前提下，合理控制建设规模，并适度选用车道宽度、路缘带和净空等设计指标，达到交通功能、设计标准和工程投资之间的协调平衡，有助于长距离地下快速通道的推进实施，使地下快速通道早日发挥社会效益。上海外滩隧道、北横通道(图 7-14、图 7-15)都为小汽车专用通道，设计净空标准降低至 3.2 m，并尽可能采用双层断面形式；尽管设计速度不超过 60 km/h，但仍然能够形成大容量、长距离、系统性的地下快速通道，有效分流解决原区域交通瓶颈，社会效益显著。

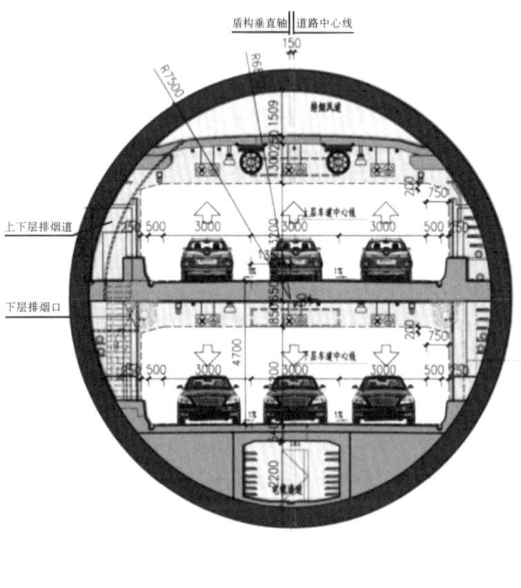

图 7-14 北横通道盾构段双层横断面

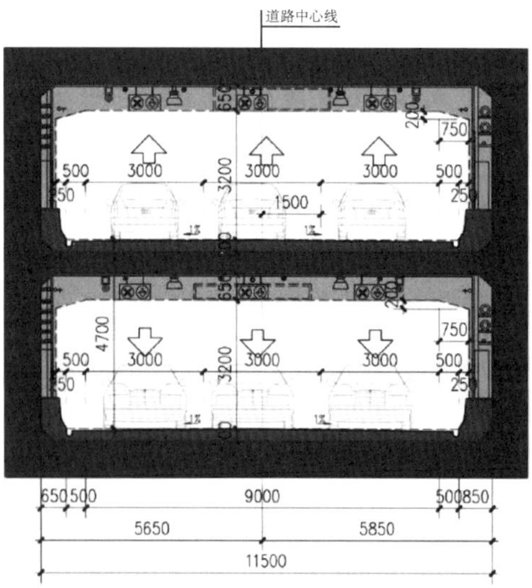

图 7-15 北横通道明挖段双层横断面

2) 施工工艺比选和横断面选定

地下快速路的横断面形式，取决于隧道施工工艺和道路总体方案的综合比选论证。对于长距离地下快速路而言，总体方案设计时，需综合考虑沿线河道湖泊、市政管线、轨道交通、地质条件、沿线现状建筑桩基等多种结构影响因素，应结合地道施工工艺特点和结构安全净距要求，在确保结构安全的前提下，提出可行的施工工艺。在结构设计的同时，需同步完成地下快速路的平纵设计、地面辅路的衔接、互通立交节点衔接等设计。在此基础上，进行综合论证，最终才能确定交通功能较为完善、施工工艺切实可行、建设投资较为合理的横断面布置方案，确保后续阶段的工程可实施性。

一般而言，长距离的地下快速路通常采用明挖法和盾构法，山区城市在穿越山岭时采用矿山法。明挖工艺采用箱形(矩形)横断面，适用于浅埋、可开挖路段，施工速度快，对道路平纵设计限制较少；但对于不可开挖路段或埋深较大的工况就不适用。盾构工艺适用于非开挖施工、埋深较深时的工况，且隧道越长经济性越好，但平面线形需满足盾构最小转弯半径要求，且结构顶覆土厚度一般不小于盾构直径。采用双洞工艺时，双洞净距一般不小于盾构直径；若地下快速路两端地面衔接路段为整体式路基，无论采用单洞双层盾构断面或双洞单层盾构断面，两侧过渡路段平纵均需较长过渡段。

表 7-2 中列举了长距离地下快速路最常见两种工艺——明挖法和盾构法的特点。

表 7-2　明挖法和盾构法工艺特点比较

比选类别	明挖法	盾构法
横断面布置	跨度和净高限制小，横断面布置灵活	净高和净宽受盾构隧道结构限制较大
总体平纵布置	适应性好，满足各种道路线形要求	平面线形需满足盾构转弯半径要求；盾构段较深，展线长度较大；双洞平行布置时，应满足上下行隧道最小净距要求；单洞双层布置时，隧道明挖转换段平纵布置较复杂
地层适应性	适用各种地层，软弱地层风险较大	适用多种地层
适用深度	开挖深度不宜过大，当大于 15 m 时需综合分析其经济技术合理性	结构顶覆土厚度一般不小于盾构直径，最大深度无特殊要求
施工对环境影响	需开挖施工，环境影响较大	非开挖施工，影响较小；但盾构两端存在一定规模的明挖段，并需大开挖设置工作井
施工工艺	机械化程度较低，施工难度小	专业化、机械化程度高，预制拼装率高
工期	可根据需要增加工作面，施工效率高	先施工工作井，再顶推施工区段，工期较长
工程造价	埋深小时，经济性好；开挖深度大时，风险较大，造价较高	隧道越短，单价越高；适用于长隧道

3) 车道宽度及紧急停车带宽度的论证

地下快速路横断面总宽度对工程建设成本和可实施性具有重要影响，其中车道宽度是影响横断面宽度的重要因素。影响地下快速路车道宽度的主要因素包括行驶车辆、设计速度、驾驶人、行车安全等。我国现行规范车道宽度取值的计算模型采用苏联的波良可夫模型，即车道宽度由车身宽度和横向安全距离两部分组成。根据《城市道路工程设计规范》(CJJ 37—2012，2016年版)的规定，城市道路上行驶的机动车辆分为小客车、大型车和铰接车三类，其车辆总宽分别为1.8 m、2.5 m和2.5 m。地下快速路车道间横向安全距离主要由行驶速度、驾驶人的技术及心理、行车安全等因素决定，应考虑同向行驶车辆间 a 、车辆与路缘带间的横向安全距离 b，其计算模型如下：

$$\begin{cases} a = a_0 + 0.02v^{0.75} \\ b = b_0 + 0.02v^{0.75} \end{cases} \tag{7-1}$$

式中，a_0，b_0 分别表示同向行驶横车辆间、车辆与路缘带间的安全距离基准值，通常与驾驶人的技术及心理、行车安全相关，一般取值分别为0.58 m和0.30 m。v 为车辆行驶速度(km/h)，当行驶速度为60 km/h时，a、b 的取值分别为1.01和0.73；当行驶速度为80 km/h时，a、b 的取值分别为1.12和0.84。

根据俞明健等研究者对国内已建包括上海市的人民路隧道、新建路隧道、外滩隧道以及中环线军工路隧道等多条地下连续流道路的小型客车运动轨迹的研究，分析行驶速度与车辆之间的横向偏移距离(表7-3)，得出如下结论：①运行速度小于或等于60 km/h时，车道间横向安全距离均小于1.08 m，车道有效宽度都小于3.0 m；②运行速度在60～80 km/h之间时，车道间横向安全距离均小于1.21 m，车道有效宽度都小于3.25 m。

表7-3　上海市部分地下连续流道路车道横向偏移值

道路名称	平均行驶速度(km/h)	车道位置	车辆宽度(m)	车道横向偏移值(m)			最小车道宽度(m)		
				100%	95%	85%	100%	95%	85%
人民路隧道、新建路隧道	40～60	左侧车道	1.80	1.02	0.85	0.64	2.82	2.65	2.44
		右侧车道	1.80	0.96	0.70	0.51	2.76	2.50	2.31
外滩隧道	40～60	左侧车道	1.80	1.08	0.84	0.41	2.88	2.64	2.21
		中间车道	1.80	1.05	0.95	0.46	2.85	2.75	2.26
		右侧车道	1.80	1.06	0.63	—	2.86	2.43	—
中环线军工路隧道	60～80	左侧车道	1.80	1.21	1.01	0.84	3.18	2.90	2.68
		右侧车道	1.80	1.09	0.89	0.72	3.02	2.75	2.62

另外，结合上述分析，根据现行相关设计规范的要求，车行道宽度应按照如下要求取值：设计速度为80 km/h时，大型车(或混行车)道宽度应为3.75 m，小客车车道为3.5 m(困难条件下可采用3.25 m)；设计速度为60 km/h时，大型车(或混行车)道宽度应为3.50 m，小客车车道为3.25 m(困难条件下可采用3.0 m)；具体的取值应参照表4-4的规定。地下快速路的左、右侧路缘带宽度均取用0.5 m。

地下快速路紧急停车带的功能主要包括：保证故障或事故车辆能够安全停靠不影响主线车辆交通正常运营；作为应急救援通道，保证救援服务车辆能够快速达到；用于隧道养护；改善行车安全和维持高服务水平。紧急停车带的设计应和预期发挥的功能相关，如果仅考虑故障或事故车辆紧急停车，仅需考虑故障车辆的车身宽度加 0.5 m 的开门宽度即可；如果要作为应急救援车道使用时，需要考虑应急车辆正常行驶所需的宽度；如果仅考虑改善行车安全和维持高服务水平，所需的宽度会更小。由于地下快速路建设成本高、地下空间建设受限条件多，地下快速路往往仅考虑故障或事故车辆紧急停车时，占用一定的主线车道宽度但剩余主线宽度还能保证主线车辆降低车速能安全通过（不至于阻塞交通）。

总体来说，有条件时宜尽量设置连续式紧急停车带。但当采用较宽的连续式紧急停车带时具有一定不足：城市地下道路工程造价高，横断面尺寸微小的增加都会带来巨大的工程造价；城市地下道路在布线时受既有地下管线、建筑物桩基等制约因素影响大，还要保证与现有地下设施的最小距离，在很多情况下如果采用较宽的连续式紧急停车带将增加横断面尺寸，影响工程的可实施性。因此，《城市地下道路工程设计规范》（CJJ 221—2015）关于紧急停车带的规定如下：

（1）单向 3 车道及以上地下快速路可不设置紧急停车带；单向 2 车道及以下的城市地下快速路（或匝道）应在行车方向的右侧设置连续式紧急停车带，连续式紧急停车带的最小宽度宜符合表 7-4 的规定。

表 7-4　地下快速路连续式紧急停车带最小宽度

车道类型	一般值(m)	最小值(m)
大型车或混行车道	3.0	2.0
小客车专用车道	2.5	1.5

（2）当设置连续式紧急停车带困难时，宜设置港湾式应急停车带，港湾间距宜为 500 m，有效宽度不应小于 3.0 m，有效长度不应小于 30 m，过渡段长度不应小于 5.0 m，位置不宜设置在曲线内侧等行车视距受影响路段。

4）论证是否设置检修道

城市地下快速路的检修道是否设置应综合考虑横断面结构形式、工程造价、运营管理模式及施工工法等因素确定。根据《城市道路路线设计规范》（CJJ 193—2012）的相关规定，对于中长及特长隧道应设置检修道，宽度不应小于 0.75 m。

一般情况下，城市地下快速路采用夜间封闭交通进行集中检修及养护。研究认为，当设置条件困难时，可以不设置检修道。但对于山岭地区采用矿山法修建的城市地下快速路，为满足结构受力的需要，横断面轮廓主要采用马蹄形，为扁平圆状断面，在两侧具有一定宽度余量，但这个余量对应高度不能满足车行净高的要求，正好可用于布置检修道，充分利用断面空间。检修道设置宽度一般不小于 0.75 m，高度为 0.25～0.40 m。

5）确定道路限界

在明确施工工艺、横断面形式、设计速度、横断面要素取值的基础上，根据相关设计规范，可确定地下快速路的建筑限界（图 7-16）。综上所述，结合现行相关设计规范，地下快速路的建筑限界相关取值见表 7-5。

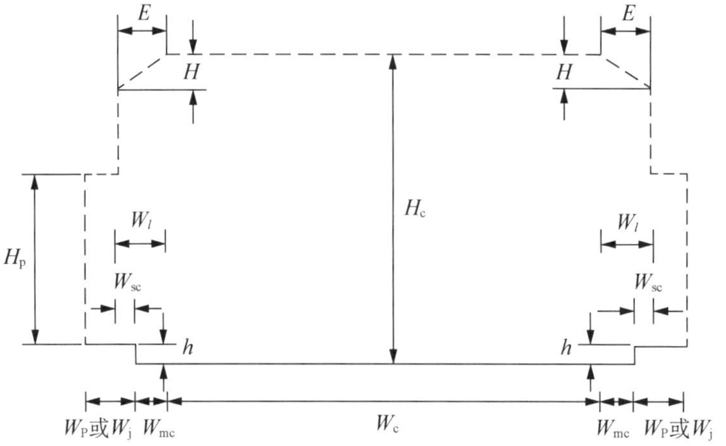

图 7-16　地下快速路建筑限界示意图

表 7-5　地下快速路建筑限界组成最小值(m)

车道类型	路缘带宽度(W_{mc})	安全带宽度(W_{sc})	检修道宽度(W_j)	缘石外露高度(h)	机动车道最小净高(H_c)	检修道最小净高(H_p)	建筑限界顶角高度(H)
大型车或混行车道	0.50	0.25	0.75	0.25～0.40	4.5	2.5	0.50
小客车专用车道	0.25				3.5(3.2)		

6）预留相关配套设施空间

城市地下道路横断面设计在满足建筑限界条件下，还应重点考虑配套设施的预留空间，确保通风、给排水、消防、供电照明、监控、内饰装修等配套附属设施和安全疏散设施的需要，这些附属设施对于后期正常运营、日常安全和防灾逃生等方面将起到至关重要的作用(图 7-17)。如安全逃生通道在发生火灾时将成为关键逃生、救援通道；而结合光电的指引系统是日常运营、交通引导的基础(图 7-18)；排风系统中，风塔作为通风的重要配套建筑设施，必须合理选址，并与周边建筑风貌协调一致(图 7-19)。

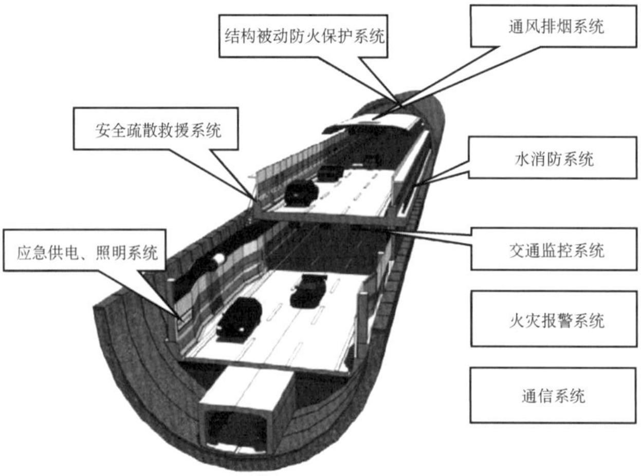

图 7-17　城市地下快速通道防灾系统组成示意图

图 7-18　上海外滩隧道光电交通引导设施(逃生通道)

图 7-19　上海外滩隧道圆柱形风塔建筑

7.3 城市地下快速路停车视距检验

7.3.1 停车视距

由于快速路空间封闭，驾驶员行车视线不仅受两侧侧墙影响，同时顶部有时也会影响行车视距，因此地下快速路平面、纵断面线形布置应保证线形流畅，自然诱导驾驶员视线，尤其是要注意保证停车视距。

停车视距应由反应距离、制动距离和安全距离三部分组成，停车视距计算如式(7-2)所示。

$$S_s = \frac{Vt}{3.6} + \frac{V^2 \beta_s}{254 \mu_s} + S_a \tag{7-2}$$

式中，S_s 为停车视距；V 为设计速度(km/h)；μ_s 为纵向摩擦系数，取 0.4，按路面潮湿状态计算；t 为反应时间；β_s 为安全系数，取 1.2；S_a 为制动停止后安全距离。

根据上述分析，结合现行设计规范，地下快速路(含匝道)停车视距应符合表 7-6 的规定。

表 7-6　地下快速路(含匝道)停车视距

设计速度(km/h)	80	60	50	40	30
停车视距(m)	110	70	60	40	30

现有的研究表明，城市地下快速路进出口亮度的急剧变化会造成驾驶员明暗适应困难，是形成进出口事故黑点重要原因。国内外已有大量试验与研究成果证明，明暗适应过程中视觉震荡产生的视觉障碍，将使驾驶员认知反应时间延长。因此，在进出口应适当增加停车视距，建议进出口停车视距提高至快速路地道内标准路段的 1.5 倍。条件受限时，应做好洞口光过渡段处理。

7.3.2 停车视距检验方法

地下快速路(含匝道)的小半径平曲线以及小半径凹曲线范围视距容易受限。在平曲线路段，侧墙是阻挡视线的主要障碍物；在竖曲线路段，凸曲线的最小极限半径是按满足停车视距的要求确定的,一般能够满足视距要求,凹曲线在地下道路由于顶部可能会遮挡行车视线,因此对行车视距会造成一定影响。在工程设计中,视距不良的路段容易成为事故多发点,故需严格进行视距检验,保证设计成果具有足够的停车视距,确保行车安全。

考虑地下快速路周边环境单一,车辆超速情况较为普遍,在验算停车视距时,仅满足设计速度下的停车视距是不够的,必须严格保证实际运营的行车速度(或预测值)下的停车视距。在竖曲线处,结合纵断面因素校核,验算时物高宜为 0.1 m。目高在凸型竖曲线上宜为 1.2 m,在凹型竖曲线上宜采用 1.9 m;当为混合车道、货车比例较高时,应验算货车停车视距,货车目高规定为 2.0 m。

停车视距检验方法可以分为二维法和三维法,下面分别介绍。

1. 二维法视距验算

二维法视距验算包括解析法和包络线法,可分别对平曲线和竖曲线进行视距验算。解析法为目前常用的视距检验方法,即利用平面几何原理验算不利点处的横净距,以此检验平曲线中的视距情况;验算竖曲线中的最小停车视距以检验竖曲线中的视距情况。包络线法沿视点轨迹线每隔一定间隔依次绘出系列视距线相切的二维曲线所构成的外边缘轮廓线。

1) 解析法

在平曲线中,车辆在平曲线中的视距与视点位置、曲线半径、曲线长度、内侧汽车行驶轨迹半径、横净距有关,通常转换为横净距是否满足要求。在竖曲线中,通过对坡度代数差、视线高度、物体高度、通行净高、凹曲线长度的计算可得到最小停车视距,以检验是否满足要求。平曲线横净距的计算方法(图 7-20)可以按表 7-7 所列公式计算。凹竖曲线路段的视距验算(图 7-21)可以按表 7-8 所列公式计算

表 7-7　平曲线最大横净距计算公式

情形类型		计算公式
不设缓和曲线	(1) 当停车视距 S_1 小于圆曲线长度 L_c 时	$a=R_1\left(1-\cos\frac{\psi}{2}\right)\quad \psi=S_1\frac{180}{\pi R_1}$
	(2) 当停车视距 S_1 大于圆曲线长度 L_c 时	$a=R_1\left(1-\cos\frac{\alpha}{2}\right)+\frac{S_1-L_1}{2}\sin\frac{\alpha}{2}\quad L_1=\frac{R_1\pi\alpha}{180}$
设缓和曲线	(3) 当停车视距 S_1 小于圆曲线长度 L_c 时	$a=R_1\left(1-\cos\frac{\psi}{2}\right)\quad \psi=S_1\frac{180}{\pi R_1}$
	(4) 当停车视距 S_1 大于圆曲线长度 L_c 时	$a=R_1\{1-\cos[(\alpha-2\beta)/2]\}+(L_s-a_m)\sin\left(\frac{\alpha}{2}-\theta\right)\quad a_m=\frac{L_1-S_1}{2}$ $\theta=\arctan\left\{\frac{L_s}{\sigma R\left[1+\frac{a_m}{L_s}+\left(\frac{a_m^2}{L_s}\right)\right]}\right\}$
	(5) 当停车视距 S_1 大于平曲线长度 L 时	$a=R_1\{1-\cos[(\alpha-2\beta)/2]\}+L_s\sin\left(\frac{\alpha}{2}-\theta\right)+\frac{1}{2}(S_1-L_1)\sin\left(\frac{\alpha}{2}\right)$, $\theta=\arctan\frac{L_s}{6R_1}$

注:a—最大横净距(m);R_1—平曲线内侧汽车行驶轨迹半径(m);ψ—视距线所对的圆心角(°);S_1—停车视距(m);α—道路中线转角(°);L_1—曲线内侧汽车行驶轨迹长度(m);β—回旋线角(°);L_s—缓和曲线长度(m);a_m—汽车计算位置 M 或 N 到缓和曲线起点的距离(m);θ—通过汽车计算位置 M(或 N)与平曲线切线的平行线和 M(或 N)至缓和曲线终点间弦线的夹角或平曲线切线与缓和曲线的弦线的夹角。

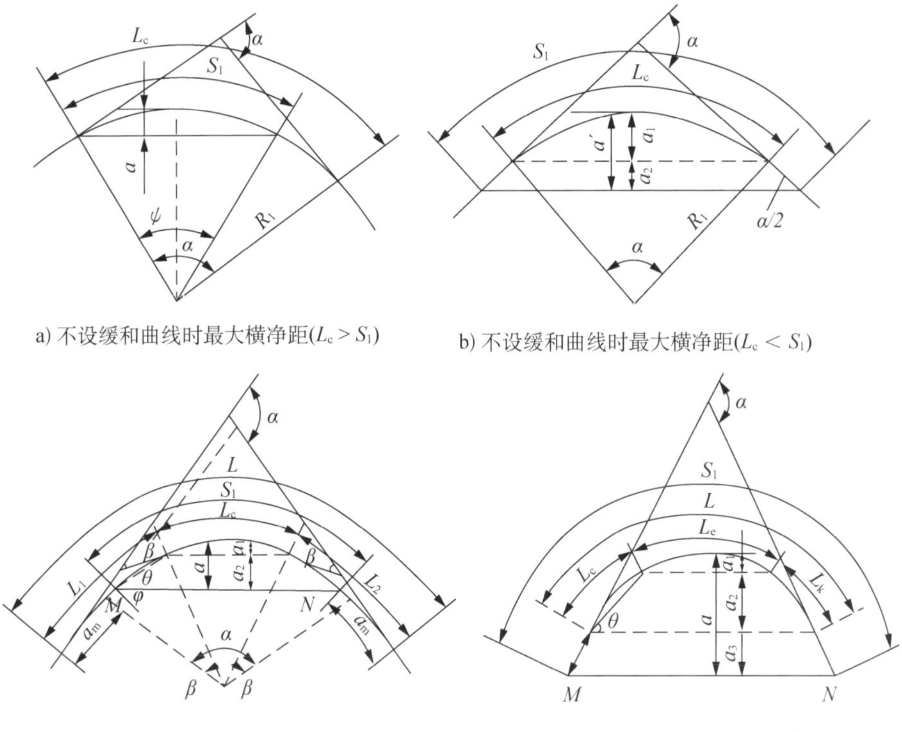

a) 不设缓和曲线时最大横净距($L_c > S_1$)

b) 不设缓和曲线时最大横净距($L_c < S_1$)

c) 设缓和曲线时最大横净距($L > S_1 > L_c$)

d) 设缓和曲线时最大横净距($L < S_1$)

图 7-20　平曲线横净距计算图示

表 7-8　凹竖曲线停车视距计算公式

情形类型	计算公式
当停车视距 S 大于或等于凹曲线长度 L 时	$S=\dfrac{L}{2}+\dfrac{4\left(C-\dfrac{h_1+h_2}{2}\right)}{A}$
当停车视距 S 小于凹曲线长度 L 时	$S=\sqrt{\dfrac{8L\left(C-\dfrac{h_1+h_2}{2}\right)}{A}}$

注：C —净高；L —凹曲线长度(m)；S_m —最小停车视距(m)；A —坡度代数差(%)；h_1—目高(m)；h_2—物高(m)。

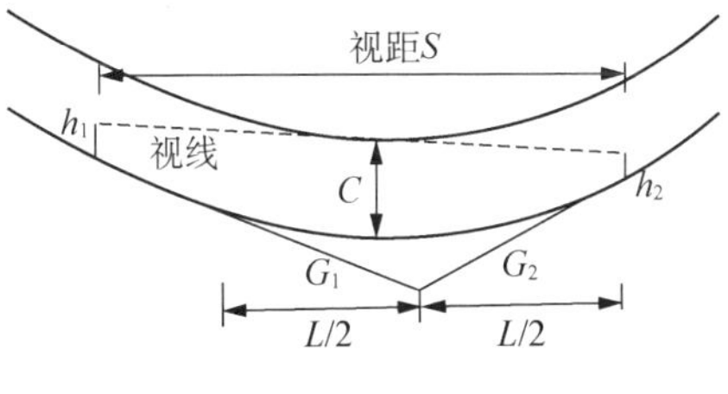

图 7-21　凹竖曲线停车视距计算图示

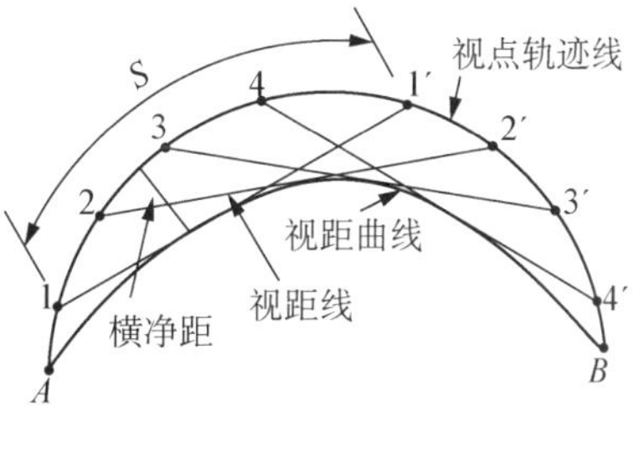

图 7-22　平曲线视距包络线图解法图示

2）包络线法

传统的包络线方法具有简单、直观的特点，但存在作图烦琐的问题。20 世纪 90 年代以后，随着计算机制图技术广泛采用以及计算机辅助制图软件的发展，这种烦琐的作图(图 7-22)过程已被计算软件代替。

笔者在 RADS(道路辅助设计系统)软件中，针对平曲线、竖曲线中的视距检验问题开发了平曲线横净距视距包络线功能(图 7-23)、竖曲线视距包络线功能(图 7-24)，通过迭代计算指定步长处的视距以形成"包络图"，包络图的精度可根据交互设计窗口由设计人员给定"步长"来控制。通过计算机辅助制图与迭代计算方法，可实现地下道路图解法视距检验，通过比对计算机生成的横净距视距包络图与实际设计成果，通过"所见即所得"的直观方式实时检验设计方案中的视距参数，效率高、准确性好，可确保地下道路的视距安全要求。

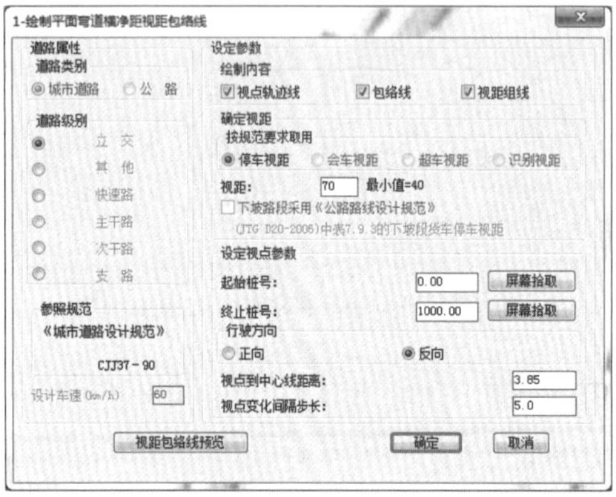

图 7-23　平曲线横净距视距包络线软件界面

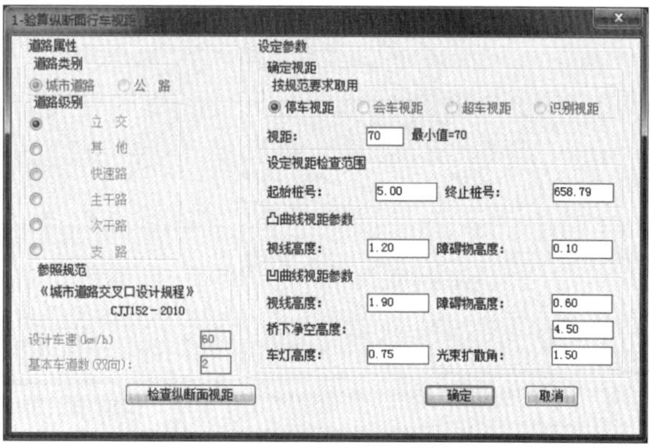

图 7-24　竖曲线视距包络线软件界面

2. 三维法视距验算

三维法视距验算包括解析法和 BIM 法，可从三维空间维度对道路的平纵横线形进行视距验算。解析法视距检验是在三维空间内的一种解析法检验，相比常规的仅考虑平面、纵断面因素的检验方法，在三维坐标系中进行视距检验可还原平、纵、横三维组合状态，以更准确地判断每一处不利点的视距是否满足要求。BIM 法视距检验是直接建立地下道路的结构及相应附属设施建立 BIM 模型，沿视点三维轨迹线进行空间漫游来检验是否满足视距要求。

1）解析法

研究通过建立道路线形的三维计算模型和视线三维计算模型，可计算驾驶员视点到物点所构成的三维视线上任一点的高程值，并根据三维视线在道路上的投影原理，计算路线上任一点对应的高程值。比较二者的关系，便可检查出道路上遮挡视线的范围。三维解析法的计算步骤和方法如下。

[步骤一] 建立道路中心线空间坐标计算模型，平面坐标如式(7-3)所示，高程如式(7-4)所示。

$$\begin{cases} k(s)=ax(s)+b \\ \varphi(s)=\varphi_0+\int_{s_0}^{s} k(s)\mathrm{d}s \\ x(s)=x_0+\int_{s_0}^{s}\cos(\varphi(s))\mathrm{d}s \\ y(s)=y_0+\int_{s_0}^{s}\sin(\varphi(s))\mathrm{d}s \end{cases} \tag{7-3}$$

$$\begin{cases} z(s)=z_0+G_0(s-s_0) & \text{纵坡直线段} \\ z(s)=z_0+G_0(s-s_0)-\mathrm{sign}\,\dfrac{(s-s_0)^2}{2R} & \text{竖曲线段} \end{cases} \tag{7-4}$$

式中，s 为任一点桩号；$k(s)$ 为桩号点 s 处的平曲线曲率；a，b 为常数；$x(s)$，$y(s)$，$z(s)$，$\varphi(s)$ 为桩号点 s 处的中心线空间坐标及平面方位角；s_0，x_0，y_0，z_0，φ_0 为起点桩号、中心线空间坐标及平面方位角；G_0 为纵坡度；sign 为常数，凹曲线时为−1，凸曲线时为 1；R 为竖曲线半径。

［步骤二］建立道路上任一点空间坐标计算模型，空间坐标如式(7-5)所示。

$$\begin{cases} x(s, w)=x(s)+w\cos\left(\dfrac{\pi}{2}+\varphi(s)\right) \\ y(s, w)=y(s)+w\sin\left(\dfrac{\pi}{2}+\varphi(s)\right) \\ z(s, w)=z(s)+\sum\limits_{j=1}^{n-1} w_{\mathrm{i}}G_{\mathrm{j}}+\left(w-\sum\limits_{j=1}^{n-1} w_{\mathrm{i}}\right)G_n \end{cases} \tag{7-5}$$

式中，$x(s, w)$，$y(s, w)$，$z(s, w)$ 为桩号 s 点偏移 w 处的空间坐标；w 为偏移中心线的距离，中心线左侧为正，右侧为负；w_{j}，G_{j} 为横断面各部分的宽度及坡度。

［步骤三］建立驾驶员视点到物点构成的三维视线计算模型。驾驶员视点 A 投影到路面点 A' 的平面坐标为 $Q(s)$，物点 B 投影到路面点 B' 的平面坐标为 $Q(s+d)$。$A'B'$ 上任一点 T' 的平面坐标 $S(t)$ 及 T 点高程 $z(t)$ 的计算式为式(7-6)。

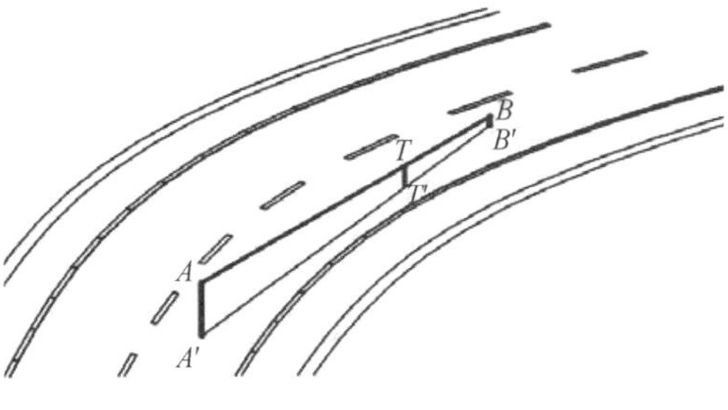

图 7-25　三维视距计算模型

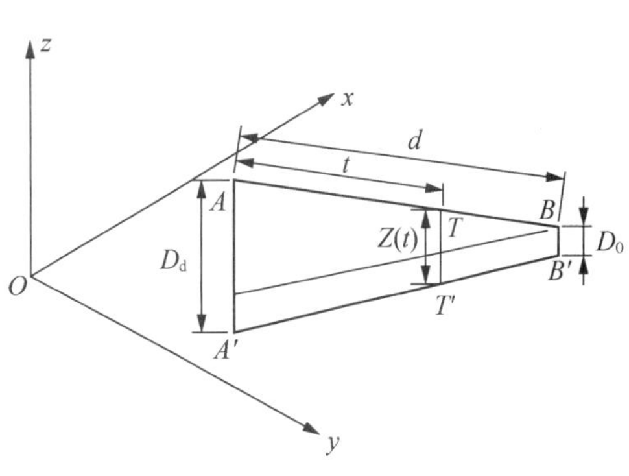

图 7-26　视线上任意一点的高程计算

$$\begin{cases} S(t)=Q(s)+\dfrac{t}{d}[Q(s+d)-Q(s)] \\ z(t)=D_0+\dfrac{d-t}{(D_d-D_0)d} \end{cases} \tag{7-6}$$

式中，D_d 为驾驶员视点高度；D_0 为物点高度；d 为视距值。

［步骤四］反算平面坐标 $S(t)$ 对应主线的桩号和偏距。具体方法：通过 $S(t)$ 点直接向道路平面中心线作垂线，如果中心线是直线或圆曲线，直接利用直线间求交或直线和圆曲线求交的解析方法，求得主线对应的坐标及桩号；如果中心线是缓和曲线，采用二分法迭代算法，也可方便地求得主线对应的坐标及桩号；求得对应中心线的坐标后，可以方便地求得两点坐标间的距离（即偏距）。

［步骤五］通过比较视线上任一点和其投影点的高程，判断视线是否被路面或者路侧所遮挡。

［步骤六］重复步骤三至步骤五，记录所有路面或路侧遮挡点的桩号和高程。

上述算法可以开发计算机编程软件，利用软件进行计算。

2）BIM 法

随着 BIM 技术的广泛采用，BIM 法逐渐成为三维视距检查的重要方法，BIM 法具有直观、所见即所得的优点。笔者团队自主开发的 SMEDI-RDBIM 软件，可以方便地进行地下道路 BIM 正向设计，实时完成地下道路模型（包括地下结构设施、交通附属设施、防灾设施等）构建，可以实时沿任意行驶路径进行漫游，实时进行三维视距检查，及时发现视距不足的设计。SMEDI-RDBIM 软件建立的 BIM 模型也可以导入法国 OKTAL 公司开发的商业软件 SCANeR™ 驾驶模拟器（图 7-27），经 SCANeR 平台渲染后输入模拟光源，形成虚拟现实模拟环境，再输入交通流预测数据将交通流仿真成果输入环境中，如需要还可输入声响模拟（更能够增加驾驶员的沉浸感），即可构建完整的驾驶模拟外部环境（图 7-28）；在此基础上，可以方便模拟当前设计状态下的地下道路线形、各项设施，对各种驾驶行为（包括视距检验）进行模拟，并记录相应的数据。

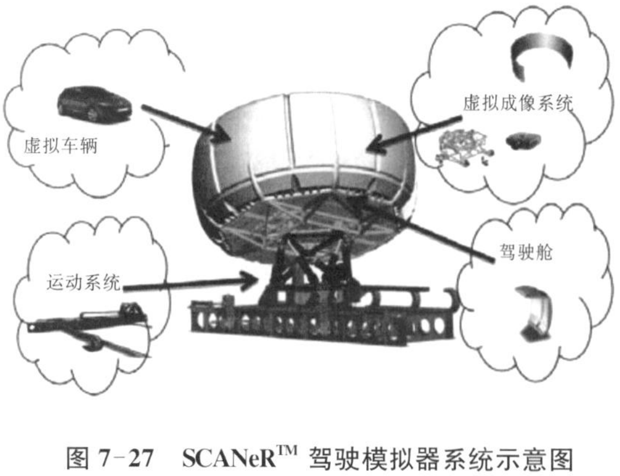

图 7-27　SCANeR™ 驾驶模拟器系统示意图

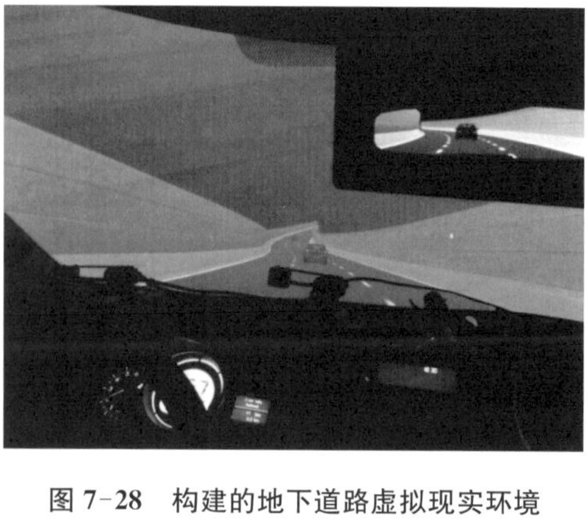

图 7-28　构建的地下道路虚拟现实环境

从目前已运营地下道路来看，视距不足的路段通常容易成为事故多发点，地下道路视距不足的路段主要有小半径曲线路段以及平纵组合不良的路段。小半径平曲线路段行车视距受半径、曲线长度以及横断面等因素影响，当验算停车视距不足时，可以从增大侧向净宽、增大平曲线及竖曲线半径、加大净高等方面改善道路线形；当条件受限、无法通过线形改善视距时，可以通过严格限速，以保证停车视距。

7.4 城市地下快速路结构设计

7.4.1 地下结构工法

城市地下快速路应综合结构形式、地质条件、地面交通的要求、周围环境、工期和造价等因素，选择安全、可靠的工艺方案。根据开挖及内部结构的施工顺序，地下结构工法可分为明挖法、盖挖法、暗挖法、盾构法(圆形或类矩形)、矿山法、沉管法等。

1. 明挖法

明挖法是一种施工快捷、灵活适用的施工方法。优点是适合多种不同类别的地质条件，适用于不同形状和线形的快速路标准，施工工艺简单、技术成熟、施工安全、工期短、施工质量易保证、综合造价低。

适用条件：在基坑开挖范围内无重要的市政管线或市政管线可以临时改移；城市道路交通流量不大或当需要封闭道路交通时有临时改道条件。

明挖法是先从地表面向下开挖土体至设计高程，然后由下而上地施工主体结构及其防水措施，最后回填并恢复路面(图 7-29)。

图 7-29　明挖法基坑开挖与主体结构浇筑

明挖法是地下工程诸多施工方法中最为经济且技术安全可靠均能确保的一种施工方法，在条件允许的情况下，应优先选用。

结合地下快速路地质情况及其周边环境，可采用适当的支护形式进行基坑开挖施工。一般应结合工程地质勘察报告以及当地经验选用适宜的支护形式，可采用放坡、土钉、排桩支护(SMW 型钢水泥土搅拌桩、拉森钢板桩、灌注桩、钢管桩等)、地下连续墙等支护形式，内部根据基坑设计采用内支撑或者外拉锚等支撑体系。

2. 盖挖法

在路面交通不能长期中断的道路下修建地下通道时，可采用盖挖法。

盖挖法的施工顺序：首先，封闭部分道路交通，完成地下快速路两侧的支护结构；然后，架设临时路面系统，恢复交通，在上部临时路面系统的支撑保护下，从上至下开挖土体，随挖随撑，直至基坑底面；最后，再自下而上浇筑主体结构，恢复永久路面（图 7-30）。

图 7-30　盖挖法基坑开挖施工

盖挖法支护结构既要挡土又要承受地面及施工荷载，一般选择钢筋混凝土灌注桩或地下连续墙支护结构，同时须满足止水要求。对于饱和的软弱地层，应以刚度大、止水性能好的地下连续墙为首选方案。

盖挖法通常应用于交叉路口区段，且盖挖顶板一般埋深较浅。当应用于较大区域时，造价高，且长距离盖挖施工时需在两出入口向内开挖，施工条件差、工期长、施工风险大，同时盖挖施工因其施工处于地下，通风照明环境较差，结构施工质量隐患较多。

3. 暗挖法

在地面无条件明挖或盖挖的情况下，可采用暗挖法。暗挖法施工大部分作业均在地下进行，因此对地面交通和人员出行影响小，无须进行大量的管线搬迁。但与上述两种工法相比较，暗挖法施工难度大，工期长，造价高，部分工艺施工技术成熟性差，在软土地区施工时安全稳定性难以控制。

暗挖法主要有类矩形顶管法和管幕-箱涵法等。顶管法通常采用土压平衡顶管机，利用机头前端刀盘切削土体并搅拌成软塑状态的均质土，通过水土压力维持开挖面的稳定，主顶油缸提供前进动力克服机头迎面阻力和摩擦力，使后续箱涵相继进入地层，分段完成贯通通道（图 7-31）。管幕-箱涵法首先利用小口径顶管机和钢管，在拟建箱涵周围顶进形成封闭的水平管幕，在管幕的保护下顶进拟建箱涵，边开挖边顶进，完成箱涵顶推，实现暗挖穿越（图 7-32）。

图 7-31　矩形顶管施工设备

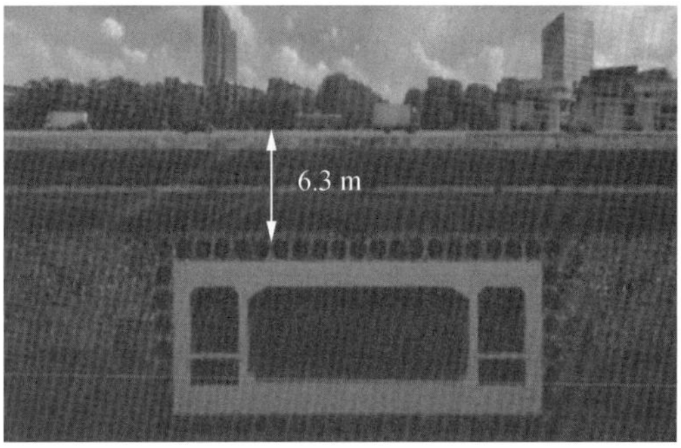

图 7-32　管幕-箱涵法施工

常用类矩形顶管结构尺寸详见表 7-9。该方法适用于短距离穿越已建的铁路、高速公路、城市重要干道或河流、湖泊等工程，但对于长距离地下通道施工技术和经济性较差，往往需要与盾构法进行综合比选确定。

表 7-9　常用矩形顶管结构尺寸

序号	隧道结构尺寸(m)	适用范围	工程案例
1	类矩形顶管，外径 14.8×9.4，壁厚 0.9	单洞 3 车道	嘉兴快速路
2	类矩形顶管，外径 10.4×7.5，壁厚 0.45	单洞 2 车道	郑州中州大道
3	类矩形顶管，外径 9.9×8.15，壁厚 0.7	单洞 2 车道	上海陆翔路(带风机)

4. 盾构法

盾构法是隧道暗挖施工的一种全机械化施工方法。

盾构是在软岩和土体中进行隧道施工的专门机具，将盾构机械在地下推进，通过盾构外壳和管片支承四周围岩防止发生往隧道内的坍塌，同时在开挖面前方用切削装置进行土体开挖，通过出土机械运出洞外，靠盾尾的千斤顶克服盾构机和周围土体产生的正面和侧壁摩阻力，在后部加压顶进，并拼装环形隧道衬砌，每拼装一环管片，千斤顶向前推进一个衬砌环间宽度(图 7-33)。目前，常用的盾构机主要有土压平衡盾构机和泥水平衡盾构机。

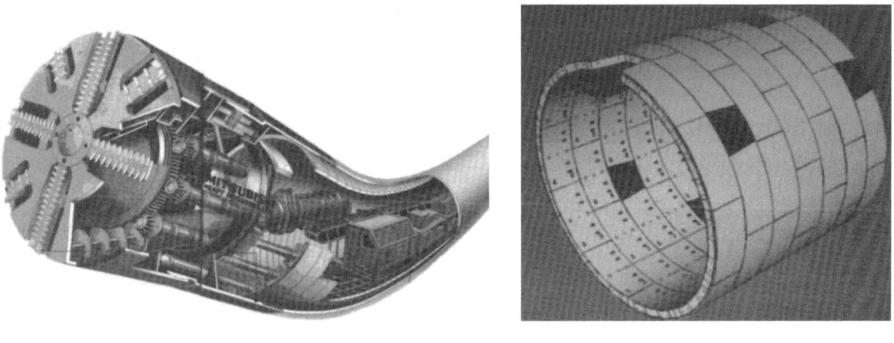

图 7-33　盾构机械及管片示意

盾构法因其造价和盾构机具的影响，通常应用于长大越江隧道、城市中心区域以及其他上部敏感环境等区域。线路之间根据盾构机具推进距离设置工作井，提供盾构机的始发和接收空间。盾构法施工长度较为经济合理的距离为 1 km 以上，适合于连续交通和过境交通等的交通工程。

目前，较为常用的盾构隧道结构尺寸详见表 7-10。

表 7-10 常用盾构隧道结构尺寸

序号	隧道结构尺寸	适用范围	备注
1	外径 15.2 m，内径 13.9 m	单洞单层 3 车道 单洞双层 6 车道	常规标准 小车标准
2	外径 15.0 m，内径 13.7 m	单洞单层 3 车道 单洞双层 6 车道	常规标准 小车标准
3	外径 14.5 m，内径 13.3 m	单洞单层 3 车道 单洞双层 4 车道	常规标准
4	外径 13.95 m，内径 12.75 m	单洞单层 3 车道 单洞双层 4 车道	常规标准 常规标准（<60 km/h，<3 km）
5	外径 11.36 m，内径 10.4 m	单洞单层 2 车道 单洞双层 4 车道	常规标准 小车标准
6	外径 11.3 m，内径 10.3 m	单洞单层 2 车道 单洞双层 4 车道	常规标准 小车标准

5. 矿山法

山岭隧道是指为缩短距离和避免大坡道而从山岭或丘陵下穿越修建的隧道，其修建工艺通常称为矿山法。矿山法主要用钻眼爆破方法开挖断面而修筑隧道及地下工程的施工方法，因借鉴矿山开拓巷道的方法，故名矿山法。

用矿山法施工时，将整个断面分部开挖至设计轮廓，并随之修筑衬砌(图 7-34)。当地层松软时，则可采用简便挖掘机具进行，并根据围岩稳定程度，在需要时应边开挖边支护。

图 7-34 矿山法隧道内部施工

分部开挖时，断面上最先开挖导坑，再由导坑向断面设计轮廓进行扩大开挖。分部开挖主要是为了减少对围岩的扰动，分部的大小和多少视地质条件、隧道断面尺寸、支护类型而定。在坚实、整体的岩层中，对中、小断面的隧道，可不分部而将全断面一次开挖。如遇松软、破碎地层，须分部开挖，并配合开挖及时设置临时支撑，以防止土石坍塌。

6. 沉管法

沉管法是在水底建筑隧道的一种施工方法。沉管隧道就是将若干个预制段分别浮运到海面（河面）现场，并一个接一个地沉放安装在已疏浚好的基槽内，以此方法修建的水下隧道。

适用条件：水道河床稳定和水流并不过急。前者不仅便于顺利开挖沟槽，并能减少土方量；后者便于管段浮运、定位和沉放。

沉管法施工顺序：先在船台上或干坞中制作隧道管段（用钢板和混凝土或钢筋混凝土），管段两端用临时封墙密封后滑移下水（或在坞内放水），使其浮在水中，再拖运到隧道设计位置；定位后，向管段内加载，使其下沉至预先挖好的水底沟槽内。管段逐节沉放，并用水力压接法将相邻管段连接。最后拆除封墙，使各节管段连通成为整体的隧道。在其顶部和外侧用块石覆盖，以保安全（图 7-35）。

沉管隧道相较于盾构隧道，其断面形状、大小可自由选择，断面空间可充分利用。大型的矩形断面的管段可容纳 4～8 车道，而盾构法施工的圆形断面利用率不高。沉管法覆土需满足河道冲刷和船舶锚击深度的要求，盾构工艺最小覆土需满足 0.6～0.8 倍盾构外径要求。

图 7-35　沉管隧道沉放示意图

7. 工法选择

在地下快速路工程设计中，应结合道路总体功能需求和设计规模，从技术难度、复杂程度、施工质量、施工风险、管线改迁以及道路出入口布置等方面进行综合比选选用，其中矿山法和沉管法由于其适用条件的特殊性，城市快速路工程中一般在特定条件下进行选择使用，其他几种工法的特点分析见表 7-11。

表 7-11　城市地下快速路的常用工法选择

序号	方案类型	明挖法	盖挖法	暗挖法	盾构法
1	技术难度	简单	较难	难	技术要求高
2	复杂程度	一般	复杂	复杂	复杂
3	施工风险	一般	大	一般	小
4	断面适用性	灵活	较灵活	一般	受限
5	管线迁改影响程度	大	较大	小	小
6	施工期间交通组织	复杂	较复杂	一般	小
7	道路出入口布置	灵活	受限制	受限制	不适用

7.4.2　地下结构设计

1. 地下结构设计概述

1）地下结构设计特点

地下结构与地上结构相比，在计算理论和施工方法上都有很多不同点。如二者之间赋存环境(初始地应力场、渗流场和温度场以及生态场等)不同，其力学作用机理和所采用的理论和方法均有所差异。

地上结构一般由上部结构和地基组成，地基只在上部结构底部起约束或支承作用，除了自重外，荷载都是来自结构外部，如人群、设备、车辆、水力、风荷载等。地下结构是埋入地层中的，四周都与地层紧密接触。地下结构承受的荷载来自地下结构开挖后引起周围地层的变形和变形而产生的效应，同时结构在荷载作用下发生的变形又受到地层给予的约束。因此，周围地层与地下结构一起承受荷载，共同组成地下结构受力体系。地层岩土体既是承载结构的基本组成部分，又是形成荷载的主要来源。

在稳固地层中，开挖出的地下空间结构甚至可以不设支护结构，如我国陕北的黄土窑洞。在非稳固地层中，需要修建支护结构。支护结构具有两个基本使用要求：①满足结构强度、刚度的要求，以承受诸如水、土压力以及一些特殊使用要求的外荷载；②提供一个能满足使用要求的工作环境，以便保持地下结构内部的干燥和清洁。

地下结构代替了原来的地层，结构承受了原本由地层承受的荷载。在设计和施工中要最大限度地发挥地层自承能力，以便控制地下结构的变形，降低工程造价。在受荷状态下构建的地下结构物，地层荷载随着施工进程发生变化，因此设计时要考虑最不利的荷载工况。

2）地下结构计算方法

根据地下结构计算方法的发展，国际隧协(ITA)归纳的四种模型分别如下：①以参照以往隧道工程的实践经验进行工程类比为主的经验设计法；②以现场量测和实验室试验为主的实用设计方法，例如以洞周位移量测值为依据的收敛-限制法；③作用-反作用模型，例如对弹性地基圆环和弹性地基框架建立的计算法；④连续介质模型，包括解析法和数值法，数值法目前主要是有限元法。

目前，我国常用的四种地下结构设计方法为荷载结构法、地层结构法、经验类比法和收敛限制模型法。

(1) 荷载结构法

荷载结构模型认为,地层对结构的作用只是产生作用在地下结构上的荷载(包括主动地层压力和被动地层抗力),地下结构在荷载的作用下产生内力和变形。与上述相对应的计算方法称为荷载结构法。

这一方法与地上结构设计时习惯采用的方法基本一致,区别是计算地下结构内力时需考虑周围地层介质对结构变形的约束作用。计算时,先按地层分类法或由实用公式确定地层压力,保证地下结构能安全可靠地承受地层压力等荷载的作用,按弹性地基上结构物的计算方法计算地下结构的内力,并进行结构截面设计。

常用的弹性连续框架(含拱形构件)法、假定抗力法和弹性地基梁(含曲梁)法等都可归属于荷载结构法。

(2) 地层结构法

将地下结构与地层作为一个受力变形的整体,按照连续介质力学原理来计算地下结构以及周围地层的变形。不仅计算出地下结构的内力和变形,而且计算出周围地层的应力,充分体现了周围地层与地下结构的相互作用。但是由于周围地层以及地层与结构相互作用模拟的复杂性,地层结构法尚处于发展阶段。它包括如下内容:地层合理化模拟、结构模拟、施工过程模拟以及施工过程中结构与周围地层的相互作用、地层与结构相互作用的模拟等。

地下结构的设计受到各种复杂因素的影响,即使内力分析采用了比较严密的理论,其计算结果往往需要用经验类比加以判断和补充。在设计地下结构时,只有同时进行多种设计方法的比较,才能做出较经济合理的设计。

(3) 经验类比法

由于地下结构的设计受到多种复杂因素的影响,内力分析即使采用比较严密的理论,计算结果的合理性也常常仍需要借助经验类比予以判断和完善。

(4) 收敛限制模型法

收敛限制模型的计算理论也是地层结构法,其设计方法则常称为收敛限制法或特征线法。

2. 设计原则

地下结构设计应采用以概率理论为基础的极限状态设计方法,以可靠度指标衡量结构构件的可靠度,采用分项系数的设计表达式进行设计。根据地下结构的类型和施工方法,分别按有关设计规范对其在施工阶段和正常使用阶段进行结构强度、稳定性、裂缝宽度及挠度变形等计算。城市地下快速路结构设计应满足如下设计原则。

(1) 结构设计过程中应贯彻执行国家的技术经济政策,应符合安全可靠、适用耐久、技术先进、经济合理、确保质量和保护环境的要求。

(2) 地下结构的总体布置应满足建筑限界、道路路线、施工误差及各专业功能布置需求,断面尺寸应根据荷载工况满足承载力要求及结构设计、施工工艺的要求综合确定。

(3) 地下结构设计应按最不利工况进行设防水位的抗浮稳定验算,满足施工和使用阶段的抗浮要求。

(4) 地下结构应根据需要采取成熟、可靠的施工工艺，当采取其他新型工艺施工时应进行充分论证。

(5) 地下结构设计应满足抗震设防的要求，并采取相应的构造措施。

(6) 地下结构设计应满足《地下工程防水技术规范》(GB 50108—2008)中有关地下工程防水技术要求，确保工程防水抗渗能力。

(7) 地下结构耐久性设计应符合《混凝土结构耐久性设计标准》(GB/T 50476—2019)等的规定。

(8) 当采用盾构法时，隧道衬砌宜采用具有一定刚度的柔性结构，应限制其变形和接头张开量，满足结构受力和防水要求。衬砌结构横向计算模式应根据地层情况、衬砌构造特点、结构的实际工作条件等确定，宜考虑衬砌与地层共同作用及装配式衬砌接头的影响。

(9) 在荷载、结构、地质条件发生变化的部位或因抗震要求需设置变形缝时，应采取可靠的工程技术措施，确保变形缝两侧的结构不产生影响使用的差异沉降。

3. 主要技术标准

(1) 地下快速路主体结构设计使用年限为100年，结构安全等级为一级。

(2) 地下快速路结构覆土、地表超载及局部加载等应根据实际分布情况确定。

(3) 地下快速路结构围岩水土压力计算时应考虑岩土类别、施工工况及受力阶段等差异，选择合适的计算模式。

(4) 抗浮稳定安全系数：明挖现浇段不考虑摩阻力时不小于1.05，考虑摩阻力时不小于1.1；盾构段施工阶段不小于1.1，使用阶段不小于1.2。

(5) 地下结构抗震设防烈度及设计地震动参数应根据《中国地震动参数区划图》(GB 18306—2015)确定，抗震设防类别应根据《建筑工程抗震设防分类标准》(GB 50223—2008)确定，由此确定地下结构及相关建(构)筑物抗震等级。

(6) 地震、人防等偶然荷载计算应满足规范要求，沉船、爆炸、锚击等灾害性荷载应根据工程建设条件分析后确定。

(7) 隧道结构上作用的荷载分类应按《建筑结构荷载规范》(GB 50009—2012)确定，并符合表7-12的要求。

表7-12 隧道结构上作用荷载分类

荷载分类	荷载名称
永久荷载	结构自重
	地层压力
	结构上部和破坏棱体范围的设施及建筑物压力
	静水压力
	混凝土收缩和徐变影响
	预加压力
	固定设备重量
	地基下沉影响

（续表）

荷载分类		荷载名称
可变荷载	基本可变荷载	地面汽车荷载及其动力作用
		地面汽车荷载引起的侧向压力
		隧道内部汽车荷载及其动力作用
	其他可变荷载	水压力变化
		人群荷载
		温度作用
		水流力、风荷载
		施工荷载
偶然荷载		地震荷载
		人防荷载
		沉船、爆炸、锚击等荷载

4. 结构抗浮设计

地下结构设计应考虑最不利结构布置条件按设防地下水位进行抗浮稳定验算。明挖现浇结构抗浮安全系数在不考虑摩阻力时不小于1.05，考虑摩阻力时不小于1.1。对于有一定覆土条件的暗埋部分，结构自重一般能满足抗浮设计要求。当结构自重不能满足抗浮要求时，需采取额外工程措施，常用的抗浮方案主要有以下几种。

1）倒滤层

在结构底板下铺设倒滤层，每隔一定距离布置过滤管和滤井，抽掉底板下的水，消除水浮力达到抗浮目的。该方案操作方便，但需设置排水泵房，以及长期运营维护，而且大面积长时间的排水将对周边环境产生不利影响。

2）抗拔桩

当结构自重不能满足抗浮要求时，在结构底板下设置抗拔桩以达到结构永久抗浮的目的。抗拔桩方案不需另设排水泵房，结构的永久安全性可确保，但投资较大。

3）抗浮锚杆

抗浮锚杆造价较抗拔桩方案低，具有施工速度快、与底板结构接头防水易处理等优点。在软土地区，由于侧摩阻力小、土体蠕变效应等原因，抗浮锚杆效果较差，不宜采用。

4）底板外挑压重

结构底板向两侧悬挑一定宽度，并在悬挑宽度范围以上采用覆土压重，悬挑部分底板自重以及压重覆土可作为永久抗浮措施。该方案利用了结构两侧的回填土，经济性较好，在无法设置抗浮桩的情况下可以采用。

盾构隧道结构抗浮安全系数在施工阶段不小于1.1，使用阶段不小于1.2。由水、注浆所用浆液、泥水盾构所用泥浆等所产生的浮力以及建筑间隙的存在、施工过程对上覆土的扰动等是盾构隧道抗浮设计需考虑的问题。盾构隧道由于其特殊性通常采取控制隧道最小覆土厚度提高抗浮安全性，当覆土不足时一般采取增加内部压重等措施满足盾构抗浮要求。

地下结构采用顶管或其他工艺施工时，可视施工可行性选择以上几种方案的一种或组合形式，以满足地下结构抗浮规范要求。

7.4.3 基坑支护结构设计

基坑支护是为满足地下隧道主体结构安全施工，同时控制坑底和坑外的土体位移在一定范围内，确保邻近建筑物及市政设施正常使用而采取的临时措施。

基坑支护设计的重点是支护形式选择和支护结构设计。

1. 基坑支护形式的选择

支护结构形式的选择应综合考虑下列因素：①基坑深度；②土的性状及地下水条件；③基坑周边环境对基坑变形的承受能力及支护结构失效的后果；④主体地下结构和基础形式及其施工方法、基坑平面尺寸及形状；⑤支护结构施工工艺的可行性；⑥施工场地条件及施工季节；⑦经济指标、环保性能和施工工期。

城市地下快速路结构通常采用的支护形式见表 7-13。

表 7-13 常见基坑支护结构比选

支护结构形式	水泥搅拌桩重力墙	拉森钢板桩	SMW 工法桩	钻孔灌注桩	地下连续墙
地层适应性	适用于软土地层	适用于软土地层	适用于软土地层	适用于各种地层	适用于各种地层
支护效果	刚度小，变形大	刚度小，变形大	刚度较小，变形较大	刚度较大，变形较小	刚度大，变形小
对邻近建筑管线影响	有一定影响	有一定影响	有一定影响	影响较小	影响小
防水效果	防水效果一般	防水效果一般	防水效果较好	防水效果差，需另设止水帷幕	防水效果好
与永久结构结合情况	仅作为临时支护	仅作为临时支护	临时支护，不能作为永久结构的一部分	可按临时支护考虑，也可参与主体结构共同受力	可按单层墙考虑，也可与内衬墙结合形成复合墙
施工对环境的影响	对周围污染较小	打设和拔除时影响较大	对周围污染小	可采用套筒钻机成孔，环境影响小	施工时振动小、噪声低，施工泥浆对环境有一定影响
对机具设备的要求	需要大型钻机	一般吊车等机械	需要大型钻机	需要大型钻机	需要大型挖槽机
施工速度	施工速度快	施工速度快	施工速度快	施工工艺成熟，施工速度快	施工工艺成熟，施工速度较快
造价	低	低	较低	较高	高

另外，随着装配式基坑支护的发展，除上述常见基坑支护形式外，大直径钢管桩也得到

了大力发展。钢管桩支护通常采用带锁口的 PC 钢管桩、拉森钢板桩或型钢组合桩，其主要优点在于突破了传统拉森钢板桩的使用局限，同时保留了其施工速度快、碳排放小、可回收等优点。目前，这一形式在江浙等软土地区得到了广泛应用。

2. 基坑支护结构设计

1）总体布置

由于基坑开挖涉及基坑周边环境安全，支护结构除满足主体结构施工要求外，还需满足基坑周边环境要求。因此，地下结构基坑支护应满足的功能要求有：①保证基坑周边建（构）筑物、地下管线、道路的安全和正常使用；②保证主体地下结构的施工空间。

基坑支护的设计和施工应综合考虑地质条件、基坑周边环境要求、主体地下结构要求、施工季节变化及支护结构使用期等因素，按照因地制宜、合理选型、优化设计、精心施工、严格监控的原则进行设计及施工。在保证基坑安全的前提下，考虑工期、节约造价、便捷施工的特点，在安全、工程造价和工期之间达到一个最优的平衡点。

基坑支撑结构体系应综合考虑基坑平面形状及尺寸、开挖深度、周边环境条件、主体结构形式等因素，可以选用锚杆、锚索、钢支撑、混凝土支撑、钢与混凝土的混合支撑。基坑支撑布置应符合以下原则。

（1）采用受力明确、连接可靠、施工方便的结构形式。

（2）宜采用对称平衡性、整体性强的结构形式。

（3）应与主体地下结构的结构形式、施工顺序协调，应便于主体结构施工。

（4）应利于基坑土方开挖和运输，需要时可考虑以内支撑结构作为施工平台。

内支撑结构的设计应同时考虑水平荷载、支撑结构自重、温度应力及差异沉降等引起的作用，施工与拆除顺序应与设计工况一致，必须遵循“先支撑后开挖”的原则。

当基坑坑底存在软弱土层时，可采用水泥土搅拌桩、注浆、降水或其他方法对坑内被动区、局部深坑区、放坡开挖边坡区等位置的软弱土体进行加固，有效提高土体的强度和土体的侧向抗力，减少支护墙的位移，以保证工程结构或邻近结构不致发生超过允许的沉降或位移。基坑土体加固设计应综合考虑土质条件、基坑变形控制与环境保护要求、基坑稳定性、基坑支护形式、施工要求等因素，合理选择加固方法和确定加固范围。

2）设计标准

（1）安全等级

基坑支护结构设计使用期限应满足地下结构施工周期的要求，设计使用期限不应小于 1 年。另外，根据《建筑基坑支护技术规程》（JGJ 120—2012）的规定，应综合考虑基坑周边环境和地质条件的复杂程度、基坑深度等因素确定基坑安全等级（表 7-14）。上海、浙江、深圳等地方标准和规范中的基坑安全等级，除根据基坑开挖深度确定外，尚需结合周围环境的重要性程度及其与基坑的距离确定。上海地方标准根据基坑周围环境的重要性程度及其与基坑的距离，提出了环境保护等级，并以此作为变形控制指标判定标准。

表 7-14　基坑支护结构的安全等级

安全等级	安全等级破坏后果
一级	支护结构失效、土体过大变形对基坑周边环境或主体结构施工安全的影响很严重

（续表）

安全等级	安全等级破坏后果
二级	支护结构失效、土体过大变形对基坑周边环境或主体结构施工安全的影响严重
三级	支护结构失效、土体过大变形对基坑周边环境或主体结构施工安全的影响不严重

（2）极限状态

基坑支护结构设计时，应考虑承载能力极限状态和正常使用极限状态，采用分项系数表达的极限状态设计方法计算。

承载能力极限状态主要包括：①支护结构构件或连接因超过材料强度而破坏，或因过度变形而不适于继续承受荷载，或出现压屈、局部失稳；②支护结构和土体整体滑动；③坑底因隆起而丧失稳定；④对支挡式结构，挡土构件因坑底土体丧失嵌固能力而推移或倾覆；⑤对锚拉式支挡结构或土钉墙，锚杆或土钉因土体丧失锚固能力而拔动；⑥对重力式水泥土墙，墙体倾覆或滑移；⑦对重力式水泥土墙、支挡式结构，其持力土层因丧失承载能力而破坏；⑧地下水渗流引起的土体渗透破坏。

正常使用极限状态主要包括：①造成基坑周边建（构）筑物、地下管线、道路等损坏或影响其正常使用的支护结构位移；②因地下水位下降、地下水渗流或施工因素而造成基坑周边建（构）筑物、地下管线、道路等损坏或影响其正常使用的土体变形；③影响主体地下结构正常施工的支护结构位移；④影响主体地下结构正常施工的地下水渗流。

基坑支护结构的计算一般按平面变形问题考虑，沿纵向截取单位长度，采用弹性地基梁法进行计算，同时考虑基坑开挖、钢支撑安装、主体结构混凝土浇筑等施工过程的特点，按“先变形后支撑”的原则分工况、分步骤模拟计算。

对于周边环境条件复杂或空间效应明显的基坑设计，应建立平面或空间有限元仿真模型，分析基坑开挖对周边保护对象的影响，确定合理的基坑支护参数。

3）支护结构设计要点

（1）基坑支护结构设计原理

深基坑支护结构是一个挡土结构，如图7-36所示。当需要垂直开挖一个深度为 h_1 的基坑时，由于土体不能自立稳定，需采用垂直支挡结构，如采用钢筋混凝土排桩悬臂式支护，嵌入基坑底以下深度 h_2。深基坑支护设计时，则需要计算悬臂支护桩的弯矩、剪力等内力，用于设计支护桩的截面、配筋等，保证其受力安全。同时还要计算其可能产生的位移，以判断支护的位移是否会对周边建筑物的安全造成影响。比较实用的方法是把基坑支护桩作为一个竖放的弹性地基梁，受主动侧主动水土压力作用，基坑被动侧土体用一系列弹簧代替，可以用结构力学或杆件有限元方法计算支护结构的内力和变形。当悬臂的支护受力过大或支护顶部位移过大时，可设置支撑或锚拉。

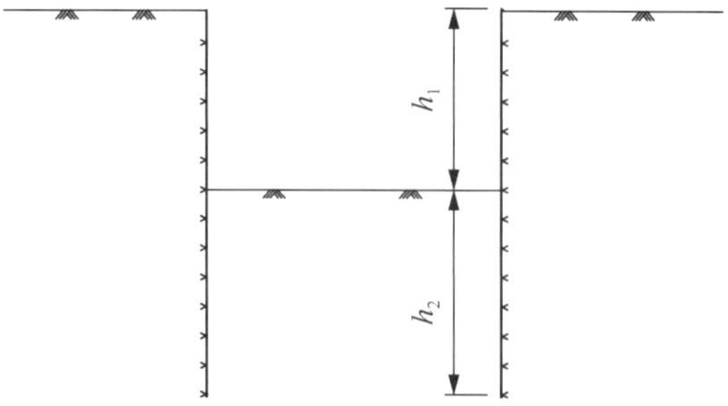

图7-36　基坑工程剖面图

（2）力学参数的选取

基坑支护体系变形、内力计算和各项稳定验算一般采用水土分算原则（对于黏性土、黏质粉土根据当地经验可采用水土合算），作用于支护体系后的侧向水、土压力根据周边环境控制要求等可采用主动或静止土压力。土体黏聚力 c、内摩擦角 φ、水平反力比例系数 m 等力学参数指标取值应根据《建筑基坑支护技术规程》（JGJ 120—2012）或当地基坑标准规定的原则取值。地面超载及局部荷载应按成熟经验或根据实际分布情况考虑确定。

（3）基坑支护的稳定性验算

支挡式支护结构的嵌固深度应根据基坑稳定性验算要求确定，综合考虑结构所处环境条件、地质条件，满足不同基坑安全等级下基坑抗倾覆、抗滑移、整体稳定性及坑（墙）底抗隆起等稳定性验算。涉及地下水时，尚应满足抗渗流及抗承压水突涌稳定性要求。

当采用分级放坡开挖时，需满足边坡整体稳定性要求。

（4）基坑变形控制指标

基坑开挖后支护结构变形及地表沉降等应满足周边保护结构物的变形控制要求，同时应满足支护结构自身受力要求，相关控制指标可根据被保护建（构）筑物规范要求、《建筑基坑工程监测技术标准》（GB 50497—2019）或当地基坑标准确定。

4）基坑支护的施工

（1）开挖施工

基坑开挖应遵循“分层、分段、对称、均衡、适时”的原则。基坑开挖前，支护结构、基坑土体加固、降水应达到设计和施工要求。施工道路布置、材料堆放、挖土顺序、挖土方法等应减少对周边环境、支护结构、工程桩等的不利影响。

基坑开挖应按照“先撑后挖、限时支撑、分层开挖、严禁超挖”的方法确定开挖顺序，应减少基坑无支撑暴露时间和空间。混凝土支撑应在达到设计要求的强度后进行下层土方开挖；钢支撑应在质量验收并施加预应力后进行下层土方开挖。

基坑开挖过程中基坑周边、放坡平台的施工荷载应按设计要求进行控制；基坑开挖的土方不应在邻近建筑及基坑周边影响范围内堆放，并应及时外运。基坑开挖应采用全面分层开挖或台阶式分层开挖的方式；开挖过程中的临时边坡坡度应满足稳定性要求。机械挖土时，坑底以上 200～300 mm 范围内的土方应采用人工修底的方式挖除；基坑开挖至坑底标高时应及时进行垫层施工，垫层应浇筑到基坑支护墙边或放坡开挖的基坑坡脚。邻近基坑边的局部深坑宜在大面积垫层完成后开挖。

为减小地下工程施工给周围环境带来的影响，及时掌握基坑支护墙和坑底变形情况、周围地面建筑物和管线的沉降及变形资料，确保结构安全和环境保护要求，基坑施工时须进行以下几项监测：①支护结构水平与垂直位移监测；②支护结构深层位移监测；③地面沉降与坑内隆起监测；④地下水位监测；⑤支护结构内力与支撑结构监测；⑥基坑周边环境监测。

基坑开挖应采用信息化施工和动态控制方法，应根据基坑支护体系和周边环境的监测数据适时调整基坑开挖的施工顺序和施工方法。在基坑施工中跟踪施工活动，对基坑周边地层变形、附近建（构）筑物、地下管线等保护对象的变形及受力情况进行实时监测，对变形及变形速率设置报警值，并将监测数据及时与计算预测值相比较，判断施工工艺和施工参数是否符合预期要求，以确定下一步的施工参数，实现信息化监测动态设计施工。

（2）地下水控制

地下水位埋深较浅或基坑开挖较深时，基坑开挖经常涉及抗渗流及抗承压水突涌问题。地下水控制包括基坑开挖影响深度内的潜水、微承压水与承压水控制，采用的方法包括隔水、集水明排、基坑降水以及地下水回灌等。

对于基坑排水，较浅处以明排为主、井点降水为辅；基坑较深时，采用管井降水为主、辅以坑内明排，一般基坑开挖前一个月开始降水，根据基坑开挖方案分层分区进行，在基坑开挖至设计标高前，应降水至坑底以下设计标高。当承压水突涌稳定性不满足规范要求时，可采取隔断或降低承压水水头等措施解决承压水突涌问题。

当基坑周围存在需要保护的建（构）筑物或地下管线且基坑外地下水位降幅较大时，一般尚需采用地下水人工回灌措施。浅层潜水回灌宜采用回灌砂井和回灌砂沟，微承压水与承压水回灌宜采用回灌井。

7.4.4 防水及耐久性设计

1. 防水设计

地下结构应进行防水设计，应达到定级准确、方案可靠、施工简便、耐久适用、经济合理的要求。地下工程防水设计应遵循“防、排、截、堵相结合，刚柔相济，因地制宜，综合治理”的原则，并应符合如下要求。

（1）根据相关规范规定确定结构防水等级，采取合理的防水技术措施。

（2）地下工程迎水面主体结构应采用防水混凝土，确立钢筋混凝土结构自防水体系，即以结构自防水为根本，采取措施控制结构混凝土裂缝的开展，增加混凝土的抗渗能力；以接头防水为重点，做好变形缝、施工缝的接缝防水，辅以外包防水的附加防水，形成多道防水、综合治理的防水体系。

（3）地下工程的变形缝（诱导缝）、施工缝、后浇带、穿墙管（盒）、预埋件、预留通道接头、桩头等细部构造，应加强防水措施。地下工程的排水管沟、地漏、出入口、窗井、风井等，应采取防倒灌措施；寒冷及严寒地区的排水沟应采取防冻措施。

（4）地下结构的防水设防要求应根据使用功能、使用年限、水文地质、结构形式、环境条件、施工方法及材料性能等因素确定。

（5）防水混凝土通过调整配合比或掺加外加剂、掺合料等措施配制而成。施工配合比应通过试验确定，试配混凝土的抗渗等级应比设计要求提高 0.2 MPa。

2. 耐久性设计

由于地下快速路所处的环境作用包括温度、湿度及其变化，空气中的氧气、二氧化碳和汽车尾气等，在地下快速路结构正常使用期限内，将导致结构材料性能的劣化，影响结构的安全性、适用性和可修复性。混凝土结构的耐久性在很大程度上取决于结构施工过程中的质量控制与保证。因此，在结构设计中必须考虑地下快速路在环境作用下的耐久性要求，结合工程及其所处环境的具体特点，采取针对性措施，保证混凝土结构的整体耐久性能，以满足地下结构设计寿命周期的要求。

耐久性设计内容包括：确定结构所处的环境类别，提出对混凝土材料的耐久性基本要求，确定构件中钢筋的混凝土保护层厚度、不同环境条件下的耐久性技术措施，提出结构使用阶段的检测与维护要求。

7.4.5　工程案例

1. 长水路地道

1）总体设计

长水路地道是嘉兴市环线快速路的重要组成部分，根据快速路总体设计布置，长水路地道段采用“主线地道＋地面辅路”的建设形式（图 7-37）。长水路地道下穿新气象路、花园路、南湖大道、海盐塘、纺工路，西接涉铁段，地道暗埋段全长 1 860 m，东侧设置 136 m 敞开段，其中南湖大道节点采用非开挖施工，其余路段采用开挖施工（海盐塘段采用桥隧共建），设置 4 条平行匝道。全线采用纵向机械通风，沿线设置 3 座泵站、9 处横截沟，设置 6 处横通道，以便防灾救援疏散使用，在新气象路西侧设置 1 处管理用房（图 7-38）。

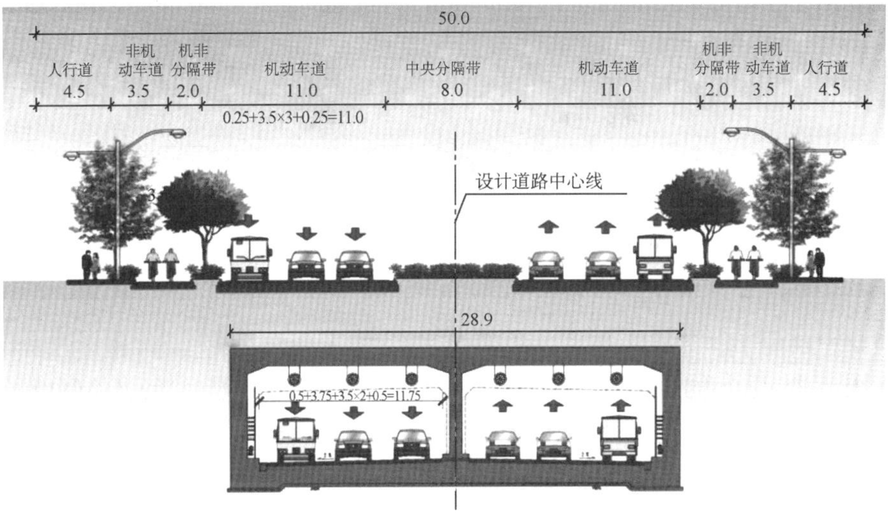

图 7-37　长水路地道横断面布置图(m)

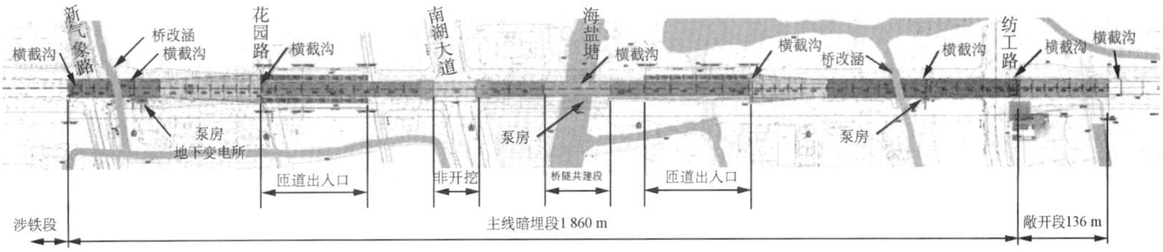

图 7-38　长水路地道总体布置图

长水路地道结构设计主要技术标准如下。

(1) 荷载等级：机动车道为城- A 级，人群荷载为 4 kPa，其他地面荷载为 20 kPa。

(2) 抗震设防标准：建设场区抗震设防烈度 7 度，设计基本地震动加速度峰值为 0.10*g*。

(3) 设计安全等级：一级。

(4) 设计使用年限:100 年。

(5) 环境类别:二 b 类。

(6) 防撞墙(或护栏)设计标准:地道内 SB 级,敞开段顶部 SA 级。

(7) 建筑限界:限宽按道路横断面布置,车行道限高≥4.5,铺装、照明等设备空间另计。

(8) 地道抗浮:结构设计按最不利情况进行抗浮稳定验算。不计侧壁摩阻力时,其抗浮安全系数≥1.05;计侧壁摩阻力时,其抗浮安全系数≥1.10。

(9) 地下结构抗渗等级:明挖段 P8。

(10) 防水等级:主体结构为二级,设备用房范围内为一级。

(11) 基坑等级:下穿铁路节点、下穿海盐塘河段、基坑深度大于 10 m 段、基坑影响范围内有重要建(构)筑物或需严加保护的管线时为一级,常规段为二级;除此之外,还应满足有关部门的特别要求与规定。

2) 开挖段地道设计

主线地道主体结构采用单箱双室结构形式,敞开段采用 U 形槽结构。车行通道限界净高为 4.5 m,路面横坡设计为单坡,坡度 2.0%。

暗埋段双向 6 车道横断面布置(图 7-39):2×[0.9～1.2 m(外侧墙)+0.5 m(装饰层空间)+0.25 m(余宽)+0.5 m(路缘带)+3.75 m+2×3.5 m(机动车道)+0.5 m(路缘带)+0.25 m(余宽)+0.2 m(装饰层空间)]+0.8 m(中间墙)=28.5～29.1 m。

敞开段双向 8 车道横断面布置(图 7-40):2×[0.6～1.2 m(外侧墙)+0.2 m(装饰层空间)+0.25 m(余宽)+0.5 m(路缘带)+3.75 m+3×3.5 m(机动车道)+0.5 m(路缘带)+0.25 m(余宽)]+1.2 m(中间墙)=34.3～35.5 m。

地下快速路由于下穿污塘、海盐塘以及曲善塘,河道两侧覆土较厚(超过 5 m),顶板考虑采用折板成拱,受力更加经济合理,横断面布置(图 7-41):2×[1.2 m(外侧墙)+0.5 m(装饰层空间)+0.25 m(余宽)+0.5 m(路缘带)+3.75 m+3×3.5 m(机动车道)+0.5 m(路缘带)+0.25 m(余宽)+0.2 m(装饰层空间)]+0.8 m(中间墙)=36.1 m。

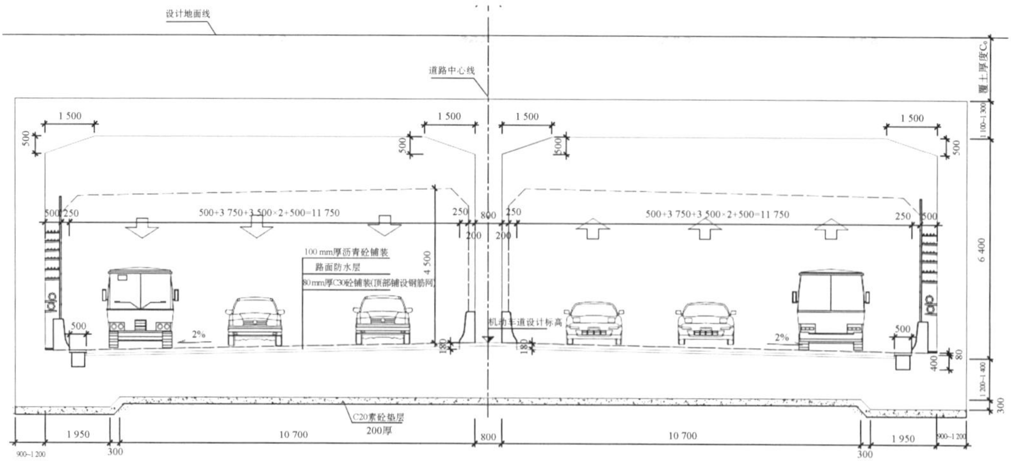

图 7-39　暗埋段双向 6 车道横断面布置图(mm)

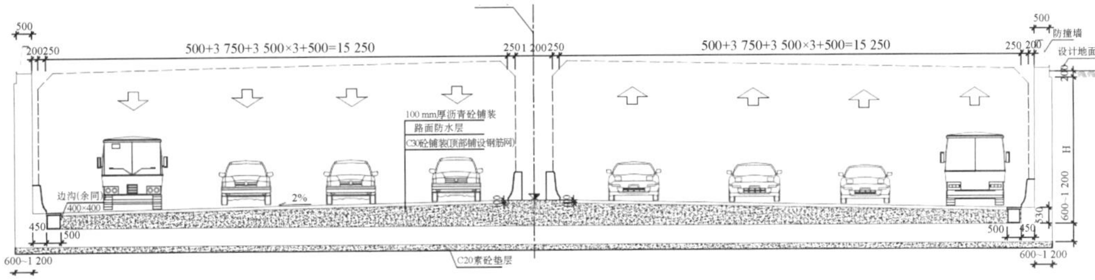

图 7-40　敞开段双向 8 车道横断面布置图(mm)

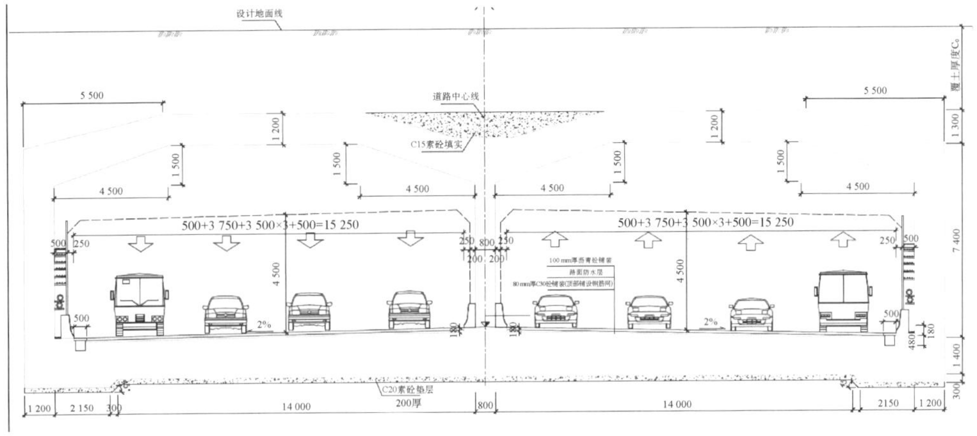

图 7-41　暗埋段双向 8 车道横断面布置图(mm)

地道抗浮措施主要包括压重、盲沟、抗浮锚杆、钻孔灌注桩及 PHC 管桩。地下通道工程为浮式基础，在抗浮安全系数离规范要求较近情况下采用压重。盲沟虽然造价较低，但是盲沟排水导致泵站不间断运营，存在运营与管理养护费用高问题，长期使用造成水头坡降引起的周边土体固结沉降、水土流失对环境影响大，还存在盲沟失效的隐患，因此，盲沟方法不采用。

根据嘉兴当地地质情况和浙江地区设计施工经验，地道抗浮措施考虑采用钻孔灌注桩，同时兼作为地基处理方式。敞开段结构自重较小，结构的抗浮措施以“结构自重＋抗拔桩”为主，暗埋段结构以“结构自重＋覆土压重”为主，在满足抗浮要求的前提下方便施工且节约成本。

3）下穿南湖大道顶管设计

在下穿南湖大道节点段，快速路主线为分离式双向 6 车道，两条地道间距 1.2 m。为不影响南湖大道现状交通，采用类矩形顶管法施工(图 7-42)。

顶管断面为类矩形断面，断面尺寸 14.5 m×9.426 m，管片宽 1.5 m，共计 134 环(图 7-43)。采用整体预制，单节管片 135 t。

顶管采用分离式顶进，单侧顶进长度 100 m，穿越土层主要为粉质黏土和粉砂层等软土地层，地道覆土厚度为 6.2～7.3 m(图 7-44)。

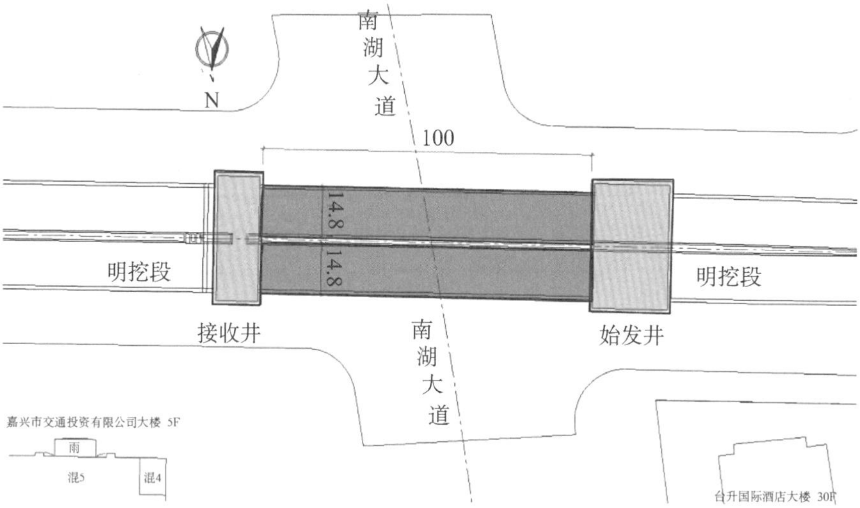

图 7-42　类矩形顶管平面布置面(m)

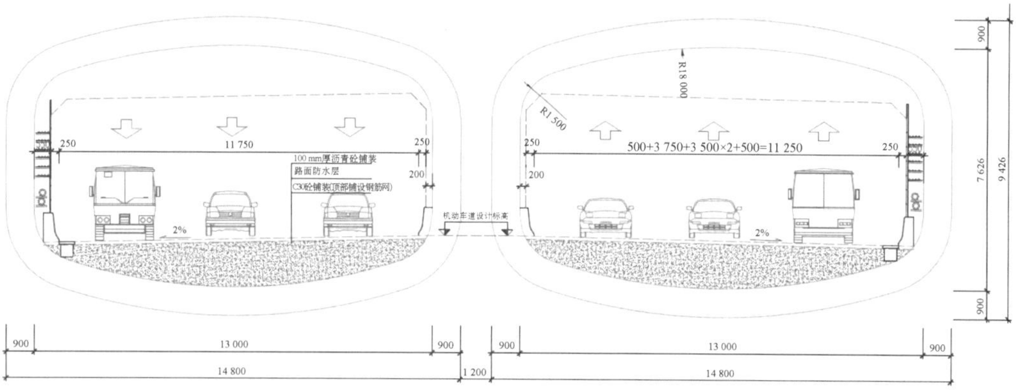

图 7-43　类矩形顶管横断面图(mm)

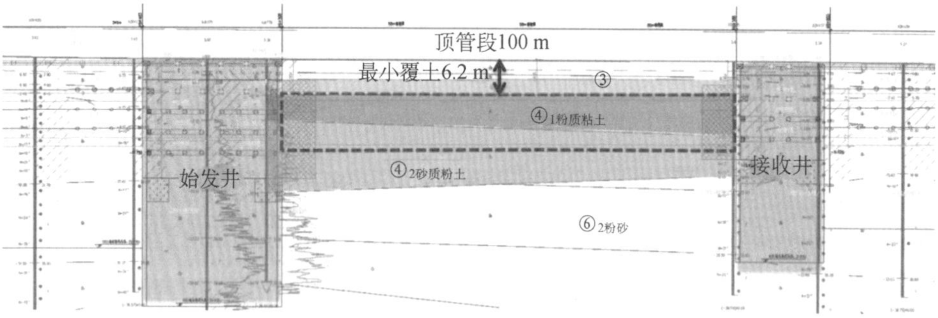

图 7-44　类矩形顶管纵断面图

4）基坑支护设计

长水路地道设计范围均位于现状道路中央，南湖大道东侧主要为中央公园和嘉兴市交通投资公司，西侧分布有在建酒店大楼、禾丰乾庄公寓、台升国际酒店、隆兴公寓、嘉兴市公安消防支队等，建(构)筑物距离拟开挖基坑最小距离约为 23 m，施工时须考虑采用可靠支护形式，对周边建(构)筑物进行保护。

基坑工程根据基坑开挖深度以及周边环境条件，确定基坑安全等级。按地面道路设计标高，地道基坑开挖深度为 1.8～18.7 m。针对本区段地质条件、周边的建(构)筑物及环境要求，对 SMW 工法桩、钻孔灌注桩、地下连续墙等方案进行比选(表 7-15)。

表 7-15　长水路地道基坑支护设计方案比选

支护结构	SMW 工法桩	钻孔灌注桩＋止水帷幕	地下连续墙
对建筑管线影响	有一定影响	影响较小	影响小
防水效果	防水效果较好	防水效果差，需另设止水帷幕	防水效果好
本地区适用深度	基坑深度不宜大于 9 m	基坑深度不宜大于 12 m	适用基坑深度大
支护参数(mm)	D850SMW，内插 H700×300 型钢	D800 @ 1000 灌注桩，加 D850 搅拌止水帷幕	600/800 厚
造价(元/m)	700	2 050	600 mm 厚地墙：1 650 800 mm 厚地墙：2 150

综上比选，在敞开段区间(基坑开挖深度＜4 m)采用拉森钢板桩，其余敞开段采用 SMW 工法桩；在暗埋段较浅区间(基坑开挖深度 8～12 m)采用 SMW 工法桩基坑支护方式，较深处(超过 12 m 深)基坑支护采用工艺更简单的地下连续墙支护方式，其技术经济、工艺流程等均具优势。结合地道周边环境条件，对不同开挖深度区间采用不同的支护方案。

该项目基坑线路长、面积大，属于狭长型基坑，基坑开挖宽度约为 30～50 m。开挖深度随线路纵断面变化，基坑两侧为保通道路，环境保护要求较高，结合以往工程经验，采用钢筋混凝土支撑结合钢管支撑体系。敞开段由于基坑开挖深度较浅(一般不大于 8 m)，设计采用 1～2 道支撑；暗埋段首道支撑设计为钢筋混凝土支撑，端部设计为八角撑以增大开挖工作面，基坑内部根据开挖深度分别设置 2～3 道 Φ609 钢管内支撑，局部设置 Φ800 钢管内支撑。与横向道路相交处根据交通组织设置临时栈桥，以便横向道路车辆通行。

根据浙江省地方标准《建筑基坑工程工程技术规程》(DB33/T 1096—2014)，采用竖向弹性地基梁理论，分区段对基坑设计方案进行验算，均满足内力及稳定性安全要求。

5) 防水设计

防水设计遵循“防、排、截、堵相结合，刚柔相济，因地制宜，综合治理”的原则。确立钢筋混凝土结构自防水体系，即以结构自防水为根本，采取措施控制结构混凝土裂缝的开展，增加混凝土的抗渗能力；以接头防水为重点，做好变形缝、施工缝的接缝防水，辅以外包防水的附加防水，形成多道防水、综合治理的防水体系，具体设计如下。

(1) 混凝土结构自防水体系

结构应采用高性能补偿收缩防水混凝土进行结构自防水，结构自防水混凝土的抗渗等级不得小于 P8，同时添加高效减水剂。结构分段长度控制在 20～25 m 以减少收缩裂缝，施工缝采用结构预埋金属止水片。

（2）变形缝防水

中埋式钢边橡胶止水带沿底板、侧墙、顶板兜绕成环设置；外贴式橡胶止水带设置于底板、侧墙，并与顶板变形缝嵌填密封胶形成封闭圈。在底板变形缝处设置剪力销，同时设置企口，可减少相邻结构的差异沉降。

（3）施工缝防水

纵向水平施工缝设置钢板止水带与密封胶，钢板止水带应涂锌，采用电镀锌，锌层厚度8～10 μm。水平施工缝表面应拉毛、涂刷水泥基渗透结晶型防水涂料并进行接浆处理，接浆厚度15～30 mm，接浆配合比与混凝土相当。明挖地道暗埋段节段长度25 m左右，局部河道处最大纵向节段长度约80 m，通过设置环向施工缝进行分段浇筑，减少变形缝数量，降低渗漏水风险。环向施工缝沿底板、侧墙、顶板兜绕成环设置，在施工缝外侧临水面施工低模量聚氨酯密封胶，并设置中埋式钢边橡胶止水带，以增强防水柔性并杜绝一定混凝土浇筑收缩影响。

（4）结构外防水

结构底板和侧墙采用合成高分子自粘膜防水卷材，结构顶板采用聚氨酯涂料防水材料。并对顶板和侧墙防水层用水泥砂浆和细石混凝土以及聚乙烯泡沫保护板进行保护，底板涂刷水泥基渗透结晶性防水涂料。

6）耐久性设计

根据地下道路的环境条件和工程重要性，环境条件按照二类考虑。根据耐久性规范规定，设计使用年限为100年，混凝土等级不低于C35，钢筋混凝土构件裂缝计算宽度限值0.20 mm。

结合规范规定，该项目结构混凝土强度等级、主筋净保护层厚度、最大碱含量等设计参数规定见表7-16。

表7-16　长水路地道混凝土结构耐久性设计参数

混凝土强度等级	最小胶凝材料用量（kg/m^3）	最大氯离子含量	最大水灰比	最大碱含量（kg/m^3）
C35	300	0.06%	0.50	3.0

混凝土保护层厚度对结构的使用寿命影响很大。按照结构耐久性和工程造价综合平衡的原则，结合混凝土构件所处的不同位置，该项目混凝土保护层厚度设计值要求见表7-17。

表7-17　长水路地道混凝土结构保护层厚度

结构类别	明挖结构			
	顶底板		侧墙	
保护层厚度（mm）	外侧	内侧	外侧	内侧
	50	35	50	35

混凝土应选用坚固耐久、级配合格、粒型良好的洁净骨料，应选用优质粉煤灰等矿物掺合料，对使用原材料及成品均应按有关规定进行检测，所掺入的外加剂必须共溶。地下通道结构较长，根据温度对结构变形的影响，地下通道框架结构一般间隔20～50 m设置变形缝，

缝宽 20～30 mm,较长节段通过设置环向施工缝的措施减少浇筑水化热影响。

2. 军工路隧道

1) 总体设计

军工路隧道是上海中环线的组成部分,位于上海市东北角,与浦东中环线连通,南北走向,北起杨浦区军工路,向南穿越黄浦江,止于浦东新区金桥路张江路,道路等级为城市快速路,设计速度为 80 km/h,双向 8 车道,全长 3 050 m,东线、西线均为双层断面布置,平面总体布置采用“燕尾型”展线形式(图 7-45),隧道采用盾构法施工,东西线隧道最小净距仅 8.45 m,盾构段东线、西线长均为 1.525 km,盾构掘进选用直径 14.87 m 泥水平衡盾构机,最浅覆土厚度为 9.17 m。

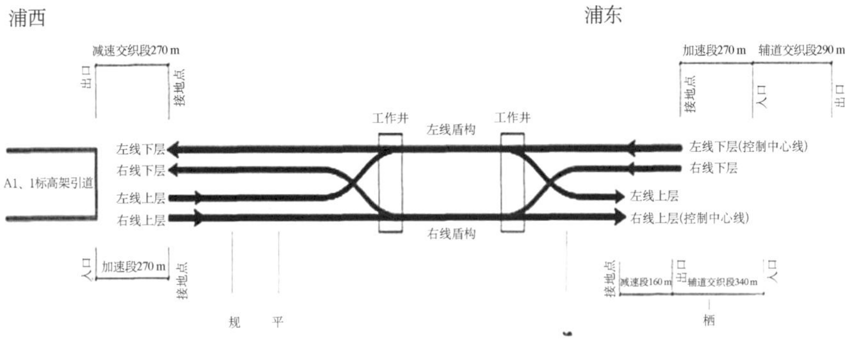

图 7-45　军工路隧道平面总体布置

隧道主要设计技术标准如下。

(1) 设计使用年限:100 年。

(2) 车辆荷载:城- A 级。

(3) 抗震设防烈度:7 度设防。

(4) 盾构平纵线形:最小圆曲线半径 1 000 m,最大纵坡 4.5%。

(5) 车道设置:单管 3.5 m×2+3.25 m×2,高 4.5 m。

(6) 盾构隧道尺寸:内径 13.30 m,外径 14.50 m。

(7) 衬砌结构变形验算:计算直径变形≤0.3%D。

(8) 盾构抗浮系数:施工阶段≥1.1,使用阶段≥1.2。

(9) 结构安全等级:一级。

(10) 隧道防水等级:二级。

西线盾构隧道内上层设置 2 条宽 3.5 m 的大车道(供由浦西向浦东方向车辆行驶),下层设置 2 条宽 3.25 m 的小车道(供由浦东向浦西方向车辆行驶);东线盾构隧道内上层设置 2 条宽 3.25 m 的小车道(供由浦西向浦东方向车辆行驶),下层设置 2 条宽 3.5 m 的大车道(供由浦东向浦西方向车辆行驶)。其中,2 条大车道:路缘带宽 0.5 m,安全带宽度 0.5 m,合计侧向净宽 1.0 m,位于道路外侧,建筑限界 8.5 m×4.5 m;2 条小车道:两侧带路缘宽 0.50 m,安全带宽度 0.25 m,合计侧向净宽 0.75 m,位于道路内侧,建筑限界是 8.25 m×4.5 m(图 7-46)。

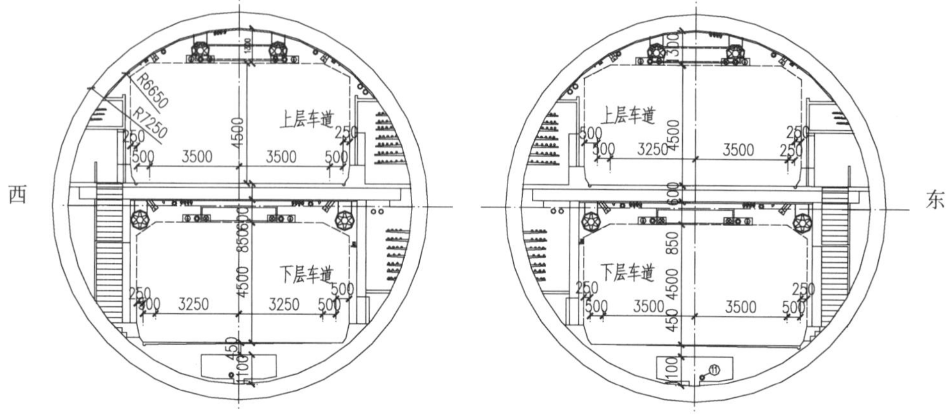

图 7-46　隧道内部限界断面布置(mm)

2）管片衬砌结构布置

盾构隧道采用单层装配式钢筋混凝土管片衬砌，隧道主体结构外直径 14.5 m，内直径 13.3 m，管片厚度 600 mm，环宽 2 m，设计为双面楔形通用环(楔形量 58 mm)，采用错缝拼装。衬砌环分成 10 块，封顶块圆心角为 18°56′53″，邻接块圆心角为 37°53′42″，标准块圆心角 37°53′31″和 37°53′42″。每环布置 30 颗环向螺栓，38 颗纵向螺栓。衬砌结构如图 7-47 所示。

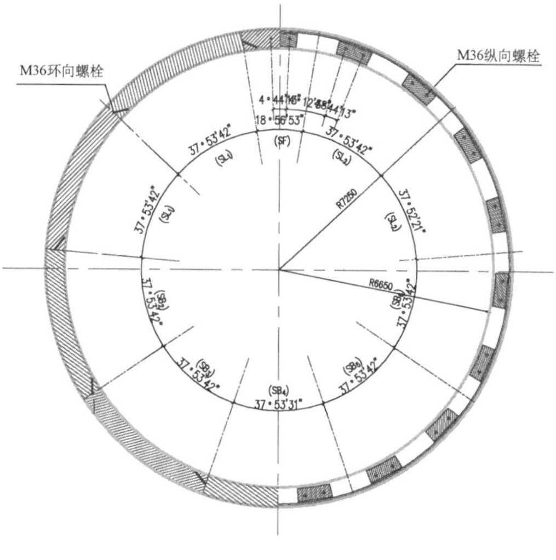

图 7-47　军工路盾构隧道衬砌断面图

3）隧道防水设计

盾构隧道结构防水由管片结构自防水、管片背面注浆、接缝防水三部分组成，具体设计如下。

(1) 防水设计原则

① 用高精度钢模制作高精度混凝土管片，混凝土管片结构自防水是根本；

② 接缝防水是重点，多道设防，确保高水压下接缝张开时的长久防水性能；

③ 管片背面同步注浆、补压注浆是隧道防水的重要辅助措施；

④ 加强隧道与工作井、隧道与江中泵站接头等特殊部位防水。

考虑该工程为大型、重要的道路交通盾构隧道，按稍高于二级的防水标准，即整条隧道平均渗漏量＜0.05 L/(m^2·d)；任意 100 m^2 渗漏量＜0.1 L/(m^2·d)；隧道内表面湿渍≤总内表面积的 0.4%，任意 100 m^2 内的湿渍≤4 点，单一湿渍的最大面积不大于 0.15 m^2。

(2) 防水措施

① 混凝土管片结构自防水

采用高性能抗渗混凝土，即选用强度等级≥42.5 的 PⅠ或者 PⅡ型水泥及坚固耐久、级配合格、粒型良好的洁净骨料为原料，添加优质粉煤灰(≥Ⅱ级灰)等超细矿物掺和料配制成以耐久性为重点的 C60 高性能混凝土，混凝土抗渗等级≥P12。同时通过添加高效减水剂，限制水胶比 0.35，严格规定集料与外加剂中的含碱量（总碱量≤2 kg/m^3），防止碱集料反应，并加强养护（高温常压蒸汽养护和水中养护）等措施，确保结构混凝土自防水性能；制作高强、高抗渗、高精度管片，混凝土管片渗透系数≤5×10^{-13} m/s，氯离子扩散系数≤8×10^{-9} cm^2/s，管片单块检漏标准（0.8 MPa，3 h）为渗水高度≤5 cm。改善回填注浆材料的抗渗透性，使其发挥衬砌外围辅助防水的功效。

② 管片接缝防水

确定管片密封防水功能的安全使用期为 100 年，在 0.9 MPa 水压（即水深 45 m 的 2 倍水压下）、接缝张开 6 mm、错缝 10 mm 情况下，不产生渗漏现象。

管片接缝止水以弹性橡胶密封垫为主，辅以聚醚型聚氨酯弹性体止水条组成接缝密封防水线。弹性橡胶密封垫由压缩永久变形量小、应力松弛变化率低、耐老化性能佳的三元乙丙橡胶与遇水膨胀橡胶复合而成，弹性橡胶密封垫需预制成框。聚醚型聚氨酯弹性体的显著特点为遇水膨胀后，材料主要性能指标之一拉伸强度会显著提高，而其他主要性能指标基本保持不变，材料耐久性有确切保证（在长期浸水条件下，其质量变化率≤2%）。

采用构造合理的螺孔密封圈、注浆孔密封圈来达到防水的目的（后者应满足注浆压力 1 MPa 时的密封性）。必要时，通过预留注浆孔注浆进行接缝堵漏处理。加强变形缝以及进出洞口处管片的防水，采用专用的密封垫。

③ 隧道与工作井接头防水

圆隧道与工作井接头防水采用双道的铰链型密封压件与帘布橡胶圈组成防水装置。双道铰链型密封压件之间以止水箱体相连接，止水箱体为一整体密封构件，可通过箱体上的注浆孔灌注防水砂浆与压注堵水材料，以加强两道出洞防水装置之间的止水效果。另外，通过井壁处设置 3 道密封钢丝刷与油脂加注孔压注油脂的方法，形成新一道组合密封止水措施。

井圈混凝土与井壁内衬钢板、管片混凝土面之间均设有遇水膨胀止水条。井圈混凝土施工缝内侧预留嵌缝槽，用高模量聚氨酯或聚硫密封胶嵌填，加强防水。

第8章 交通设施

8.1 概述

根据《城市道路交通设施设计规范》(GB 50688—2011，2019 年版)的规定，城市道路交通设施等级分为 A、B、C、D 四级，快速路应为 A 级。快速路的交通设施主要由交通监控设施、交通标志和标线、交通防护设施、交通信号灯、道路照明和变配电、管理处所等组成；其中交通监控设施、交通标志和标线、交通防护设施是快速路交通设施的最主要部分。快速路交通设施设计首先必须做好总体设计。

1. 总体设计的基本要求

1）快速路交通设施总体设计应符合安全、畅通、环保、可持续发展的总体目标要求

城市快速路交通设施设计涉及的专业类别多，对应的管理部门也多，在实际设计任务中，城市快速路交通设施的设计工作往往被附属于城市快速路主体工程设计任务中。一方面，忽视城市快速路交通设施总体设计工作，会造成主体工程设计的总体目标出现偏差，导致道路交通设施安全等级及服务水平不能满足实际要求；另一方面，为避免道路交通设施各专业和类别之间的设计冲突和衔接矛盾，应在总体设计统筹布局的指导下系统地进行各类交通设施的设计，使各类设施设计相互协调、布设合理、功能充分发挥。在道路工程主体设计的基础上，应根据服务水平、车道数以及路段、立交、桥梁、隧道等所处的地理位置、路侧自然环境、平纵技术指标、道路横断面形式等，科学选定技术标准，正确运用技术指标，做出符合实际情况的交通设施设计方案。

2）快速路交通设施总体设计应与道路主体工程设计相协调

应根据快速路功能定位、服务对象及其在城市路网中的作用，综合考虑设计、施工、维修、营运、管理以及近期与远期等各种因素，准确体现快速路主体设计的意图。

3）快速路交通设施除应保持其各自特性和相对独立外，还应相互匹配

各种快速路交通设施在设计中存在总体协调的问题。交通标志、交通标线、防护设施、交通监控系统、道路照明以及管理处所等各类设施本身是相对独立的，但是各设施之间又存在一定的关系。总体设计应处理好各类设施之间的关系，使之成为统一、协调、完整的系统工程。

2. 总体设计内容

快速路交通设施等级为 A 级，A 级交通设施的设计内容应符合以下规定。

(1) 交通标志和标线是交通设施的重要组成部分，是向快速路使用者传递行驶规则信息、方向指引信息、道路选择信息、行车道选择信息、路况变化信息等的主要载体，在提升快速路运行安全与效率中起到重要作用；应设置系统完善的标志、标线，立体交叉及其周边路

网应连续设置指路、禁令等标志;主线及匝道车行道两侧应连续设置轮廓标。

(2) 快速路交通防护设施可分为防撞设施、分隔设施、声屏障、防眩设施等;防撞设施是保障快速路使用者安全的最后一道屏障,是避免重大恶性事故发生的关键,快速路应设置完善隔离设施和防撞设施;中间带必须连续设置中央分隔防撞护栏和必需的防眩设施;桥梁、高路堤路段以及旁侧有辅路、人行道等撞击后将危及生命和结构物安全的路段必须设置路侧防撞护栏;出口分流三角端应有醒目的提示和防撞设施。

(3) 实施入口控制的匝道,应设置匝道控制信号灯。

(4) 城市快速路交通监控系统应按Ⅱ级标准设置,而位于城市快速路上的中、长、特长隧道应按最高Ⅰ级标准设置。

(5) 城市快速路应按最高Ⅰ级标准设置道路照明设施,并应采用自动控制。

(6) 城市快速路应根据规模、功能、重要性、地理位置需要设置道路管理处所,管理处所宜采用集约化建设管理。

3. 总体设计要求

鉴于快速路工程在设计及建设中常有交通设施工程内容的缺漏、不协调甚至是相互碰撞的情况发生,因此提出交通设施总体设计的要求是必要的。交通设施总体设计工作内容从性质上分为总体设计和总体协调两部分,在操作中二者不可偏废。总体协调工作既包括交通设施设计与主体工程设计的协调,又包括组织和审核各交通设施设计中相互之间的协调。总体设计要求如下。

(1) 应按照主体工程的技术标准、建设规模及交通特性,确定快速路交通设施的技术标准、建设规模与主要技术指标,经协调并确认后执行。

(2) 应划定与主体工程设计之间的界面、接口等,并协调快速路交通设施各专业的设计界面、接口等,防止设施之间发生冲突。

(3) 应组织各交通设施专业制定交通设施设计方案,并协调各设施间的衔接与配合。

(4) 应根据主体工程设计的快速路服务水平和安全性评价结论,优化、完善交通设施设计方案。

(5) 应提出发生特殊交通安全或紧急事件情况下的疏散、撤离、抢险、救援等的要求。

8.2 交通监控设施

交通监控系统是城市快速路系统的重要组成部分,其建设的过程中首先应考虑符合当地的交通管理模式,其次要根据道路等级和城市规模,并结合城市经济发展阶段以及交通量和交通管理需求等因素综合考虑。同时交通监控系统的建设往往不是一蹴而就的,而是随着道路的业务需求、建设计划、投资规模等分期实施,为确保分期建设的各系统能够有效接入和无缝集成,需要保证系统建设的一致性和可拓展性。

8.2.1 交通监控设施的规模与标准

1. 基本要求

根据《城市道路交通设施设计规范》(GB 50688—2011, 2019年版)和《道路交通信息监测记录设备设置规范》(GA/T 1047—2013)的相关规定，城市快速路应采用Ⅱ级交通监控系统，应由监控中心、外场监控设施和信息传输网络等组成，应具备信息采集、分析处理、信息发布和交通控制管理，以及与其他信息系统的信息交换和资源共享等全部或部分功能。

2. 配置原则

1) 综合性原则

(1) 交通监控设施设计应与道路主体工程、交通标志和标线、隔离设施、防护设施等交通安全设施同步综合设计，使之成为统一、协调和完整的系统工程。

(2) 交通监控设施各类设备单项设计完成之后，应进行综合设计，确保系统的连续性和完整性。

(3) 综合考虑路网发展、管理需求和技术发展等因素，设施配置规模可采用前期配置、后期逐步完善的方法。

2) 安全性原则

(1) 交通监控设施的设置不应对交通参与者造成干扰，确保行驶平顺性、安全性。

(2) 交通监控设施的机柜等所有设备应合理设置，应具备防盗等安全功能。

(3) 交通监控系统与其他系统互联时，应制定安全策略，并建立统一的安全管理平台。

3) 数据共享原则

(1) 交通监控设施均应符合开放式通信协议并满足交通秩序管理、交通运行管理联网及数据信息安全要求。

(2) 交通监控设施管理部门应具备数据共享与交换的能力及机制，用于共享与交换的数据应满足相关国家标准。涉及公共安全、执法、车辆私人信息等数据，应按相关规定执行。

4) 标准化原则

(1) 交通监控设施应经过有关部门的检测认证，确保能够纳入交通管理及交通行政主管部门的系统管理。

(2) 交通监控设施涉及电路与系统、通信与信息系统、计算机应用技术、电力系统及其自动化、市政工程、结构工程、环境工程等多个专业，除应符合城市道路交通设施设计规范外，还应符合现行有关标准规范的要求。

5) 经济性原则

(1) 通信和供电系统的配置应有一定的余量，为后期补充完善创造使用条件。

(2) 上下游 200 m 范围内有已建或待建支撑杆件时，宜考虑共用支撑杆件和综合负载，并确保安全和景观协调。

(3) 应与附近已建或待建交通监控设施共用供电、通信设施，应综合确定负载，并预留后续建设工程的接口。附属于主体工程结构的交通监控设施的预留预埋应与主体工程同步实施。

3. 配置标准

城市快速路应全路段设置交通参数检测器、摄像机等设施，实行全路段监控。在交通量大的互通立交、出入匝道宜全覆盖设置。外场监控设施配置标准见表 8-1。

表8-1　快速路交通外场监控设施配置标准

序号	外场设施		设置要求	备注
1	视频监视摄像机		★	
2	交通参数检测设施	路段	▲	含事件检测
		出入口	▲	含事件检测
3	气象信息检测设施		○	
3	信息诱导发布设施	入口诱导	○	
		区域诱导	▲	
		广域诱导	▲	
4	交通违法取证设施	违法超速	○	
		违法变线	○	出入口分合流三角区
		违法驶入	○	根据入口匝道控制情况设置
5	高清卡口设施	出入口	▲	
		路段	○	
6	入口匝道控制设施		▲	
7	其他智慧交通监控设施	路面状况检测	○	
		超限检测设施	○	
		黄色闪光警示灯	★	出入口分合流点端部

注:“★”必须设置;“▲”应该设置;“○”可以设置。

8.2.2　交通监控设施管理模式

成熟的交通监控系统包括健全的管理模式、明确的管理职责、合理的交通监控策略和可靠的软硬件系统。其中,管理模式作为交通监控系统的基础,至关重要。因此,首先需要明确交通监控系统的管理模式。

1. 管理模式分类

常见管理模式有两级管理模式和三级管理模式两种。

两级管理模式架构为“交通监控中心—外场设施”,整个监控系统通过通信网络单元完成信息传输,交通监控中心对外场设施进行集中管理和控制。

三级管理模式采用“交通监控总中心—交通监控分中心—外场设施”的架构,在城市宜设一处交通监控总中心。

当道路网络规模较大且路网形态和交通状态具有明显的分区域散布特征时,可根据管理需求设置交通监控分中心;在城市特大桥梁和中、长、特长隧道宜设置交通监控分中心;对于地理位置分布较近又便于统一管理的,宜设置联合的监控中心作为交通监控分中心。

2. 确定管理模式

快速路交通监控系统宜采用三级管理模式:城市交通监控中心—快速路交通监控分中

心—外场设施。快速路交通监控分中心主要承担快速路交通系统的日常运行、协调、指挥、调度及数据分析处理工作。

8.2.3 交通监控中心设施

交通监控中心是城市快速路交通管理的指挥中心。为了完成对整个城市快速路网的交通信息汇集与处理、交通信息发布管理和交通控制等业务功能，交通监控中心应配置计算机网络系统、大屏幕显示系统、软件系统及其他附属设施等(图 8-1)。

图 8-1 典型交通监控中心效果图

1. 计算机网络系统

计算机网络系统宜采用三层模型结构：数据管理层、应用层和终端层；整个计算机网络系统是一个建立在计算机局域网基础上的分布式计算机网络系统。计算机网络系统宜对视频信息系统、应急求助呼叫电话系统进行有效管理，形成各种信息的综合应用。系统应按照保障应用的要求分级设置保障措施，分别按照单点故障、局部系统故障、最小应用保障三级制定系统冗余和保障措施，制定预案，使各种故障对实时交通管理功能的影响为最小。主要建设内容包括交换机、路由器、服务器、硬盘录像机、工作站、打印机等。

2. 大屏幕显示系统

大屏幕显示系统应具有视频信息显示、存储和管理的功能。系统应能对外场摄像机进行切换、云台镜头控制和预制位管理，应能对所有的视频信息资源、交换控制权限、用户优先等级进行统一管理，应能与其他社会管理部门的视频信息系统建立互联、交换、互控等。

大屏幕显示系统可采用 LCD 液晶拼接屏和 LED 显示屏组合的方式，根据交通管理需求可灵活地显示 GIS 地图、软件界面、监控视频以及各类文字信息等。

3. 软件系统

主要包括网络操作系统软件、数据库软件、数据备份软件、网络管理软件、通用应用软件和专业应用软件。专业应用软件主要包括广播管理软件、交通监控管理软件等。

网络操作系统软件是向网络计算机提供服务的操作系统。

数据库软件是一个按数据结构来存储和管理数据的计算机软件。

数据备份软件是指为防止系统出现操作失误或系统故障导致数据丢失,而将全部或部分数据集合从应用主机的硬盘或阵列复制到其他的存储介质的软件。传统的数据备份主要是采用内置或外置的磁带机进行冷备份。现在一般通过专业的数据存储管理软件结合相应的硬件和存储设备来实现。

网络管理软件就是能够完成网络管理功能的网络管理系统。

通用应用软件包括 Word、Excel、输入法、浏览器等。

广播管理软件具备单点播放、运程分控对讲、广播鉴定等功能,对整个广播系统进行管理。

交通监控管理软件宜具备对各类交通相关信息的综合分析处理功能,以及对多种交通状态和交通异常事件的自动检测判断功能,能针对常发性和偶发性交通拥挤或阻塞自动生成交通控制对策方案和应急处置预案,以及相应的信息发布诱导方案。

4. 附属设施(控制台、电源、机房等)

监控中心附属设施,是指对监控中心运转起到支持和辅助作用的设施。本书主要介绍控制台、电源及机房。

1) 控制台

控制台必须根据指挥大厅的实用面积和有效空间、人体的生理视觉、操作台与监视屏的间距、视角以及室内装饰的风格等多种因素综合考虑。

控制台设有监控席位、电调席位、总调席位,还可根据其他需求预留相关席位。控制台上设有显示器、打印机、广播控制主机等。

2) 电源

采用不间断电源供电,包括 UPS 主机和电池。根据后备时间和中心用电需求计算 UPS 容量。

3) 机房

机房是各种信息系统的中枢,机房环境必须保证网络设备、存储设备等高级设备能长期而可靠地运行,同时还为机房工作人员提供一个舒适而良好的工作环境(图 8-2)。通过专业化的机房设计和施工工作,充分考虑机房建设的长久性与稳定性,严格按照网络机房国家标准及规范的相关规定进行整体设计,保证机房整个系统运行安全可靠;设计中充分考虑今后的空间发展以及相关系统参数指标的余量设计,以适应未来发展的需要。

机房建设内容包括机柜、桥架、照明、空调等相关设施。

8.2.4 外场设施

交通监控系统外场设施主要分布在快速路沿线,用于信息采集与信息发布和控制。快速路交通监控系统外场设施包括视频监控设施、交通参数检测设施、气象信息检测设施、信息诱导发布设施、智能卡口设施、交通违法取证设施、入口匝道控制设施、广播呼叫设施及其他交通设施等。

图 8-2　典型机房布置图

1. 视频监控设施

视频监控设施是指利用视频、图像识别等技术，通过自动手段辅助管理者对道路交通进行监测的设备。除具备闭路电视(Closed Circuit Television，CCTV)监测功能外，根据综合监控需求还可具备事件检测、流量检测、号牌识别等自动检测功能。其具体功能包括以下几个方面。

(1) 应具有对图像信号采集、传输、切换控制、显示、分配、记录和重放等基本功能。

(2) 应能手动或自动操作，对摄像机、云台、镜头、防护罩等的各种动作进行遥控。

(3) 应能对前端视频信号进行监测，并能给出视频信号丢失的报警信息。

(4) 应能手动切换或编程自动切换，对所有的视频输入信号在指定的监视器上进行固定或时序显示。

(5) 应具有存储功能，在市电中断或关机时，对所有编程设置、摄像机号、时间、地址等参数和信息均可自动存储。

(6) 应具有与报警控制器联动的接口，报警发生时能切换出相应部位摄像机图像，予以显示和记录。

(7) 信号传输应保证图像质量和控制信号的实时性。

(8) 系统应能清晰显示摄像机所采集的图像，视频图像应达到四级及以上，对于电磁环境特别恶劣的现场，其图像质量应不低于三级。

2. 交通参数检测设施

目前国内外主流的智能交通数据采集技术主要包括视频检测、磁感应线圈检测、微波检测、RFID 检测、雷视一体化检测等。各种交通参数检测设施各具特点，可根据实际使用需求和路况特点进行设置。

1) 视频检测

视频检测是一种将视频图像和模式识别相结合并应用于交通领域的交通采集技术。视频交通检测主要由视频图像采集系统和图像处理系统两部分组成，系统结构如图 8-3 所示。

前端视频摄像头拍摄道路中运动车辆的视频图像，视频信号经过图像采集卡转化为数字视频文件并存储到计算机硬盘中，计算机通过视频图像处理软件获取视频中的车牌号、车速、通过时间等交通数据，并将这些数据传送至交通管理部门。随着技术的进步，目前先进的智能摄像机可以直接在摄像机内进行处理，直接输出结构化的交通数据。

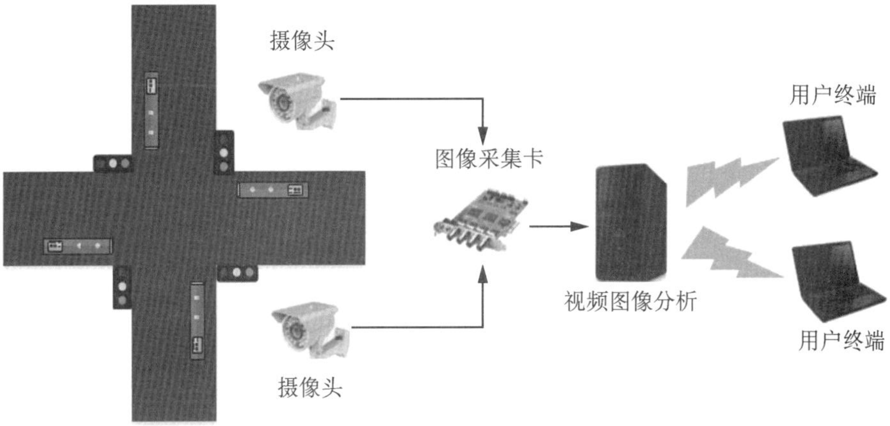

图 8-3　视频交通检测系统

2）磁感线圈检测

磁感线圈检测器是一种基于电磁感应的车辆检测器。磁感线圈车辆检测系统由环型线圈、检测信号放大器、基于微处理器的数据累计单元、中央计算机以及通信系统组成，系统结构如图 8-4 所示。在每条主线车道安装环型线圈传感器，这些线圈与自调谐数字信号放大器相连，传感器采集到的脉冲信号经过放大器处理后直接传输到数据累计单元，微处理器以 1 s 作为时间间隔计算断面交通量、时间占有率、平均地点车速等数据，这些数据传输到中央计算机系统，并进一步汇总为每 20 s、1 min、5 min 的交通流数据。

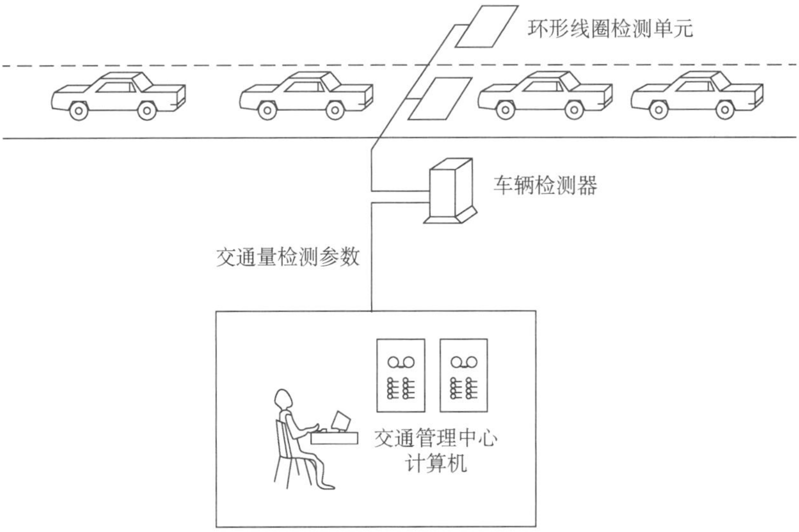

图 8-4　磁感应线圈车辆检测系统

磁感应线圈作为目前国内外使用最广泛的检测技术，具有以下特点：

(1) 工作稳定性好，可靠性高。

(2) 不受天气及交通环境变化的影响。

(3) 技术成熟，采集到的交通流参数精度较高。

(4) 线圈的损坏率较高，造成检测的准确率下降，快速路交通量大，维修不易。

3) 微波检测

微波车辆检测技术是一种非接触式的检测技术。微波交通检测系统主要由微波车辆检测器、数据转发器、供电电源、传输线路及系统软件组成，系统结构如图 8-5 所示。微波车辆检测器发射并接受微波信号、处理微波波频信号并计算检测结果；数据转发器将检测到的数据通过通信网络转发给监控中心；监控中心系统软件对收到的数据进行记录，之后统计分析并显示出来。

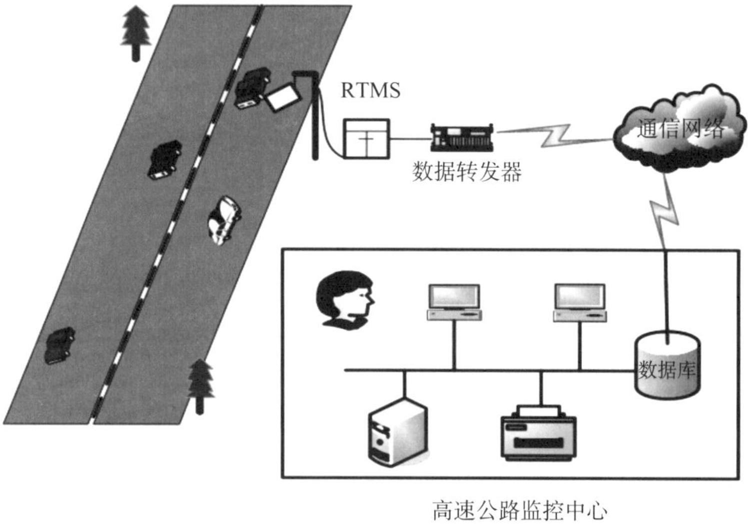

图 8-5　微波交通检测系统

微波车辆检测器对比其他交通数据采集技术有很多优势。

(1) 安装、维护方便，安装成本低及维护成本比较低，一般可利用现有的路灯、门架、情报板安装。目前，微波车辆检测器的安装方式主要有立柱式安装方式、门架式安装方式、情报板安装方式以及人行天桥安装方式。

(2) 交通流量检测精度较高，目前国内常用的微波车辆检测器的交通计数精度一般在 98%左右，并且具备车道自动划分的功能。

(3) 性能比较稳定，不受雨滴、冰雹、雪花、昼夜变化等影响，可以实现全天候工作。

(4) 微波作用范围广，一般可同时检测 8 条车道上的车辆。

4) RFID 检测

RFID 是射频识别技术的英文的缩写，又称电子标签。RFID 交通数据检测系统主要由前端数据采集系统与后台数据处理系统组成，其中数据采集系统又包括电子标签、RFID 天线、读卡器，系统结构如图 8-6 所示。

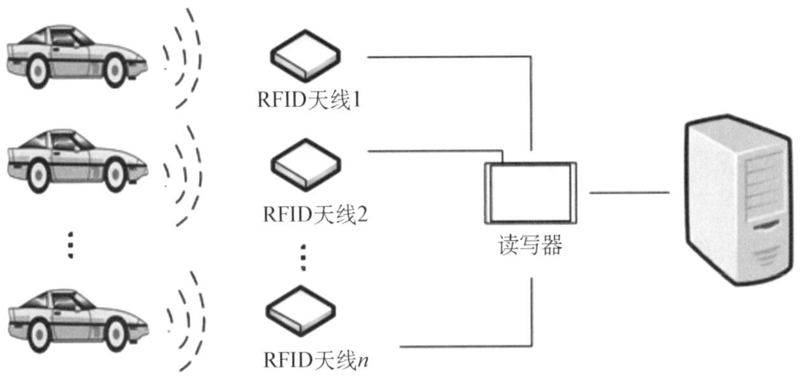

图 8-6 RFID 交通数据检测系统

读写器通过发射天线向外发送扇面的射频信号，当贴有电子标签的车辆进入磁场范围时，其内置天线获得的感应电流经升压电路作为芯片的电源，同时将感应电流通过射频前端电路转化为数字信号并送入逻辑控制电路进行信息处理，从存储器中获取需要回复的车辆信息，经由逻辑控制电路送回射频前端电路，再通过天线将信息发送至读写器，读写器将接收到的射频信号转化为数字信号后传送到数据中心进行存储，从而完成 RFID 交通数据的采集。

相比于传统交通数据采集技术，RFID 具有无可比拟的优势。

(1) 非接触式识别。射频识别系统能穿透雪、雾、冰、尘垢等恶劣环境读取电子标签中的信息。

(2) 识别速度快。一旦电子标签进入磁场范围内，RFID 读写器即可进行信息识别(一般不超过 0.1 s)，并且能同时读取多个标签的信息，实现批量识别。

(3) 数据获取过程简便。利用 RFID 读写器可以直接将车辆的固有信息写入电子标签中，这样就不需要设备对车辆的本身信息进行检测，简化了数据处理过程。

(4) 采集的数据精确度高。由于 RFID 基站采集的数据直接来源于电子标签中的信息，因此只要电子标签中的写入信息正确，RFID 基站就能采集到精度很高的数据。一般情况下，RFID 交通数据的正确率能达到 99.9%以上，对车牌号采集的准确性优于视频检测系统。

5) 雷视一体化检测

雷视一体化检测是采用毫米波雷达与全结构化摄像机的深度融合的交通检测方法，通过对雷达感知和视频探测双重技术，实现全天候和夜晚低照度及恶劣气候下的精准感知检测。可实现对目标的速度、位置、距离、车辆号牌、车辆特征等多维数据的感知；支持交通事故、异常停车、拥堵、行人、施工、蛇形行驶、低速行驶、逆行等交通事件的检测。同时，雷视一体化检测也可协同路网 GIS 和 BIM 系统，可实现对重点路段的大中小型车、车头时距、平均车速、空间占有率、时间占有率、车道占有率、车辆群体的交通行为进行感知和追溯，实现重点路段交通信息的全息感知和对重点车辆的实时布控跟踪等。

雷视一体化检测的技术特点如下。

(1) 不受雨、雾、大风、光照等影响,实现在夜晚低照度及恶劣天气下的精准检测,具有全天候、多场景、强适应的技术优势。

(2) 系统采用一体化检测设备,实现设备快速设置,亦可降低建设成本,同时维护更方便,有效降低了后期维护费用。

(3) 检测设备前置到道路上,减少中心服务器压力,保证系统稳定运行,具有一体化、易维护的特点。

(4) 采用视频和雷达一体式融合技术,提高了检测精准度,降低了异常事件的误触发率,具有高精度、低误报的技术特点。

(5) 集合视频、雷达产品的功能于一体,一个设备可在多个不同场景下应用,如高速公路、城市道路、隧道等多种场景下的交通检测和事件检测,适用范围广。

(6) 能够采集到路段的交通运行数据,颗粒度精确到车道级。实时获取路段车辆位置数据,速度可精确至 1 km/h。前端设备可接入信息发布屏,直接进行交通信息发布与实时诱导。能够服务未来车路协同/无人驾驶的路侧基础建设。毫秒级采样频率间隔(100 ms),提高数据传输的效用性。

(7) 前期建设成本较高,约为传统车辆检测器的 3～5 倍。

3. 气象信息检测设施

气象信息检测设施是指具备检测影响汽车行驶的不利气象条件,包括能见度、路面干湿度、冰、雪、雨、雾等指标的设备。气象信息检测设施能全天候监测道路气象参数随时间的变化情况,为监控中心提供能见度的实时监测数据。其具体设置要求如下:

(1) 应按区域布局设置道路气象信息检测设施,充分兼顾气象局相关规划,与气象局现有设备统筹设计,避免重复建设。

(2) 在团雾等局地气象变化显著的地区,应适当增加能见度检测功能的气象信息检测设施。

(3) 应防止外界因素对检测设备本身造成损坏,如在降雪量大的地区,应尽可能减小冬季养护除雪作业对传感器造成的损坏。

(4) 根据区域内地形地貌特征和气象特征,选择有代表性的地段布设设备,不应距建筑物、路侧的广告牌、高大树木过近。

4. 信息诱导发布设施

交通诱导系统(Traffic Guidance System, TGS),又称交通流诱导系统(Traffic Flow Guidance System, TFGS),是智能交通系统(Intelligent Transportation System, ITS)的重要子系统之一。它是基于地理信息系统、定位技术、导航技术、现代无线通信技术等现代技术,根据出行的起讫点向交通参与者提供最优路径引导信息和其他交通信息,诱导出行者按照合适的路线行驶,从而缓解交通拥堵,减少车辆的行程延误时间,实现交通流量的最优分配。

交通诱导系统通过交通信息的采集和诱导路径计算,生成诱导信息。利用互联网、可变信息板(VMS)、车载终端、交通热线、交通广播、短信服务平台等多种信息发布渠道,完成交通诱导的实施(表 8-2)。

表8-2 诱导信息发布设施

诱导信息发布设施	特点	内容	信息类型
可变信息板(VMS)	系统完善、功能健全,内容丰富,色彩鲜明,反应迅速,易于接收。具有较高的稳定性、适应性。但是造价较高,位置固定,易受极端自然灾害的影响	实时交通状况、诱导信息、交通宣传信息、交通管理信息及其他信息	文字、图形
互联网	内容丰富,形式多样,数据详细,易于接收。但依赖于外部设备,数据繁杂,信息量大	各类交通信息	文字、图形、视频、音频等
车载导航仪	模式固定,双向交互,功能较多,根据输入的需求输出诱导信息。但使用环境固定,信息内容单一,操作较为复杂,分散驾驶员注意力	地图查询、路线诱导、GPS导航等	文字、图形、音频
交通热线	模式固定,双向交互,针对个体需求提供信息服务,效率较高。但形式单一,依赖通信设备	路线查询、紧急救援、交通业务等	音频
交通广播	模式固定,内容丰富,但针对性较低,难以满足特定需求,且依赖外部设备	实时路况信息、交通宣传信息及其他交通信息	音频
短信服务平台	模式固定,业务种类丰富,具备较强针对性。但信息内容较少,依赖外部设备	交通管理类信息	文字

5. 智能卡口设施

智能卡口系统将过往该卡口所有车辆全部进行拍照,获得清晰的图像和车牌号,并全天录像和将车牌自动识别。该系统为查控特定车辆提供原始数据,应用在交通肇事逃逸追查、治安堵截等。智能卡口系统模式为“视频采集+经过抓拍”。该设备的信息记录为每一辆经过车辆2张高清晰图片(主道和辅路各1张),并进行自动识别。路口单元安装在各个主要路口的各方向。系统在无人值守环境下全自动全天候工作,完成通过路口的每一辆车拍摄图像、记录车辆牌号及特征、传输工作。路口单元主要构成及功能如下:

(1) 安装在路口每个监控方向上的视频摄像机,完成过往车辆不间断视频信号的采集。

(2) 各车道地感线圈和车辆检测器,检测车辆通过信息。

(3) 各路口的视频采集、抓取单元,主要完成视频图像信号的采集、抓帧、图片储存、图片上传等功能。

(4) 前置采集识别系统是一个放置于中心的自动采集识别和存储设备,前置采集识别系统是重点车辆查控系统的重要组成部分,同时通过网络传输系统与路口记录系统连接。

6. 交通违法取证设施

交通违法取证系统是结合车辆信息采集系统、红绿灯状态分析系统、违法记录系统、网络传输系统、前置采集系统等构成。交通违法取证系统设备的信息记录为每个违法信息由一条违法记录(信息完整的3张连续照片)和一段违法录像(配套完整的10 s录像)组成。

1）车辆信息采集系统

采用地感线圈检测，根据车辆通过前后测量相应磁通量变化判别有无车辆。线圈安装一般有两种方式，一种是埋入路面下，另一种是在路面切割出槽，将环形线圈放入槽中，再通过一些特殊胶进行密封。

2）红绿灯状态分析系统

红绿灯状态分析系统时时检测红绿灯状态，将状态信息传递至违法记录系统。

3）违法记录系统

违法记录系统是将车辆信息采集系统与红绿灯状态分析系统信息进行分析，判断车辆是否构成交通信号违法，在判断有违法车辆时进行违法记录。

4）网络传输系统

网络传输系统是为了将智能交通设施进行网络化管理。

5）前置采集系统

前置采集系统是一个放置于路侧的自动采集和存储设备，前置采集系统是非现场执法系统的重要组成部分，同时通过网络传输系统与路口违法记录系统连接。

7. 入口匝道控制设施

入口匝道控制系统由外场设备、通信网络以及位于市交警支队指挥中心的综合信息平台组成。外场设备主要由入口匝道控制器、本地手动控制单元、入口车道信号灯、匝道信息板、检测设备以及门架等组成。主要功能如下：

(1) 具有对入口匝道开放/关闭进行控制、相关信息显示、传输、与相关系统关联等功能。

(2) 可通过现场或指挥中心对相应的入口匝道控制系统执行关闭控制，调节快速路主线的交通流量。

(3) 本地手动控制单元应具有相应的操作显示装置，可本地进行匝道关闭或开放控制，改变匝道车道信号灯的显示，并将其状态传送到交通指挥中心。

(4) 匝道开放/关闭由指挥中心综合信息平台集中控制，也可在入口匝道现场人工控制。

(5) 预留匝道排队长度检测的功能。

(6) 与交通违法取证系统的违法闯入系统相关联。

8. 广播呼叫设施

当快速路发生阻塞、交通事故或灾情等紧急情况以及配合快速路的养护作业时，中心值班人员可以通过广播系统对快速路进行指挥调度和组织疏散等工作，对分合流点的违章车辆也可以发出通知。主要建设内容包括号角扬声器等。

9. 其他交通设施

1）路面状况检测设施

路面状况检测系统由外场设备、通信网络和中心平台三部分构成。外场设备主要由路面状态传感器、路面温度传感器、数据处理单元等组成。该系统具有路面状态数据采集、接收、存储、运算处理、信息发布、管理、汇总、统计、查询等功能。具有多种类型的路面状态采集功能（积水、霜冻、融雪剂湿滑、结冰监视、结冰警报、路面高温等）。预留的数据接口，可与其他系统或气象部门进行数据共享，为社会公众、道路上行驶的车辆提供实时的气象信息和行驶诱导服务。

2）超载检测设施

该系统主要由外场设备、通信网络和中心平台组成。外场设备主要由路侧的控制器和路面的称重传感器、检测设施以及车牌抓拍识别设备等几部分组成。称重传感器应选用适合中高车速的弯板式称重传感器，具有车辆荷载实时检测、车辆超载报警、触发车牌抓拍、数据传输、存储等功能。车辆载荷实时检测的内容包括车辆的轴重、轴组重、整车重、轴型、车型、车速、车辆超限标志、时间等信息数据。车辆载荷超过限值时，现场和中心实时报警。抓拍车辆的车辆牌照信息应和车辆载荷信息叠加，作为处理超限车辆的依据。车牌抓拍采用地磁检测器触发方式。

3）黄色闪光警示灯

采用单点独立设置方式，对途径车辆进行警示，提醒驾驶员注意观察。主要设置在分合流点处，可采用单路立杆或者和其他杆件合杆。

8.2.5 通信与安全

应建设一个高效、可靠、安全、可扩展的交通专用通信系统，为大量的外场及中心设备提供网络接入和数据传输通道。常见模式有两种：①自建光纤网络；②租用运营商光纤＋自建光纤。此外，系统还应实现控制设备的时钟同步，保障协调运行，并且防范恶意攻击、病毒入侵等安全隐患。

1. 通信传输

监控中心与其他各监控分中心或监控信息汇聚点之间的通信宜采用基于路由器或以太网路由交换机的互联方式，采用星形方式、环形方式或网状网方式互联。系统互联的高层协议基于TCP/IP、UDP/IP方式，支持单播、组播方式。

交通监控系统信息平台之间以及与其他相关信息系统之间的互联接口，按信息种类可分为数据信息和视频信息接口两类，宜采用全数字基于TCP/IP的通信方式互联。通常，可以租用电信公司的通信信道建立交通监控系统信息平台之间以及与其他相关信息系统之间的互联，信道传输容量根据实际需求确定。在具备专用通信网的条件下，通信接口宜采用千兆或万兆以太网标准。

电话通信系统宜利用公共通信系统组网，也可以利用专用通信网建立IP热线电话。

2. 时钟同步

通信设备应具有系统时钟校准功能，时钟校准周期不大于24 h，控制设备时钟同步精度应在1 s之内。通信设备应有其他备用授时模块，当网络中断时，利用备用授时模块为通信设备进行对时，时钟的误差范围为24 h内小于1 s（以北京时间为基准），保证系统中信号控制设备之间的协调运行。

3. 网络安全防护

为了保障平台网络边界安全，需要从访问控制、完全防护、漏洞扫描、统一管理等方面来保障视频图像专网的安全。

（1）网络边界安全——边界接入平台、边界处部署防火墙及入侵检测系统。

利用防火墙安全域划分，针对不同的安全区域设置不同的安全级别，利用安全域通过策略控制，实现不同区域的安全访问，做到内网用户与政务网有限的权限访问，保障数据安全。

利用入侵检测系统基于应用层的应用全面识别，实时检测各种在线攻击、病毒等，实现L2～L7层的全面安全立体检测。

(2) 内网安全——网络中部署漏洞扫描系统和审计设备。

利用漏洞扫描系统对全网中的服务器、应用系统、PC终端、交换机、路由器、防火墙等安全设备进行弱性扫描，并提供漏洞通告、关联检测、自动修复、资产风险管理、漏洞审计多维度闭环管理等功能，实现网络漏洞修补增强安全性。

利用行为审计系统数据中心设置的数据库服务器，这就需要对数据库的访问、语句进行审计。同时全面识别应用层各种应用并实时防御各种应用层攻击。丰富的URL库可以对各种网站进行有效过滤，杜绝访问非法网站造成不良后果；对网络系统中的网络设备、网络流量、运行状况等进行全面的监测、分析、评估，通过这些记录来检查、发现系统或用户行为中的入侵或异常。通过对安全系统审计数字的分析，可以发现潜在的攻击征兆和安全发展趋势，并对其做出相应的响应，对整个网络做到可视、可控、可管。

(3) 网络安全智能管理——统一管理中心。

利用统一管理中心实现网络安全可视化管理，对全网进行安全策略集中管理、统一日志收集和分析、软件集中升级等，并可以支持分级管理，方便灵活地定制管理权限。统一管理中心将原本分布在网络中各自独立的安全设备进行统一的管理和监控，对网络事件进行专业深入的统计分析，并通过丰富的报表展示网络安全状态，形成一个集统计分析和管理配置于一体的安全管理解决方案。

对网络中的设备包括交换机、路由器、防火墙、入侵防御、防毒墙、审计、漏洞扫描等设备进行统一的配置管理维护，降低管理复杂度，节约维护成本。

4. 通信光缆

通信光缆是由若干根(芯)光纤(一般从几芯到几千芯)构成的缆芯和外护层所组成。光纤与传统的对称铜回路及同轴铜回路相比较，其传输容量大得多、衰耗少、传输距离长、体积小、重量轻、无电磁干扰、成本低，是快速路主要采用的通信传输介质。通信管道主要采用管道敷设的方式，为未来交通管理需求的扩展预留必要的通信网络扩展能力。

8.2.6 供电与管道

交通监控系统的供电主要包含外场设施和中心的供电。中心采用UPS电源，外场设施采用配电箱供电。

1. 负荷等级

电力负荷应根据对供电可靠性的要求和中断供电对政治、经济所造成损失或影响的程度进行分级，可划分为一级负荷、二级负荷和三级负荷。

(1) 符合下列情况之一时，应为一级负荷：

① 中断供电将造成人身伤亡时。

② 中断供电将在政治、经济上造成重大损失时。例如：重大设备损坏、重大产品报废、用重要原料生产的产品大量报废、国民经济中重点企业的连续生产过程被打乱需要长时间

才能恢复等。

③ 中断供电将影响有重大政治、经济意义的用电单位的正常工作。例如：重要交通枢纽、重要通信枢纽、重要宾馆、大型体育场馆、经常用于国际活动的大量人员集中的公共场所等用电单位中的重要电力负荷。在一级负荷中，当中断供电将发生中毒、爆炸和火灾等情况的负荷，以及特别重要场所的不允许中断供电的负荷，应视为特别重要的负荷。

(2) 符合下列情况之一时，应为二级负荷：

① 中断供电将在政治、经济上造成较大损失时。例如：主要设备损坏、大量产品报废、连续生产过程被打乱需较长时间才能恢复、重点企业大量减产等。

② 中断供电将影响重要用电单位的正常工作。例如：交通枢纽、通信枢纽等用电单位中的重要电力负荷，以及中断供电将造成大型影剧院、大型商场等较多人员集中的重要的公共场所秩序混乱。

(3) 不属于一级和二级负荷者应为三级负荷，三级负荷允许短时停电。

快速路监控中心、分中心的电力负荷应按一级负荷考虑；而外场的交通监控系统的电力负荷可按三级负荷考虑。有特殊需求时，可提高电力负荷等级。

2. 供电方式

智能交通系统供电方式采用低压交流 220/380 V 供电，电源引自供电变压器。供电宜采用树型方式。

(1) 在供电变压器旁设置监控总配电箱，从预留的专用低压回路引至该总配电箱。

(2) 从总配电箱引至路口或集中受电点的监控分配电箱。

(3) 从分配电箱以星型或树型方式引至各外场设备。

3. 供电电缆

供电电缆采用聚氯乙烯绝缘及聚氯乙烯护套(VV 或 VV22)电缆或交联聚乙烯(YJV 或 YJV22)电缆。电缆敷设应采用通信管道或铠装直埋方式，优先采用管道方式。对于已建道路，实在没有条件设置过路管道的，可采用架空线过路，但架空线架设高度不得低于 6 m。电缆敷设应考虑防盗措施。

4. 通信管道

通信管道可采用塑料管或钢管，管道规格应采用市场上的常规类型。通信管道的规格、物理性能等应满足《通信管道工程施工及验收标准》(GB/T 50374—2018)的要求。

纵向通信管道宜采用塑料管；过路管应采用钢管。塑料管宜采用符合《埋地塑料给水管道工程技术规程》(CJJ 101—2016)中规定的聚乙烯管材；钢管宜采用符合《低压流体输送用焊接钢管》(GB/T 3091—2015)中规定的镀锌焊接钢管。特殊情况时，可采用加厚钢管。

快速路桥梁段纵向管道敷设在两侧防撞墙内，宜每隔 500 m 设置横穿管，管道接续采用接线箱；匝道段在行车道右侧防撞墙内敷设通信管道，管道采用接线箱接续；如设有照明接线箱，则可利用照明接线箱接续，仅在设有监控设备处增设监控接线箱。快速路路基段在一侧主辅隔离带敷设通信管道，采用接线井用于管道续接，每隔 500 m 左右设置横穿管。地面道路交叉口与快速路桥梁段管道的联系管道可通过敷设于桥墩的镀锌钢管实现。

在地面道路人行道一侧敷设通信管道，采用监控接线井用于管道接续，视情况可以考虑双侧敷设。在地面道路交叉口设置“口”字形管道，选用镀锌钢管进行沟通。

8.2.7 智慧快速路

随着新一代信息技术快速发展，人工智能、大数据时代的来临，从传统的交通监控开始向智慧交通方向发展。当下我国城市快速路存在智慧化建设水平较低、运营管理相对落后、标准规范欠缺以及系统建设水平不高等问题。

2015年以来，我国颁布了一系列交通强国政策，重点引导交通数字化、智能化发展。尤其是2019年9月，中共中央和国务院颁布了《交通强国建设纲要》，提出推动大数据、互联网、人工智能、区块链、超级计算等新技术与交通行业深度融合；纲要指出，到2035年，基本建成交通强国，到本世纪中叶，全面建成交通强国。

目前我国各地陆续开展智慧城市的建设，而智慧交通作为智慧城市重要组成部分，受到了交通、交警、城管等城市管理多个部门的重视和关注，其中对于高等级的智慧快速路研究和建设逐渐成为城市发展的聚焦点。随着城市快速路建设投资的不断加大、新技术在智慧交通中的发展与应用、交通出行效率提升的迫切需求，以及国家战略发展的需求，智慧快速路的发展与建设进程将会逐步加快。

1. 智慧快速路基本内涵

智慧快速路是运用物联网、云计算、大数据、人工智能AI等数字化技术，以数据为核心的城市交通信息采集与发布的智慧载体。与传统快速路相比，智慧快速路可实现对道路交通运行态势自动感知与辨别，为道路上的智能汽车实现车路协同提供技术支撑，有效降低交通安全风险，为市民创造安全、高效、舒适的出行环境和提供高品质的出行服务。

智慧快速路建设是利用先进的数字化技术对道路基础设施进行全要素改造，不仅提升道路服务水平，而且提升城市道路景观，改善道路空间环境，实现智慧城市管理和智慧出行服务，并为未来的车路协同及无人驾驶提供技术支撑。

2. 智慧快速路系统架构

智慧快速路系统设计主要采用四层管理架构(图8-7)，分别为感知层、传输层、数据管理层和应用层。围绕这四个层次的技术在近年来已取得了长足进步，并不断改变着整个智慧快速路的应用情况。其中，数据管理层技术与应用层技术在最近5年中已有所突破，并被广泛应用。而感知层技术、传输层技术亦不断进步，它们是下一代智慧快速路突破的关键。更具革命性变化的是，智慧快速路已不再仅仅停留在单个应用层面，未来将逐渐走向融合应用的层面。

感知层主要通过应用传感器技术、网络技术、自动控制技术以及软件技术，搭建基于物联网架构的智慧快速路感知平台。其中，激光技术、传感器技术正在不断突破，而作为整套感知体系中所需的毫米波以及视觉传感器技术早已成熟。同时，经过多年积累，交通系统的感知技术也有了长足进步。数字和模拟的可控前端、高清抓拍单元、交通信号控制已被应用在目前的道路监控中。

传输层主要根据政府各管理部门的需求，通过光纤、无线等通信网络技术传输交通数据给不同的管理部门，其中通信网络的冗余度及可靠性是智慧快速路系统的关键指标。目前，4G网络已非常成熟并实现普及，2020年新推出的5G技术则更适合车辆高速行驶状况下的信号传输，还有车用以太网Ethernet、车云间移动信号传输标准也已达到智慧交通实用水平。随着卫星及空间技术、光纤设施的完善，其将为新的信号传输提供高速及可靠的基础设施基础。

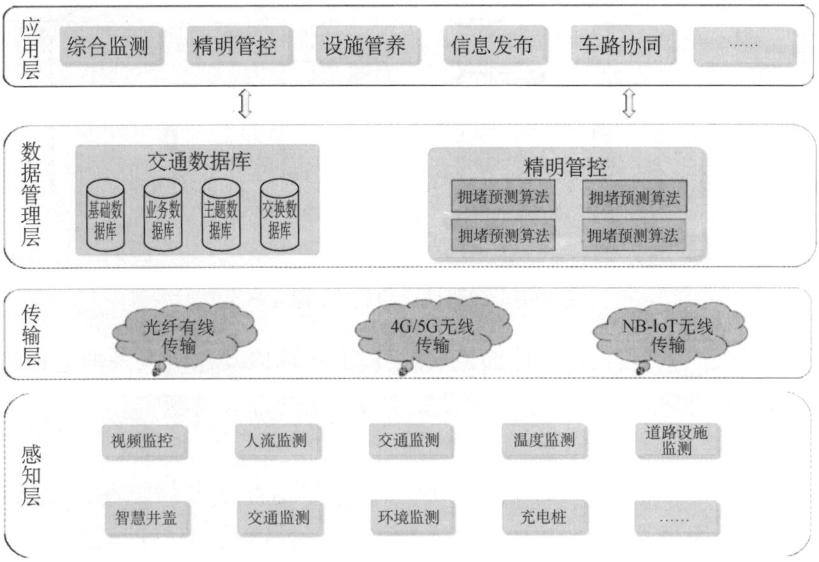

图8-7 智慧快速路系统架构

数据管理层主要汇聚、分析、共享从智慧快速路采集的多源异构交通数据，最终实现数据在各管理部门的共享。近年来，数据管理层技术的快速更新迭代并取得重大突破，成为智慧快速路发展的核心动力。特别是芯片技术、云计算、人工智能算法的进步，使得大量的车辆行驶信息能够在短时间内获得处理，并产生反馈输出，提供有价值的信号决策。

应用层提供城市快速路的设施管养、交通监测、交通管控以及多元信息发布等服务。基于大数据技术的支持以及人工智能算法的发展，应用层技术拥有前所未有的计算资源，以及更高效的计算方法，使得实时处理巨型数据变得可行。速度与效率的提升，打开了巨大的新应用市场。以各项应用的成熟为基础，智慧快速路必然从单个应用向融合应用发展，未来智慧快速路将是整合的、立体的、全方位的系统。

3. 智慧快速路功能设计

1）设施整合

设施整合主要将道路上的各种杆件、摄像头、传感器等监测设备以及交通标志牌等设施根据道路现场及功能整合到信号灯杆、电警杆、路灯杆等杆件上(图8-8)。

多合一信号灯杆主要集成路名牌、限速牌、禁停牌、禁鸣牌、机动车信息条屏、中杆路灯，发布绿波建议车速、交通宣传语等信息。

多合一电警杆主要集成路灯、卡式电警、广域雷达车检器、路侧路名牌。

多合一路灯杆主要集成高清摄像头、传感器、照明等设备设施，实现路灯杆、视频杆、标牌杆的合一，实现道路全景监控、交通运行监测、道路险情预警、车路协同控制、智能定向诱导、沿线设备物联等功能。

2）综合监测

通过道路上安装的智慧路灯、智慧路贴、多合一电警杆上安装的监测设备，感知道路上

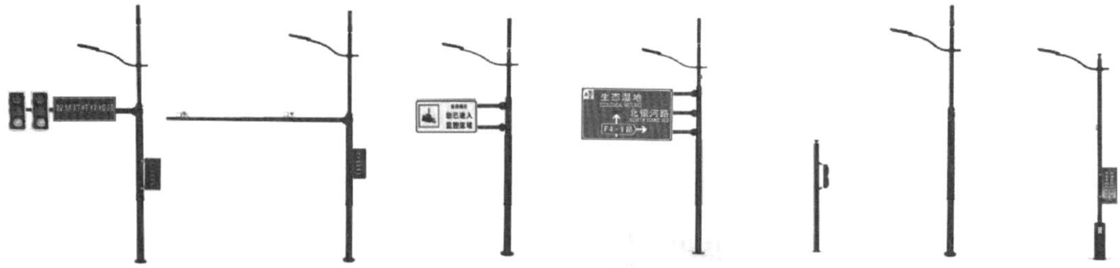

图 8-8　智慧快速路的“多杆合一”

的交通流量信息、人流量信息、道路路面、道路设施的损坏以及监测设备的运行情况，实现对道路交通、人流运行态势以及快速路基础设施健康情况的综合监测。

3）设施管养

通过感知桥梁、隧道、道路路面及设施的监控等情况，与基础设施养护管理系统实现数据对接，及时提供预警信息，并为快速路交通基础设施运营阶段的养护提供支撑。

4）精准管控

通过电警、卡口或边缘计算，监控道路路口车辆违法行为，感知每车道的流量、车速和占有率，并获取车辆运行轨迹；利用先进的广域雷达车检器，采集进口道车辆排队长度、停车次数、红灯等待时间、多断面平均车速等数据，实现流量自适应控制和人车感应控制以及公交优先等功能。

5）多元服务

通过智慧道路上的智慧路灯、智慧公交站亭、交通诱导屏等信息载体，多渠道发布交通出行服务信息，为各方式出行的市民提供实时交通信息服务。

通过部署于中心节点的智慧交通应用平台，可以图形化、数据化地实时监测全路网的交通流量状况、前端设备运行状况、交通事件状况、应急处理资源分布情况、重大安全风险状况等。通过统计分析历史数据，可以预测未来交通流量，评估并优化现有道路资源配置。通过整合道路各业务数据、行业资源，实现交通行业“跨部门、跨业务”的协同应用和协同处理。在出现极端天气、重大交通事故等紧急状况时，智慧交通应用平台可提供较优解决方案辅助决策。

6）车路协同控制

面向未来车联网技术推广应用预留的数据接口，利用多功能杆搭载的车路协同控制设备，向车辆推送周边环境、道路前方信息，实现车辆安全、有序、高效、节能运行。

另外，通过在特定车辆（如公交车、出租车）上安装终端设备，对车辆的驾驶状况、动态信息、静态信息进行搜集、储存并发送至实时数据库，交由云计算处理平台进行数据清理，并通过信息分析平台对过滤后的数据进行处理，实现管理人员对特定车辆的实时管控。在将车辆纳入互联网终端的基础上实现人车协同，以更好地为大众服务。

总之，智慧快速路是人工智能、物联网等技术发展潮流下城市基础设施建设的必然选择，是集交通管理和信息服务于一体的高端智慧交通整体解决方案。智慧快速路的建设不仅有利于提高政府各交通管理部门的管理效率，还能为市民创造安全、舒适、高效的出行环境，有效提升出行服务水平，实现“智能、快速、绿色、安全”的总目标。

7) 智能安防

运管部门负责对快速路交通的各类车辆的管理,传统车载监控图像只能进行事后的基础查看,现在越来越多的车辆开始采用车载疲劳驾驶监测系统、车道偏离检测系统等主动驾驶安全手段,确保司机的驾驶安全。

8.3 交通标志和标线

8.3.1 设置原则

城市快速路交通标志和标线是交通设施的重要组成部分,是向城市快速路使用者提供有关道路交通的规则、警告、指引等信息的重要的交通安全设施,也是交通管理部门正确行使管理职能的重要依据,其基本出发点是促进城市快速路交通的安全与顺畅,更好地满足快速路使用者的安全出行需求。其设置的规范性、准确性和完整性,直接影响快速路通行服务水平及安全性能。

快速路交通标志和标线设置的法律基础是《中华人民共和国道路交通安全法》《中华人民共和国道路交通安全法实施条例》,遵循的规范包括《城市道路交通标志和标线设置规范》(GB 51038—2015)、《道路交通标志和标线》(GB 5768—2009)。城市快速路交通标志和标线传递信息的内容包括行驶规则信息、方向指引信息、道路选择信息、行车道选择信息、路况变化信息等。为保证交通流行为统一、秩序和效率,减少事故的发生,总体设置原则如下。

1. 应传递正确的交通引导和指示信息

(1) 城市快速路交通标志和标线的设置应以不熟悉快速路路网及周边路网体系的道路使用者为对象,为其以正常速度行驶时提供容易识别的信息(包括接近操作点的告知和行驶方式指引等信息)。“不熟悉周围路网的道路使用者”并非指道路使用者对路网一无所知,而是通过地图、上网、问询或其他查询手段,对前往的目的地和沿途有所了解,并通过交通标志和标线的正确指引能顺利抵达目的地的道路使用者。

(2) 设置交通标志和标线的根本目的就是发布和传递交通信息、情报,为快速路使用者的交通行为提供导向,以规范交通行为、引导交通流,维护交通秩序和安全。指路标志应着重反映出口名称、方向和距离,并应连续、可追溯。采用对快速路出口逐级指引达到连续,对于重要的信息应给予连续、多重提示、多级预告,如指路标志中的重要地点、重要相交道路等,又如快速路的出口预告、入口诱导等。交通标志版面及支撑结构禁止安放广告信息和任何与交通控制无关的信息(与旅游相关的指路标志和特定服务标志属于出行服务类标志)。

(3) 交通标志和标线是一种特殊的语言,以一系列通俗易懂的文字、符号、标记、线条等形象地反映所需表达的交通信息,而且采用了容易识别的形状和颜色,给人以直观的感觉,在车辆快速行驶时也能被驾驶员视觉捕捉并转化为大脑中的信号进而对交通行为进行控制,引导驾驶员保持良好的驾驶状态。

(4) 交通标志和标线提供的交通信息应具备显著性、可识别性和易读性;避免出现交通信息不当、过载或不足的情况,避免出现其他设施遮挡交通标志板或交通标志板的相互遮挡的情况；力求在准确的位置，及时、合理、清晰地表达正确的交通引导信息；交通标志必须安置在道路使用者的视野之内，要充分考虑车辆行驶速度对视认的影响，应确保道路使用者无论在白天还是黑夜都可以发现、识读，并能在适当的时间里做出反应。

(5) 交通标志和标线应根据快速路的道路条件、交通流条件、交通环境、道路使用者的需求及交通管理的需要进行设置。当快速路及相关道路的基础设施、交通管理等设置条件发生变化时，应及时增减、调换、更新交通标志和标线，传递新的交通引导和指示信息，以免使驾驶员感到疑惑或误导；快速路施工、养护、体育赛事等大型活动期间设置的临时性交通标志和标线，应在工程和活动结束后及时撤除，恢复正常交通状态下的交通标志和标线设置。

2. 交通信息应体现整体性、系统性和连续性

应把交通标志和标线的设置放在道路网系统中，从整体性、系统性和连续性三方面，综合考虑人、车、路和环境的关系。具体原则如下。

(1) 快速路网的交通标志和标线的设置原则应保持一致，统一制式和标准，交通指引信息应保持连续，与驾驶员的心理预期一致。

(2) 交通标志和标线设置除应满足当前快速路网交通管理要求外，还应统筹考虑相关周边道路，甚至道路网系统上的交通管理要求，发布信息应具有整体性、系统性及连续性。

(3) 交通标志和标线之间，以及与交通信号灯(匝道入口处)之间，要相互衔接和配合，传达的交通信息不应矛盾，以保持交通标志和标线设置的系统性。

3. 交通标志和标线在正常使用期间应保持良好的技术状态

(1) 在正常使用期间，交通标志结构安全、版面清晰、完整，交通标线清晰。

(2) 交通标志结构杆件体系的安全是实现交通标志功能的前提，在结构设计时，应充分考虑结构荷载、风荷载及撞击的冲击荷载等，确保结构安全。

(3) 交通标志和标线的材料选择应符合国家相关规范、规定的要求，优先采用新材料、新工艺。交通标志和标线的物理视认性主要由其颜色和逆反射性能决定，其颜色和逆反射性能在使用期间应满足相关规范和标准的要求；当不能达到要求时，必须更换反光材料或重新施划标线。

(4) 交通标志杆件及版面底板宜采用强度高、加工性能好、耐腐蚀、美观、施工方便的材料，同时兼顾经济性的要求；交通标志版面的反光材料应符合相关规范的规定，合理采用标准高的材料；交通标线材料应具有良好的反光性能、抗滑性能和耐磨性能，保证行车安全和使用寿命。

(5) 开展交通标志和标线的排查和养护工作，查找缺失、破损、不规范的标志和标线，及时整改，保证交通标志和标线的齐全、规范，保证功能的有效发挥。

4. 交通标志和标线的设计、施工、验收及养护管理必须处于受控状态

(1) 交通标志和标线的设计及施工必须由具备相应资质的单位来完成；设计时，应征求公安交通管理部门的意见；道路新建和改建时，交通标志和标线应同步进行设计和施工；施工应严格按照设计图纸及相关规定的要求进行。

(2) 交通标志和标线的验收应有公安交通管理部门的参与，验收应由具有交通工程或交通安全设施专业检测资质的机构出具工程验收报告，公安交通管理部门应对验收道路进行符合性检查。

(3) 交通标志和标线工作应纳入道路经常养护和路政管理的内容，建立道路交通标志

和标线的维护管理制度，落实交通标志和标线维护和管理的人员及责任，保证交通标志和标线准确、清晰、醒目、完好。做好交通标志和标线的日常维护和增设工作，维护单位对损坏的道路交通标志和标线，应及时修复、更换；因技术等原因无法按时修复、更换的，应设置临时交通标志和标线。

8.3.2 交通标志

交通标志按其作用分为主标志和辅助标志两大类，其中主标志包括禁令、指示、警告、指路、旅游区、作业区、告示标志；辅助标志是对主标志补充说明，附设在主标志下，不能单独使用。快速路交通标志设置主要包括标志版面布置、标志板支撑结构设计、材料要求等，重点是指路标志的设计，下面分别论述。

1. 标志版面布置

快速路各类标志版面尺寸和字符大小应根据设计速度按表8-3选取。

表8-3 标志版面尺寸、文字高度与设计速度的关系

设计速度(km/h)		100	80	60
警告标志	三角形边长(m)	1.30	1.10	0.90
禁令标志	圆形标志外径(m)	1.20	1.00	0.80
指示标志	圆形标志外径(m)	1.20	1.00	0.80
	正方形标志边长(m)	1.20	1.00	0.80
	长方形标志边长(m×m)	1.90×1.40	1.60×1.20	1.40×1.00
	单行线标志边长(m×m)	1.20×0.60	1.00×0.50	0.80×0.40
指路标志	汉字高度(m)	0.65，0.60	0.60，0.55，0.50	0.50，0.45，0.40，0.35
	道路编号标志中字母标识符、数字及出口编号标志中的数字高度(m)	0.45，0.40	0.40，0.35	0.30，0.25

快速路指路标志板一般采用绿底色、白色字符、图案和白边框的布置方法(局部特例为反色或黄色等)，与高速公路类似，以区别于城市道路其他等级道路指路标志的蓝底、白字。版面布置也有利于驾驶员快速识别指示的道路等级。以图8-9所示路径指引标志版面为例，版面信息内容如下：根据标志设置的功能，包括道路名称信息、地理方位信息、目的地名称信息(方向节点信息)和距离信息等，对于上述信息的表示方法和定义，有相应的规定加以统一。

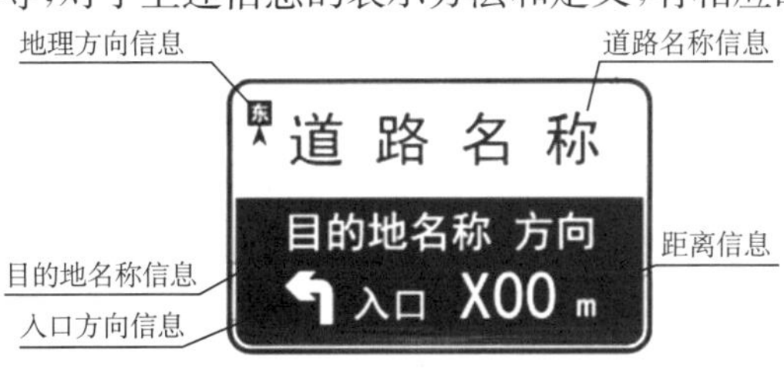

图8-9 快速路指路标志信息

2. 标志板支撑结构设计

快速路的标志板可采用柱式、悬臂式、门架式、悬挂式或附着式等支撑方式，根据标志传递的信息重要程度、版面尺寸、交通量、车道数、设计风速、路侧条件及悬挂位置等要求综合确定。标志板支撑结构设计应按支撑方式、版面尺寸分类归并，对其上部结构、立柱、横梁及其连接等进行设计，并分别验算其强度和变形；对其下部结构进行强度、抗倾覆和抗滑动等设计验算，并进行基底应力验算。标志板与支撑结构的连接应牢固可靠、安装方便、板面平整、维护简便。标志板风荷载计算中设计风速应采用标志所在地区距离平坦空旷地面 10 m 高、50 年一遇 10 min 计算平均最大风速；缺乏风速观测资料时，设计风速可按《全国基本风压分布图》及全国各气象台站的基本风速和风压值的有关数据，并经实地调查核实后采用，但不得小于 22 m/s。

3. 材料要求

标志版面材料应采用逆反射材料制作，也可根据地形、观测角度、日照等情况增加主动发光式或外部照明设备。快速路标志应采用Ⅲ～Ⅴ类反光膜，小半径曲线及立交小半径匝道路段的禁令、指示、警告标志宜采用Ⅴ类反光膜；隧道内的应急、消防、避险等指示标志，应采用主动发光标志或照明式标志；快速路的出口标志及出口 0 m 处的出口预告标志宜采用主动发光标志。

标志底板可采用铝合金板、挤压成型的铝合金型材、薄钢板、合成树脂类板等板材制作，在保证视认性前提下，标志板可分块制作，现场拼装。

标志支撑件可选用钢管、型钢、八角形钢柱或钢桁架，也可根据需要采用铝合金型材、合成材料、钢筋混凝土等材料制作；标志基础采用的水泥混凝土强度等级应大于或等于 C25。

4. 指路标志

根据功能不同，快速路指路标志可分为路径指引标志、沿线信息指引标志和沿线设施指引标志。本书重点对路径指引标志的设置进行论述，其余标志的设置应符合《城市道路交通标志和标线设置规范》(GB 51038—2015)的相关规定。路径指引标志分类见表 8-4。

表 8-4 快速路路径指引标志分类

序号	分类	标志名称
1	入口指引	入口预告、入口处地点方向、入口
2	行车确认	地点距离、路名
3	出口指引	出口预告、下一出口预告、出口、出口地点与方向

1）入口指引标志

入口指引标志设置顺序为入口预告标志→入口处地点方向标志→入口标志。

入口预告标志：应按预告距离由远及近，依次分为邻近路网交叉口预告、500 m 和 200 m 入口预告、连接线交叉口预告(图 8-10)。邻近路网交叉口预告距离应根据行驶至快速路入口实际距离确定，设置位置应符合《城市道路交通标志和标线设置规范》(GB 51038—2015)的相关规定。

入口处地点方向标志：应设置在立交匝道分岔点处。入口处地点、方向标志所指示的方向节点信息和地理方向信息应与入口预告标志中信息一致。快速路连接快速路或高速公路

图 8-10 入口预告标志示例

的出入口，上一快速路的出口即为目标快速路或高速公路的入口；入口处地点方向标志应与上一快速路出口处地点方向标志一致(图 8-11)。

a)干路入口处地点方向标志　　b)快接快(高)入口处地点方向标志

图 8-11 入口处地点方向标志示例

入口标志：应设置在快速路入口处，告知前方快速路道路名称信息及方向信息。入口标志版面内容与入口预告标志所传达的信息应一致；入口标志一般采用门架支撑结构形式，并应与快速路交通管理信息一并设置(图 8-12)。

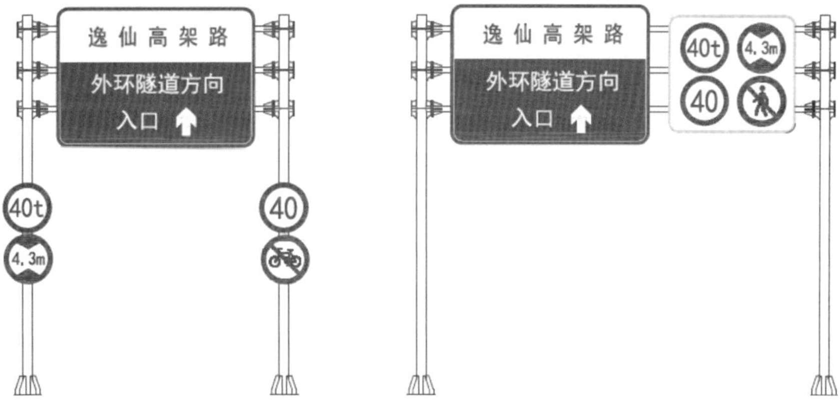

图 8-12 入口标志示例

2）行车确认标志

地点距离标志：应与出口预告标志位置综合考虑后设置，一般设置在入口匝道加速车道渐变段终点后适当位置(图 8-13)。

路名标志：用于提示、确认当前行驶的快速路名称。应设置在互通式立体交叉加速车道渐变段终点，也可在主线适当距离重复设置(8-14)。

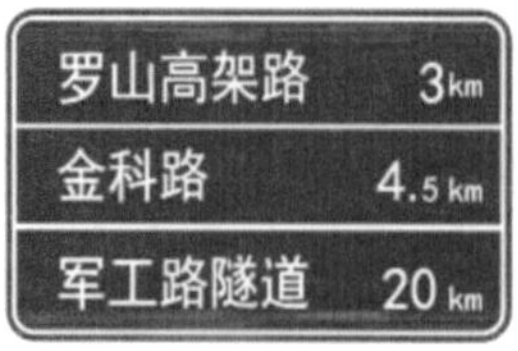

图 8-13　地点距离标志示例

图 8-14　路名标志示例

3）出口指引标志

出口指引标志设置顺序一般为出口预告标志→出口标志和下一出口预告标志→出口处地点方向标志。

出口预告标志：一般设置在快速路路段范围内，对下游出口名称、方向、距离进行预告。快速路出口预告一般进行 4 级预告，即在距离快速路减速车道的渐变段起点 2 km、1 km、500 m 和 0 m 处分别设置相应的出口预告标志(图 8-15)。对于互通式立体交叉等情况较为复杂的出口，一般在 500 m 或 1 km 的快速路出口预告标志设置图形指路标志。当进出口间距小于 2 km、1 km 或 500 m 时，应取消 2 km、1 km 及 500 m 预告标志，并在上游相应位置增设出口预告标志，预告距离宜采用实际值。增设出口预告标志的位置应符合《城市道路交通标志和标线设置规范》(GB 51038—2015)的相关规定。

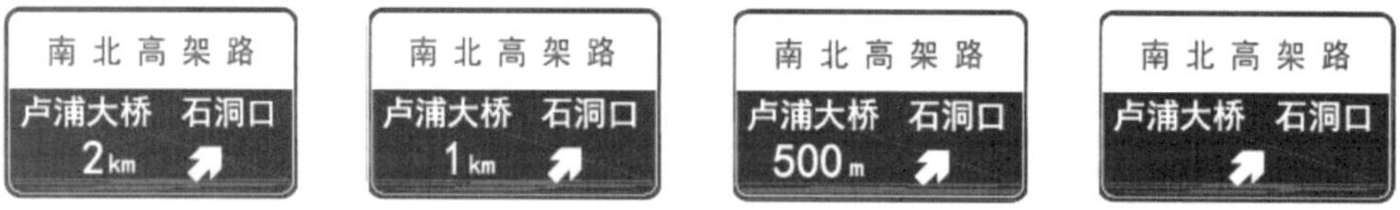

图 8-15　出口预告标志示例

出口标志：一般设置在快速路出口分岔点端部，并宜结合下一出口预告标志一并设置；出口标志指示内容与出口预告标志中所传达的信息连续、一致(图 8-16)。

下一出口预告标志：向驾驶员提供快速路下游出口的名称、方向、距离等相关信息。下一出口预告标志一般设置在快速路出口分岔点端部，并结合当前出口标志一并设置(图 8-16)。

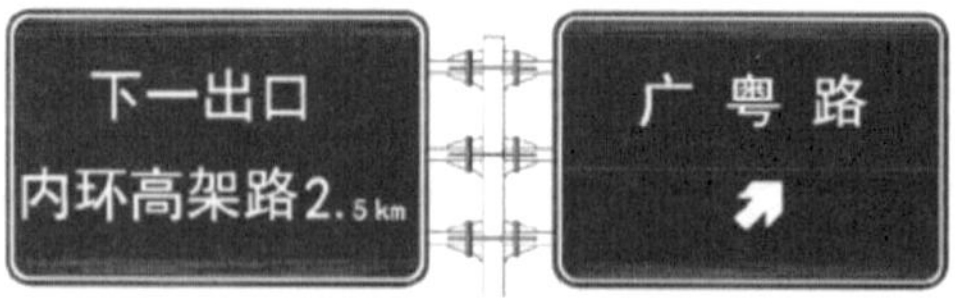

图 8-16　出口标志及下一出口标志示例

出口处地点方向标志：当出口匝道有二级分流，需要预告或指示二级分流两个不同行驶方向相关信息时，应设置出口处地点方向标志。

快速路连接快速路或高速公路的出入口，快速路的出口即为下一快速路或高速公路的入口。当前快速路出口处地点、方向标志应与下一快速路或高速公路的入口处地点、方向标志一致。

8.3.3　交通标线

城市快速路交通标线应与交通标志、信号灯配合设置，传递有关道路交通的规则、警告、指引等信息。城市快速路交通标线按其作用主要分为指示标线、禁止标线、警告标线和其他标线。指示标线包括可跨越同向车行道分界线、车行道边缘线、道路出口标线、道路入口标线、车距确认标线、导向箭头、路面文字标记和路面限速标记；禁止标线包括禁止跨越同向车行道分界线、导流线、小型车专用车道线、大型车道线等；警告标线包括纵向减速标线、横向减速标线、立面标记和实体标记；其他标线包括突起路标、轮廓标和弹性交通柱。

快速路交通标线设置主要包括设置原则、标线布设和标线材料要求等。

1. 设置原则

(1) 应符合道路设计要求，充分体现快速路总体设计的意图。

(2) 应与快速路交通运行情况相匹配，根据快速路状况、交通流特性，科学地组织交通流，有利于道路交通的有序、安全与通畅。

(3) 应合理设置车道宽度，机动车道宽度应满足《城市道路工程设计规范》(CJJ 37—2012，2016年版)的规定以及总体设计的要求，除加宽情况外，一条机动车道宽度不得大于3.75 m。

(4) 应与其他交通设施相匹配，同一地点设置的交通标志和标线等交通设施，所传递的交通信息不能相互矛盾，应相互协调，相互补充；另外，交通标线不得出现传递信息过量或不足的情况。

(5) 应保证交通标线在使用期间全天候条件下的可视性；多雨地区应考虑雨夜条件下标线的视认性能，多雪地区应考虑雨雪对标线材料的覆盖影响，配合轮廓标、交通标志、突起路标使用。

(6) 应及时对交通标线进行维护。

2. 标线布设

快速路标线布置的要点主要在出口和入口。

快速路出入口标线应由三角地带标线和纵向标线两部分组成。快速路的出入口前后主线车道数不变时，出入口处的三角地带标线长度与纵向标线的实线段长度之和宜占整个出入口段总长度的1/3～1/2，主线的入口前应设置2道及以上向左合流导向箭头，设置间隔宜为30～50 m(图8-17)。主线的出口应在分流点起点及上游30～50 m处各设置1道直行或右转导向箭头，分流点后在减速车道内设置两道及以上右转导向箭头，设置间隔宜为30～50 m(图8-18)。对于互通式立体交叉匝道出入口，应在车行道边缘线的外侧设置突起路标。

在匝道上分合流时，可仅设置三角地带标线。合流后主线增加车道，纵向标线应改为同向车行道分界线。分流后主线减少车道，纵向标线长度宜为100～300 m。

3. 标线材料要求

(1) 标线应具有抗滑性能，不宜低于所在道路路面的抗滑要求，抗滑值应不小于45 BPN。

(2) 应具有良好的耐磨性能，保证正常的使用寿命。

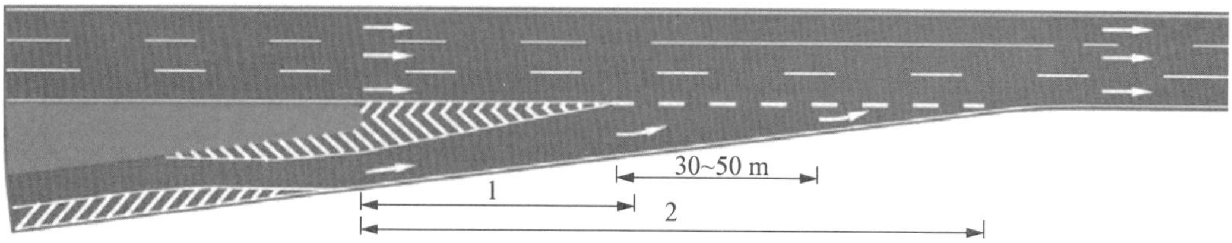

1—三角地带标线长度与纵向标线的实线段长度之和；2—入口段总长

图 8-17　快速路入口标线设置示例

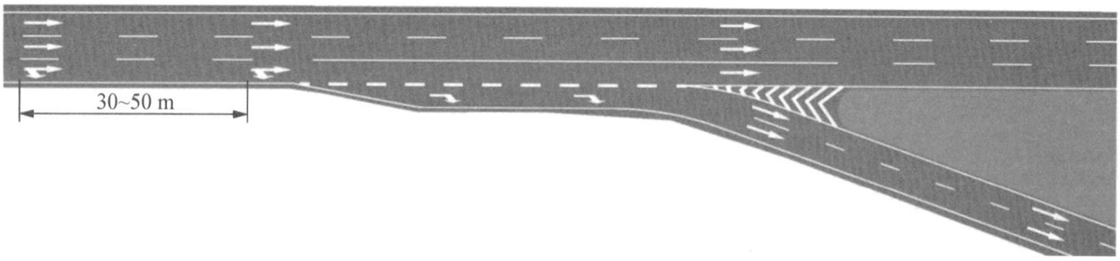

图 8-18　快速路出口标线设置示例

(3) 应具有良好的环保性能。

(4) 在规定的使用期限内，标线不应出现明显的变色。

(5) 干燥时间应短，操作应简单，利于施工。

(6) 城市快速路应采用反光标线，白色反光标线的亮度因数应大于或等于 0.35，黄色反光标线的亮度因数应大于或等于 0.27；在多雨地区易积水路段和人机非混行路段，宜采用水下反光标线材料或附加突起路标。

(7) 新施划的白色反光标线的逆反射亮度系数不应低于 150 $mcd \cdot m^{-2} \cdot lx^{-1}$，新施划的黄色反光标线的逆反射亮度系数不应低于 100 $mcd \cdot m^{-2} \cdot lx^{-1}$；标线在正常使用期间，反射标线的逆反射系数应满足夜间水下视认要求，白色反光标线的逆反射亮度系数不应低于 80 $mcd \cdot m^{-2} \cdot lx^{-1}$，黄色反光标线的逆反射亮度系数不应低于 50 $mcd \cdot m^{-2} \cdot lx^{-1}$。

(8) 标线的厚度根据其种类、设置位置及施工工艺，应符合表 8-5 要求。

表 8-5　标线的厚度要求(mm)

序号	标线种类		标线厚度	备注
1	溶剂型		0.3～0.8	湿膜
2	热熔型	普通型	0.7～2.5	干膜
3		突起型	3.0～7.0	干膜。若有基线，基线厚度为 1～2
4	双组分		0.4～2.5	干膜
5	水性		0.3～0.8	湿膜
6	树脂防滑型		4.0～5.0	骨材粒径 2.0～3.3
7	预成型标线带标线		0.3～2.5	干膜

8.3.4 交通标志和标线的协调设置

交通标志与标线都是交通安全设施的重要组成部分，具有规范交通活动的法律效力。在一些情况下，交通标线或交通标志可以单独使用并发挥其作用。然而，在很多情况下，交通标线只有与交通标志进行合理的组合才能更好地发挥作用。

在设置城市快速路交通标志和标线时，二者传递的信息不应矛盾，功能应相辅相成、互相补充。在道路、周边设施条件、自然环境等合适的情况下，交通标志和标线应协调设置、配合使用，充分地向道路使用者传达交通信息。下面分别给出快速路出入口标志和标线匹配设置的示例。

1. 快速路入口指引标志和标线设置示例(图 8-19)

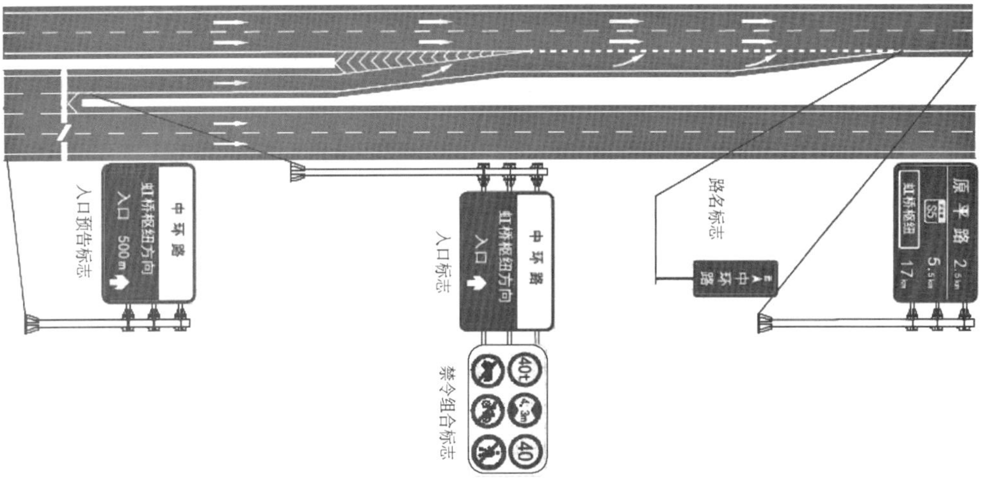

图 8-19 快速路入口指引标志和标线设置示例

2. 快速路出口指引标志和标线设置示例

1) 一般出口指引(图 8-20)

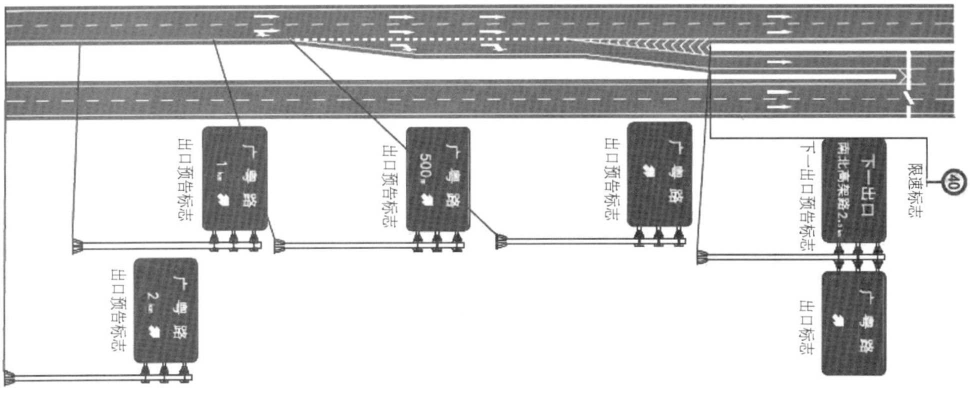

图 8-20 一般出口指引标志和标线设置示例

2）快接快(高)出口指引(图 8-21)

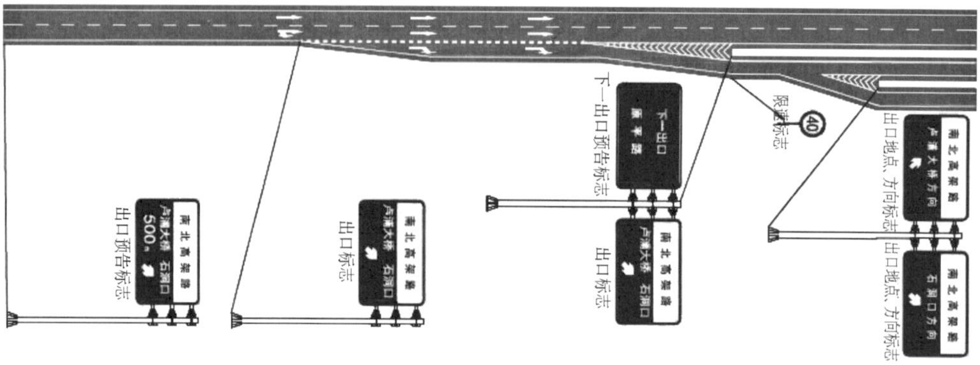

图 8-21　快接快(高)出口指引标志和标线设置示例

8.4　交通防护设施

8.4.1　交通防护设施需求分析

城市快速路总体布置往往受到城市道路网布局、地区控制性详细规划、道路规划红线宽度等影响，互通立交节点范围还受周边建筑物、环境敏感区、地下重大管线及构筑物等控制。通常，快速路平面线形可调整余地较小，平面线形指标需综合考虑确定。

为保障运营期间的交通安全，对城市快速路主线平曲线半径、平面线形组合、分合流端部的设计、平纵组合等均有一定要求。对确实需采用极限指标组合的区域，需采用交通标志和标线、交通防护设施等综合手段加以提示和防护，以免重大恶性事故的发生。

根据交通事故调研，城市快速路主要的交通事故类型有追尾事故、路侧(包括中央分隔带和外侧)撞击事故和分合流端部事故等。前两种事故主要发生在线形组合较差的主线路段，第三种事故则发生在快速路出口鼻端。在工程设计阶段，需对沿线路段设置交通防护设施，特别是容易发生事故的“重点”路段，需有效甄别，并配套行之有效的防护措施，以起到较好的防范效果。

8.4.2　路侧防护设施

对于路侧撞击事故，主要可以根据调整完善线形指标、增大视距、完善标志和标线等主动防护引导措施解决，还可以通过增加护栏等被动防护设施的方法来提高安全性。对护栏来说，其主要功能需要具备阻挡车辆冲出路外、对车辆进行导向及对碰撞车辆进行缓冲等作用。参照《公路护栏安全性能评价标准》(JTG B05—01—2013)的规定，护栏对车辆的防护作用主要在于缓冲功能和导向功能。

(1) 缓冲功能：乘员碰撞速度的纵向与横向分量均不得大于 12 m/s，乘员碰撞后加速度的纵向与横向分量均不得大于 200 m/s^2。

(2) 导向功能：车辆碰撞后不得翻车，车辆驶出驶离点后的轮迹经过图 8-22 所示的导向驶出框时不得越出直线 F。

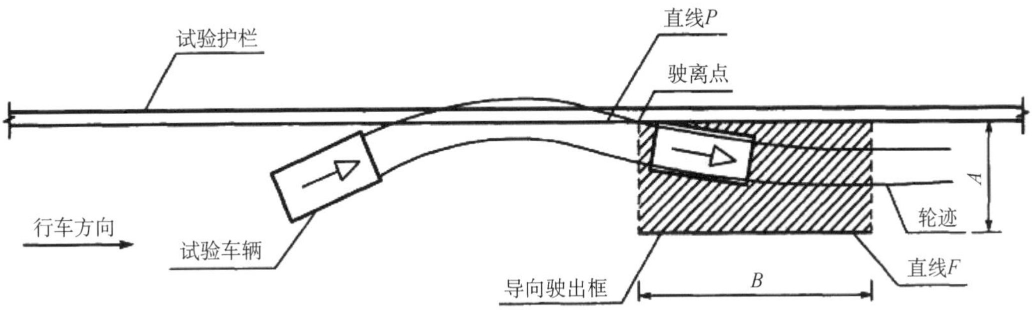

图 8-22　导向驶出框示意图

由于护栏也是一种障碍物，基于宽容设计理念，最好是保证计算净区需要的宽度，使位于计算净区宽度范围内的障碍物不对驶出车辆造成伤害。如果这些措施都不能实施，驶出车辆产生的事故后果比碰撞护栏更严重时，才考虑设置护栏。城市快速路在交通安全综合分析的基础上，按照不同路段驶出路外或驶入对向车行道事故的风险确定设置何种等级的护栏。

根据《城市道路交通设施设计规范》(GB 50688—2011，2019 年版)的规定，不能提供足够路侧安全净距的快速路路侧，必须设置防撞护栏；当路基整体式断面中间带宽度小于或等于 12 m 时，快速路的中央分隔带必须连续设置防撞护栏。城市道路防撞护栏防护等级分为 6 级，各等级的碰撞条件与设计防护能量应符合表 8-6 的规定。

表 8-6　城市道路防撞护栏的碰撞条件与设计防护能量

防护等级代码		碰撞条件				设计防护能量(kJ)
路侧护栏	中央分隔带护栏	碰撞车型	车辆质量(t)	碰撞速度(km/h)	碰撞角度(°)	
B	Bm	小客车	1.5	60	20	70
		大客车	10	40	20	
A	Am	小客车	1.5	100	20	160
		大客车	10	60	20	
SB	SBm	小客车	1.5	100	20	280
		大客车	10	80	20	
SA	SAm	小客车	1.5	100	20	400
		大客车	14	80	20	

（续表）

防护等级代码		碰撞条件				设计防护能量(kJ)
路侧护栏	中央分隔带护栏	碰撞车型	车辆质量(t)	碰撞速度(km/h)	碰撞角度(°)	
SS	SSm	小客车	1.5	100	20	520
		大客车	18	80	20	
HB	HBm	小客车	1.5	100	20	640
		大客车	25	80	20	

根据快速路的建设形式，路侧防撞护栏设置位置可以分为路基段、桥梁段和隧道段。

1）路基段

快速路路基侧防撞护栏的防护等级的确定应符合表 8-7 的规定。快速路中央分隔带护栏的防护等级应符合表 8-8 的规定。

表 8-7　快速路路侧防撞护栏防护防撞等级的适用条件

适用条件	设计速度(km/h)			
	100，80	60	50，40	30，20
一般路段、匝道、通道、涵洞	A	B	B	B
桥头引道、隧道洞口连接线，车辆越出路外可能发生重大事故的路段和匝道	SB	A	B	B
高挡墙、临水临空路段，车辆越出路外可能发生二次事故的路段和匝道	SA	SB	A	B
邻近其他快速路、高速公路、人流密集区域的路段，车辆越出路外可能发生重大二次事故的路段和匝道	SS	SA	SB	A

注：邻近饮用水源保护区、铁路、轨道交通、危险品仓库、高压输电线塔及电站等需要特殊防护的路段，应在防护等级上提高 1 个及以上等级。

表 8-8　快速路中央分隔带护栏防护防撞等级的适用条件

适用条件	设计速度(km/h)		
	100	80	60
一般路段	SBm	Am	Bm
小半径弯道、中央分隔带有桥墩及其他构造物等特殊防护路段	SAm	SBm	Am

路基护栏形式主要有波形梁护栏、缆索护栏和混凝土护栏等。其中，波形梁护栏是半刚

性护栏的主要代表形式，也是路基护栏中最为常用的形式。缆索护栏是柔性护栏的主要代表形式，混凝土护栏为刚性护栏的主要代表形式。参考《公路交通安全设施设计细则》(JTG/T D81—2017)中较为成熟的护栏形式，根据不同防撞等级要求，可选用如图 8-23 及图 8-24 所示的形式。

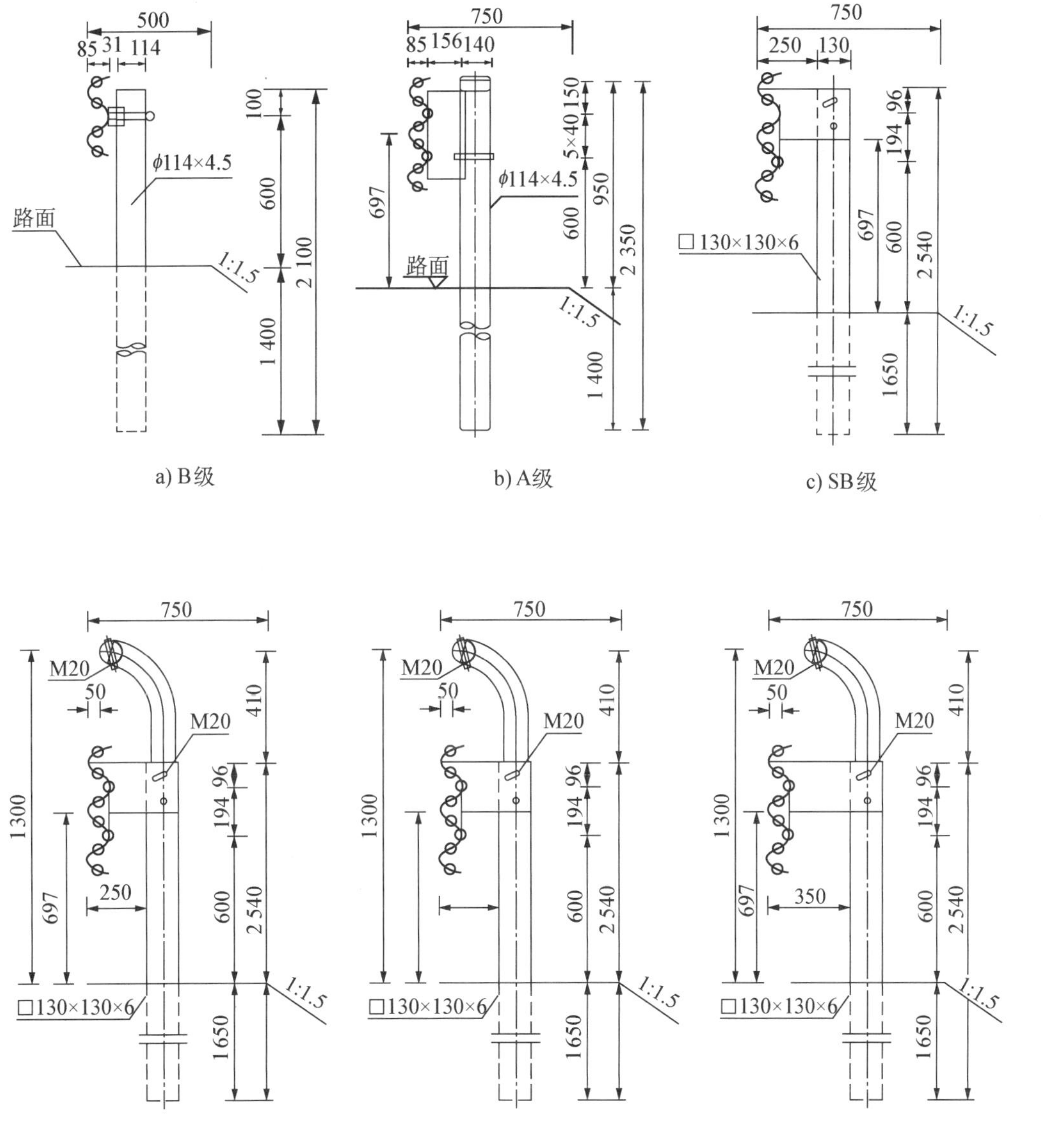

a) B级　　b) A级　　c) SB级

d) SA级　　e) SS级　　f) HB级

图 8-23　路侧波形梁护栏常用形式横断面布置图(mm)

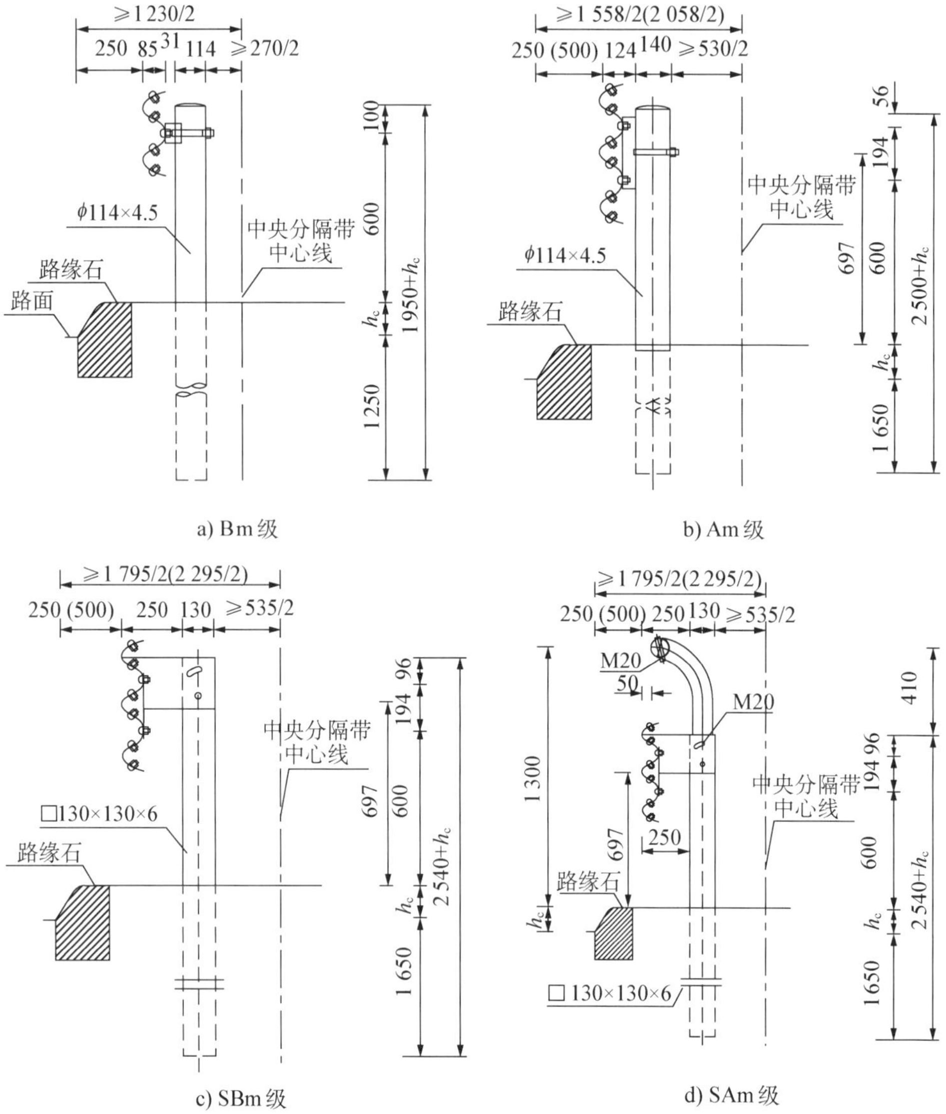

图 8-24　中央分隔带波形梁护栏常用形式横断面布置图(mm)

关于波纹板梁高度：二波形梁板中心的高度为 600 mm，三波形梁板中心的高度为 697 mm。靠近车流方向路缘石面宜位于护栏面后，否则梁板高度还应增加路缘石的高度。

关于特殊路段的立柱埋深：设置于小桥、通道、明涵等钢筋混凝土基础内的波形梁护栏，立柱埋深按不小于 30 cm 控制；设置于石方、地下有管线等路段钢筋混凝土基础内的波形梁护栏，立柱埋深按不小于 40 cm 控制。

关于波形梁护栏的起讫点应进行端头处理：行车方向的上游端头宜设置为外展圆头式、外展埋入式或吸能式；行车方向下游端头可采用圆头式。

2）桥梁段

城市快速路桥梁车行道外侧、中央分隔带均需要设置防撞护栏，桥梁段防撞护栏等级应符合表 8-9 的规定，快速路的小桥、涵洞、通道应设置与路基段形式相同的防撞护栏。双幅式桥梁中央分隔带护栏与桥侧护栏的防撞等级相同，单幅式桥梁中央分隔带护栏的设置参照路基段中央分隔带护栏设置原则设计。

表 8-9　桥梁防撞护栏防护等级

适用条件	设计速度(km/h)			
	100，80	60	50，40	30，20
一般桥梁	SA，SAm	SB，SBm	A，Am	B
跨越高速公路、快速路、轨道交通或饮用水源保护区等路段的桥梁	SS，SSm	SA，SAm	SB，SBm	A

如果因桥梁线形、桥梁高度、桥下水深、车辆构成、交通量或其他不利现场条件等因素易造成更严重碰撞后果的路段，经综合论证，可在表 8-9 的基础上提高 1 个及以上等级，其中跨越大型饮用水源一级保护区及特大悬索桥、斜拉桥等缆索承重桥梁，防护等级宜采用 HB 级别，跨越铁路的桥梁应按照相关铁路行业标准要求设置防撞护栏。

所选取的护栏形式在强度上必须能有效吸收设计碰撞能量，阻挡小于设计碰撞能量的车辆越出桥外或进入对向车行道并使其正确改变行驶方向。

桥梁护栏的形式主要包括钢筋混凝土护栏(刚性)、金属梁柱式护栏(半刚性)和组合式护栏。其中，钢筋混凝土护栏使用最为广泛；对钢结构桥梁、积雪严重地区桥梁或对景观有特殊要求的桥梁常选用金属梁柱式护栏或组合式护栏。

混凝土护栏按构造可分为 F 型(新泽西式)、单坡型和加强型(图 8-25)。未经试验验证，一般不可随意改变护栏迎撞面的截面形状和连接方式，但其背面可根据实际情况采用合适的形状。防护等级较高的路段可根据需要在护栏顶部设置阻爬坎。

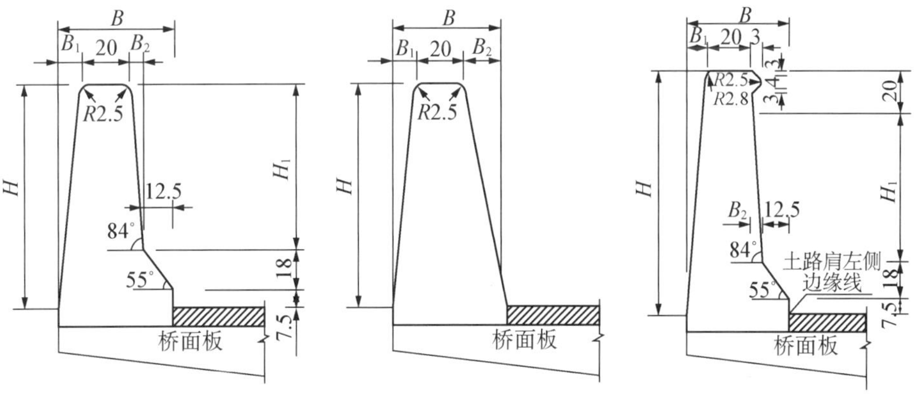

a) F型混凝土护栏　b) 单坡型混凝土护栏　c) 加强型混凝土护栏

图 8-25　混凝土护栏的一般构造示例

3）隧道段

快速路隧道属于埋置于土层以下专供机动车行驶的人工构筑物，隧道的洞身是刚性的钢筋混凝土结构，具有一定的防护能力。《城市地下道路工程设计规范》(CJJ 221—2015)规定:城市地下道路不设置检修道时,侧墙下部必须设置防撞设施,并应符合《城市道路交通设施设计规范》(GB 50688—2011，2019 年版)的规定。研究认为,对于设置检修道的快速路,为避免驶出道路建筑限界的车辆对检修人员伤害及对洞身的损伤,同时也保护车辆及乘务人员的安全,部分设计实践中宜采用设置护栏的做法。因此,隧道的防护等级可以参考路基段。

下面以深圳市过境高速公路连接线工程为例,采用了两种防撞护栏——双横梁护栏和单横梁护栏,防撞等级分别为 A 级和 B 级,满足快速路路侧防撞护栏防护防撞等级要求。

双横梁结构形式:护栏总高 760 mm,两根横梁间距 225 mm,上横梁与立柱上面平齐,下横梁距离路面 475 mm,高于检修道顶面,护栏总宽 335 mm,立柱迎撞面与检修道外壁面平齐,横梁为 160 mm×120 mm,横梁壁厚 4 mm,护栏材料选用 Q345 钢(图 8-26)。适用于路侧有足够净宽的路段。

单横梁结构形式:护栏总高 710 mm,总宽 270 mm,横梁迎撞面与检修道外壁面平齐,且设置于立柱立面上;横梁为 160 mm×120 mm,横梁壁厚为 3 mm,护栏材料选用 Q345 钢(图 8-27)。适用于路侧没有足够净宽的路段。

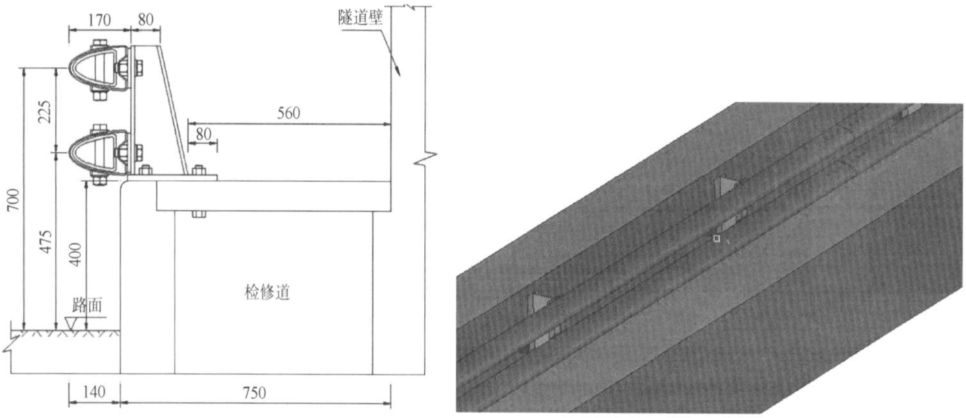

图 8-26　双横梁结构形式(mm)

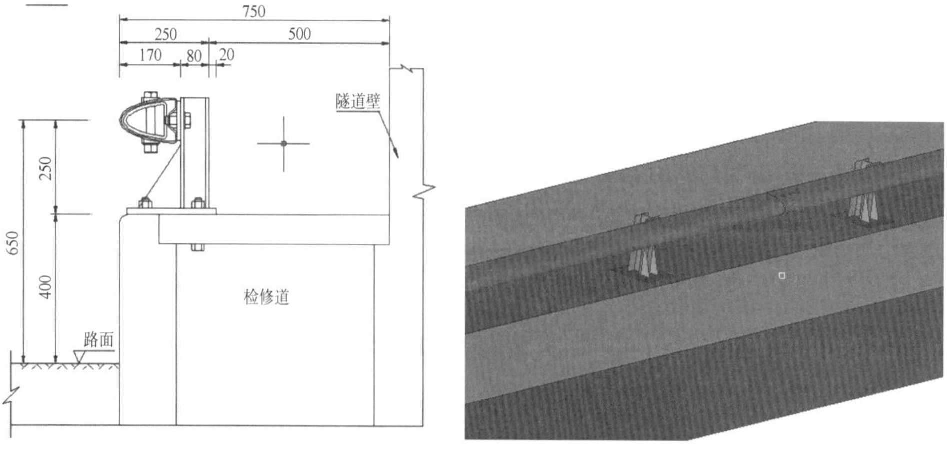

图 8-27　单横梁结构形式(mm)

8.4.3　出口分流三角区防护设施

分流三角区是快速路交通事故发生最多的区域。车辆碰撞三角端的事故中，小客车的碰撞最为危险，事故中较为普遍的伤害类型主要有两种：①三角端结构刚度大，导致车内乘员的严重冲击伤害，车体加速度大于 20g；②三角端的端头太弱，导致三角端护栏板或其他构件插入车厢内，对乘员形成致命伤害。

1. 防撞垫的防护等级

参照国外相关设计经验分析可知，出现此类事故危险的原因主要是由于三角端头的设置较简单、不具备缓冲功能，使得在高速状态下失控的车辆直接撞击三角端。因此，在三角端的防护设计时，不仅要考虑三角端头的缓冲的功能，还应避免三角端头的构件插入车厢内对乘员造成伤害。另外，车辆的碰撞速度不同，事故的严重程度也相应不同，因此，在防护目标确定时还应考虑防护速度的问题。根据《公路护栏安全性能评价标准》(JTG B05—01—2013)的规定，防撞垫的防护等级按设计防护速度划分可以分为三级，其试验碰撞条件见表 8-10。

表 8-10　防撞垫的防护等级及试验碰撞条件

防撞等级	碰撞条件				
	碰撞类型	碰撞车型	车辆总质量(t)	碰撞速度(km/h)	碰撞角度(°)
一级(TB)	正碰	小客车	1.5	60	0
	斜碰				15
	偏碰				0
	正向侧碰				20
	反向侧碰				20
二级(TA)	正碰	小客车	1.5	80	0
	斜碰				15
	偏碰				0
	正向侧碰				20
	反向侧碰				20
三级(TS)	正碰	小客车	1.5	100	0
	斜碰				15
	偏碰				0
	正向侧碰				20
	反向侧碰				20

快速路主线分流端、匝道出口的护栏端部应设置防撞垫。快速路的路侧构造物前端、收费岛前端宜设置防撞垫。防撞垫的防撞等级应符合表 8-11 的规定。

表 8-11 快速路防撞垫防撞等级的适用条件

设计速度(km/h)	100	80	60
主线分流端、匝道出口、路侧构造物前端、收费岛前端	TS	TA	TB

2. 防撞垫设计

《公路交通安全设施设计细则》(JTG/T D81—2017)没有给出成熟的防撞垫产品。在深圳市过境高速公路连接线工程中,笔者团队自主研发了一款 TB 级的产品。

可采用吸能板和骨架的组合结构方式,同时将防撞垫的下半部分设计为通透的结构,以此减少材料用量,提高构件功能利用效率,防撞垫的后部设置支撑架,底部设置圆管导轨,支撑架和导轨通过螺栓锚固于地面。

根据隧道内空间要求,防撞垫不能占用太多空间,防撞垫的吸能主体长度可选用 2 650 mm,宽度 600 mm,高度 950 mm,吸能构件数量为 6 组,吸能板的刚度由前至后呈阶梯增加,前 3 组为 3 mm 厚,后 3 组为 6 mm 厚;支撑架为 12 mm 钢板和槽钢组成的立体支架,骨架为 50 mm×60 mm 槽钢组成框架结构,导轨为 40×4 圆管,锚固螺栓为 8.8 级 M16 螺栓(图 8-28)。

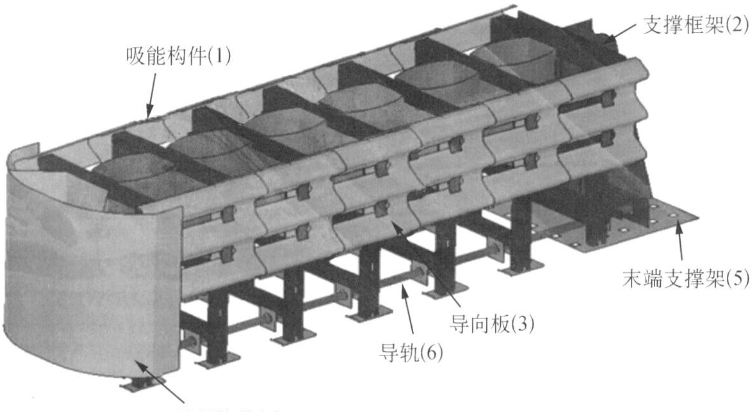

图 8-28 可导向防撞垫构型(TB 级)

8.4.4 其他区域防护设施

对于具有隧道段(或跨线桥上跨)的城市快速路,常发生车辆撞击刚性隧道洞口壁(或跨线桥墩柱)、超高车辆卡顶等事故。下面论述过渡段护栏防护设施和限高架防护设施。

1. 过渡段护栏防护设施

事故资料显示,以往车辆碰撞隧道洞口(或桥梁接地段)出现的事故主要表现为车辆撞击刚性隧道洞口壁(桥梁防撞墙),造成乘员的冲击伤害。通过对事故的分析可知,造成这类事故形态的主要原因是:①隧道洞口(桥梁防撞墙)没有设置防护设施;②隧道洞口(桥梁防撞墙)附近设置了护栏,但没有与隧道壁(墩柱)进行有效、牢固的连接,车辆碰撞时,仍然容易冲开连接处撞击洞口。

因此，对于隧道洞口(桥梁防撞墙)的防护，应主要避免车辆直接撞击隧道洞口壁(桥梁防撞墙)，可选择护栏进行衔接过渡防护。按相关规范要求及城市快速路的交通特点，快速路隧道口(桥梁防撞墙)护栏过渡段的防撞等级应为A级或SB级。

针对车辆碰撞隧道洞口(桥梁防撞墙处)出现事故所造成乘员的冲击伤害，可采用护栏过渡段结构进行防护。护栏在隧道口处(桥梁防撞墙)需要进行刚度过渡，且要考虑护栏的景观改变对交通产生的影响。

这里以A级波形护栏为例说明隧道入口侧的端部处理方法。采用双波形护栏向三波形护栏过渡的方式，三波形护栏与隧道洞壁搭接，过渡段的长度为10 m。在三波形护栏与隧道洞口(桥梁防撞墙)之间设置混凝土护栏，并进行高度的过渡。即过渡段由两部分组成，与正常段护栏连接主要是为了刚度过渡，采用2 m立柱间距的加强型双波梁护栏和1 m间距立柱三波梁护栏过渡，过渡段长度为10 m，在与混凝土过渡处设置加强搭接梁；与隧道口壁连接的为钢筋混凝土护栏，主要是护栏高度的过渡，护栏最高高度为2.5 m，总长度约5 m(图8-29)。

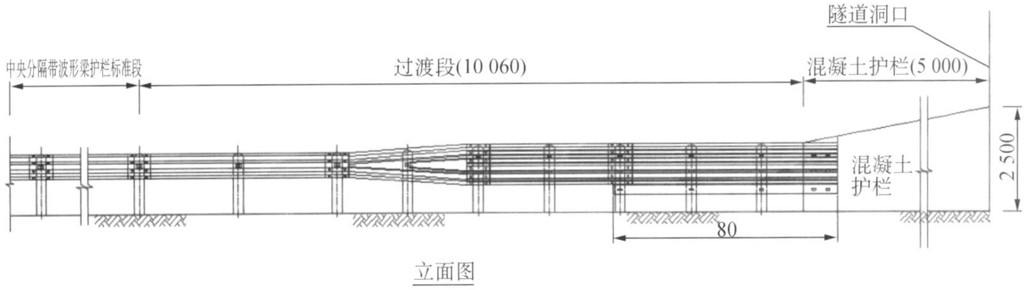

图8-29 隧道口(桥梁防撞墙)附近护栏过渡段示意图(mm)

2. 限高架防护设施

设置限高架是为了保护桥梁和隧道结构不被超高车辆撞击。限高架包括警示限高架和防撞限高架。限高架设计宜遵循下列原则：

(1) 快速路的下穿道路净空高度小于4.5 m时，在下穿道路的合适位置宜设置防撞限高架。

(2) 快速路设计净空高度小于4.5 m时，应在快速路入口附近设置防撞限高架。

(3) 重要结构物前可先设置警示限高架，然后再设置防撞限高架；警示限高架与防撞限高架之间的距离宜为15 m。

(4) 警示限高架与上跨桥梁或隧道洞口的距离应满足驾驶员反应距离与制动距离需求，防撞限高架与上跨桥梁或隧道洞口的距离应满足车辆碰撞后运行速度的制动距离需求。

(5) 限高架应与限高标志配合使用，限高架下缘距离路面高度不得小于限高标志限定的高度值。

一般情况下，警示限高架利用悬挂的水平横杆等对车辆不造成损坏的柔性结构警示车辆高度超出了限高标志允许的高度，车辆仍然可以通过；限高防撞架则要具备足够的强度，避免车辆撞击快速路的结构物。

常规的限高防撞架一般采用钢结构，碰撞后对车辆的损伤很大，甚至会造成驾驶员和乘客的死亡。因此，笔者团队研究了一种自溃式限高架，下面进行介绍。

一般来说，城市快速路的超高车辆主要为大型车辆，特别是重载货车，因此，限高门架的防护对象应确定为重载货车，根据我国重载货车的车辆类型特点及超限车辆运营管理规定，可取最高的 55 t 货车作为其防护的总质量要求。另外，城市快速路作为一个自成体系的路网系统，限高架一般设置于匝道入口处，设计速度一般为 40 km/h。考虑满载后的重载货车的运行速度一般为 40～60 km/h，因此，可取 60 km/h 作为限高门架的防护速度临界值。自溃式限高架设计条件为：55 t 车辆以 60 km/h 以上的速度撞击限高架，门架横梁在一定的冲击作用下能够自动打开，但通过阻力作用能够提醒驾驶员停车，并且保证车辆撞击时门架不会塌落，避免对附近人员和车辆造成伤害。

根据上述条件，制定自溃式限高门架的结构方案(图 8-30)：横梁采用拼接结构，横梁与立柱之间采用铰接连接，车辆在碰撞条件下撞击门架横梁时，横梁将自溃打开，打开后的横梁能够分别绕其相应侧的立柱旋转，在消除撞击作用力对立柱破坏的前提下，能够防止横梁的掉落。

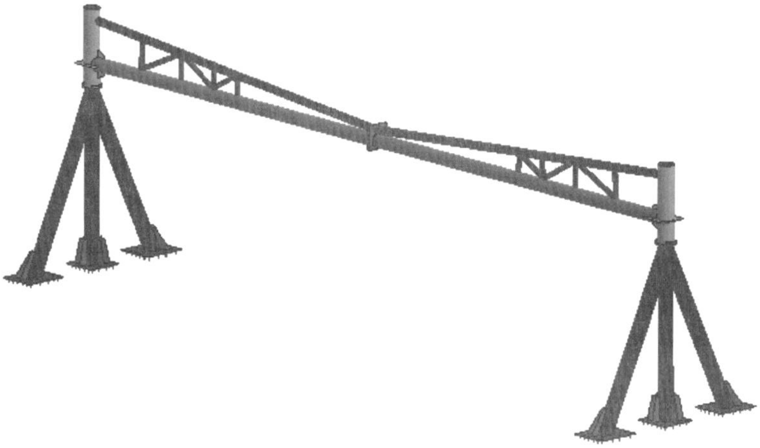

图 8-30　自溃式限高门架结构方案

综合考虑防护能力、自溃性能以及经济性的要求，立柱采用 ϕ340×30 mm 钢管，横梁采用 ϕ300×16 mm 钢管，并设置斜拉管 ϕ180×12 mm。该限高门架的结构能够满足 55 t 的车辆以 60 km/h 的速度碰撞，碰撞后自溃式限高门架能够自动溃开，消除车辆撞击对门架结构的发散性破坏，同时门架的强度还能使碰撞车辆的速度降低 10%～25%，并为驾驶员提供制动停车的提醒，可以作为城市快速路中推荐选用的限高架形式。

8.5 其他交通设施

8.5.1 防眩设施

防眩设施是快速路交通设施的重要组成部分，既要有效地遮挡夜晚对向车辆前照灯的眩光，也要满足全天候横向通视好、能看到斜前方，并对驾驶员心理影响小的要求。基于以上需求，现行规范提出：快速路中央分隔带应设防眩设施，但分隔带宽度大于 9 m 或双向路面高差大于 2 m 的可不设。防眩设施的设计应满足下列规定：

（1）防眩设施可按道路的气候条件、景观条件、遮光要求选用防眩板、防眩网、植物防眩等形式（图 8-31）。

（2）防眩板的设计应按部分遮光原理进行，直线路段遮光角不应小于 8°，平、竖曲线路段遮光角应为 8°～15°，宽度宜为 8～15 cm，离地高度宜为 120～180 cm。

（3）防眩设施的高度、结构形式、设置位置变化时应设置过渡段，过渡段的长度宜为 50 m。

（4）应避免在防眩设施之间留有断口。

（5）防眩板和防眩网的结构应方便安装和维护。

a）防眩板　　b）防眩网　　c）植物防眩

图 8-31　快速路中央分隔带防眩设施

8.5.2　声屏障

《中华人民共和国环境噪声污染防治法》第 36 条规定："建设经过已有的噪声敏感建筑物集中区域的高速公路和城市高架、轻轨道路，有可能造成环境污染的，应当设置声屏障或者采取其他有效的控制环境噪声污染的措施。"对噪声敏感的建筑物指城镇新建、扩建和改建的住宅、学校、医院及旅馆等四类建筑中的主要用房。对噪声不敏感的建筑物系指本身无防噪要求的建筑物，如商业建筑，以及虽有防噪要求，但外围护结构有较好的防噪能力的建筑物，如有空调设备的旅馆。《城市道路交通设施设计规范》（GB 50688—2011，2019 年版）的规定：根据《声环境质量标准》（GB 3096—2008）进行声环境评价的结果，不符合标准的路段，采取其他降噪措施仍达不到要求的，应设置声屏障。

因此，在快速路设计实践中，当高架快速路、地面快速路穿越环境敏感地带时，通常按照环评要求设置声屏障。声屏障具有降噪、节约土地、美观漂亮等特点。从地产开发商和用户的角度出发，声屏障是一个最直接有效的隔声措施。经科学设计的隔声屏在国内外已广泛应用于道路交通噪声污染的防治，最多可达 10 dB(A)的降噪效果。

声屏障按其结构外形可分为直板式、圆弧式、折臂式、半封闭式和全封闭式等（图 8-32）；按降噪方式可分为吸收型、反射型和吸收-反射复合型。

由于声屏障的类型各异，在降噪效果、造价、景观方面各有特点。因此，在设计声屏障时，应根据受声点对声环境的要求、当地的社会经济状况、自然地理环境来合理地选择外形和材料。声屏障安装位置的选择原则是声屏障靠近声源、靠近受声点，或者可利用的土坡、堤坝等障碍物等，力求以较少的工程量达到设计目标所需的声衰减。对安静要求较高的民用建筑，声屏障宜设置于本区域主要噪声源夏季主导风向的上风侧。

a) 折臂式　b) 直板式　c) 全封闭式　d) 圆弧式

图 8-32　适用于快速路的各种类型声屏障设施

另外，声屏障的结构设计除应符合《声屏障声学设计和测量规范》(HJ/T 90—2004)的规定外，还应满足结构自重及风荷载的要求。

8.5.3　照明及变配电

根据现行规范的要求，城市道路应设置人工照明设施。城市快速路的照明包括主线和辅路，主线分为快速路路段和立交节点；辅路分为辅路路段和交叉口。快速路的主线照明仅包含机动车道路照明，辅路照明包括机动车道路、非机动车与人行道路照明两类。

1. 照明标准

快速路机动车道路照明标准值应符合表 8-12 的规定；人行道路的照明标准值应符合表 8-13 的规定；辅路的平面交叉口照明标准值应符合表 8-14 的规定。

表 8-12　快速路机动车道路照明标准值

级别	道路类型	路面亮度			路面照度		眩光限制阈值增量 TI(%)最大初始值	环境比 SR 最小值
		平均亮度 L_{av}(cd/m^2)维持值	总均匀度 U_O 最小值	纵向均匀度 U_L 最小值	平均照度 E_{av}(lx)维持值	照度均匀度 U_E 最小值		
Ⅰ	主线	2.0	0.4	0.7	30	0.4	10	0.5
Ⅱ	辅路	1.5	0.4	0.7	20	0.4	10	0.5

表8-13 人行道路照明标准值

区域	路面平均照度 E_{av}(lx)维持值	路面最小照度 E_{min}(lx)维持值	最小垂直照度 E_{vmin}(lx)维持值
商业区	15～20	5～7.5	3～4
居住区	7.5～10	1.5～3	1.5～2

表8-14 辅路平面交叉口照明标准值

路面平均照度 E_{av}(lx)维持值	照度均匀度 U_E 最小值	眩光限制
30～50	0.4	在驾驶员观看灯具方位角上，在80°和90°高度角方向上的光强分别不得超过30 cd/1 000 lm和10 cd/1 000 lm

快速路的隧道段应设置隧道照明，隧道照明可分为入口段、过渡段、中间段和出口段。隧道中间段照明应根据设计速度和交通量按表8-15确定。隧道入口段、出口段应加强照明，入口段亮度值应根据洞外亮度确定，并通过过渡段过渡至中间段亮度；出口段亮度值根据中间段亮度确定。

表8-15 快速路隧道中间段照明标准值

设计速度(km/h)	双车道单向交通 $N>2\,400$ 辆/h			双车道单向交通 $N\leqslant700$ 辆/h		
	平均亮度 L_{av}(cd/m²)	总均匀度 U_O 最小值	纵向均匀度 U_L 最小值	平均亮度 L_{av}(cd/m²)	总均匀度 U_O 最小值	纵向均匀度 U_L 最小值
100	9	0.4	0.6～0.7	4	0.3	0.5
80	4.5			2		
60	2.5			1.5		

注：当交通量在其中间值时，亮度指标按表中高值的80%取值；均匀度指标按内插法取值。

2. 照明控制及变配电

快速路照明应采用自动控制。照明控制宜采用时控为主、光控为辅的控制模式，时间控制宜集中控制兼稳压、软起动节能运行方式。采用时间控制的道路照明宜按所在地理位置和季节变化分时段确定开关灯时间。

快速路变配电系统照明分为三级负荷，高架快速路、地面快速路及地面辅路的道路照明为二级负荷；地下快速路的应急照明、基本照明、主动发光或照明式标志、交通监控设施、环境检测及设备监控设施、通信设施、有线广播设施、视频监控设施、火灾自动报警及消防联动设施、中央控制设施、消防水泵、排烟风机、雨水泵、变电所自用电设施为一级负荷；不属于一、二级的其他负荷为三级负荷。正常运行情况下，照明灯具端电压应维持在额定电压的90%～105%。快速路照明的配电系统宜预留道路监控等设施的用电量。

快速路工程应使用高光效光源和高效率灯具，宜推广使用自清洁灯具，应提高配电线路的功率因数，气体放电灯线路的功率因数应不小于0.85。

3. 设计案例(嘉兴市环线快速路工程)

1) 主线高架

双向 6 车道:高架道路采用两侧防撞墙上对称布灯的方式,纵向间距按 30 m 设置,杆高 10 m,悬臂长 1.5 m,仰角 12°,每根灯杆配置 1 套 240 W 的 LED 灯(图 8-33)。照度值为 2.16 cd/m^2,总均匀度为 0.49。

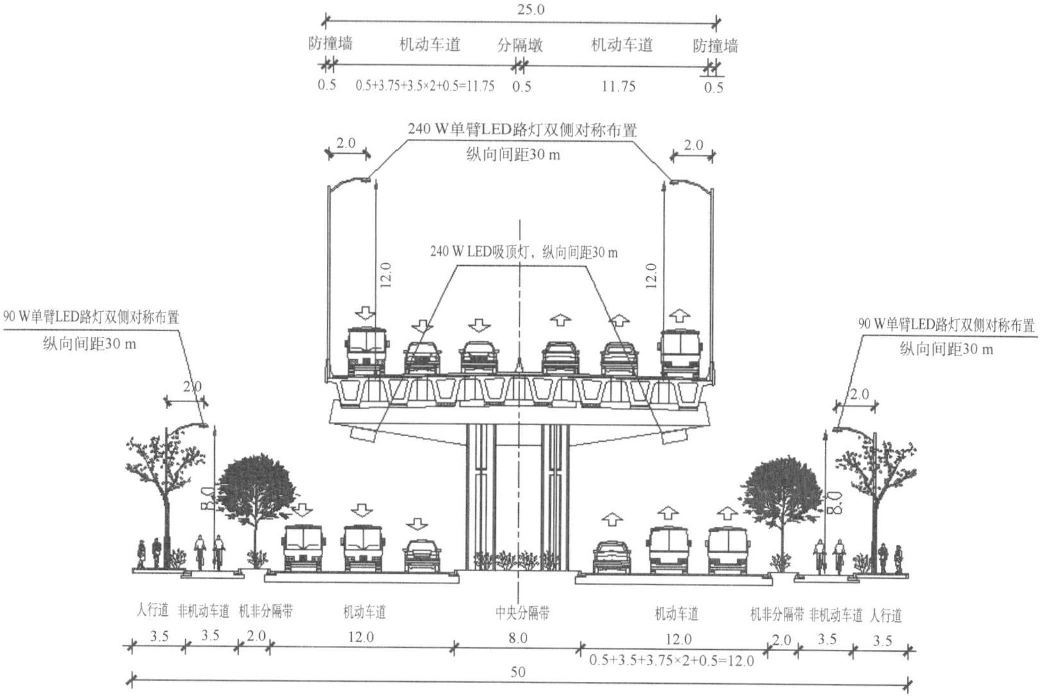

图 8-33 嘉兴市环线高架快速路标准断面照明布置(m)

双向 8 车道:高架道路采用两侧防撞墙上对称布灯的方式,纵向间距按 25 m 设置,杆高 10 m,悬臂长 1.5 m,仰角 12°,每根灯杆配置 1 套 240 W 的 LED 灯。照度值为 2.14 cd/m^2,总均匀度为 0.49。

2) 地面道路

地面道路在高架下部安装 240 W 的 LED 吸顶灯,纵向间距 30 m。在人行道双侧对称布置 8 m 杆高、单臂、90 W 的 LED 灯,纵向间距为 30 m。

3) 平行匝道处

高架道路的上、下匝道,在匝道内侧防撞墙上双侧布置 30 W 的 LED 嵌入式灯具,纵向间距 10 m。

4) 互通立交与交叉路口

在互通立交处加设 40 m 高杆灯,在地面道路交叉路口较宽处加设 12 m 中杆灯,每根灯杆配投光灯具,加强立交及路口照明亮度。

5) 隧道段

主线隧道照明系统包括入口段一、入口段二、过渡段一、过渡段二、中间段、出口段一、出口段二等。洞口亮度为3 500 cd/m^2，照明设计标准见表8-16。隧道内基本照明以及加强照明采用LED灯。隧道内应急照明光源同样选用LED灯，正常时兼作基本照明灯具。

表8-16 嘉兴市环线快速路隧道段主线照明设计标准

位置	亮度(cd/m^2)	长度(m)
入口段一	122.5	42
入口段二	61.25	42
过渡段一	18.4	70
过渡段二	6.1	96
中间段	4.5	1 513
出口段一	13.5	32
出口段二	22.5	30
应急照明	0.45	—

6）夜景照明

为提高嘉兴市环线快速路高架的夜晚景观效果，设计时也考虑了夜景照明(图8-34)。夜景照明设计主要原则：①以功能照明为基础，主要以桥梁上的路灯为基础，在路灯风景线的基础之上，通过LED洗墙灯、LED投光灯等其他灯具设置，增添桥梁整体的美感；②以表现结构为重点，通过灯具的投射，在夜间衬托出桥梁整体的结构，无论从近处、远处、高处看，都能有很好的效果；③体现城市特色，景观亮化设置的主题要贴近整个城市的标志性特征，通过这些标志性特征的融入，让城市的特色更加明显。夜景照明设计措施：①LED洗墙灯布置于两侧高架边沿内侧投射桥腹，由控制器控制LED洗墙灯的颜色与亮度；②每组桥墩下侧设置2套LED投射灯，投射桥墩。通过以上两种方式，衬托出桥梁整体的结构。

图8-34 嘉兴市环线快速路高架夜景照明效果

第9章　景观与环境

9.1　概述

9.1.1　快速路景观设计范围与内容

通常情况下，城市道路景观主要指城市道路用地红线范围内的景观，设计包括路段景观和平面交叉口景观。路段景观主要指中央分隔带、侧分带及人行道等带状区域中的绿化布置、景观小品、人行道铺装、设施装饰等。在平面交叉口景观中，除特殊的点状绿地空间如环岛平面交叉口中的环岛、路口交通岛等有一定空间布置景观，一般平面交叉口景观的设计空间比较局促。当下公园城市、品质城市、街道一体化等理念的提出，在道路景观中也开始把道路红线外的路侧绿地、城市建筑立面改造等内容，纳入道路景观的设计范畴。

随着经济的快速发展以及城市建设水平的不断提高，为了不断满足人们对美好生活向往的需求，快速路作为城市骨架，不仅要承担重要的交通功能，往往也是打造城市景观的重要载体。快速路景观不仅包括传统城市道路红线内的要素，还涉及周边环境。因此，快速路景观设计范围可以分为快速路道路景观与外部环境两部分(图 9-1)。

图 9-1　快速路道路景观与外部环境研究范围示意图

1. 快速路景观

狭义的快速路景观主要指道路用地红线内景观，包括快速路主线景观和辅路景观。快速路主线景观按照快速路建设形式，可以分为高架快速路景观、地面快速路景观及地下快速路景观；辅路景观泛指地面道路景观，但也不同于一般城市道路景观，需同快速路主线景观设计一并考虑。

具体而言，地面快速路景观由地面快速路主线景观和辅路景观组成。由于快速路主线和辅路处于同一平面，其设计要素与一般城市道路的景观内容基本一致，以各类绿化分隔带为主，主要包括快速路主线中央隔离带、快速路主线和辅路间分隔带、辅路机非分隔带、辅路人行道绿化。此外，地面快速路景观设计内容还包括各绿化分隔带上布置的景观小品，人行道上的铺装、设施、街道家具等。地面快速路景观设计手法也与一般城市道路景观设计手法类似，侧重道路绿化带设计，注重绿化布置的节奏、植物品种季相的搭配；在有条件的情况下，还可以结合海绵城市进行设计。另外，地面快速路的封闭性决定了其交叉空间的立体性，横向慢行交通往往会采用上跨天桥或下穿通道两种形式，因此景观内容相比一般城市道路增加了上跨和下穿的专项设计，这也是地面快速路景观设计的重点。

高架快速路景观中路段部分，按景观空间载体划分，主要由桥梁景观、桥上景观和桥下景观组成。桥梁景观的设计内容主要指桥梁的主梁、盖梁和立柱的造型及色彩装饰等；桥上景观的设计内容主要包括中央分隔带（墩）和防撞墙上布置的立体绿化，如种植花箱或垒土种植、附属设施（如声屏障）等；桥下景观主要指地面辅路景观。除了常规的标准路段，高架形式快速路景观设计内容还包括特殊三维节点，如平行匝道景观、互通立体交叉景观。其中，平行匝道景观与路段景观基本一致；互通立体交叉景观则不同于线性或带状空间，也不同于平面交叉口的点状空间，而是三维节点，具有一定体量的面域空间，不能简单套用常规道路景观设计的方法。

地下快速路景观由地道内部景观和地面辅路景观组成。地面辅路景观与一般城市道路景观的设计内容基本一致；地道内部景观则是完全不同，地道内部景观关注点非常明确，即地道侧壁和地道顶面，空间非常有限，尺度较狭窄。地下快速路景观设计的另一个重点是地道主线出入口以及延伸至地面辅路平行匝道的U形槽（敞开段）空间。

表9-1列出了不同建设形式的快速路景观设计内容。

表9-1 不同建设形式的快速路景观设计内容

景观设计		地面快速路	高架快速路	地下快速路
设计内容	快速路主线	绿化带景观	桥上景观	地道内部景观、U形槽景观
	平行匝道	绿化带景观	桥上景观	U形槽景观
	互通立交	节点景观	节点景观	地道内部景观
	地面辅路	绿化带景观	桥梁景观、桥下景观	绿化带景观
	横向通道	人行天桥和人行地道景观	平面交叉口景观	平面交叉口景观

2. 外部环境

随着国内各大城市街道设计导则、街道一体化设计、公园城市等理念的提出，实际建设中越来越重视道路周边环境与道路景观的结合。因此,快速路外部环境也被纳入快速路景观设计范围中,形成广义的快速路景观。

外部环境主要指快速路周边的建设用地及影响区域。其范围按照空间尺度,可以分为以下两级:第一级通常为道路红线外的路侧绿地和路侧退界空间,具体以规划绿线或建筑外立面为边界;第二级通常指可视范围内的城市风貌(该范围主要针对高架快速路),后文所提快速路环境主要指该部分内容,鉴于这一尺度研究涉及的边界条件非常复合且又难以界定,本书仅做浅层研究,其成果应结合城市总体规划及城市设计为主,为城市建设提供依据。

9.1.2 快速路景观设计的特点

快速路景观首先是属于道路景观的一类,具备常规道路景观空间形式的带状特性和游览的动态性,呈现快速的动态性观赏为主。由于快速路的自身特点,快速路景观设计不同于一般城市道路的景观设计,主要体现在以下五个方面。

1. 封闭的主线路权

一般城市道路是开放式空间,而快速路主线则实行封闭式管制,进出口常常采用全部控制,主线车行道间设置中央分隔带,且禁止行人和非机动车进入。另外,快速路主线出入口设置间距一般会超过 1.0 km,而主干路交叉口间距一般在 0.5~1.0 km、次干路交叉口间距在 0.3~0.5 km、支路交叉口间距在 0.2 km 左右。

快速路的主线为封闭式且出入口布置间隔较大,而辅路却不封闭。因此,快速路景观设计需要针对不同横断面布置、不同路段特点分别进行(图 9-2)。

图 9-2 快速路主线与辅路景观布置分布示意图

2. 更快的车行速度

快速路景观设计必须从驾驶员或乘员的视角来进行,应充分考虑快速路上的视野和动态视力。

视野是指人的眼睛固定注视一定目标时所能见到的范围,常用角度来表示,车速越快视野越小,注意点向远延伸,周围事物出现模糊。正常情况下视野可达 160°,车速 40 km/h 时视野为100°,车速70 km/h时视野为65°,车速100 km/h时视野收窄为40°。

动态视力是指眼睛在观察移动目标时捕获影像、分解、感知移动目标影像的能力,是一种知觉运动物体细节的能力。这种能力伴随着通过动态视力捕捉影像和短时间内大脑信息处理的过程以及机体的相应的反应过程。城市道路中,通常主干路设计速度40～60 km/h,次干路设计速度30～50 km/h,支路设计速度20～40 km/h,而快速路设计速度为60～100 km/h,远远超出人眼可处理运动速度。因此,城市快速路景观设计要满足动态视力限制内的视觉效果。

快速路景观设计要结合车速设计景观节奏,既要避免长期一个节奏无变化而形成视觉疲劳,又要避免节奏变化过于频繁而分散司乘人员注意力,需在保障安全通行的同时形成流畅的视线环境。因此,针对景观设计节奏的分析应从驾驶员和乘员的视角出发,正视视野与图像模糊程度予以分析。

3. 多样的空间尺度

快速路较其他城市道路有更大的通行量,尤其是高架快速路,其景观感知尺度通常较其他等级的城市道路更宽,空间类型也更多样。因此,快速路景观设计不宜单一地以街道高宽比作为空间评价和景观设计依据,而需要对空间类型、层次、维度等多方面综合判断,再进行综合设计。另外,高架快速路桥下的地面辅路的空间感受中对于两侧建筑的高度不明显;同样,在地下快速路内部更是对街道尺度没有清晰概念。因此,不能一概而论将一些常规城市地面道路设计的理论原理直接运用于快速路景观设计,而需要对快速路不同层次的空间特点进行分析,再予以应用。

4. 多维的观赏界面

快速路除了地面形式,还有高架快速路和地下快速路两种类型。其中,地面快速路的视角与常规道路景观视角一致;高架快速路的视角往往在桥面以上,垂直方向视角更宽,除了平视与仰视,还有俯视,特别是高架外侧车道更是明显,可观察到的景物多于地面视角(图9-3)。地下快速路由于在地道内部视角则较为狭窄,上下左右四个面往往一体呈现,视野受限,且因为地道侧壁与行驶车辆距离较近,观赏界面完全限定于地道侧壁和顶部(图9-4)。

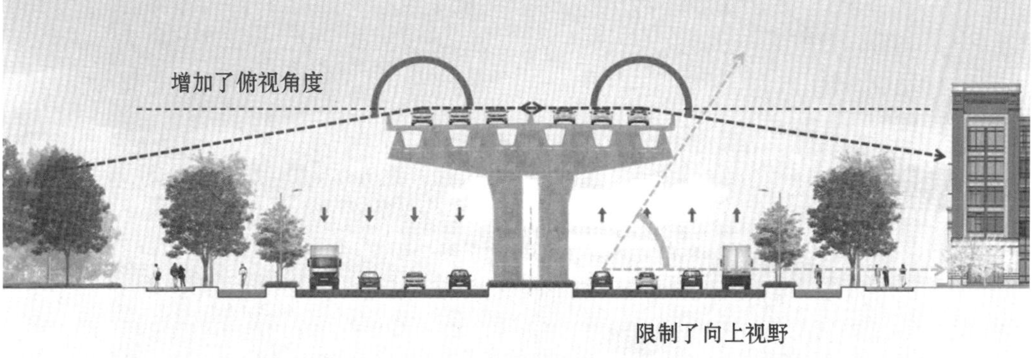

图9-3 高架快速路视角示意

图 9-4　地下快速路视角示意

以上对于观赏界面的分析，主要针对车内乘员视角，而并非快速行驶下驾驶员的视角，因驾驶需高度专注，驾驶员视野更聚集。因此，快速路景观设计的过程中要根据不同的快速路类型，分别研究视角特点后再进行设计，不宜一概而论。目前，针对高架类型的快速路景观研究是最多的。

5. 互通立体交叉景观

快速路与高速公路、快速路、主干道等交通量较大的道路相交，主线通常采用互通立体交叉；辅路与横向主干路、次干路及支路相交则往往采用平面交叉。因此，快速路景观设计中，除了常规路段景观设计、平面交叉口景观设计，还应包括互通立体交叉区域的景观设计（图 9-5）。

图 9-5　互通立体交叉区域景观设计图

9.2 快速路景观设计

9.2.1 总体布置原则

1. 安全性原则

快速路作为城市重要交通基础设施，首先需要满足安全要求，包括快速路主线机动车辆行驶安全，以及辅路的机动车、慢行交通(非机动车和行人)的安全。因此，景观设计需要符合主线及辅路的机动车行驶安全的规范和客观规律，从司驾人员的角度考虑安全视角、安全距离提示以及防疲劳、防眩光等；同时景观设计还要从安全视距、交通安全设施、夜景景观照明等角度出发，注重辅路系统中非机动车、行人的慢行交通安全以及主线和辅路的机动车交通转换的安全。

2. 生态性原则

生态性原则包括两方面，一方面是快速路景观本身要有生态意义，另一方面要对城市景观环境有所提升与改善。快速路景观本身的生态意义在于有条件的情况下，尽可能地提升绿量，如乔灌草结合、增加绿化多样性、应用垂直绿化等措施。在绿化品种选择上，宜采用乡土植物、易养护品种、抗性品种、降噪吸尘植被等，切实改善快速路沿线的城市环境。此外，还可以结合海绵城市等先进理念进行景观生态化设计，从而降低城市快速路对城市生态环境的影响。

3. 景观整体性原则

景观整体性首先是三维空间的整体性，横断面布置上看是快速路主线与辅路的整体性，平面上看则是全线路段、互通立交节点及其他重要节点的整体性。

1) 主线与辅路的整体统筹

快速路主线与辅路往往有明确的分隔边界。地面快速路往往是以绿化带作为隔离，因此主路与辅路间的隔离绿化带需要全断面考虑，与人行道绿化和其他道路绿化进行协调；而高架快速路的主线架设于辅路之上，高架桥梁本身就是其道路景观的重要组成部分，应将其纳入道路景观要素之中，同时还需对高架桥梁景观设计与道路其他景观要素进行关联性景观设计，从而实现快速路景观的一体化。对于地下形式的快速路，由于地道内部与地面辅路完全隔离，关联性较弱，出入口处的整体性就更显得尤为重要。

2) 全线及路网的协同共生

快速路往往线路很长，设计中既需要考虑每一段的不同设计主题与景观识别性，也需要兼顾快速路全线景观的整体性，同时还需要考虑单条快速路与快速路网的整体性，从而实现城市风貌的整体协调。

3) 景观设计要素的整体性

不同空间下，各设计要素如绿化、交通设施、市政设施等均应整体考虑。

此外，整体性还包括道路景观与周边环境的整体性，这一部分内容纳入快速路路侧绿地规划设计章节讨论。

4. 文化识别性原则

城市快速路往往连接城市重要的交通枢纽，是城市门户的重要部分，其景观展示代表着城市的形象。因此，其景观意义很重要，应能够体现城市文化特性，彰显城市品质。

9.2.2 景观设计

1. 地面快速路景观设计

地面快速路景观设计内容主要包括绿化隔离带景观、慢行系统（非机动车道及人行道）景观、道路附属设施景观设计（图 9-6）；此外，还包括人行天桥、人行地道景观设计，以及展示城市文化的出入口重要节点景观设计。其中，隔离带、慢行系统和道路附属设施景观化为全路段景观要素，可进行标准化设计，其他节点要素需要进行专项设计。

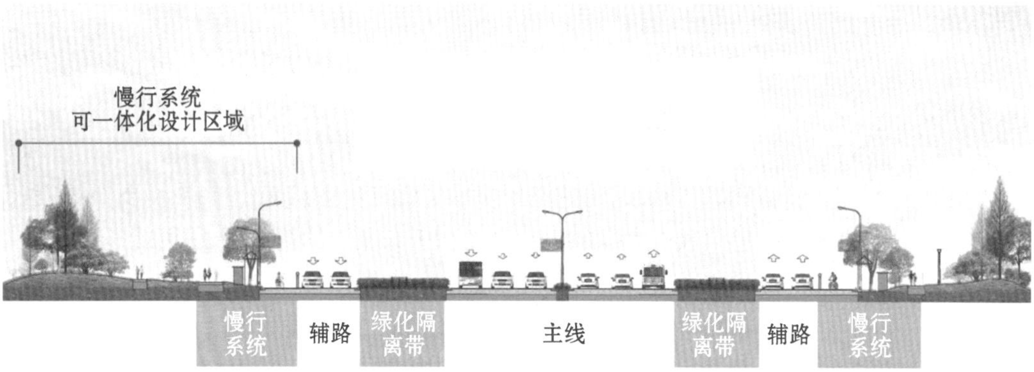

图 9-6 地面快速路路段景观设计内容示意

1）绿化隔离带景观设计

首先，需要根据分隔带的宽度确定可种植植物类型，1.5 m 以下不宜种植乔木；当宽度满足需求时，可考虑尽可能丰富种植层次，乔灌草搭配种植，以提升道路绿化的绿量，改善环境。

其次，绿化种植节奏需根据道路设计速度进行设计，单调而没变化的种植形式容易产生视觉疲劳，节奏密集又复杂的搭配则会分散注意力，都不利于行车安全。种植节奏宜以大尺度节奏为基础，辅以细节的小变化，比如上木组团若以 60 m 为节奏，下木组团可以被其整除的尺度为基础进行变奏，就如同音乐中以不同拍子组合形成小节，重复的小节形成乐曲。

最后，绿化品种的搭配需要兼顾高低层次、色彩和季相效果、生长特性等方面的因素。一般情况下，每条绿化隔离带宜中间高、两侧低，特别是对于下木搭配。由于绿色更能缓解视觉疲劳，叶片也更能净化环境，绿化隔离带的植物色彩上绿色往往是主基调，搭配与道路景观主题相一致的色叶或开花品种，另外尽管绿色为主基调，同样可以选择不同彩度和亮度的绿植进行搭配，如江南地区城市采用的深绿的香樟与褐绿的广玉兰、亮绿的白玉兰所呈现的绿色就效果完全不同。此外，针对乔木还需考虑树干的色彩，比如法国梧桐的树干颜色非常明亮，冬季枝干露出来的景观效果就非常明显；季相上需要尊重自然规律，常绿与落叶结合，通常上木如为落叶品种，下木就尽量选用常绿品种，南方地区城市尽可能保障每季度都能有绿有叶可观。除了植物的搭配，绿化设计还需要考虑植物品种抗性，切实能改善微环境的品种可优先选取。而因为各个地域的环境差异，植物选择上还需要考虑适宜性和易于养护的特点,尽量选用乡土品种或驯化已久能在当地广泛应用的外来品种。虽然隔离带往往宽度有限,但在宽度大于 3 m 的情况下需要考虑竖向,以便于排水。目前,道路绿化隔离带给水往往以人工浇灌为主,快速路分隔带往往有一定宽度,绿化种植量也比较丰富,人工灌溉的量更大。此外,快速路交通量较大,人工灌溉会临时占用车道。因此,在有条件的情况下,快速路绿化隔离带宜选择自动灌溉。

2) 慢行系统景观设计

快速路本身一般不包含慢行系统,但地面快速路两侧辅路、高架快速路下地面辅路及地下快速路上面的地面辅路都会纳入快速路建设工程中一体实施。因此,与快速路一起建设的辅路慢行系统的景观设计也纳入工程中。慢行系统通常包括非机动车道和人行道,景观设计的主要内容为人行道绿化与人行道铺装(图 9-7)。人行道绿化以冠大浓荫的乔木为主,人行道宽度大于 4 m 的情况可考虑做连续种植池代替单个树池,从而让人行道更安全舒适。人行道铺装与常规道路人行道铺装相同,可以从色彩、图案等方面进行设计,选用防滑耐用的铺装材料。此外,慢行系统空间可以结合两侧建筑退界空间进行一体化景观设计,打破常规手法,避免慢行系统与快速系统的交叉平行,实现路权分离,提高慢行系统的舒适性。

图 9-7 地面辅路的慢行系统景观设计示例

3) 道路附属设施景观设计

道路附属设施一般以满足交通功能为主,需根据设施功能要求及特点进行布置。比如,交通设施与标识系统要布置在显眼处,且要避免被绿化遮挡;而其他附属设施如消防设施等则要布置在不显眼的地方,尽可能让行人不能触及,如无条件则需要考虑通过增加外罩或涂装的方式进行安全防护和美化处理。另外,结合智慧城市发展需求,可以进行多杆合一,减少路侧的杆件数量,这对于道路景观视觉提升具有明显效果。

4) 人行天桥及人行地道景观设计

由于快速路是全封闭道路,慢行交通的横向沟通往往会采用人行天桥或地道进行连接。这里还需注意天桥和地道不仅仅是地面快速路才有,在高架快速路和地下快速路中也会出现,其设计要点可参考本节。

人行天桥本身可以看作大型城市景观构成要素来进行设计,简单处理的情况下可以采用涂装或垂直绿化覆绿,对桥梁结构部分进行外部美化,重点设计栏杆、雨棚等附属设施;在有条件的情况下,可以进行整体创意造型设计。近年来,国内外人行天桥已不仅仅局限于传统的连续梁、简支梁形式，多种多样的结构形式使得人行天桥造型越来越具有辨识度和识别性。这类人行天桥设计的关键点在于桥梁结构、附属设施及周边建筑物的一体化设计，栏杆、雨棚与梁柱共同构成景观要素，桥头与桥梁视觉一体而又连续(图 9-8)。

图 9-8　人行天桥景观设计示例

人行地道的景观设计包括地道内部及出入口两部分。地道内部景观色彩选择应强调协调统一、纯净单一、与周围的环境及城市景观交汇融合；色彩可相对鲜明、热烈、突出，强调其功能地位，主要颜色不宜超过 3 种，且要合理搭配，把握适当的面积和比例，以简洁、明快为主。地道内部装修采用的材料在注重美观、耐久的同时，力求维护简单，这样才能持久地保持地道内清洁和美观的环境；地道内部地面需要考虑防滑耐用，侧面和顶面宜选用防火耐脏、浅色的、对光线漫反射效果好的材料(如搪瓷钢板、铝板等)，可考虑结合当地文化植入公益类广告或文化宣传的灯箱、壁挂等内容[图 9-9a)]。地道出入口的雨棚宜选用简洁明朗的造型，覆盖物透光率要好，通常以钢结构和钢化玻璃为主；作为凸出地面的构筑物，出入口雨棚造型可以结合植入当地文化要素进行创意造型设计，同时需要考虑与周边环境的结合[图 9-9b)]。地道内的景观设计往往是在主体结构完成之后才进行，内侧面的装饰常常会占用部分空间，因此特别需要注意的是，在地道设计之初就要预留这部分空间结构尺度适度放大，避免结构设计与景观设计脱节而带来不可挽回的设计遗憾。

a) 地道内部　　　　b) 地道出入口

图 9-9　人行地道景观设计示例

5) 主线出入口景观设计

地面快速路景观设计的另一重点为主线出入口景观设计，但往往容易按照与标准段一致的形式进行设计，而未能突出其重要性。地面快速路主线出入口通常会提前借助道路标识系统进行提示，景观设计中，可结合道路标识的位置，进行景观设计上的节点强化设计，起到强调作用。同时，这类节点还可以结合该地段特征强化文化属性，通过增减植物、色彩、灯光、小品等细节的设计，突出节点的视觉效果。

2. 高架快速路景观设计

高架快速路景观包括高架快速路主线部分和地面辅路部分。其中，地面辅路部分与地面快速路景观部分基本类似，在此不再复述，重点研究高架快速路主线部分景观，包括高架主线路段景观(桥梁景观、桥上景观和桥下景观三部分)(图 9-10)、平行匝道及出入口渐变段景观以及互通立交景观。

高架快速路桥梁的主体结构主要有桥柱(墩)、盖梁、主梁，附属设施有防撞护栏、声屏障、防眩板、防抛网、路灯、交通标志、雨水管等。在桥梁景观设计中，首先需要对这些要素进行综合考虑，然后进行一体化设计。

图 9-10 高架快速路主线路段景观内容分类示意

1) 桥梁景观设计

高架桥梁具有形态突出、空间尺度大的特点，是大型的构筑物，具有非常显眼的视觉效果，在一定程度上可以称之为城市地标。

一般城市高架快速路桥梁位于地上一层位置，梁底离地面高度为 6～10 m，跨越横向跨线桥、重要铁路、轨道及河道部分的高架桥梁离地面高度通常在 10～25 m，具体与高架快速路桥梁布置层次相关。目前，城市高架快速路桥梁跨径通常为 30 m 左右，跨越重要路口一般为 40～60 m，主线桥柱的长度和宽度通常为 2 m 左右。高架快速路桥梁往往难以从某一个视角整体呈现，人们总是身处其中而难观其全貌。因此，其景观造型的设计需要从不同角度进行考虑，而不同角度所能呈现的内容也不同，下面分别对主要结构部件的景观造型设计进行解析。

(1) 桥柱(墩)

桥柱是承重结构，其尺寸规格由结构设计确定，景观设计可以在结构设计之初为其提供美学建议，将力学美融入结构设计之中。桥柱景观化的重点在于细节，比如方形桥柱可以考虑将直角修饰或切角或圆角；圆柱可以考虑增加凹槽，不同尺度的凹槽会在立面上形成阴影关系，当桥下车辆通过的时候，桥柱韵律感更加明显[图 9-11a)]。在对桥柱进行细节化设计的过程中，不能舍本逐末。首先，要避免安全上的影响；其次，要考虑施工的便捷性；再次，桥柱造型上宜简洁大方，细节设计重在推敲结构尺度关系，而不是繁复的图案装饰；最后，桥柱造型可以考虑与有功能性的垂直绿化、附属设施结合设计等[图 9-11b)]。

a) 桥柱的凹槽设计

b) 桥柱的垂直绿化

图 9-11　桥柱景观设计示例

(2) 盖梁

盖梁与桥柱一般呈组合出现，因此盖梁造型设计要与桥柱关联考虑。高架快速路桥梁最主要的一个视点是桥下，为了避免桥下空间出现压抑感，设计中应强化竖向线条，弱化横向线条。桥柱是垂直方向上的展示，以拉高视觉效果为主，因此可以增加竖向装饰线条拉高收窄桥柱视觉尺度；而盖梁是横向线条，横向却不宜水平延展，而应收窄，因此可以通过斜切角和曲线来缩减水平延伸，同时这类线条还应与桥柱一并考虑，结合力学美，形成上下呼应或流畅的完整线形[图 9-11a)]。

(3) 主梁

主梁观赏面非常有限，主要是从底部和侧面，因此造型也是在这两个面。

目前，高架桥梁结构发展非常快，为充分利用桥下净空，高架桥梁结构可以不设置盖梁，直接将主梁落在桥柱上，形成两边上翘的造型，如弧形斜腹梁、折线斜腹梁、鱼腹梁、碗形梁等(图 9-12)。这些造型弱化了侧面与底面的界限，从力学上来看是合理的，从桥下空间上来说也更利于采光，景观造型的重点在于对其基本型进行线条美化，使得主梁与桥柱线条流畅柔和。其中，鱼腹梁、碗形梁完全采用曲线造型，在标准路段可以增加桥下空间的景观效果，但曲线造型会增加施工难度和造价，同时在平行匝道及互通立交的进出口路段采用此类曲线造型效果会大打折扣；弧形斜腹梁的外轮廓采用曲线和直线的组合，既有曲线的柔美又有直线的简洁，同时施工难度一般，造价适中，值得推荐。

另一类有盖梁衔接的主梁，其景观美化的重点在于让底部空间尽可能呈现简洁明快的线条，而侧面为了显得轻巧可以选择增加线脚收分，突出层次或者楔形造型(图 9-13)。

另外，对于跨越重要横向路口和河道，为提高高架桥下空间的通透性，增加桥梁空间曲线造型美，通常采用变截面(高度)组合梁(图 9-14)。

a) 弧形斜腹梁

b) 折线斜腹梁

c) 鱼腹梁

d) 碗形梁

图 9-12　无盖梁的大箱梁造型设计示例

a) 曲线型盖梁

b) 直线型盖梁

图 9-13　有盖梁的小箱梁造型设计示例

a) 跨越路口

b) 跨越河道

图 9-14　高架快速路跨越重要路口和河道的变截面组合梁造型设计示例

桥梁主体部分除了前面所述造型美化，还可以考虑结合桥梁涂装、桥梁夜景照明等手法，将桥梁作为城市景观构筑物来打造(图 9-15)。

图 9-15　高架快速路桥梁涂装及夜景照明景观设计示例

桥梁主体结构景观设计主要从造型、涂装、夜景照明等角度入手，其附属设施景观设计则是与主体部分尽可能结合，结合的方式主要是以融合、隐藏等手法为主。高架桥梁的雨水管往往紧贴桥梁和桥柱，但因材质与桥梁反差太大，宜进行视觉隐藏，可以结合桥梁凹槽进行隐藏或者同色化隐藏，布置在车辆行进方向的背面(图 9-16)。

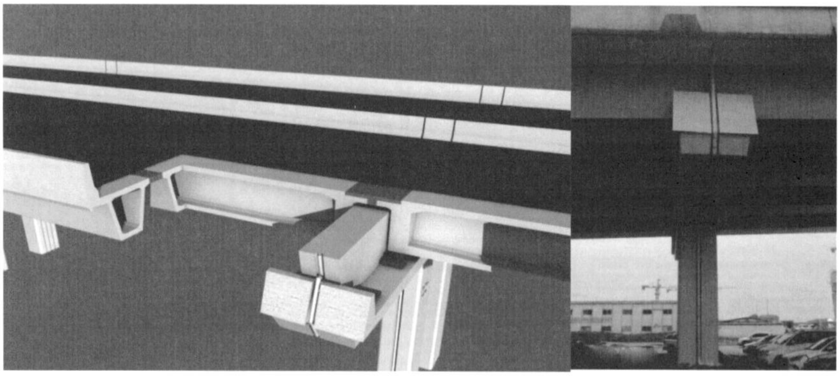

图 9-16　高架快速路桥梁雨水管设计示例

2）桥上景观设计

高架快速路桥上景观设计的对象主要是防撞护栏、声屏障、防眩板、防抛网、路灯、交通标志等附属设施。桥上景观设计主要是指额外增加的这些桥梁附属设施的景观元素，首先要以安全为第一要义，不管设置什么样的景观元素都不能影响司驾安全。因此，既要避免视角干扰，又要避免视角疲劳。

目前，高架快速路的桥上景观设计主要围绕防撞墙开展。防撞墙首先需要与桥梁主梁紧密结合，造型设计宜一体化考虑，要融合外侧面线条、整体造型和色彩涂装；其次防撞墙的的绿化设计，绿化种植布置在两侧防撞墙和中央分隔墩上，按布置位置可分为顶置式、内置式和外挂式(图 9-17)，顶置式为种植槽固定于防撞墙顶部，内置式是布置在防撞内，外挂式则悬挂在防撞墙外侧。种植槽内植物以开花或观叶的多年生植被为主，南方城市常用的是云南黄馨、月季和三角梅，北方城市则需注重当地气候条件的影响。此外，桥上绿化需要注意营养液与水分补给，优先选择自动化灌溉。除了传统立体花箱和种植槽的形式布置桥上绿化，目前还有垒土形式的桥上绿化可以结合防撞墙进行设置。

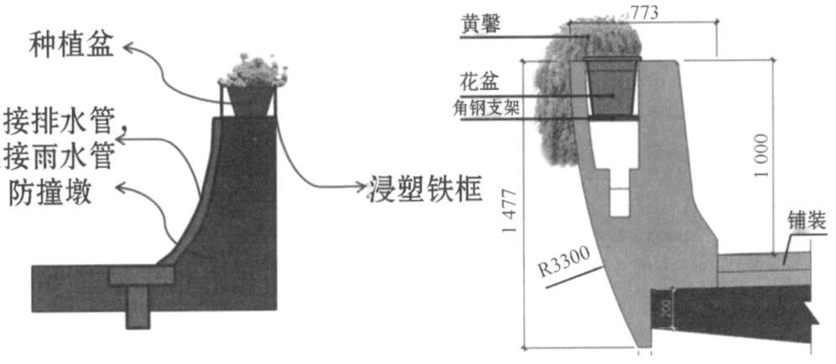

a) 顶置式　　b) 内置式　　c) 外挂式

图 9-17　高架快速路桥梁防撞墙绿化布置方式

防抛网可以选用轻巧材质，颜色尽可能与周边环境融合；声屏障以功能为主，是桥面上视觉影响极大的因素，随着技术的发展，可以选用的造型也越来越多，造型设计宜与主梁结合，以简洁、避免视觉干扰为主，同时尽可能通透，以减少压迫感，色彩也以淡雅色为主；至于防眩板、交通标志等交通设施需按规范进行设置，在有条件的情况下，可以考虑与路灯一起多杆合一，以减少视觉干扰。桥上景观设计示例如图 9-18 所示。

图 9-18　高架快速路桥上景观设计示例

3）桥下景观设计

高架快速路桥下空间通常被车行道和分隔带所利用，少数地处城郊的高架快速路会占用生态用地或绿地，桥下空间则以绿化为主。

此处所讨论桥下空间主要指高架桥下投影范围内辅路的分隔带。目前，桥下空间的利用方式主要有绿化、市政管理、停车场、BRT 停靠站、活动场地等，而不管是哪种利用方式都是城市公共设施及景观的组成部分。桥下空间景观设计的首要原则是安全，需要做到：设计元素不能侵占车行空间，影响通行；设计元素形式和色彩也不宜过多，避免影响司驾人员；路口转弯处和人行横道处设计要避免出现遮挡视线的物体，保证视距三角形的要求。

当桥下景观以绿化为主时，景观设计可按照常规道路中央分隔带或侧分带的设计方法从空间尺度与绿化景观变化节奏入手。第一，在植物品种选择上应根据桥梁与绿化种植区的相对位置及当地日照情况分析桥下光照度，选择适应性品种；第二，由于桥下空间高度有限，因此通常只种植灌木与地被，但是在品种搭配上宜中间高两侧低，以常绿为主；第三，桥下的中央分隔带往往较宽，桥下光照较差，其中心区域难以养护，植被也难以成活，此时景观规划设计中需考虑绿化设计的宽度，中心区域可考虑留出空白区域，这一区域可以作为未来的养护通道，在有条件的情况也可以结合海绵城市设计布置设施，还可以考虑设置少量景观设施，如选用耐候材料制作的公共艺术品和景石等(图 9-19)；第四，桥下绿化带的设计除了功能和视觉美观上的需求，还需综合考虑后续管养，比如设计中要同步兼顾绿化给排水，在有条件的情况下可以选用自动灌溉，填土至少有满足排水的微地形等细节。

当桥下景观以市政管理为主时，景观设计主要是对市政管理设施进行美化。通常，市政管理设施是封闭管理区，故以建筑为主，或以围墙限定一定范围，景观设计的重点是其外立面。设计方式可以选择以垂直绿化或装饰景墙等遮蔽物对市政管理设施进行遮挡，或对建筑外立面、围墙进行景观化设计，使其本身成为景观构筑。

当桥下景观以停车场为主时，则只需在满足交通安全的前提下对停车场外围进行景观化设计，最常规的设计方式为绿化包围停车场，更有创意的做法则可以结合公共艺术品和夜景照明进行设计(图 9-20)。

图 9-19　高架桥下空间结合海绵城市设计示例

图 9-20　桥下空间作为停车场示例

当桥下景观以 BRT 停靠站为主时，停靠站内的各项设施是最重要的景观元素，设计既要有系统性，又要有特色、有品质。一方面，可以结合当地的文化特征，结合该区域内街道城市家具形式进行设计，从而保证城市街景的系统性；另一方面，可以结合高架快速路本身的景观定位与设计理念进行特色化设计，创新的标识、新材料的应用、人性化设计、智慧设施等方式都可以提高桥下 BRT 站点的品质(图 9-21)。此外，桥下 BRT 站点占用的空间有限，站点以外的桥下区域仍宜以绿化为主，以提高城市绿量，改善桥下空间的整体环境。

当桥下景观以活动场地为主时，桥下空间则成为一种特殊的带状小游园。这种小游园是一个完全独立又相对封闭的空间，景观设计中除了出入口之外要将其与机动车道绝对隔离，出入口的设置也要与人行过街设施相结合。小游园的另一个特点是可以全天候活动的空间，因为位于高架桥下，故其活动不受气候条件的限制，但是需要考虑空气和噪声的影响，因此也不适宜设计大面的活动场地，结合采光条件，通过绿化来改善桥下微环境。小游园的第三个特点是有限高，因此在考虑设计活动类型，特别是运动类就要考虑高度因素，比如各种球类运动就要根据桥下空间的高度选择，同时要能够封闭，避免活动中的意外因素对行车安全造成影响。总体来说，高架桥下的小游园并非理想的室外公共活动空间，但是从城市存量规划和精细化建设的发展趋势来看，桥下空间的小游园型利用也越来越多。其设计中首先要在全线选取合适的区段，如人口密度相对较大、周边环境较好、缺少公共活动空间的区段；其次，要充分研究桥下环境的各项影响因素，合理布置各种功能；最后，可以通过结合桥梁景观、夜景照明、城市公共艺术装饰等内容，提高桥下活动的趣味性，重塑其视觉艺术感（图 9-22）。

图 9-21 桥下空间作为 BRT 站点示例

图 9-22 桥下空间作为小游园示例

4）平行匝道及出入口渐变段景观设计

以上高架快速路景观主要是针对标准段开展论述的，平行匝道及出入口渐变段区域车速往往会降低，其视野范围也更大，视觉停留时间更长，通常是城市组团的主要连接点，从景观角度看是有其特殊性的，因此，景观设计中需要特殊考虑。

第一，出入口渐变段两侧防撞墙上的绿化装饰可以依据车速降低适当缩短节奏、增加彩度，起到提示作用。第二，平行匝道两侧均有防撞墙，但其端头通常直接结束，精细化设计中则可以对其进行景观细节化设计，采用反光材料，可起到强化提示的作用。第三，平行匝道桥下空间往往更局促，高度较低的空间可以适当提前用绿化包围进行遮挡。第四，平行匝道的挡土墙段两侧面可以与桥梁景观一体化设计，通过涂装或垂直绿化进行装饰美化。

5）互通立交景观设计

与高架快速路路段的景观不同，互通立交景观是面域景观。在这个面当中，最引人注目的当属互通立交桥本身。互通立交桥本身体量巨大，在城市中犹如地标，是互通立交区景观设计的重要部分。设计中要充分解读桥梁设计语言，对其空间层次、流线方向、结构部件等内容进行分析，通过景观手段强化要表现的点线面，弱化多余的要素，重塑其整体形态的视觉感受。较为有效的设计方法是高架桥梁景观涂装、垂直绿化与桥梁夜景照明相结合，将其作为独立的大型城市景观构筑物进行景观美化(图 9-23)。

图 9-23　互通立交夜景照明景观设计示例

互通立交桥下的地面景观往往由相交的地面道路将其划分为若干个象限，这些象限之间既相对独立又彼此联系。因不同象限所属地块不同，其功能也不尽相同，景观设计因此各具特点，然而又因为地面道路功能的连续性和互通立交桥强大的空间统领属性，各个象限间功能上又存在必然联系，景观上亦要求有统一性。在独立性设计上，可以结合所属地块的功能、建筑风貌、街道特征进行各具特色的设计，但这种独立是相对独立，相对于别的象限的独立，相对于地块的统一。象限之间的联系最主要的是功能和流线的联系，其次是外观形式的联系。地面相交道路之间线性空间的连续性是联系的基础，而互通立交统领作用使得这种联系被强化，因此这种设计上的联系，往往以互通立交的主题为基础，最终与互通立交桥共同成为互通立交区景观整体的组成部分。互通立交景观设计示例参见图 9-24。

图 9-24　互通立交景观设计示例

还有一种互通立交是没有地面相交道路的，其互通立交区地面本身是一个完整的整体。这种情况下的互通立交区景观设计限制因素更小，可以独立当作一个面状公共空间进行设计，设计手法可参照其他公共绿地设计，平面形态上则可以更灵活而不必过分局限于互通立交桥的平面形态，只是竖向空间上仍然需要考虑高架桥桥体对空间的影响，进行合理的功能布局。

此外，互通立交区周边如有公园、绿地、大型公建或水体，则需要与之结合进行设计，这些都是互通立交景观可以借景、借势的优质资源。

最后，互通立交景观设计还需要从更宏观的尺度进行考虑。互通立交本身是位于重要的交通节点，而一个城市中也不会仅有一个或两个立交，因此，互通立交景观的设计需要更全局的眼光，在规划之初就进行系统化设计，不同互通立交之间因为共有的快速路而有联系，这种共性的体现宜在细节中展现。同时又因为同一条快速路上的互通立交处在不同的区位，所以又要各自具有识别性，这种特性宜更整体地展现，比如不同的互通立交选用不同的主题色彩、主题植被等不同的表达方式。

3. 地下快速路景观设计

地下快速路根据空间特点不同，从景观设计角度可将其划分为暗埋段景观和敞开段景观两大类。

1）暗埋段景观设计

暗埋段景观分为地面景观和地道内景观。

地下快速路主体位于地面以下，地面上通常为辅路。作为地下快速路的地面辅路，其道路景观与一般城市道路景观设计相差无几，最主要的区别在于暗埋范围内地面之上的分隔带。这类分隔带从经济合理性考虑，通常会有一定深度的覆土，但地下快速路的覆土条件有限，景观设计中需重点考虑覆土条件是否满足绿化种植，绿化种植对下部结构又是否有不利影响等因素。根据以往经验看，明挖式地道通常覆土条件更有限，不适宜种植大乔木，因此分隔带绿化宜以灌木、地被和草坪为主。从生态效益和景观效果考虑，多年生自然花境比模纹花坛和草坪搭配时令花卉更佳，同时也可以在分隔带中增加景石或艺术小品等点景，地面分隔带也适宜结合海绵城市进行设计。由于地道通风设计的需要，一些暗埋段地道会有诸如通风口一类的出地面设施，景观设计中需兼顾该类设施。首先满足设施相关规范要求，避免影响通风，同时也要对其进行美化，涂装或格栅装饰均可根据实际情况选用，设施周边的绿化更要精心设计，是与之呼应的造景还是遮挡都应根据实际情况进行设计（图9-25）。更有创造力的设计是将其作为景观元素之一，纳入整体景观设计之中。

地道内部通常为弧形或方形截面的封闭空间，纳入景观设计范畴的主要是两侧及顶面。地道内空间相对局促，景观设计宜简不宜繁，以简洁大方为美，且应以放大空间视觉感受为主。地道顶部通常会有通风设备、交通附属设施和照明设施等，顶部装饰以涂装为主，也有少数增加吊顶的设计，但对材料和后期管养有更高要求。地道侧面才是地道景观设计的重点。首先，在色彩、线条及造型等方面应具有简洁明快、庄重美观、线条流畅的特点，并具有时代感，侧面装饰色彩宜浅色为主，为了避免单调，可增加其他颜色的跳色装饰，颜色以明快鲜艳为主，考虑蓝色装饰更具有安全性，图案也以方形更优，不宜选用复杂图案（图9-26）；其次，材料不仅要具备足够的稳定性，还要具备防水、防潮、防火、耐腐蚀、光滑、耐脏抗污、易清洁耐洗刷的性能，其衔接方式也要稳定，避免脱落，比较常用的有涂料、石材、铝板、搪瓷钢板等。

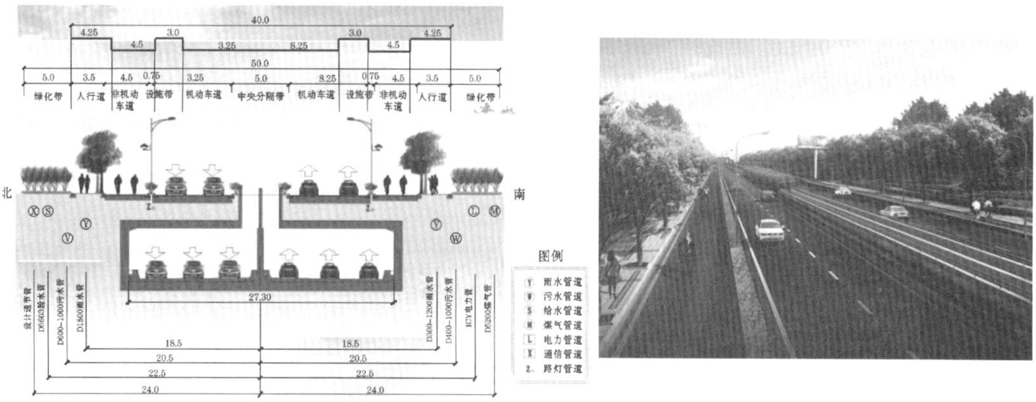

a) 横断面布置　　　　b) 地面景观

图 9-25　暗埋段地面景观设计示例

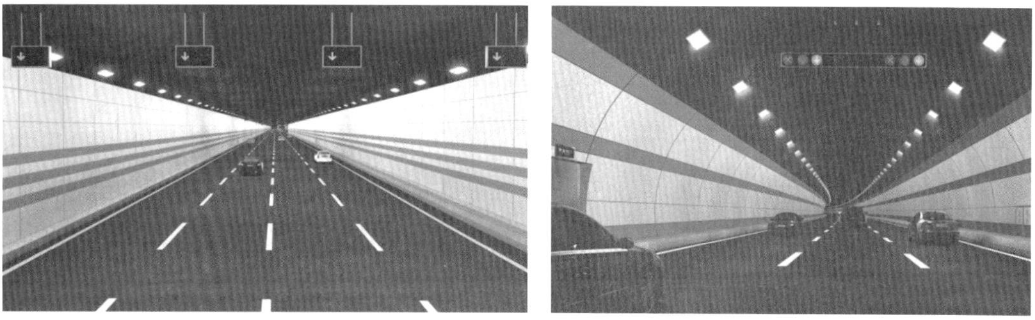

图 9-26　地道内部景观设计示例

2）敞开段景观设计

地道敞开段包括地下快速路主线出入口(与地面快速路或高架快速路衔接)和平行匝道出入口两类,景观设计需要配合功能凸显其标识性。与暗埋段设计比较,敞开段减少了顶面,只有两个侧面,但是多了可以聚焦视线的正面(敞开段的入口)。敞开段两侧均为实墙,可以当作景观墙进行立面设计,应注意切入视角是倾斜的,墙也是倾斜的,设计中强调竖向线条或构图的韵律感比强调横向线条或构图的延伸感效果更好,也更能减少视差;其景观主题也可以结合地方文化进行设计,但不能过于繁复。侧面墙装饰材料的选择也比较广泛,但是同样需要注意安全,不能反射强光,要能防火、防潮、抗腐蚀。

敞开段入口的设计有两种,一种是无顶棚的,另一种是有顶棚的。平行匝道的出入口一般采用无顶棚设计,地下快速路的主线出入口一般采用有顶棚设计。无顶棚敞开段的景观设计重点是正面端墙、敞开段两侧墙面及中央分隔带,景观设计宜协同考虑,材料和色彩均应一致或有所呼应,但不应有太多图案修饰,而以简洁的几何图案为主,避免吸引过多注意(图 9-27);在有条件的情况下,可适当考虑悬垂式绿化,增加敞开段的景观趣味。

为了消除驾驶员进出地道洞口时的黑洞、白洞效应,保证行车安全,合理设计自然光过渡和人工光过渡,地下快速路的主线出入口通常布置有顶棚,部分东西向布置的平行匝道出入口也可以布置顶棚,顶棚的设置长度需要根据设计速度及地道暗埋段的长度计算等因素

图 9-27 无顶棚敞开段景观设计示例

综合确定。顶部装饰作为半遮光的棚架,棚架的造型应与当地城市环境相协调,还可以结合地道口景观主题,设计为具有标识性的景观构筑,既满足功能性要求又美化城市景观(图 9-28)。

图 9-28 有顶棚敞开段景观设计示例

总体来说,地下快速路的景观设计,重点还是在地道外,地道内部以交通安全和交通服务功能为主。对于非常规地道形式,如有连续的采光天井或车道之间设置镂空的分隔墙等多种特殊形式,则可采用更具创新的设计方式,但整体来说内部仍宜简忌繁。

9.3 快速路路侧绿地设计

根据城市总体规划,一般情况下快速路两侧往往会规划绿地,通常会做专项规划设计。

故本书针对快速路景观设计特点，对该部分绿地提出景观规划设计思路，具体景观设计仍需结合周边环境、地域文化等方面的要求深入开展工作。

9.3.1 快速路路侧绿地的性质与功能

快速路路侧绿地设计首先需要对其性质进行明确。从传统意义上讲，为减少快速路交通对周边环境的影响，城市总体规划中将路侧绿地定性为防护绿地。

根据《城市绿地规划标准》(GB/T 51346—2019)第4.1.4条“防护绿地包括公路两侧的建筑控制区及其外围的防护绿地”和第6.1.2条第2款“快速路、主干路应充分体现城市绿化景观风貌，构建城市绿化骨架”等相关规定，笔者认为，在绿地规划中，快速路两侧的绿地并非一定就是防护绿地。

为什么对快速路路侧绿地的性质要研究透彻？因为绿地的性质决定了绿地应具备的功能。在《城市绿地分类标准》(CJJ/T 85—2017)中，规定了防护绿地的独立性，不可进入。路侧绿地作为防护绿地，在规划设计中首要功能是生态防护。

随着城市用地资源集约利用的要求不断提高，原本路侧的绿地在有条件的情况下，越来越趋向从单一的生态防护的功能转向带有游园休憩的复合功能。《城市绿地分类标准》(CJJ/T 85—2017)中将“带状公园”和“街旁绿地”都归入了游园，也传递出一个信息：分类标准从强调形态和区位转向强调功能。如果快速路路侧绿地定性为游园，那么其功能将不再是单一的生态防护功能，需要增加“游”的功能。定位为“游园”的快速路两侧的绿地到底应该具有哪些功能呢？

首先，根据城市总体用地规划，如果路侧绿地规划为防护绿地，则需按照防护绿地的标准进行规划设计。这意味着绿地内的绿化全覆盖，且为了保障更有利的生态效益，从空间竖向和植物选择上都更倾向复合生态防护为主的设计方式，比如适当的抬高地形、多层次的绿化设计等(图9-29)。

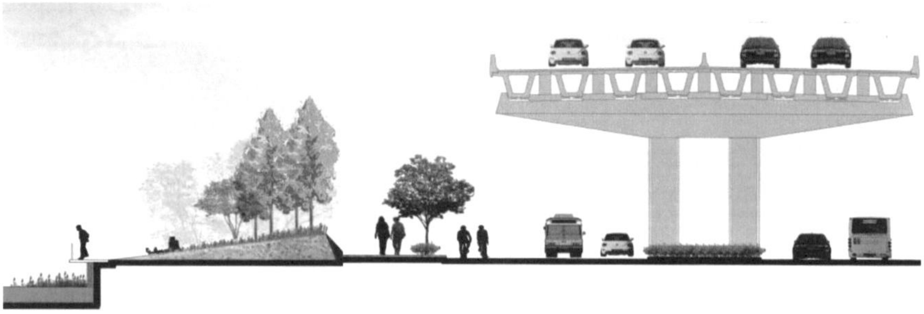

图9-29 高架快速路路侧防护绿地景观设计示例

其次，可以参考路侧绿地的空间尺度，根据“游园”的定位，需要根据绿地宽度进行设计。当宽度小于等于12 m时，绿地内不宜增加“游园”的功能，而应以生态绿化为主；当宽度大于12 m后，则可以考虑增加游步道、绿道、活动场地等形式，形成完善的“游园”功能(图9-30)。

城市快速路如何体现城市绿化景观风貌、构建城市绿化骨架，很大程度上不依赖道路红线以内的绿地绿化建设，更多要依靠路侧绿地的利用。因此，快速路路侧绿地规划设计也是

图 9-30 高架快速路路侧游园绿地景观设计示例

快速路景观规划设计中的重要组成部分。防护绿地类路侧绿地设计相对要素较少，在此不做重点研究，下文所研究的快速路路侧绿地主要针对游园类路侧绿地规划设计。

9.3.2 快速路路侧游园类的绿地规划设计

快速路两侧的绿地通常与路侧地块关系密切，其设计应与之结合，合理设计竖向、布置功能、配置绿化。按照路侧绿地外围用地的界面，可以将路侧绿地划分为以下几种方式分别进行论述(表 9-2)。

表 9-2 不同类型的路侧游园类绿地景观设计

绿地形式	功能需求	控制要点	空间形式	空间分析
居住区前绿地	隔声降噪，生态隔离，观赏需求	增加垂直绿化，复合式种植，丰富层次，乔木+灌木+地被	围合	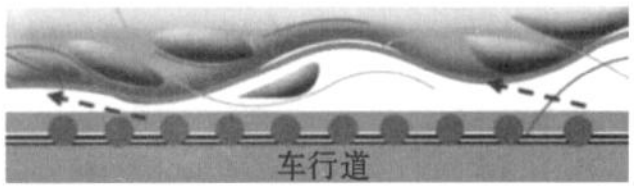
公园绿地	观赏、生态、避难	绿道串联，疏密有致，多种种植形式	半开敞	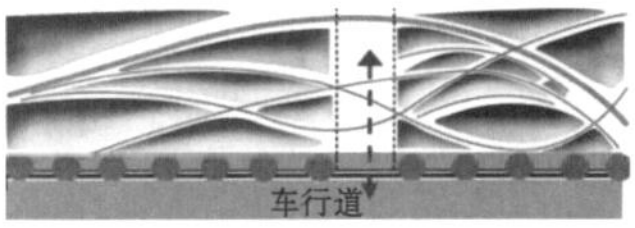
商业与公共建筑前绿地	视线引导、观赏、生态	空间整合，视线通透，乔木+地被	开敞、半开敞	
其他封闭单位绿地	隔离、生态、观赏	空间整合、色彩统一	多种	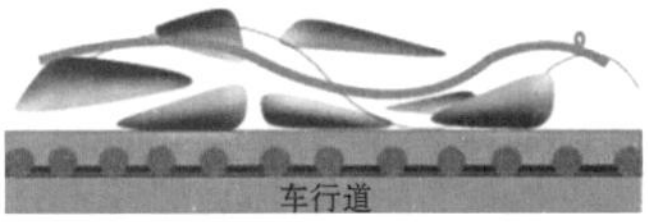
路侧绿地	生态廊道、观赏、防护	绿地整合，观赏面丰富，多种种植形式	围合、半开敞	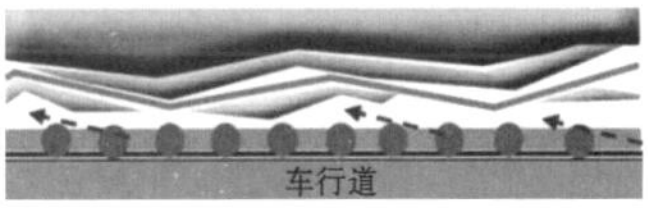

1. 居住区界面

路侧绿地作为快速路与路侧住宅小区用地之间的衔接，首先要满足隔声降噪的生态功能，其次要有较高的观赏界面，最后需要适当满足沿线居民的游憩需求。从满足生态功能角度来说，首先要有一定的地形设计，抬高的地形可以增加景观层次，扩大绿化面积；其次，植物设计中宜采用乔木、灌木及草皮相结合的方式，在有条件的情况下可结合建筑围墙增加垂直绿化，其丰厚的绿化体量可以提高生态效益，景观感受也更多样；最后，可以根据尺度，适当布置游步道，为周边居民提供户外活动的空间，在活动空间的设计中既要考虑与沿线居住区出入口的衔接，还要充分利用地形和绿化来隔离对快速路的影响。

2. 公园绿地界面

当路侧绿地位于快速路与沿线地块公园绿地之间时，由于用地权属和管理的问题，路侧绿地的功能往往是独立于地块公园绿地之外的。从规划设计合理性角度出发，原本带状的游园在该地块内就不应仅仅从路侧绿地带状空间的角度出发，更需要纳入地块公园绿地之中，作为地块公园绿地的延伸界面进行规划设计。如果地块内公园绿地为开放式管理绿地，则设计中可以突破红线，将公园绿地中的游步道、活动场地、地形、绿化等要素进行一体化设计；如果地块内公园绿地为封闭式管理绿地，则可以采用“透而不通”的设计手法，让快速路可以借景公园绿地，真正实现“快速路体现城市绿化景观风貌”的目标。

3. 商业与公共建筑界面

当路侧绿地在快速路和商业与公共建筑之间时，快速路两侧绿地布置迎来了最大可能的开放空间。辅路通常是这类界面可达性的重要保障，故路侧绿地的开放性有更多要求。路侧绿地地面景观的设计，既要保障行人通达，同时又最好能有更多绿化。因此，在这种情况下，绿化覆盖率就显得比绿地率更重要。同时，为了更好地展示商业与公建的建筑立面之美，沿线景观设计需要从烘托建筑美的角度出发，将关注度从绿地中转到地块内的建筑之上。

4. 其他封闭单位界面

这里所指的封闭单位主要是指设有独立围墙的行政管理部门或者产业园等。因为围墙的隔离，路侧绿地与居住区界面的情况类似，具有明显单边性，临快速路一侧是最主要的展示面，因此景观规划设计重点在于快速路看过来的景观效果，其功能更接近防护绿地，设计手法以简洁和干净为主。

5. 防护绿地界面

当路侧绿地以外是防护绿地时，景观设计主要采用绿地整合，构建生态廊道，采用围合、半开敞的形式进行布置。

9.3.3 快速路路侧绿地设计的发展趋势

1. 路侧绿地与绿道建设相结合

绿道建设是当下城市建设的热点之一，绿道的规划建设往往贴近“两线”——一是水岸线，二是道路路线。前者体现在滨河景观开放建设与绿道的结合，后者是道路景观与绿道的结合。其中，城市道路景观与绿道的结合有两种方式：一种是绿道与道路中的慢行功能合二为一，通常在支路中出现；另一种是借用路侧绿地设置绿道。而道路系统中，最具有该空间条件的当属快速路和主干路。因此，在快速路路侧绿地规划设计中，需要结合城市绿道专项规划，并以此为依据进行路侧绿地的专项规划设计。

2. 道路景观一体化设计

道路有红线，绿地有绿线，建筑有退界线和立面边线，这三条线在道路横断面中往往是分而治之，但是道路景观设计理论与实践中，越来越倾向打破这种完全割裂的趋势。从道路空间角度来看，路侧绿地和临街建筑都是道路景观空间边界之一，U形断面才是道路景观的完整界面。而从设计要素上来看，快速路两侧的建筑立面、道路内部的各种设施都是道路景观风貌的组成部分，打破三条线，更集约地规划设计道路景观全要素，才能形成更加高效而美观的道路景观，体现城市的和谐与品质。当然，这也相应地对城市的精细化建设和管理提出了更高要求。

3. 绿色基础设施建设

绿色基础设施(Green Infrastructure, GI)的概念最早于1999年由美国保护基金会和农业部森林管理局组织的“GI工作组”提出，在随后的发展中逐渐成为相对灰色基础设施(Grey Infrastructure)的一类新的基础设施，其核心是由自然环境决定土地使用，突出自然环境的“生命支撑”(Life Support)功能，将社区发展融入自然，建立系统性生态功能网络结构。而对于我国当下基础设施规划建设的借鉴意义在于：应增加生态功能，采取生态技术降低基础设施建设所带来的干扰与污染，最大限度地减少城市化进程中的负面效应现象。在当下生态文明建设指导的前提下，城市快速路本身作为城市建设中重要的基础设施，从长远发展来看，其本身及路侧绿地的规划与设计，将与绿色基础设施理论结合更紧密，其结合方式既需要空间尺度上的响应，还需要工程技术层面的落实。

9.4 工程案例

嘉兴市环线快速路景观设计的研究范围为嘉兴市快速环线全线，其中全环包括三环东路(东)、长水路(南)、中环西路(西)，北侧规划路以及互通立交节点和环线快速路的建筑红线退界用地。环线快速路景观工程设计内容包括快速路景观(红线内)和路侧绿地景观(红线外)两大部分，其中快速路景观涵盖快速路主线(高架桥及附属设施景观、地下快速路及附属设施景观、互通立交节点景观)、辅路景观(地面道路绿化分隔带景观、人行道铺装及附属设施小品等)。下面从环线快速路景观总体设计、快速路景观(红线内)设计和路侧绿地景观(红线外)设计三个方面进行介绍。

9.4.1 快速路景观总体设计

嘉兴市环线快速路作为嘉兴市第一条快速路，对当地具有非凡的意义，因此，景观设计旨在强化城市个性，将其定位为嘉兴的魅力环，通过环线景观的建设，让城市能够“四季嘉景，扬帆兴城”，从而实现“嘉景兴城”的愿景。在该方案中，首先通过整体定位，统一全线的景观建设目标，其次通过结构分解设定分段主题，然后通过节点分级将主次关系明确，从而将快速路景观全要素构建为系统性有机整体。

统筹这一系统的就是景观总体设计中的结构分析。针对案例，全线景观总体设计结构布置为“一环、四段、三级节点”(图9-31)，其中“一环”打造四季一环，建设生态快速环线；“四段”则是根据环线沿线的城市用地特点和城市风貌，以及远期城市发展规划划分出东、南、西、北四个主题段；“三级节点”则是结合嘉兴市道路交通路网规划及嘉兴市主城区主要区域进出口布置情况，对沿线射线节点有所侧重，突出重点进行分级设计。

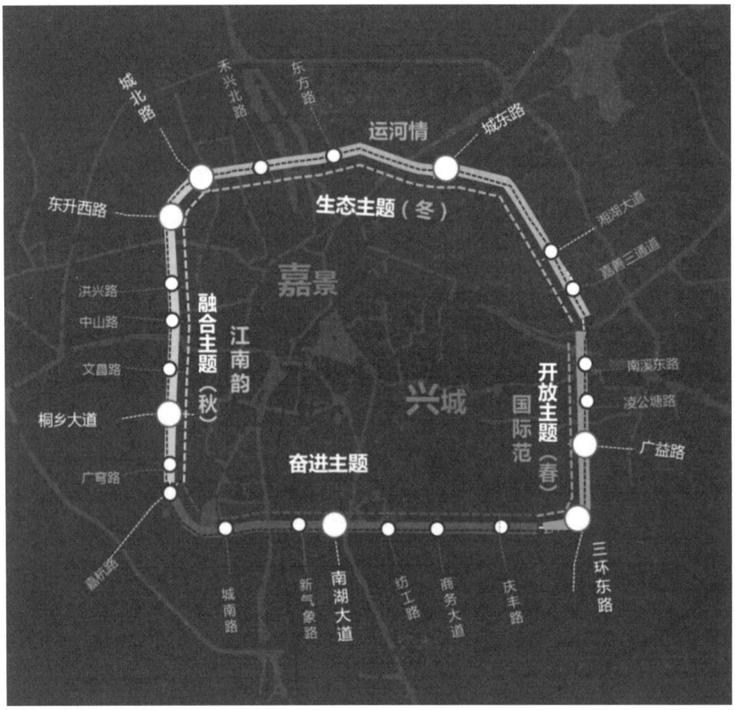

图 9-31　嘉兴市环线快速路景观结构布局

1. “一环、四段”景观设计

“一环、四段”的景观设计主题如图 9-32 所示。

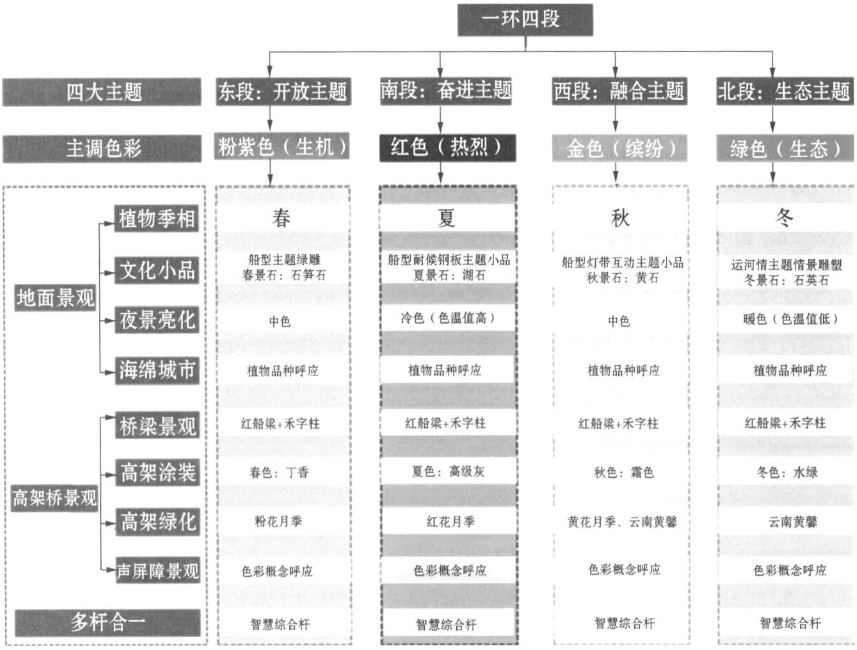

图 9-32　嘉兴市“一环、四段”的景观设计主题要素

(1) 东段景观主题:开放的嘉兴;关键词:科技、商业、生机、朝气,打造国际范的景观,侧重春景展现。

(2) 南段景观主题:奋进的嘉兴;关键词:热情、城市口号、山水资源展示、红船文化宣传,是红船魂的体现(嘉兴南湖的红船是中共一大会议召开地),侧重夏景之美。

(3) 西段景观主题:融合的嘉兴;关键词:互动、缤纷、智慧城市、节能灯光夜景,展现江南韵,侧重秋景宜人。

(4) 北段景观主题:生态的嘉兴;关键词:生态、嘉兴宣传语、友好城市、新嘉兴规划,呼应运河情(京杭大运河途经嘉兴城区),侧重冬景展示。

每一段在景观具体设计上,通过桥梁与小品等硬质景观、主题植物垂直绿化等软质景观、夜景照明、主题色彩等内容展现主题。

2. "三级节点"景观设计

一级景观节点 7 个,结合"一环七射"路网由 6 个互通立交节点和 1 个形象大道"南湖大道"构成,是城市形象展现的重要区域,体现门户形象。景观构成方式以大地景观、主题小品和节点花境为主。

二级景观节点 16 个,由环线与城区交通性主干路交叉口构成,是进入主城区主要出入口,景观构成以主题雕塑和节点花境为主。

三级景观节点指普通道路交叉口,景观构成以主题景石和节点花境为主。

嘉兴市环线快速路景观总体设计如图 9-33 所示。

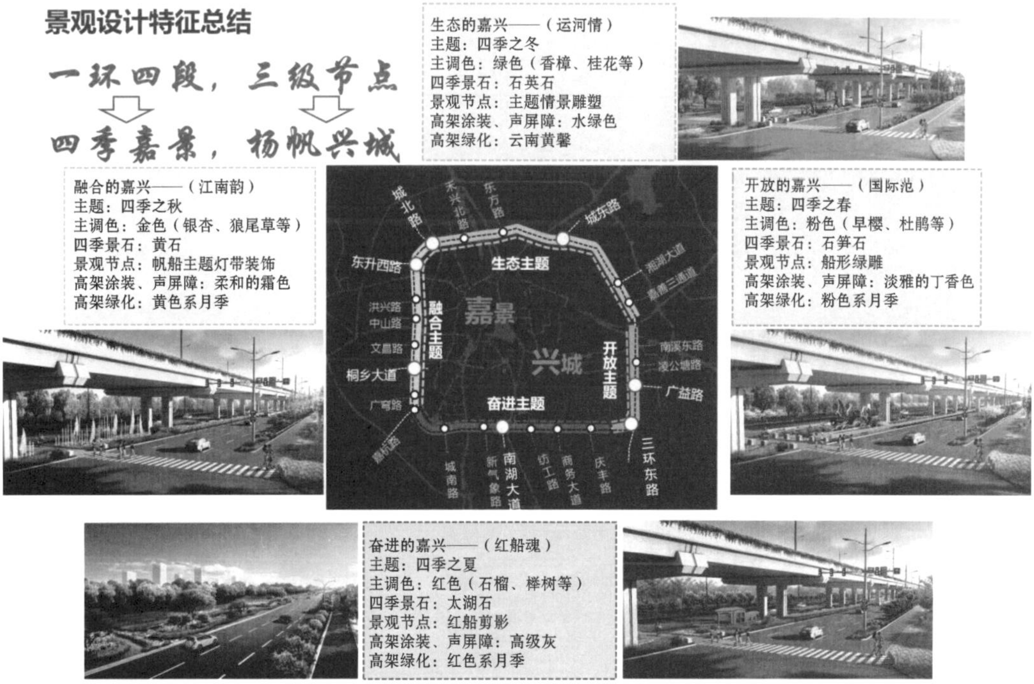

图 9-33 嘉兴市环线快速路景观总体设计

9.4.2 快速路景观(红线内)设计

在红线内景观中,首先要确定"一环"的基调,本案例中对"一环"最直接的体现是在快速路高架桥桥梁景观造型上。快速路高架桥景观元素取自于嘉兴古称"禾城"和当下的红船文化,设计为"禾字柱、红船梁",高架桥墩柱以"禾"字为装饰线条,盖梁设计为红船抽象而来,是"一环"高架桥梁景观要素的基础。

在桥梁景观的色彩、桥上景观和桥下景观中则又回归前文提到的系统性有机整体中的"四段"。结合环线总体规划中的"四段"划分,对景观绿化提出"四季江南"的主题。

东段:位于三环东路南侧区域,南北向布置。东段主要体现江南春的主题意境,高架桥梁涂装色彩融入淡雅的丁香色。辅道和桥下景观的绿化主题品种以春季开花、粉色系植被为主,形成紧扣主题的粉紫色"花脉",景观小品的主题也以此为基调。此外,在三级节点布置象征春季的石笋石,如春笋破土,春暖花开,也象征着科技创新技术驱动下嘉兴的蓬勃发展,充满生机(图 9-34)。

图 9-34 嘉兴市环线快速路景观分段设计(东段)

南段:位于长水路,东西向布置。南段主要体现江南夏的主题意境,高架桥梁涂装色彩融入清新的水绿色。地面辅路和桥下景观的绿化以夏季浓荫开花植被为主,特别选用了"榴花似火"的石榴(嘉兴市花)、"花开百日"的紫薇为特色品种,打造红色印象。同样,在三级节点布置象征夏景的太湖石,秀石剔透,秀雅恬静。此外,南段的长水路除了有高架道路,还有一段地道,其暗埋段地上的中央分隔带也为了契合夏季主题,在景观造景中以夏季的自然溪流为形态基础,采用流线型生态卵石沟,搭配红色系主题植物,形成生态、丰富、自然野趣的景观。地道的景观设计也以夏季的水元素为理念进行设计(图 9-35)。

西段:位于中环西路,南北向布置。西段主要体现江南秋的主题意境,高架桥梁涂装色彩加入柔和的霜色。地面辅路和桥下景观绿化以秋季金黄植被为主景,配以观赏草、开花宿根花卉，形成金色为主景的、炫彩烂漫江南之境。在三级节点布置秋景石黄石，每当红霞映照，颜色颇为醒目，与金色主题相得益彰(图9-36)。

图9-35　嘉兴市环线快速路景观分段设计(南段)

图9-36　嘉兴市环线快速路景观分段设计(西段)

北段：位于中环北路，东西向布置。北段主要体现江南冬的主题意境，高架桥梁涂装色彩加入凛冽月白色。地面辅路和桥下景观的绿化以观枝植被为主，以常绿乔木为主，配合冬季观赏的红梅，以突出北段特色“绿”为主同时打造冬、春季节性景观。在三级节点布置夏景石石英石，突出冬季苍茫之境(图9-37)。

此外，高架桥面的绿化也按四季进行划分，高架绿化范围主要为外侧防撞墙；高架绿化形式选用顶置式，品种按照四个区段进行划分，色彩上与高架桥梁涂装相呼应。

该项目除了四段地面辅路的绿化景观设计外，对于辅路路段中的人行道铺装、家具设施小品、市政设施整合、隔声屏设施、高架桥夜景照明等内容也进行了详细的设计，另还包括地

图 9-37 嘉兴市环线快速路景观分段设计(北段)

下快速路的地道内外装饰等内容。因该项目涉及内容较多,篇幅有限不再赘述,其原则均遵循“一环、四段、三级节点”的框架,进行设计创意深化。

在快速路红线内的景观,不管是地面快速路还是高架快速路,抑或是地道,都遵循总体设计框架,景观结构为设计形成方向性指导,构建系统性有机整体。

9.4.3 路侧绿地景观(红线外)设计

红线路侧景观因与工程建设紧密联系,故截至本书完稿期间,路侧景观仅涉及一期、二期(东部分、南、西部分),故案例也以一、二期为主。尽管如此,红线外的景观设计仍然在全环的系统性有机整体的构架之下,遵循“一环四季、多彩江南”的整体策略。

此外,退界空间中根据周边环境现状,引入空间尺度与功能需求的具体分析对路侧用地进行分类,该项目路侧绿地可分为五大类型,每种类型梳理功能需求,提出控制要点,明确空间形式,给出设计意向,形成以功能为导向的二维控制原则(图 9-38)。

a) 居住区前绿地

b) 公园绿地

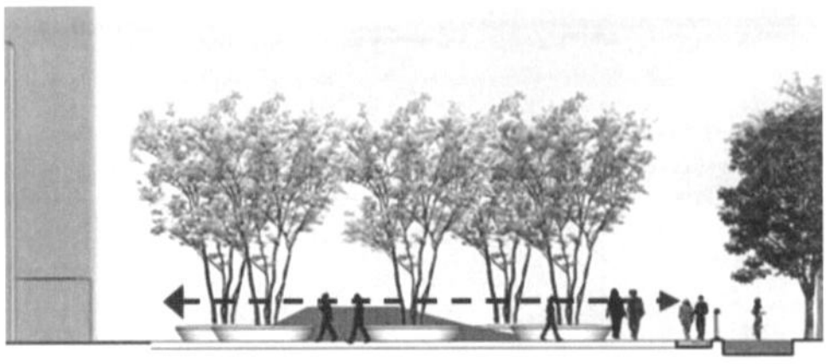

c) 商业区前绿地

d) 路侧绿地

e) 其他单位前附属绿地

图 9-38 路侧绿地设计意向

将这种功能为导向的二维控制原则与前文总体设计中的系统性有机整体相结合，可以对每个路侧地块的景观设计进行较为精准的空间表述，对后续分块设计实施作引导，从而保证每个地块既有全线控制下的统一性和整体性，又有针对具体环境的针对性和特色性（图 9-39）。这一方法对需要分阶段建设的快速路来说，具有非常实用的意义，可以保障红线内外景观的统一，进而促进城市风貌的整体性和识别性。

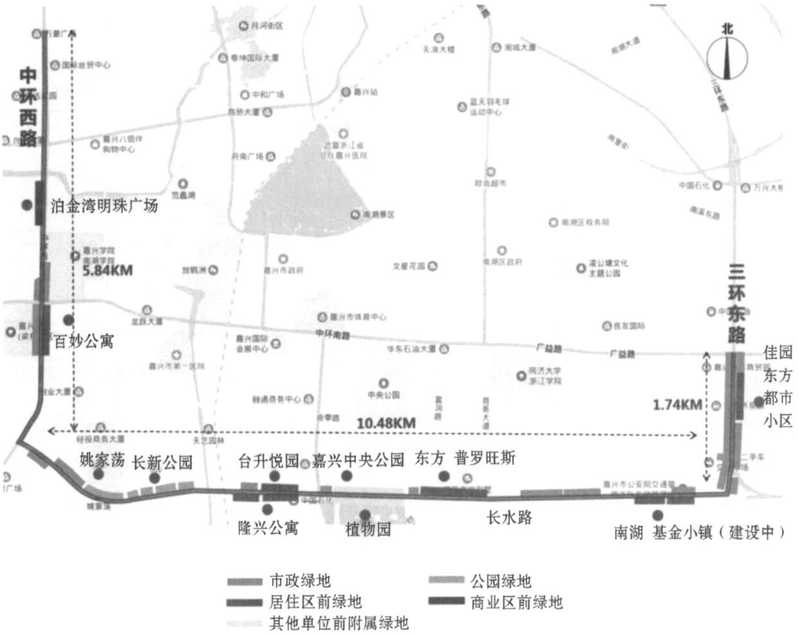

图 9-39 路侧绿地规划设计分类图

第 10 章　城市快速路 BIM 正向设计

10.1 BIM 正向设计技术的现状

10.1.1　BIM 正向设计的技术含义

BIM 是建筑工程项目的物理和功能特性的数字化模型，在项目的规划、设计、建造、运营管理等全寿命周期过程中进行数字模型信息的获取、编辑、传递和应用，是项目各参与方协同工作的基础，为项目及各参与方创造价值。BIM 正向设计则是 BIM 思想和正向设计思想在建筑工程行业项目设计阶段的具体体现。

正向设计的概念来自传统制造业，最初是相对于“跟踪仿制”的逆向工程的概念提出的，并最终定义为“以用户需求为起点，旨在首先完整理解产品工作逻辑以及产品设计与产品性能之间的关系，在此基础上开发适用于不同需求的产品系列”。应该指出，正向设计仅仅是国内学术界提出的尚未统一的概念，且在不同的专业领域的内涵和定义差异较大。

建筑行业提出正向设计的概念较晚，而且是伴随 BIM 技术在国内各工程项目应用和研究而逐渐产生的。从正向设计理念来讲，国内建筑工程业并未经历“跟踪仿制”的发展阶段，其自身的设计过程即是正向设计过程。但随着 BIM 技术的推广，业内专家和学者发现，虽然我国引进 BIM 技术数十年，但是并没有改变我国基本的建筑行业状况，业主、设计院与施工方的人员构成、信息传递模式和建筑行业的生产力方式均以传统方式为主。这就导致了我国短期内应用全寿命周期 BIM 技术不能像美国那样降低生产成本，带来经济效益。同时，我国劳动密集型和粗放的建筑市场缺乏创新能力，导致 BIM 技术全周期的应用反而增加成本投入，极大地限制了其在我国的应用和推广。

与此同时，我国对 BIM 技术的探索长期被局限在了以出图为导向的正向设计，并兼顾三维模型咨询，这种设计方式俗称“翻模”——即先完成施工图，然后根据施工图再建立三维模型。为扭转这个局面，有专家提出了“BIM 正向设计”的概念，以描述围绕三维模型进行设计，让设计师充分利用信息化平台表达自己的设计理念，并通过 BIM 参数化设计快速、高效地实现设计而非将时间浪费在绘图上。最终，BIM 正向设计被定义为：以三维 BIM 模型为出发点和数据源，完成从方案设计到施工图设计的全过程任务。

BIM 正向设计具备如下特点：

(1) BIM 模型直接呈现设计师的设计理念，依据的是设计师的设计意图而非成品或半成品的图纸。

(2) BIM 模型作为唯一数据源，是各项设计成果的载体，包含全部的设计信息，信息量远大于图纸。

(3) BIM 模型作为工作核心，是各项工作的首选项，能基于其进行设计的性能指标计算、设计推演和合规性检查。

(4) BIM 模型具有可更新性和可传递性，可在原模型的基础上优化，可用于向后续阶段交付，而无须重新建模。

10.1.2　BIM 正向设计的应用现状

近些年来，我国的 BIM 应用发展速度很快，许多企业有了非常强烈的 BIM 意识，出现了一批 BIM 应用的标杆及示范项目，同时，BIM 的发展也逐渐得到了政府的大力推动。

总体上讲，目前我国 BIM 应用还处在初级阶段，以项目级应用为主，应用点还较为分散，应用体系也还在摸索当中，企业级 BIM 应用还很不成熟、顶层设计有较大欠缺；BIM 应用以技术应用为主，数据应用和协同管理应用少。目前绝大部分央企、大部分地方国企、一些大型民营企业以及少部分有战略眼光的中型民营企业都在进行 BIM 应用，其他中小企业的 BIM 应用基本处于起步阶段。企业间的 BIM 应用水平差距很大，大多数企业对 BIM 还了解不多，处于被动应付状态；部分领先企业将 BIM 技术列为企业发展战略，已做了大量试点项目，有了大量投入，也获得不少成果。

BIM 应用在设计企业相对多一些，BIM 能够为协同设计、优化设计、性能分析、碰撞检查和工程量统计等提供有效的手段，实现了设计从二维转变为三维、从平面设计到空间设计、从粗放设计到集成设计的转变。设计阶段采用 BIM 模型，能够使工程项目的各参与者之间的联系更加紧密，提高决策的正确性和效率，为项目提供一致、相互协调以及可运算的工程信息。目前 BIM 应用主要集中在实力较强的大型设计单位的城市快速路、大型桥梁隧道、综合交通枢纽等大中型项目，基本处于从 BIM 示范应用到逐步推广阶段，从项目级应用向企业级应用的过渡，以 BIM 技术应用、数据应用为主，协调管理应用较少。目前，设计企业在快速路 BIM 正向设计的主要内容如下：

(1) 方案设计。使用 BIM 技术能进行总体布置、造型、结构、空间分析、交通仿真和碰撞检查分析，还可以同时进行方案可视化展示、建造成本分析等，使得初期方案决策更具有科学性。

(2) 初步设计。道路、桥梁、隧道、排水、电气照明等专业建立 BIM 模型，利用模型信息进行结构、交通、声学、日照等分析，以及各种碰撞检查、规范检查及工程量统计。

(3) 施工图设计。各种平面、立面、剖面图纸和统计报表可以从 BIM 模型中得到，对项目关键施工工序进行动态模拟以及各种市政管线迁改模拟。

(4) 设计协同。可以对各设计专业技术沟通衔接进行协调，包括设计计划、互提资料、校对审核、版本控制等。

10.1.3　BIM 正向设计应用价值与问题分析

随着 BIM 技术在城市快速路项目的不断普及，业内已形成以下共识：BIM 技术的发展为市政交通工程行业带来的利好是革命性的，BIM 技术作为行业的未来发展方向仍有非常大的发展空间。经过近十年的努力，市政交通工程行业在正向设计、协同设计、工程算量、二维出图、虚拟建造等常规BIM技术应用方面积累了一定的工程应用经验，挖掘出了一些具备市政交通工程行业特点的新的应用方向，但同时也暴露出了一些BIM技术在市政交通工程领域的技术短板，主要体现在以下几个方面。

1. BIM正向设计标准缺乏

目前国内外的BIM标准体系基本上都局限于建筑行业，较少涵盖市政交通工程行业领域（如地理信息、工程地质、道路、桥梁、隧道、市政管线以及新兴的海绵城市等）。同时，市政交通工程不同于建筑工程，具有“线路长、区域范围广、与周边环境结合紧密”等特点，因此国内外在此领域的BIM应用标准基本上还是空白。由于缺少相关标准的约束，造成BIM模型的建立仍有着极大的随意性，在设计过程中无法实现真正的信息共享。因此，市政交通工程行业现阶段急需可实施的BIM标准来明确各阶段、各专业的角色与信息传递内容，建立有效的BIM协同工作模式。

2. BIM正向设计手段不足

目前国内外的BIM软件基本上是依托于建筑行业进行开发的，在市政交通领域，无论是设计阶段、施工阶段，还是运维阶段，BIM的专业软件还不成熟。正是由于这一原因，在市政交通领域的BIM应用落后于建筑行业。现在一些软件开发商和研发实力领先的市政交通领域的企业开始研发市政交通专业软件，相信在不久的将来，技术领先、符合市政交通行业特点的BIM专业软件会给行业的技术进步带来惊喜。

3. BIM应用向集成化程度不高

目前BIM应用大多通过一系列的单个BIM软件解决局部的业务应用，多业务模式下的集成应用还比较少，效率较低，主要原因是缺少高效的BIM集成平台以及软件间模型共享和交换的数据标准，导致基于BIM技术的多业务应用很难大面积推广。未来，随着BIM平台的完善以及BIM模型标准的逐步建立，多业务集成应用会越来越广泛。

针对以上问题，下面将聚焦三个方面开展论述：①城市快速路BIM正向设计标准体系；②城市快速路BIM正向设计关键技术；③城市快速路BIM正向设计平台解决方案。

10.2 城市快速路BIM正向设计标准体系

目前国内外的主流标准体系基本上都局限于建筑行业，未能涵盖城市道路交通工程行业的专业领域。因此，在城市道路交通工程领域，应通过制定相关的BIM标准，建立基于BIM的协同设计工作模式，并根据工程项目实际需求和应用条件确定不同阶段的工作内容，以提高本行业的BIM技术的应用效率和水平。

10.2.1 标准研究现状

对于发布的BIM标准，目前在国际上主要分为两类：一类是由ISO等认证的相关行业数据标准，另一类是各个国家针对本国建筑业发展情况制定的BIM标准。行业性标准主要分为IFC（Industry Foundation Class，工业基础类）、IFD（International Framework for Dictionaries，国际字典）、IDM（Information Delivery Manual，信息交付手册）三类，它们是实现BIM价值的三大支撑技术。各个国家的BIM标准，是该国针对自身发展情况制定的指导本国实施 BIM 的操作指南。

1. IFC 相关研究

国际标准组织(ISO)、bSI(building SMART International)为了解决 BIM 技术在应用过程中的异构数据交换问题,提出了工业基础类标准,进一步统一了 BIM 的数据存储,陆续发布了 IFC1.0、IFC2.0、IFC3.0、IFC4.0、IFC4.1 等标准,为这项技术的大范围应用奠定了基础。

IFC 架构是目前在 AEC(Architecture/Engineering/Construction)领域面向对象的、公开的、最为全面的数据模型,几乎为工程设计领域中的各个阶段都提供了满足商业需求的数据定义。因此,在 IFC 标准基础上进行的数据交换能够很好地保持数据的一致性,最大限度地保证了数据在传递过程中的完整性。

IFC 采用基于对象的方式,使其对复杂的工程对象能够进行很好地表达,并且对建筑工程进行描述时是采用 Express 语言。Express 语言是一种数据规范语言,形式化是它的特点。IFC 架构有四个层次,分别是领域层、共享层、核心层和资源层。领域层是四个层次中最高的一层,对建筑项目的不同专业所特有的信息实体和概念进行了定义。共享层位于领域层的下一层,定义了一些通用概念和对象,这些通用概念和对象对各领域和对象是适用的,部分对象可以被多个领域所共享,可以共享的元素包括建筑、空间、建筑维修、管理和设备等。核心层则位于共享层之下,代表概念、关系、角色,能对具体的交互或者是需求进行表示,让下层的实体能实现相互关联的功能并能形成整体。四个层次中最底层的是资源层,包含了一些通用信息实体,这些实体独立于具体建筑,并能够与上层的实体连接,用于对上层的实体做出定义。

在早期,国内以国家“十五”“十一五”重点科技攻关项目专题“基于 IFC 标准的 4D 施工管理原型系统研究与示范应用”“现代建筑设计与施工关键技术研究”“建筑协同设计关键技术研究”“建筑设计与施工一体化平台信息共享技术研究”“绿色建筑全寿命周期信息模型研究”等为契机,围绕 IFC 研究建筑项目数据共享与交换等方面的基础问题,并探索性地研发相关的原型系统。

此后,住建部发布了《2016—2020 年建筑业信息化发展纲要》,旨在加快推动信息技术与建筑业发展深度融合,充分发挥信息化的引领和支撑作用,塑造建筑业新业态。国内学者深入研究了项目多方基于 IFC 标准的数据共享与交换,并将相关研究扩展至 IFC 在建筑项目全寿命周期过程中的应用问题,如“协同设计”“施工监测”“运维管理”等。

2. IFD 相关研究

在全球化后,欧洲共同体发现了命名属性与对象类别这个问题。每项工程参与方众多,成员可能来自不同的国家与区域,便会有语言、文化及风俗等背景的差异性,例如:所谓的“门”对象就会有不一样的认知,甚至在同一个国家内往往也无法达成共识。因此,成立 IFD 是为了在不同语言之间发展词汇的对应关系,以作为建筑模型和接口广泛地使用;另外,IFD 亦正在进行一项重要工作,即发展建筑产品的规格标准,特别是规范信息,以便于在不同的应用程序中使用。目前,美国施工规范公会(Construction Specifications Institute,CSI)、加拿大施工规范(Construction Specifications Canada)、挪威的“building SMART”、荷兰的“STABU Foundation”均着手制定 IFD。

基于各国的实际应用，20 世纪 90 年代后 ISO 国际组织开始制定关于建筑信息分类体系的统一标准，近十年来，先后颁布了《施工工程信息的组织》(ISO 12006)系列标准，包括第二部分信息分类框架和第三部分面向对象的信息框架。目前，世界各国建筑行业的信息分类与编码标准，大多数都采用 OmniClass 和 UniClass 分类方法的《施工工程信息的组织》(ISO 12006)标准体系。

3. IDM 相关研究

信息交付手册(IDM)的研究主要集中在美国和北欧等国家，涵盖勘察设计行业的各个领域。完整的 IDM 标准主要有五部分内容：流程图(Process Map)、交换需求(Exchange Requirement)、功能组件(Functional Parts)、商业规则(Businesses Rules)和验证测试(Verification Tests)。IDM 的核心是流程图和交换需求。针对指定的工作要求，流程图定义的是参与角色及信息交换节点。而交换需求阐释了流程图具体的信息交互细节，使 BIM 使用者之间可以进行信息交互并给予详细的文字描述。功能组件是 IDM 数据信息单元，每个交换需求均由若干功能组件构成，每个功能组件也有可能和多个交换需求相互联系。商业规则提供多个针对某个过程的约束条件。验证测试是验证各项交换需求是否准确并得到满足。

10.2.2 BIM 正向设计标准体系框架构建

中国的 BIM 标准体系从上至下可分为四个层级，国家 BIM 标准、行业 BIM 标准、企业级 BIM 标准、项目级 BIM 标准。中国国家 BIM 标准体系中《建筑信息模型应用统一标准》(GB/T 51212)规定了其他标准的统一要求和原则。

根据国家统一标准的相关要求和规定，并广泛参考国内外相关 BIM 标准体系，笔者提出城市道路工程 BIM 正向设计标准体系。该标准体系包括基础数据标准和应用标准两大部分，其中技术标准分为城市道路工程数据存储标准 IFC、城市道路工程信息语义标准 IFD、城市道路工程信息传递标准 IDM；应用标准包含但不限于以下标准：城市道路工程设计信息模型交付标准、城市道路工程设计信息模型应用标准、城市道路工程施工信息模型应用标准和城市道路工程信息模型应用指导手册等(图 10-1)。

基础数据标准主要针对软件厂商，目的是确保项目各参与方基于计算机的互操作性，也是城市道路工程 BIM 体系的核心标准。基础数据标准的定义是为了确保模型中需要共享的数据能在建设工程全寿命周期各个阶段、各项任务和各相关方之间交换和使用，并且共享的模型元素能在建设工程全寿命周期内被唯一识别。这三个标准是 BIM 信息交换的三个基本支撑，因此被称为实现 BIM 价值的三大支柱。

应用标准主要是针对应用过程各阶段和各专业的建模、制图、协同、交付等具体内容做出的行为要求和规章制度，可理解为是对基础数据标准于实际工程中的解读。应用标准的制定应满足实际项目的 BIM 技术深度应用，并最大化挖掘 BIM 模型在各阶段的拓展应用，在深度上对目前工程项目的 BIM 技术进行指导与规范化。此外，可对海绵城市、预制装配化工程等新领域的 BIM 应用进行规范指导，在广度上进行 BIM 技术的拓展。

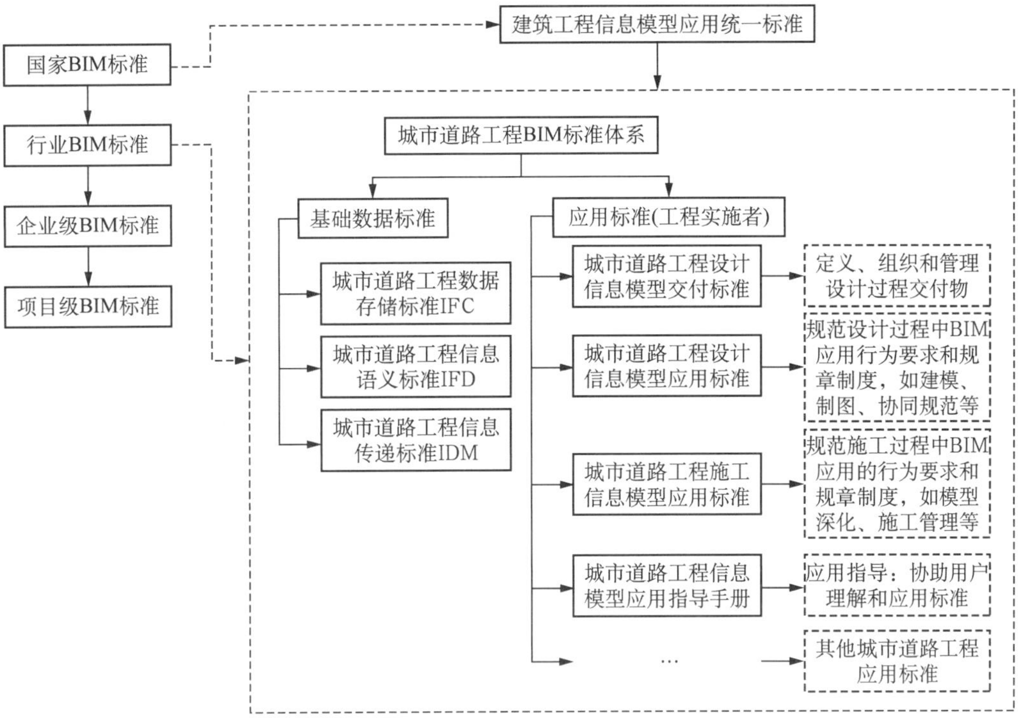

图 10-1　城市道路工程 BIM 标准框架

10.2.3　城市道路工程 BIM 基础数据标准

基础数据标准的制定为 BIM 软件开发人员和软件厂商提供了软件需求和开发规范，并为 BIM 应用标准的制定提供了必需的技术依据。因此，在城市道路工程 BIM 标准体系中，应确保模型中需要共享的数据能在建设工程全寿命周期各个阶段、各项任务和各相关方之间交换和使用，并且共享的模型元素能在建设工程全寿命周期内被唯一识别。

基础标准体系应满足：语义上是统一的，即传递的信息在语义上被一致地理解；文件是兼容的，组织信息的方式和承载信息的容器应能够互相兼容；沟通是有序的，信息输入输出应规范统一（图 10-2）。

图 10-2　三大基础数据标准

1. 城市道路工程数据存储标准

城市道路工程数据存储标准所针对的数据内容包括道路、桥梁、隧道、交通设施等专业的构件信息(表 10-1～表 10-4)。道路常用构件主要指用于组成路面、路基，以及排水、交通、照明设施等系统模型的通用或专用构件，包括但不限于路面结构、缘石、路基结构、地基加固、支护结构、排水设施、交通设施等。桥梁常用构件主要指用于组成上部结构、下部结构、支撑系统等系统模型的通用或专用构件，包括但不限于主梁、拱肋、吊杆、缆索、盖梁、墩台、桩基等。其他专业隧道、排水等的构件均可以建立存储信息，限于篇幅，在此不再赘述。

表 10-1　路面结构构件信息

构件名称	图例	几何参数信息			非几何参数信息
		属性名	属性参数	单位	
沥青混凝土层 水泥混凝土层 砌块层 砂浆层 无机结合料稳定层 粒料层	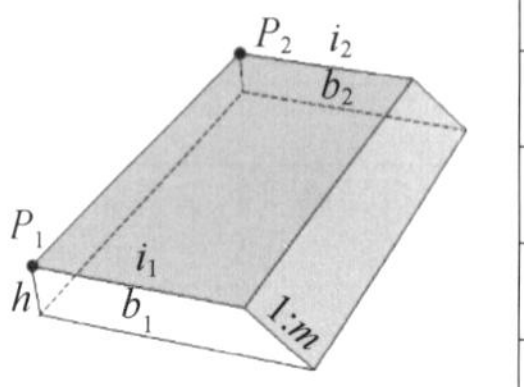	定位起点	P_1	(mm)	如：规格类型、里程段、抗压回弹模量、劈裂强度、剪切强度等
		定位终点	P_2	(mm)	
		厚度	h	(cm)	
		顶面宽度	b_1	(m)	
		底面宽度	b_2	(m)	
		边部斜率	$1:m$		
		横坡	i		

表 10-2　小箱梁构件信息

构件名称	图例	几何参数信息			非几何参数信息
		属性名	属性参数	单位	
小箱梁	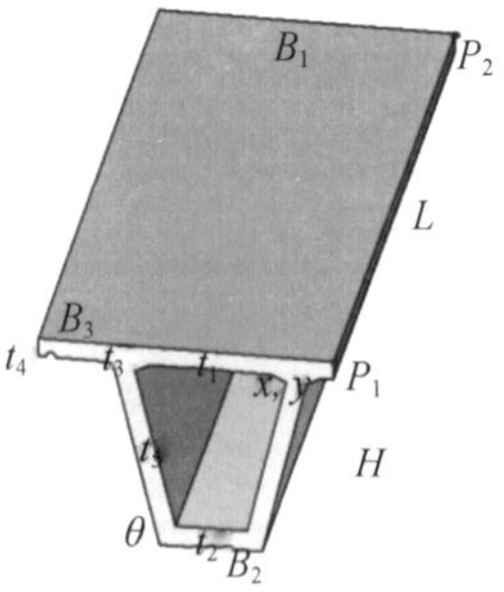	定位点 1	P_1	(mm)	定位点坐标、预拱度设置、施工方式、混凝土材料信息、钢筋材料信息、配筋信息等
		定位点 2	P_2	(mm)	
		梁长	L	(cm)	
		梁高	H	(cm)	
		顶板宽	B	(cm)	
		顶板厚	t_1	(cm)	
		悬臂宽	l	(cm)	
		悬臂端部厚	t_4	(cm)	
		悬臂根部厚	t_3	(cm)	
		腹板厚	t_5	(cm)	
		腹板倾角	θ	(°)	
		底板宽	b	(cm)	
		底板厚	t_2	(cm)	
		上、下承托尺寸	x,y	(cm)	

表 10-3 门架标牌结构构件信息

构件名称	图例	几何参数信息			非几何参数信息
		属性名	属性参数	单位	
门架标牌结构	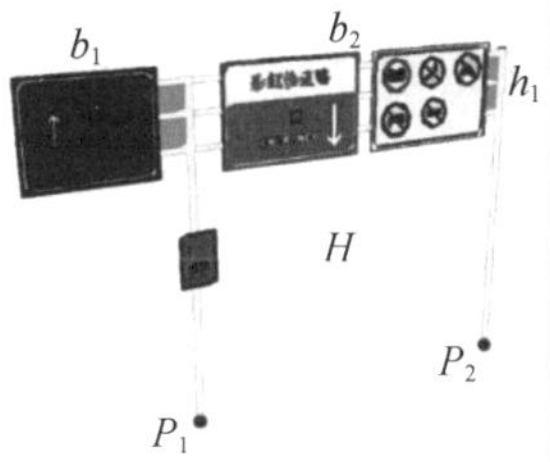	定位起点	P_1	(mm)	编号、标志牌形状、标志牌功能、标志牌版面、设置位置、标志牌材料及型号等
		定位终点	P_2	(mm)	
		悬臂宽度	b_1	(mm)	
		立杆间距	b_2	(mm)	
		牌面高度	h_1	(mm)	
		总高	H	(mm)	

表 10-4 排水沟构件信息

构件名称	图例	几何参数信息			非几何参数信息
		属性名	属性参数	单位	
排水沟	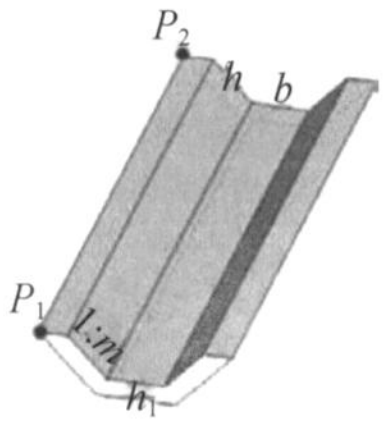	定位起点	P_1	(mm)	沟槽类型、编号、模拟颜色、里程段、沟底线路平面线等

城市道路工程数据存储标准解决的是上述数据的存储格式和存取规范，解决信息如何共享的问题。数据存储标准主要需要研究数据格式、语义扩展、数据访问接口和一致性测试规范四个方面的内容。

(1) 数据格式：参考 NBIMS，可采用 IFC 和 XML 作为数据格式。IFC 采用 Express 语言描述数据模型，以 STEP 作为文件编码格式；XML 采用 XML Schema 语言描述数据模型，以 XML 作为文件编码格式。

(2) 语义扩展：目前最可行的方案是基于的 IFC4 标准《工业基础类别》(ISO 16739)进行拓展，使用 IFC 现有的外部参展关联机制，将城市道路工程 BIM 信息语义关联到 IFC 模型，将目前的 IFC 与城市道路工程语义协调。

以桥梁结构的语义拓展为例(图 10-3)：可拓展出 IFC Bridge 空间结构单元，进一步细分为拱桥、斜拉桥、悬索桥、梁式桥等类型。而从空间结构上可拓展出 IFC Bridge Part，通过预定义类型属性细分为桥墩、桥台、梁、基础等空间结构单元。

(3) 数据访问接口：需制定相应标准数据访问接口，良好的支持 BIM 数据访问。

(4) 一致性测试规范：通过规范化进行软件层面的开发与测试，保证软件对标准的良好支持性，解决上游系统生成的数据无法有效被下游系统利用的问题。

2. 城市道路工程信息语义标准

信息语义标准解决的是语义共享的问题，通过有序的定义和编码才能将存储数据映射为理解唯一的信息。ISO 组织近年来先后颁布了《施工工程的信息组织》(ISO 12006)、《信

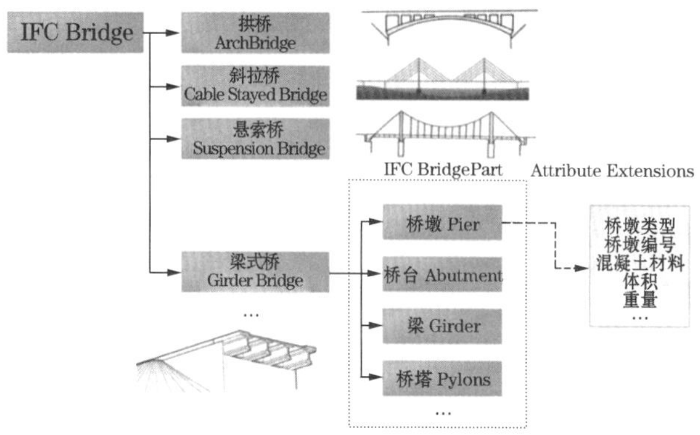

图 10-3 桥梁空间结构单元的拓展

息分类框架》(ISO 12006—2)和《面向对象的信息框架》(ISO 12006—3)等信息分类框架体系,但我国工程领域多年来已经存在多种关于建筑信息分类的体系与标准。制定信息语义标准时应在与国际现有分类框架兼容的基础上,继承我国现有分类编码工作的成果和思路,对城市道路工程行业特殊的概念语义进行规范化分类和编码。

国际主流分类编码体系分类方法包含线分类法、面分类法和混合分类法(图 10-4)。其中,线分类法是将分类对象按所选定的若干属性或特征逐次划分为相应的若干层级的类目,并排成一个有层次的、逐级展开的分类体系。在这个分类体系中,被划分的类目称为上位类,划分出的类目称为下位类,下位类与上位类之间存在着隶属关系。面分类法是将选定的分类对象的若干属性或特征视为若干个"面",每个"面"中又可分成彼此独立的若干个类目。使用时,可根据需要将这些"面"中的类目组合在一起,形成复合类目。混合分类法是将线分类法和面分类法组合使用,以其中一种分类法为主,另一种做补充的信息分类方法。

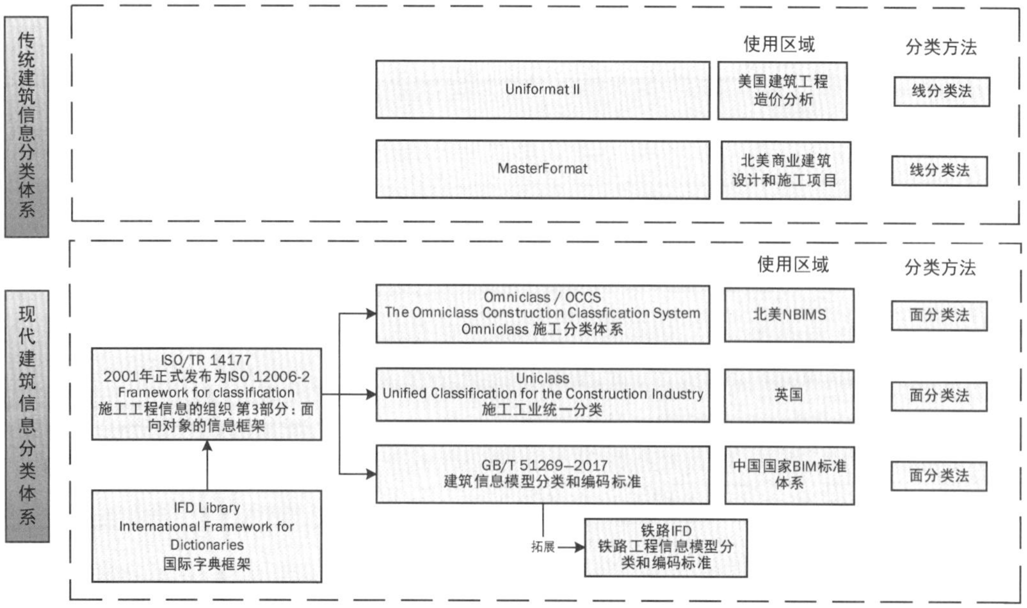

图 10-4 国际主流分类编码体系分类方法

目前，上海市政工程设计研究总院（集团）有限公司主持编写的中国工程建设标准化协会（China Association for Engineering Construction Standardization，简称 CECS）标准《城市道路工程信息模型分类和编码标准》，作为城市道路工程信息语义标准，是城市道路工程 BIM 标准体系中的核心标准，目的是解决城市道路工程信息模型的语义共享问题，即通过有序的定义和编码将存储数据映射为理解唯一的信息，实现全生命周期（包含设计、施工、运维等阶段）模型数据的有效传递和共享。

城市道路工程信息模型分类系统按照基本概念可以将信息模型分为资源、进程、成果和属性四个系统，而按照城市道路工程的特点又可进一步细分为若干子表，这些子表相互之间可以协作使用（表 10-5）。

表 10-5　城市道路工程信息模型分类

系统	表	分类名称	在引用国标基础上进行扩展
建设资源	10	按功能分建筑物	扩展中小类：市政建筑、交通建筑
	11	按形态分建筑物	扩展中小类：构筑物、区域
	12	按功能分建筑空间	扩展中小类：建筑附属、后勤服务、交通、停车场等空间
	13	按形态分建筑空间	扩展中小类：无遮罩的空间、地形范畴
	14	元素	扩展大中小类：道路、桥梁、隧道、排水、交通安全、照明、景观等专业元素
	15	工作成果	扩展中小类：土方工程、公共设施、地基处理
建设进程	20	工程建设项目阶段	扩展中小类：项目实施阶段
	21	行为	扩展中小类：设计、建造等行为
	22	专业领域	扩展中小类：设计、建设等专业
建设成果	30	建筑产品	扩展大类：道路、桥梁、隧道、排水、交通安全、照明、景观等专业设施 扩展中小类：混凝土、砌体、金属、木结构
	31	组织角色	扩展中小类：勘察设计、施工、监理等角色
	32	工具	扩展中小类：信息工具、模板、工程机械
	33	信息	扩展中小类：项目信息
建设属性	40	材料	扩展中小类：人工合成的化合物
	41	属性	扩展中小类：安装、物理特征、性能特征

《城市道路工程信息模型分类和编码标准》采用面分类法对城市道路各信息模型对象进行分类，并对分类成果采用“表代码＋表内代码”的全数字编码方式进行编码，各级代码采用两位阿拉伯数字表示（00～99），相邻编码之间留空，便于后续拓展；内容较少时以 10 为间隔，内容较多时以 5 为间隔，依次类推，采用 3 或 2 为间隔。

以城市道路线形空间为例（表 10-6），城市道路线形空间属于按形态分建筑空间，将扩展按形态分建筑空间中，城市道路线形空间又包含平面、纵断面、横断面、路幅、定位系统等，平面又包含道路中心线和道路边线，道路中心线又包含直线段、圆弧段及缓和曲线段等。

表 10-6 城市道路线形空间分类示例

表分级代码					表分级内容				
一级	二级	三级	四级	五级	一级	二级	三级	四级	五级
10					线路空间				
10	10					平面			
10	10	10					道路中心线		
10	10	10	10					直线段	
10	10	10	20					圆弧段	
10	10	10	30					缓和曲线段	
10	10	20					道路边线		
10	10	20	10					等宽段	
10	10	20	20					变宽段	
10	20					纵断面			
10	20	10					现状地面线		
10	20	20					设计路面线		
10	20	20	10					直线段	
10	20	20	20					竖曲线段	
10	20	20	20	10					凸曲线段
10	20	20	20	20					凹曲线段

《城市道路工程信息模型分类和编码标准》继承了我国现有分类编码工作成果和思路，在兼容已发布标准基础上进行扩展，对城市道路工程行业特殊的概念语义进行规范化分类和编码；突出线路空间分类，其中引用了道路中心线、平面、纵断面、横断面等专业化概念，突出了道路桩号、路段、墩位、桥跨、桩位、区间等空间分类。此外，着重区分了分类对象编码和实例对象编码，对于分类对象编码在实际工程应用中的落地具有指导性意义。

3. 城市道路工程信息传递标准

信息传递标准需要定义城市道路工程各阶段的信息传递流程和实现信息交换的应用软件及服务规范，信息传递标准主要需要解决流程定义和软件实现两个方面的问题。

(1) 流程定义：参考《信息传递规程》(ISO 29481)，将信息传递标准中的信息交换过程分为两个维度(纵向维度：规划、设计、施工和运维各阶段之间的信息交换；横向维度：业主、设计、施工和运营各参与方之间或参与方内部之间)，信息交换可分为三个层次(流程图、交换需求和功能部件)(图 10-5)。

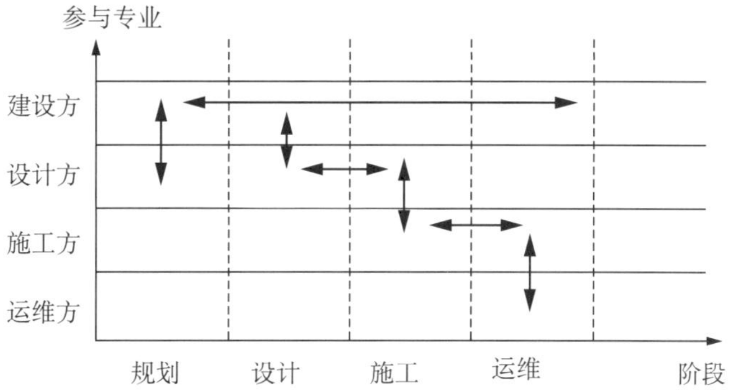

图 10-5　流程需求分析

(2) 软件实现:主要是如何利用制定模型视图定义(MVD)的方式将 IDM 与 IFC 数据模式联系起来,交付给软件开发人员实现相应的传递过程与 IFC 兼容的软件。具体来说,就是将交换需求和功能部件中的概念翻译成标准化的 IFC/XML 实体和属性,为软件开发人员提供实现信息传递功能的途径。

10.2.4　城市道路工程 BIM 应用标准

同基础数据标准一样,应用标准也应该是一个涵盖全寿命周期各个阶段的标准。向下引用基础数据标准获得软件开发者的技术支持,向上兼容现有城市道路工程规范,针对应用过程各阶段和各专业的建模、制图、协同、交付等具体内容做出的行为要求和规章制度,也是对基础数据标准于实际工程中的解读。

在实际项目中,按照事先制定好的标准进行各阶段 BIM 技术的应用,能够最大化 BIM 的效益,做到有据可寻、有理可依、少走弯路。

应用标准的制定应满足实际项目的 BIM 技术深度应用,并最大化挖掘 BIM 模型在各阶段的拓展应用,在深度上对目前工程项目的 BIM 技术进行指导与规范化,并在广度上进行 BIM 技术的拓展(图 10-6)。

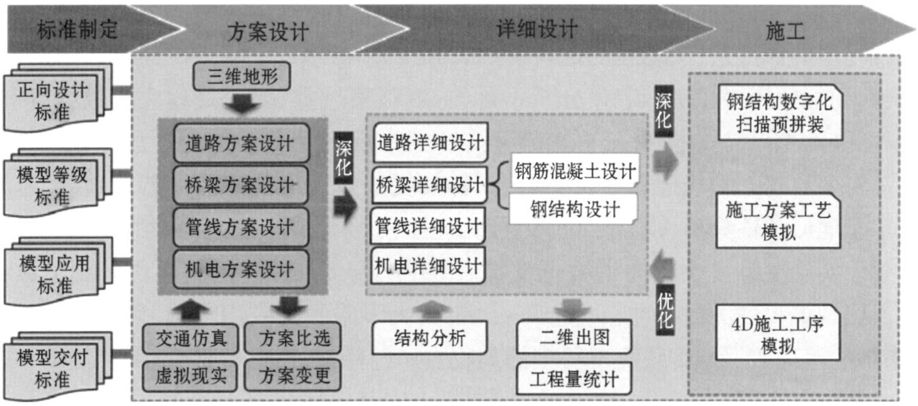

图 10-6　基于应用标准的实际项目应用流程

目前，已颁布的 CECS 标准《城市道路工程设计建筑信息模型应用规程》(T/CECS 701—2020)是城市道路工程 BIM 应用标准其中之一。它以《2016—2020 年建筑业信息化发展纲要》为基础，通过对国内外建筑信息模型应用标准及标准体系编制情况的研究，制定符合我国城市道路行业目前情况的、比较科学、完整、可操作性强的面向城市道路行业设计阶段的 BIM 应用标准，并为 BIM 的全寿命周期应用提供支撑，指导未来项目的示范应用。该标准的主要特色如下。

(1) 聚焦城市道路工程行业，突出线路工程特点。区别于建筑工程，强调以道路专业为主导，采用道路中心线、平面、纵断面、横断面等设计概念和方法，道路沿线模型单元应按照道路中心线的桩号、偏移和方位角进行布置和定位。

(2) 内容编写更加贴合实际设计流程。BIM 应用章节按不同设计阶段展开，对各个专业的应用内容、模型单元信息分别进行规定，同时对每个设计阶段的交付物提出统一要求。

(3) 对 BIM 应用要求表达更加直观明确。大部分 BIM 标准在附录中列表并对不同构件、阶段和精细度要求分别打标记，使用时需要查表对照。该标准参照《市政公用工程设计文件编制深度规定(2013 年版)》写法，在正文中使用文字或表格直接表达各种规定。随着工程设计阶段的深入，模型单元精细度、几何表达精度、信息深度的要求也逐步提高，BIM 应用要求也逐步深化和细化。

(4) 对反映工程现场的场地模型特别关注。该标准把工程模型明确划分为设计模型和场地模型(包括地形模型、地物模型、地质模型、水域模型、植被模型)，对场地模型创建、应用及软件分别提出要求。

10.3 城市快速路 BIM 正向设计关键技术

10.3.1 基于数字地形的场地分析

场地分析是研究影响建筑物定位的主要因素，是确定建筑物的空间方位和外观、建筑物与周围景观的联系的过程。在工程的规划阶段，场地的地貌、植被、气候条件都是影响设计决策的重要因素，往往需要通过场地分析来对景观规划、环境现状、施工配套及建成后的交通流量等各种影响因素进行评价及分析。场地分析有一套比较完整的分类方法，主要包括四个方面：场地的自然条件、场地的建设条件、场地的公共限制和场地的建筑艺术元素。

传统的场地分析存在诸如定量分析不足、主观因素过重、无法处理大量数据等弊端，而采用基于三维激光扫描技术、倾斜摄影测量技术、卫星遥感影像技术等手段获取的原始场地模型，通过将各自建立的场地模型进行整合，能够更加直观地观测测区各种地物、地形地貌信息，并基于地形条件分析、模型定位、交通组织联系、场平成本控制等多维度进行统筹规划分析，为建设实施决策提供有力的数据支撑。但三维激光扫描、倾斜摄影得到的数据量巨大，卫星遥感影像得到的数据在精度上不高，都大大限制了其应用范围。因此，需将以上多种数据来源的地理数据与传统测量得到的高程点、等高线数据进行整合，综合使用。

1. 技术简介

三维激光扫描技术，又称为“实景复制技术”，是一种通过激光扫描快速建立物体三维影像模型的全新技术手段[图 10-7a)]。它利用高速激光大面积、高分辨率地快速获取物体表面各个点的坐标、反射率、颜色等信息，之后利用后期处理软件对数据进行处理分析，转换成真实坐标系的三维空间模型。三维激光扫描技术的原理是利用设备内部的激光脉冲发射器，向相关目标物体发射一束激光脉冲，并通过反光镜旋转使发射出的激光脉冲扫描过目标，信号接收器接收反射回来的激光脉冲，并对相关数据进行记录。设备通过记录每个激光脉冲从发射到返回设备所经过的时间以及目标到扫描中心的距离，同时还记录下每一个激光脉冲的水平扫描角 α 和竖向扫描角 β，所得数据经后处理软件自动解算后，得出目标的相对三维坐标(即点云)，并最终转换为绝对坐标系下的三维空间模型。三维激光扫描仪按用途可分为室内型和室外型，按搭设平台可分为定点激光扫描器、车载激光扫描器、机载激光扫描器、船载激光扫描器、手持激光扫描器等，按测量原理可分为基于脉冲、基于相位差、基于三角测距。一般基于相位差原理的三维激光扫描仪测程较短，只有百米左右；而基于脉冲式原理的三维激光扫描仪测程较长，测程最远的可达 6 km。

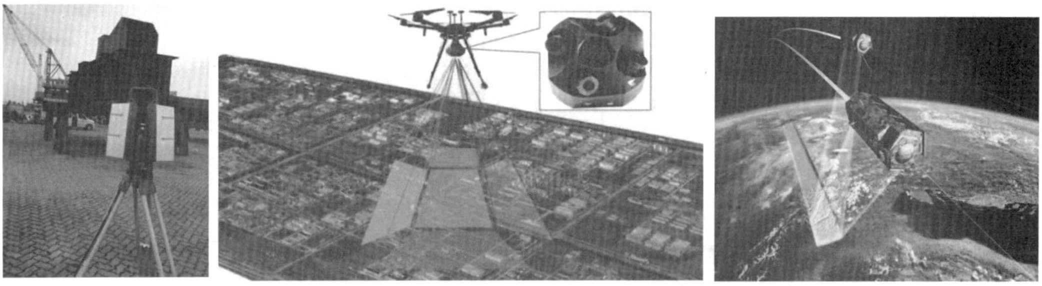

a) 三维激光扫描技术　　b) 倾斜摄影技术　　c) 卫星遥感影像技术

图 10-7　场地测量新技术

倾斜摄影技术是国际测绘遥感领域近年发展起来的一项高新技术，它打破了以往正射影像只能从垂直角度拍摄的局限，通过在同一飞行平台上搭载多台传感器，同时从垂直、倾斜等不同角度采集影像，再通过几何校正、平差、多视影像匹配、数字表面模型生成、影像纠正等一系列处理获取地面物体完整准确的信息[图 10-7b)]。倾斜摄影技术的主要目的是获取地物多个方位(尤其是侧面)的信息并可供用户进行多角度浏览、实时量测、三维浏览等操作。倾斜摄影技术的发展不仅扩展了遥感和摄影测量技术的应用领域，该技术的引进也使得三维城市建模的成本大大降低。目前，倾斜摄影技术被广泛应用于城市管理、国土资源管理、智慧城市、应急指挥、国土安全、地质防治等领域。

卫星遥感影像是由地球同步卫星在高空对地面进行摄影而获得的像片，它具有航测像片的一切特性，但在更新上要远远优于航测像片。虽然卫星影像在精度上要劣于航测像片，但是其费用低、获取的途径多、获取周期短，而且卫星影像展示了一个更加宽广的视野[图 10-7c)]。卫星遥感影像以其信息量大、现势性强、易于获取、价格相对低廉的优点，在地形图制作方面得到了越来越多的应用，尤其是在无法通过航空摄影方式获取影像资料的地区，遥感影像成为测制边境地形图的不错的选择。

2. 数字地形综合应用

三维激光扫描、倾斜摄影、卫星遥感影像技术已经成熟，获取的数据精度较高，但同时存在获取的数据量巨大，对系统的软硬件要求较高，其结果在水面区域无法表达实际河床地形等问题，在使用时无法直接应用于设计。传统测量获得的高程点和等高线，表达的数据精度高，但数据量过小，不能准确表达地物的细节，但人工勘测能获取河床、地质等信息，非常利于设计。因此，以下提出一个综合使用多种数据格式进行场地分析和设计的应用模式。

该模式首先利用三维激光扫描、倾斜摄影或卫星遥感影像数据进行建模，生成面片模型；然后，利用人工勘测，对特殊位置进行人工补充，生成散点、等高线模型；再利用散点、等高线对面片模型进行修正，补充水域等位置的地形，将建设区域的植被、建筑进行压平处理，生成修正后的面片；最后将面片的数据进行抽稀处理，并重新构网，生成轻量化的数字地形网格（图 10-8）。

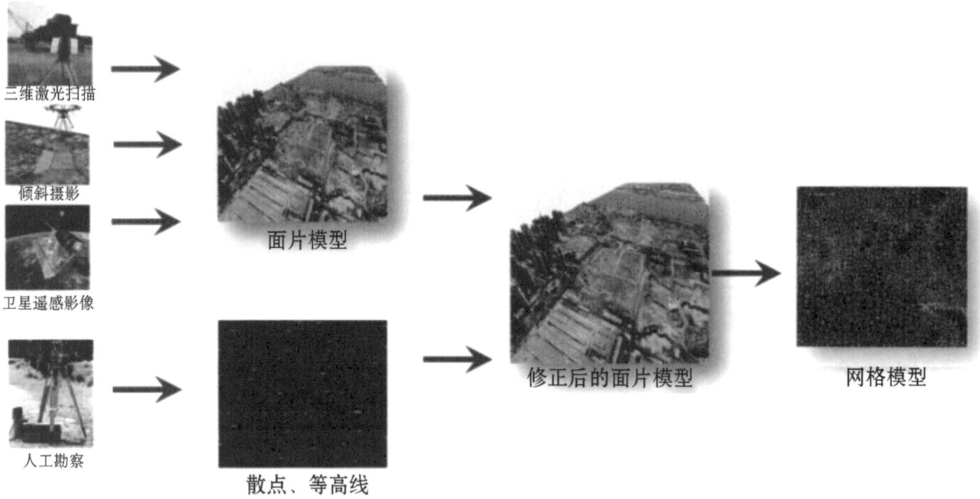

图 10-8　多种数字地形数据整合

修正后的面片表达地形地物清晰完整，因此可将此模型录入 GIS 系统，再从 BIM 平台中导入道路、桥梁、隧道、管线、景观等设计模型，将二者叠加后进行相关的量化分析。由于 BIM+GIS 能清晰地表达三维空间信息，故可精确测量各个平场方案的土石方量，并通过量化分析进行平场方案比选和支护方案对比（图 10-9、图 10-10）。

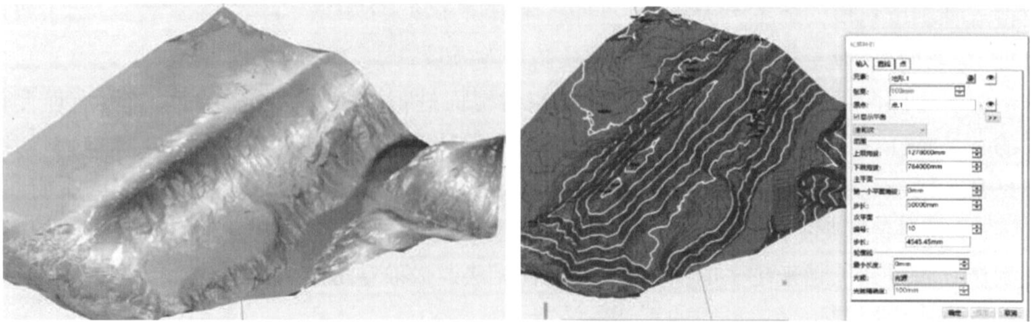

图 10-9　高程分析与等高线

图 10-10　土石方量计算

三角数字地形网格是后续 BIM 正向设计的基础，其构网步骤如下。

(1) 建立初始三角网格：针对给定的点集 V，找到一个包含该点集的矩形 R，我们称 R 为辅助窗口。连接 R 的任意一条对角线，形成两个三角形，作为初始 Delaunay 三角网格。即构造一个超级三角形，包含所有散点，放入三角形链表。

(2) 逐点插入：假设目前已经有一个 Delaunay 三角网格 T，现在在它里面再插入一个点 P，需要找到该点 P 所在的三角形。从 P 所在的三角形开始，搜索该三角形的邻近三角形，并进行空外接圆检测。找到外接圆包含点 P 的所有的三角形并删除这些三角形，形成一个包含 P 的多边形空腔，称之为 Delaunay 空洞。然后连接 P 与 Delaunay 腔的每一个顶点，形成新的 Delaunay 三角网格。

(3) 删除辅助窗口 R 并重复步骤(2)，当点集 V 中所有点都已经插入到三角形网格中后，将顶点包含辅助窗口 R 的三角形全部删除，形成新的构网结果(图 10-11)。

在这些步骤中，快速定位点所在的三角形、确定点的影响并构建 Delaunay 空洞的过程是每插入一个点都会进行的。随着点数的增加，三角形数目增加很快，因此缩短这两个过程的计算时间，是提高算法效率的关键。

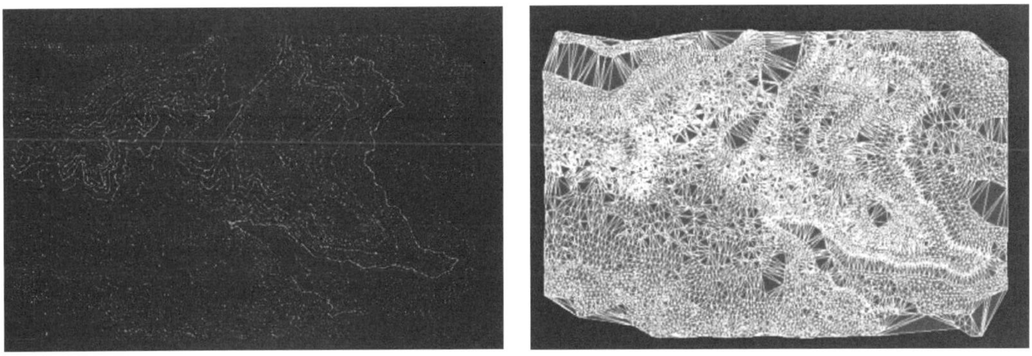

图 10-11　三角网构网结果

10.3.2 二维三维一体化 BIM 正向设计技术

目前，一般 BIM 软件的三维构件模板通常也能定制二维图纸，主要方法是基于三维生成二维图纸，即先三维建模，再剖切或投影二维轮廓，最后添加标注。对于城市快速路这类线性工程项目，该方法在实际工程应用中存在输出的二维图纸无法满足设计要求、转换效率低下等问题。

二维三维一体化实现机制，即通过同一套设计数据，驱动生成二维图形和三维模型，以实现 BIM 快速设计和二维出图。其核心思想是"设计信息、多维表达"，即把各种专业对象都看作是一个包含设计数据的信息节点，图形或模型只是该信息节点输出的不同表达方式，可以支持也可以不支持。与其他大部分软件在二维图形或三维模型节点上直接附加信息的做法不同，一体化机制强调通过信息、图形和模型的彻底分离，使得三者之间形成松散的耦合关系。这样带来的好处是信息修改灵活，计算更新高效，成果按需自动生成，有利于解决 BIM 软件出图难题。

对于线性工程，有效的 BIM 建模方法是"骨架＋构件模板"，即把道路中心线作为参照骨架，对各种构件按预定义的类型模板进行实例化和空间定位，最终合并成为整体 BIM 模型。

根据城市道路设计要求，所有道路、桥梁、隧道、附属设施等都是基于"中心线桩号＋偏距"的方式进行设置，因此必须解决中心线三维表达问题。城市快速路 BIM 正向设计与其他城市道路设计过程一样，要求在场地模型基础上先完成中心线设计，然后基于三维中心线进行道路、桥梁、隧道等专业设计(图 10-12)。

三维中心线设计受相关设计标准约束，直接构建三维空间线形无法满足设计标准中对平面、纵断面的设计要求。因此，需先完成平面设计、纵断面设计，然后对平、纵线元按桩号进行离散化，并对数据拟合后构建三维数据点，再对三维数据点连线生成三维道路中心线(图 10-13)。依此构建的三维中心线在平面、纵断面上均能满足设计要求，也满足三维正向设计的要求。

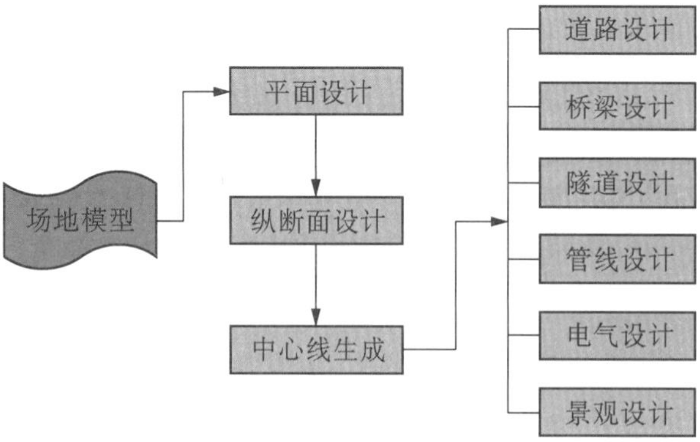

图 10-12 基于三维中心线的城市道路 BIM 正向设计技术构架

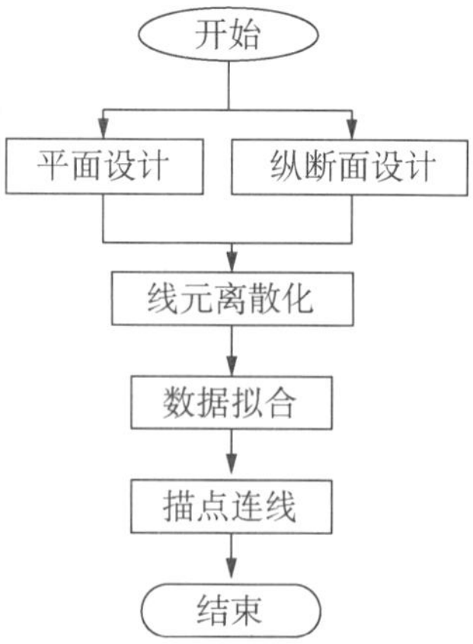

图 10-13 三维道路中心线生成算法

三维中心线设计中，平面与纵断面设计可依托二维设计条件下平面与纵断面设计的算法，大大减少直接三维设计的算法难度，并能直接进行道路平纵线形设计的合规性检查，基于三维中心线、结合横断面布置及场地三维模型还可以直接进行三维视距分析。

道路、桥梁、隧道、管线及附属设施等的 BIM 正向设计应遵循参数化、特征化建模要求，均应引用道路三维中心线作为设计基准，并辅以桩号、偏距、转角、横坡（超高）等信息作为空间定位基准，通过将道路各组成部分（含板块、分隔带、侧石、平石）、桥梁各组成部分（含立柱、承台、桩基、盖梁、主梁、垫石、伸缩缝等）、隧道（隧道结构、防灾设施等）、交通设施各组成部分（含路灯、标志标牌、交通信号灯、护栏等）进行构件化处理，使其依据设计要求、定位基准、设计参数进行设计建模（图 10-14）。

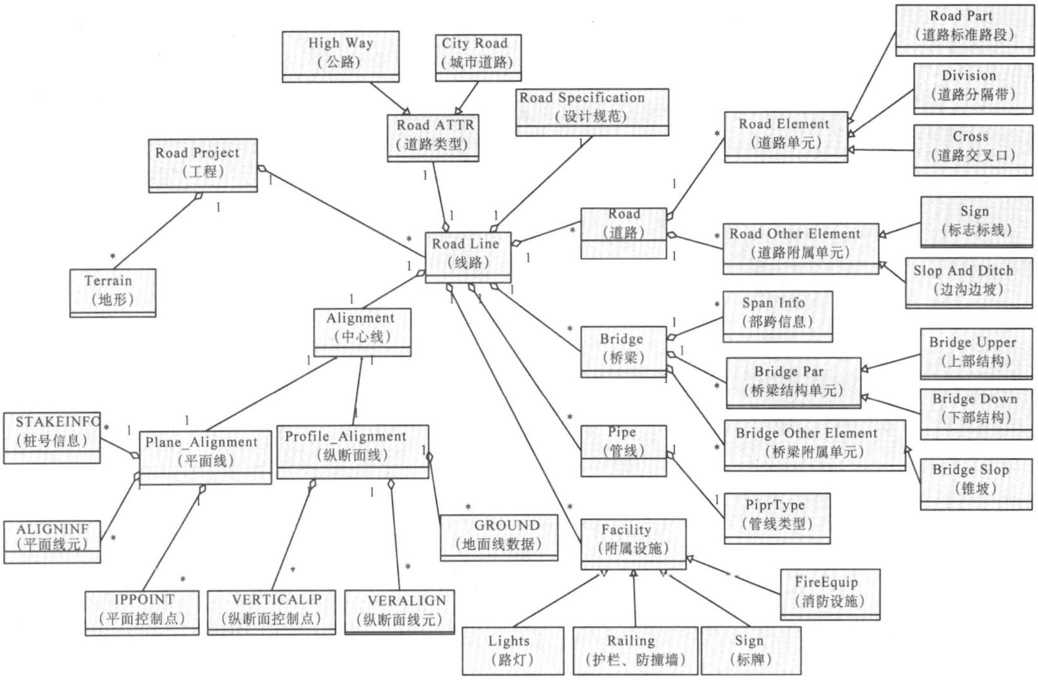

图 10-14　城市道路 BIM 正向设计各构件的特征关系（局部）

通过以上处理各构件，除可进行参数化、特征化建模，还可在中心线变更后，通过特征引用关系驱动构件位置的更新，亦可通过各构件可定位参数、设计参数修改后进行模型更新。此外，各构件间可通过点、线、面的相互引用进行关联更新。

组件化编程模型由节点、信息和参数三个类组成，每个节点可包含 0 到多个信息或子节点，每个信息又可以包含 1 到多个参数。注意节点的类型是由一个关键信息确定的，替换该信息就改变该节点类型，但不影响节点上其他信息。同样，还可以对子节点进行动态组合、修改和替换。例如，桥梁下部结构中的矩形立柱＝“1 500×1 200×107”是立柱的关键信息，对应参数分别为长、宽和倒角，如果改为圆形立柱＝“1 000”，参数为直径，该立柱节点类型就会发生改变，相应的二维图形和三维模型也会相应变化，这样动态改变构件就比较容易实现（图 10-15）。

以桥梁节点为例，包含墩位布置和桥跨布置两个子节点及一系列墩位和桥跨孙节点。

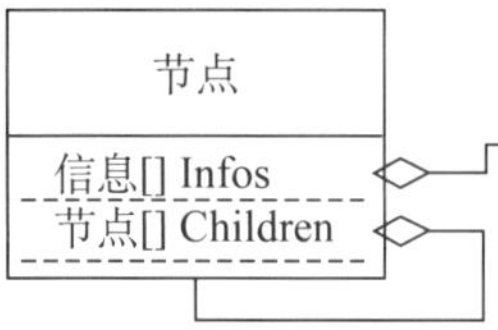

图 10-15 二维三维一体化构件模型信息表达

软件可以采用“构件组合套用”的思想，即预先定义桥墩、盖梁或主梁的构件组合形式，然后在墩位或桥跨布置时进行引用。如果构件组合数据有所改变，则所有引用到该构件的墩位或桥跨也将自动进行更新，从而提高结构设计变更效率。软件实现了常用的桥梁结构构件库(包括桩、承台、立柱、桥墩、桥台、盖梁、主梁以及附属等)，可用于灵活定制桥梁构件组合，参数修改简单明了，支持可组合和可替换设计(图 10-16)。

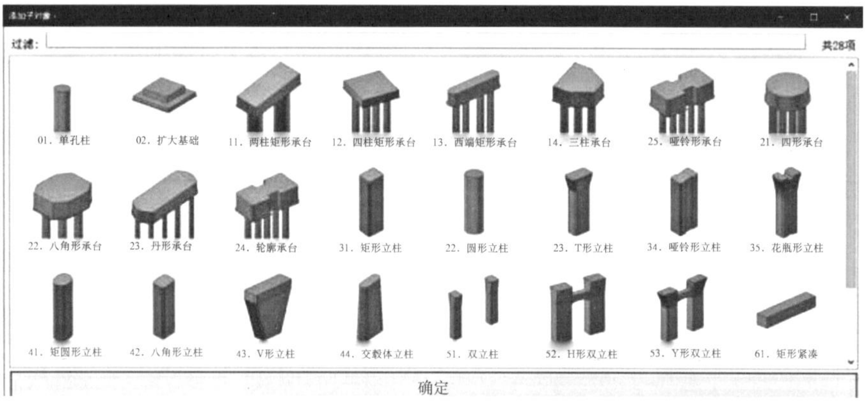

图 10-16 桥梁构件组合示例

二维三维一体化设计先进行全局联动计算，再自动生成局部参数化成果。联动计算是根据专业算法对整个项目的所有节点及其设计信息进行全局计算，实现“一处修改、处处更新”。计算顺序基本上按照深度优先原则，但一些特殊节点(如墩位和桥跨)存在相互依赖关系时必须采用多轮交错计算方法进行特殊处理。经过全局联动计算后，所有设计过程数据如坐标、标高、尺寸等参数就确定下来并发送到相应构件节点，通过驱动这些节点上绑定的参数化图块(可以有多个，分别表达平面、立面和侧面图形)和模型，最终经过拼装组合即可自动生成所需的整体二维图形或三维模型。

其中，设计对象的参数化是二维三维一体化设计的底层核心技术。笔者提出采用全公式驱动的参数化技术，可以分别支持二维图形和三维模型的参数化。相对于其他 BIM 软件常用的尺寸及公式混合约束技术，全公式驱动的优点是表达能力更强、可扩展性更好，弊端是可视化交互少、入门要求比较高。

以桥梁布墩为例，按要求输入设计信息并修改到位后，经过二维三维一体化计算，即可自动生成各类设计成果，达到“一次输入、多种输出”目的，设计和 BIM 人员各取所需，不用额外翻模。该方法不仅能直接生成各种二维图纸内容和三维模型(图 10-17)，还能输出 XML 格式信息交换文件(包含项目树信息及模型索引号)，支持模型和信息的后续 BIM 应用(图 10-18)。

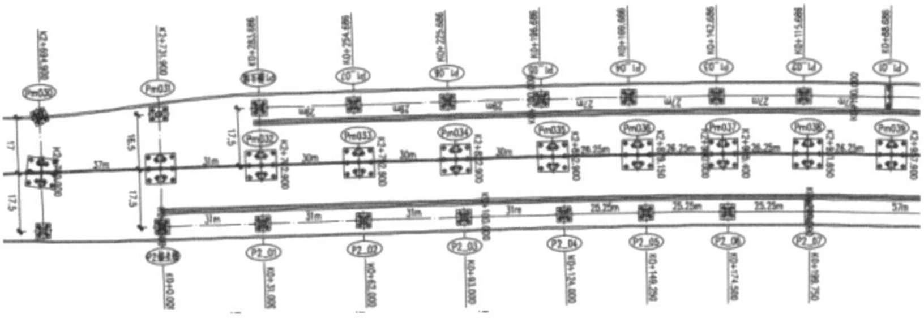

图 10-17　二维三维一体化设计出图

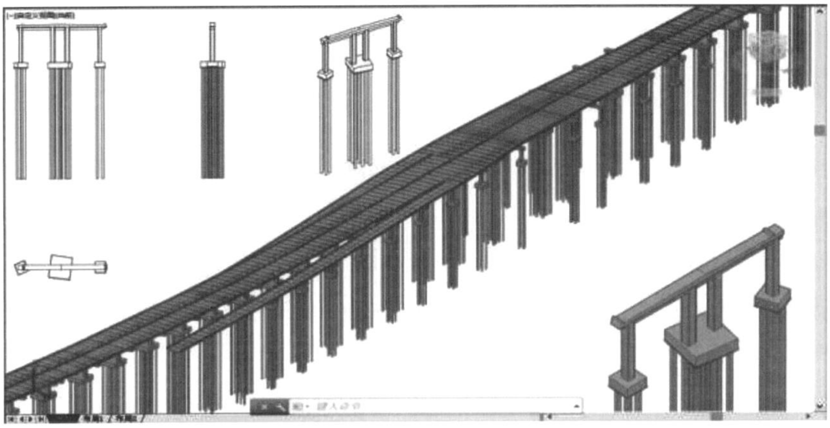

图 10-18　二维三维一体化设计生成 BIM 模型

针对需依赖城市道路构件(如路面)进行定位的子构件,如匝道出入口标线,一般无法通过道路三维中心线直接进行设计,笔者提出一种以组合体特征来表达此类构件并通过"道路路面三维模型+组合体三维参数化"进行设计的方法。传统的 BIM 软件进行标线设计时,往往以面为主且未与路面精准贴合,在动态展示时会因为与路面的交叠引发闪烁现象,还会造成无法准确提取工程量的问题。通过将此类标线定义为一种特殊组合体特征,使用边界线和路面对特征进行限定,实现特征与路面的精确贴合,并确保边界准确。应用该方法生成的模型,显示效果好,动态展示时不闪烁(图 10-19)。

图 10-19　标线类特殊子构件设计的展示效果

10.3.3 基于BIM模型的交通仿真技术

交通仿真可实现多维度交通评价。利用BIM模型的几何数据，导入VISSIM等交通仿真平台，可省去重复建模等工作。通过软件开发，实现基于BIM模型提取路网模型，车辆路径快速生成，自动匹配叠加交通流量，在此基础上优化设计方案。

在仿真场景中，需要在路网中进行车辆的行驶路径及流量分配设置，笔者提出并研究开发了交通量动态分配的算法。该算法的主要特点为：首先，根据道路的运行情况（长度、通行能力等），计算道路的阻抗函数，然后确定可能路径的数量，最后通过不同路径阻抗函数，采用“容量限制-增量加载分配”算法为车辆选择可行的路径，用户无须再手动设置。交通量动态分配主要流程如图10-20所示。

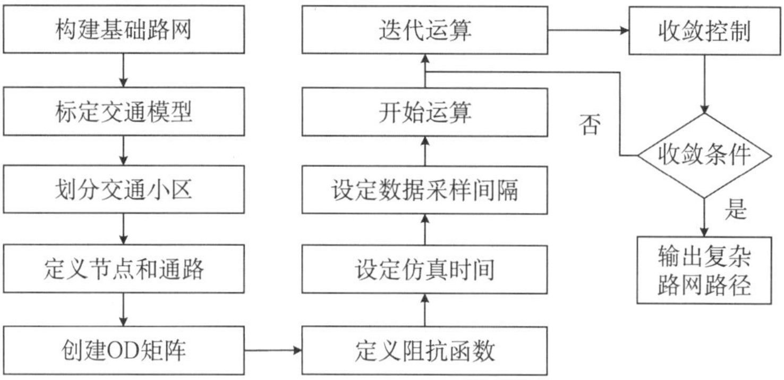

图10-20 交通量动态分配的主要流程

研究表明，交通仿真中15%的参数设置差异，会造成60%以上的仿真结果变动，要实现交通仿真建模从“欠逼真”到“高可信”必须重视仿真校正环节。

常见的交通仿真软件中的诸多参数，其缺省值都是根据欧美国家的驾驶规则及习惯来设定的，与中国实际情况有较大的差异。仿真模型参数包括车辆的运动学参数、特征参数、车辆组成参数等，按照标定的需求和过程，可以分为观测参数和校准参数。观测参数是指那些易于通过实际观测或资料分析得到的参数，这一类参数通过对仿真对象的实际观测或者资料分析得到，不需要通过校正过程来确定；校准参数是指难以通过直接测量或者测量成本很高的参数，这些参数需要通过复杂的校准过程得到。

模型校正流程分为参数选择、参数校准和模型验证三大步，城市快速路的交通模型校正的具体流程如图10-21所示。

快速路参数校准主要针对驾驶行为，特别是跟车模型参数和换道模型参数。模型参数标定试验原则如图10-22所示。

完成交通仿真后，可将仿真结果在游戏引擎Unity3D（或UE4）软件中进行交通仿真场景的BIM模型场景进行融合展示，具体步骤如下。

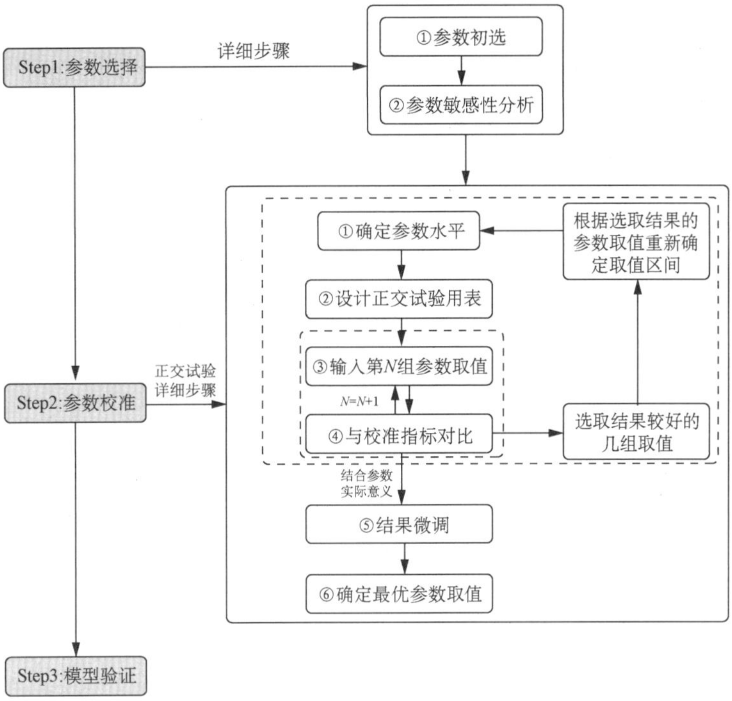

图 10-21 交通模型参数校正步骤

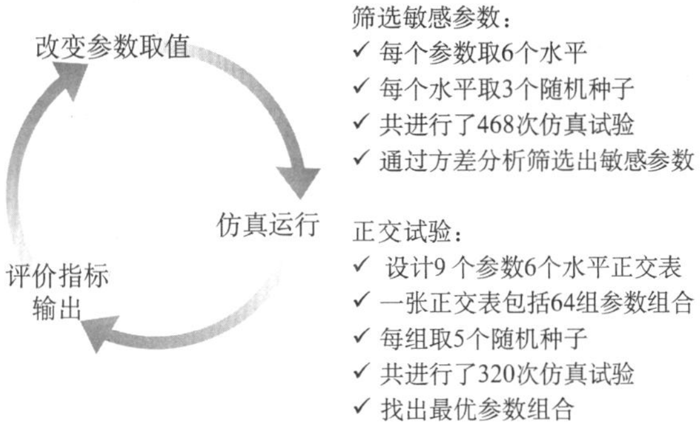

图 10-22 交通模型参数标定试验示例

(1) 导入 BIM 工程模型。把三维设计的 BIM 模型通过 FBX 交换格式直接导入游戏引擎软件中[图 10-23a)]，并注意 BIM 模型的坐标系、原点以及度量单位与后续交通仿真数据的一致性。

(2) 整合优化工程场景。使用无人机对工程红线外 100～200 m 范围进行倾斜摄影和环境建模后，导入游戏引擎软件与工程模型进行整合，再进行材质、贴图，以及光照等效果优化处理，使得整体场景更加真实[图 10-23b)]。另外，为了展示车辆交通情况，还要把车辆模型导入游戏引擎软件，并把同类车辆做成预制族以便后续批量实例化处理。

(3) 读取交通仿真数据。在游戏引擎软件中二次开发交通仿真数据读取模块，自动提

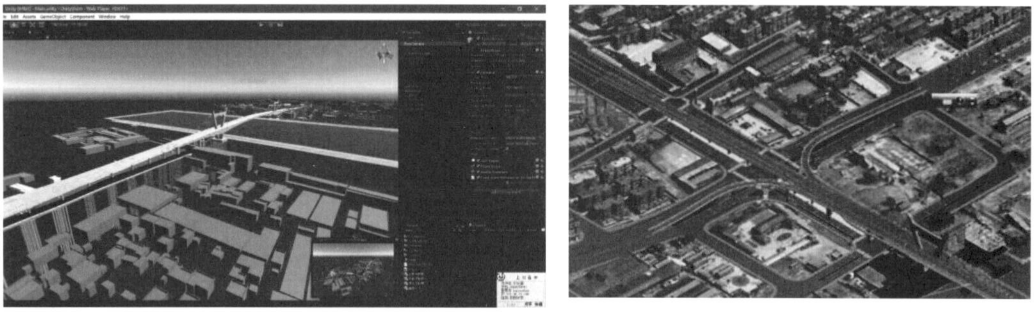

a) 初始工程BIM模型场景　　b) 融合场地模型的工程场景

图 10-23　场地模型和 BIM 设计模型的融合

取 VISSIM 交通仿真分析和评价过程中生成的车辆行驶轨迹数据(格式为. fzp)。

(4) 生成动态交通场景。在游戏引擎软件中二次开发动态交通场景生成模块,把车辆行驶轨迹数据动态绑定到车辆模型上,并通过插值计算得到每一帧(对应每个仿真秒)的车辆位置及状态,从而形成如图 10-24 所示的三维道路交通动态场景,该场景可用于后续进行动态交互展示。

图 10-24　三维道路交通动态场景

(5) 发布程序进行交互体验。为了丰富三维动态场景的浏览体验,在游戏引擎软件中可进一步二次开发交互式漫游模块(支持上/下/左/右/前/后/左转/右转/定位/飞行/切换等操作),还可集成显示 BIM 信息(如桥梁构件名称、尺寸等数据),最终发布为可独立运行的动态交通虚拟现实场景展示程序。利用该程序并借助 VR 眼镜设备,工程师可通过沉浸式代入体验,更好地进行交通标志、人行道及灯带等细节设计优化(图 10-25)。

(6) 在此基础上,可以基于游戏引擎软件开发基于真实交通和环境场景的虚拟驾驶软件(图 10-26),主要包括驾驶车辆开发和硬件设备接入两部分。驾驶车辆开发:具备动力学物理仿真的车辆模型,该车辆可模拟逼真的刚体动力学特性,如具备质量、速度、加速度、冲量等各种现实的物理动力学属性;在发生碰撞、摩擦、受力的运动模拟中,不同的动力学属性能得到不同的运动效果;车辆具备第一、三人称视角切换功能,方向盘、脚踏板等操控驾驶功能及实时速度显示等功能。硬件设备接入:驾驶硬件采用罗技 G29 力反馈游戏方向盘,通过官网提供的 SDK,实现方向盘、脚踏板等设备与驾驶车辆的关联。VR 眼镜采用 HTC VIVE,通过开发关联驾驶车辆的第一、三人称视角。

图 10-25　动态交通实景展示与 VR

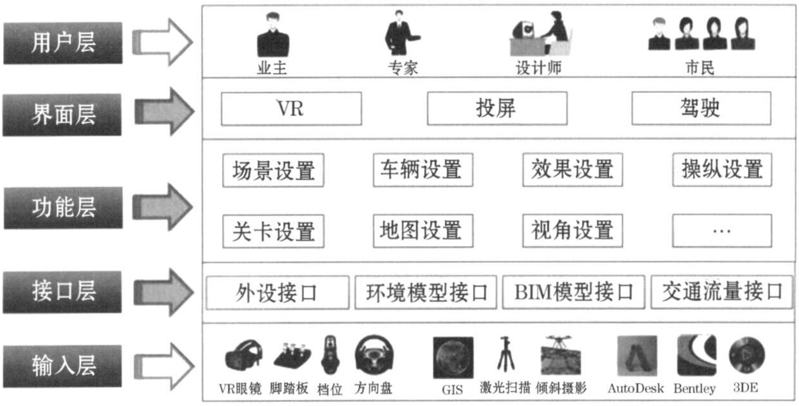

图 10-26　虚拟驾驶平台框架

10.4 城市快速路 BIM 正向设计平台解决方案

10.4.1　BIM 正向设计方法

1. BIM 与协同设计

协同设计是企业内不同设计部门、不同专业方向上或者同一项目的不同设计企业之间进行协调和配合，本质上是基于计算机支持的协同工作。由于这种跨专业、跨地域的网络化协同设计方式可大大地缩短设计周期，并使企业快速地研发适应市场变化和需求的产品，提高企业的竞争能力，因此国内外优秀企业的产品研发正在从个体化、串行流程的产品研发模式，转向上下游多方协同的并行设计工作模式。“协同”已经成为当代产品研发策略的重点方向之一。

就 IT 技术领域而言，从最早的二维协同到之后的三维协同，再到近期常提到的基于 MBD、MBE 的设计协同，都已经在市政交通行业得到运用。传统的 CAD 二维协同设计基于二维图纸的数据协同，各专业按顺序进行协同，其工作流程呈线性，工作逆向返回易产生较大的设计变更工作量。由于协同工作的载体为二维图纸，因此多版本的图纸管理难度大，信息传递效率低，在设计频繁修改、多项目交叉设计等情况下易造成数据的无序或无效的流转。在三维设计之初，制造业基于产品生命周期管理（PLM，Product Lifecycle Management）系统进行数据协同。其中各种类型的BOM（原型BOM、EBOM、MBOM、SBOM）是PLM的灵魂，是驱动产品开发的结构化主线。BOM中的每一个项目（零件）是各种文档的容器，因此，在以零件为中心的PLM中，产品定义等信息具有高度的结构化。而MBD技术是一种新的产品数字化定义技术，是指用集成的三维实体模型来完整表达产品定义信息的方法。该技术是将原来定义在二维图纸上的几何结构设计信息、生产工艺制造信息和产品属性管理信息共同集成定义在三维数字化模型中。基于BIM+MBD技术的协同设计实现了并发式的同步分工协作，通过创建中心文件的形式关联专业间的设计工作，各专业设计工作基本平行展开，专业间设计意见可提前沟通反馈。其中数据载体通常为双向同步的、唯一的三维模型，不仅能直观表达不同专业的设计意图，还能提高设计过程中文件的管理效率。

协同设计包含数据协同和工作协同，工作协同又包含多专业协同、上下游协同。BIM作为设计工作的数据核心，天然具备数据协同的职能；同时作为工作内容的核心，BIM又成为多专业协同和上下游的基础。因此，BIM正向设计需具备基于BIM进行协同设计的能力，相应的BIM正向设计平台需包含数据管理、计划管理、工作管理、信息管理等相关职能，以满足协同设计的要求。

2. BIM正向设计流程

快速路工程项目的设计通常包括三个阶段——可行性研究阶段、初步设计阶段、施工图设计阶段，不同阶段关注的侧重点不同，BIM应用内容有所不同，对模型的精细化程度（LOD）要求也不同。在每个设计阶段，专业间基于BIM模型进行协同设计，并在设计阶段对施工工艺、管养进行统筹考虑，对道路翻交方案、顶管施工方案、顶推施工方案、预制拼装方案、维修方案等内容进行模拟仿真。根据城市快速路项目特点，提出城市快速路BIM正向设计工作流程（图10-27）。

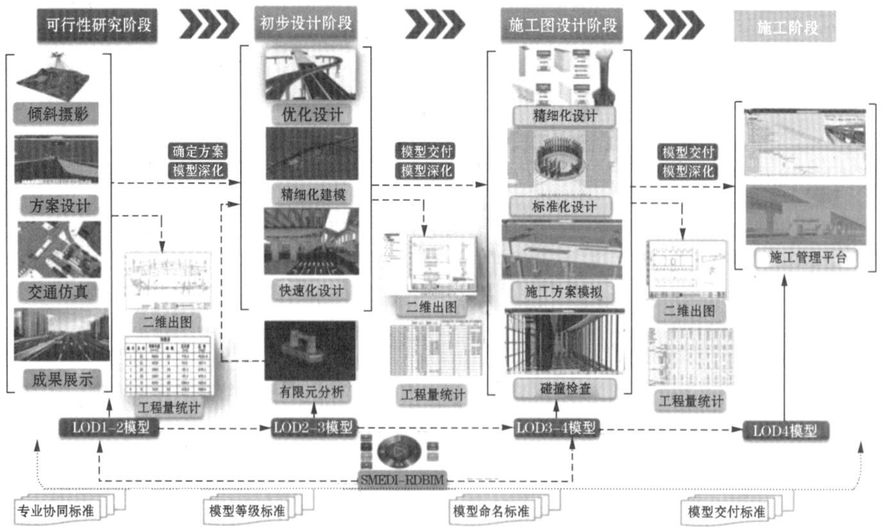

图10-27　城市快速路BIM正向设计工作流程

根据项目所处的设计阶段与需求综合考虑，提出城市快速路各阶段的 BIM 工作内容。

1）可行性研究阶段

该阶段主要完成的工作内容包括场地分析（地勘数据、倾斜摄影、激光扫描、正射等）、各专业模型构件、协同设计、方案设计、交通仿真、工程量统计、二维出图、虚拟现实 VR 或 AE 实景展示等（图 10-28）。通过场地分析，对真实地形及环境重构，以此作为路线设计的基础。

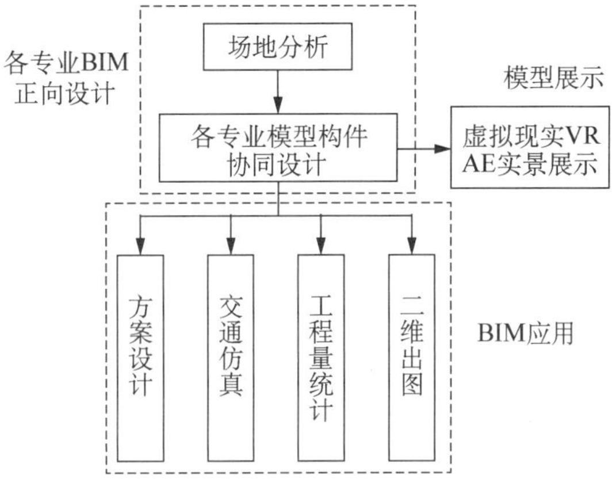

图 10-28　可行性研究阶段 BIM 工作内容

2）初步设计阶段

该阶段主要完成的工作内容包括场地分析、各专业模型构件、协同设计、竖向净空优化、冲突检测及三维管线综合、优化设计、快速化设计、有限元分析、交通仿真、预制拼装、工程量统计、二维出图、虚拟现实 VR 或 AE 实景展示等（图 10-29）。该阶段是在可行性研究阶段的基础上进一步深化设计，采用初步设计阶段标准化构件通过修改、替换、增加、深化参数等方式对各专业模型进行精细化建模。

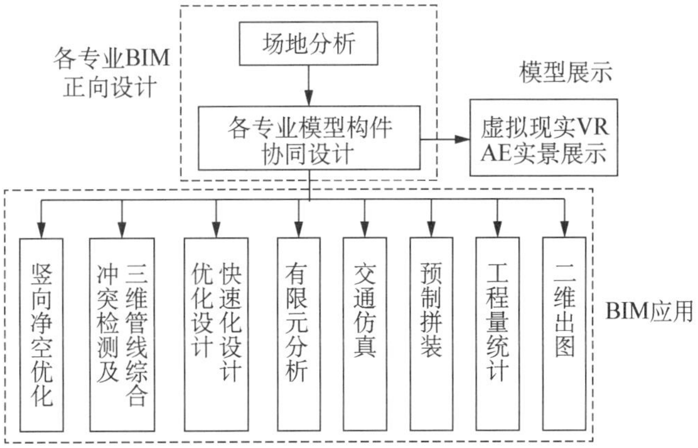

图 10-29　初步设计阶段 BIM 工作内容

3）施工图设计阶段

该阶段主要完成的工作内容包括场地分析、各专业模型构件、协同设计、竖向净空优化、冲突检测及三维管线综合、精细化设计、标准化设计、预制拼装、施工方案模拟、工程量统计、二维出图、虚拟现实 VR 或 AE 实景展示等(图 10-30)。该阶段是在初步设计阶段的基础上进一步细化,需要根据施工阶段的要求对各专业模型进行拆分(如道路分层、分段,桥梁分部、分跨),还可以进行施工方案的工艺模拟。

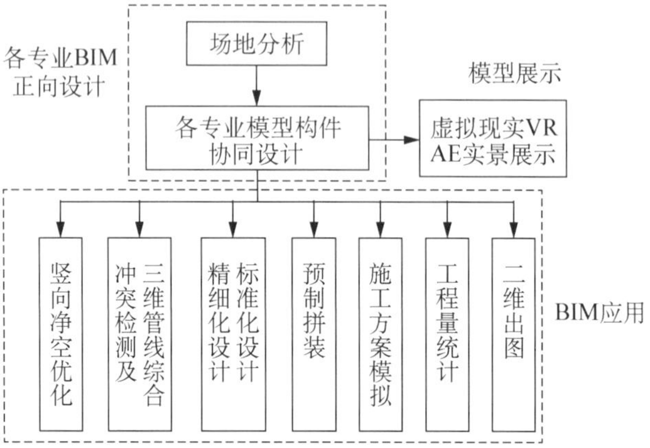

图 10-30　施工图设计阶段 BIM 工作内容

3. BIM 正向设计平台框架

协同设计平台需要面对异构的网络环境、不同专业的用户需求、复杂的设计业务流程、众多的项目团队组织以及角色分工等问题。BIM 正向设计平台不仅仅是一个设计工具,还是一个集管理、设计、数据管理、信息管理为一体的平台解决方案(图 10-31)。结合协同设计理念和 BIM 正向设计流程,提出 BIM 正向设计平台框架。

图 10-31　BIM 正向设计平台解决方案

框架底层为数据层，包含上层各项应用所需的 GIS、BIM 数模、工作计划、标准与档案以及各类知识库，为各类设计、管理活动提供单一数据源，为不同的角色的各类用户提供统一的数据集。

框架包含接口层，为各项内外部应用提供数据接口、计划任务接口、消息接口等统一访问方式，以便各项应用之间进行信息互通。

框架提供各类协同管理服务，为数据协同、工作协同、信息协同提供公共服务的关键部位，为设计人员提供各类数据区管理、数据授权与共享服务，为管理人员提供计划管理、任务管理、工作流管理服务，为所有人员提供统一的角色、权限、标识、消息管理服务。

框架的应用层为用户提供设计、计算、仿真、优化、实验、办公等各类工具的工具集，以满足不同的应用需求。

此外，框架集成了各类工作流、数据、接口标准，并面向业主、负责人、设计、施工、监理、管养等人员开放。

10.4.2　BIM 正向设计软件

BIM 正向设计是需要通过软件来实现的，BIM 软件的发展始终伴随着 BIM 的发展。BIM 工作依赖多种软件产品的相互协作，优秀的 BIM 软件都应该依据 BIM 的理念进行数据交流，以支持 BIM 流程的实现。

BIM 软件的分类有多种方法，从功能角度来分类，可以分为 BIM 建模软件、应用软件；从应用场景角度来分类，可以分为 BIM 建模软件、BIM 性能分析软件、BIM 展示软件、BIM 管理软件；从应用阶段角度而言，可以分为设计类 BIM 软件、施工类 BIM 软件、运营管理类 BIM 软件(图 10-32)。

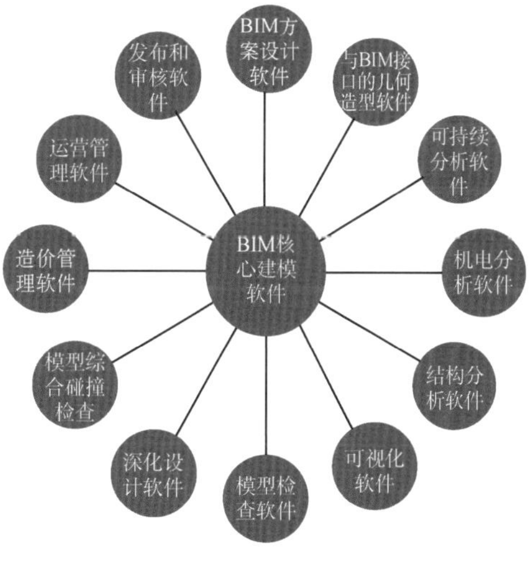

图 10-32　基于功能角度的 BIM 核心建模软件分类

随着 BIM 的发展，工程各阶段的应用软件都在逐步成熟，其中最成熟的就是设计阶段的 BIM 软件。总体来说，主流 BIM 软件的研发主要还是美国、法国等国家，适用于快速路 BIM 正向设计的外资软件平台公司包括欧特克（Autodesk）、本特利（Bentley）、达索(Dassault Systémes)等，国内的 BIM 软件主要是围绕上述平台级软件的二次开发。

1. Autodesk BIM 平台

欧特克公司是三维设计、工程及娱乐软件的领导者，其产品和解决方案被广泛应用于制造业、工程建设行业和传媒娱乐业。其旗下的设计软件众多，能适应各领域用户的各方面的设计需求，同时为更好地服务工程建设领域，该公司推出了面向工程建设领域的 AEC 软件集。该软件集提供了涵盖概念设计到施工的设计技术，可有效支持建筑生命周期所有阶段的设计工作，从而形成了独具特色的Autodesk BIM平台解决方案。该平台解决方案（AEC软件集）由Autodesk Revit、Autodesk Navisworks、Autodesk Civil 3D、Autodesk InfraWorks等软件组成。

1）Autodesk Revit

Revit是国内民用建筑领域里最为常用的BIM建模软件，是欧特克公司针对工程建设行业开发的三维参数化设计软件平台。该软件还提供大量的插件，包括自动化桥梁建模程序、Dynamo参数化建模工具等。在基础设施领域，Revit被广泛用于道路、桥梁、隧道、地铁车站、水厂、大坝等各类构筑物设计。

Revit中包含Revit Architecture(Revit建筑模块)、Revit Structure(Revit结构模块)和Revit MEP(Revit设备模块——设备、电气、给排水)三个专业设计工具模块，可以利用参数化设计，快速创建任意三维体量，为建造和施工准备模型，支持可持续设计、碰撞检测、施工规划和建造，同时帮助工程师、承包商与业主更好地沟通协作，可以满足设计中各专业的应用需求。在Revit模型中，所有的图纸、二维视图和三维视图以及明细表都是同一个基本建筑模型数据库的信息表现形式。在图纸和明细表中操作时，Revit可收集有关建筑项目的信息，并在项目的其他所有表现形式中协调该信息。Revit参数化修改引擎可自动协调在任何位置(模型视图、图纸、明细表、剖面和平面)中进行的修改。

此外，Revit独有的族库功能把大量Revit族按照特性、参数等属性分类归档而成数据库；相关行业企业或组织随着项目的开展和深入，都会积累一套自己独有的族库，并可在以后的工作中直接调用族库数据，从而提高工作效率。

2）Autodesk Navisworks

Navisworks是欧特克公司出品的一个建筑工程管理软件套装。Navisworks软件能够将AutoCAD和Revit&reg系列等应用创建的设计数据，与来自其他设计工具的几何图形和信息相结合，将其作为整体的三维项目，通过多种文件格式进行实时审阅，而无须考虑文件的大小。Navisworks软件产品可以帮助所有相关方将项目作为一个整体来看待，从而优化从设计决策、建筑实施、性能预测和规划直至设施管理和运营维护等各个环节。

Navisworks软件系列包括Manage、Simulate、Freedom三款产品，能够帮助团队加强对项目的控制，使用现有的三维设计数据透彻了解并预测项目的性能，即使在最复杂的项目中也可提高工作效率，保证工程质量。Manage软件是一款供设计和施工管理专业人员使用的软件，提供全面审阅解决方案，可用于保证项目顺利进行。Manage将精确的错误查找和冲突管理功能与动态的四维项目进度仿真和照片级可视化功能完美结合。Simulate软件能够精确地再现设计意图，制定准确的四维施工进度表，超前实现施工项目的可视化，可以在真实的环境中体现所设计的项目，更加全面地评估和验证所用材质和纹理是否符合设计意图。Freedom软件是NWD文件与三维DWF格式文件浏览器。

3）Autodesk Civil 3D

Civil 3D是欧特克公司推出的一款面向基础设施行业的BIM专业软件。该软件广泛适用于勘察测绘、岩土工程、交通运输、水利水电、市政给排水、城市规划和总图设计等众多领域。

Civil 3D 架构在 AutoCAD 之上，包含 AutoCAD 的所有功能；同时，还提供了测量、三维地形处理、土方计算、场地规划、道路和铁路设计、地下管网设计等专业设计工具。用户可以使用这些工具创建和编辑测量要素、分析测量网络、精确创建三维地形、平整场地并计算土方、进行土地规划、设计平面路线及纵断面、生成道路模型、创建道路横断面图和道路土方报告、设计地下管网等。

另外，Civil 3D 还集成了欧特克公司的一款地理信息系统软件——AutoCAD Map 3D。Map 3D 提供了基于智能行业模型的基础设施规划和管理功能，可集成 CAD 和多种 GIS 数据，并为地理信息、规划和工程决策提供必要信息。

4) Autodesk InfraWorks

InfraWorks 软件为台式机、Web 和移动设备提供了突破性的三维建模和可视化技术，通过更加高效地管理大型基础设施模型和加速设计流程，可帮助土木工程师和规划师交付各种体量规模的项目，适用于前期方案设计和后期设计成果整合、展示，主要功能为创建基础模型、方案设计及分析、漫游浏览及展示。此外，用户还可以通过 InfraWorks 随时随地了解项目方案，从而与更广泛的受众进行交流。InfraWorks 除了基础设计功能之外，还包含了道路设计、桥梁设计和排水设计三个专业设计模块，可供土木工程设计师在真实的项目环境中开展方案和详细设计。InfraWorks 支持导入使用各类模型及 GIS 数据文件，如 FBX、DEA、DWG、IMX、Revit 及其族文件、DGN、IFC、CityGML、LandXML、Point Cloud、多种光栅图片格式等。

2. Bentley BIM 平台

本特利公司是全球领先的致力于基础设施领域的软件解决方案提供商，其核心业务是满足负责建造和管理全球基础设施，包括公路、桥梁、机场、摩天大楼、工业厂房、电厂以及公用事业网络等领域专业人士的需求。本特利在市政道路、地下管网、公路、铁路、建筑、桥隧等方面的设计软件较为完善，围绕其 MicroStation 三维模型基础平台和 ProjectWise 工程项目内容管理及协同平台，本特利为市政行业提供了面向全专业、全生命周期的 BIM 平台解决方案。该平台解决方案由 MicroStation、ProjectWise、OpenRoads ConceptStation、CNCCBIM OpenRoads、OpenBridge Designer、AECOsim Building Designer、ProStructures、gINT、Context Capture、LumenRT 等软件组成。其平台构架见图 10-33。

1) MicroStation（三维模型基础平台）

MicroStation 是世界领先的信息建模环境，专为公用事业系统、公路和铁路、桥梁、建筑、通信网络、给排水管网、流程处理工厂、采矿等所有类型基础设施的规划、设计、施工和运营而开发。该软件既是一款软件应用程序，也是一个技术平台，它可以集二维绘图、三维建模和工程可视化为一体。

2) ProjectWise（工程项目内容管理及协同平台）

ProjectWise 是唯一一款专门针对基础设施项目的工程建设全生命周期进行开发的项目协同工作和工程信息管理软件。以 ProjectWise 为核心建立的项目信息管理中心和协同工作环境，可在确保信息唯一性、安全性和可控制性的前提下，方便、准确、迅速地实现设计信息的传递。

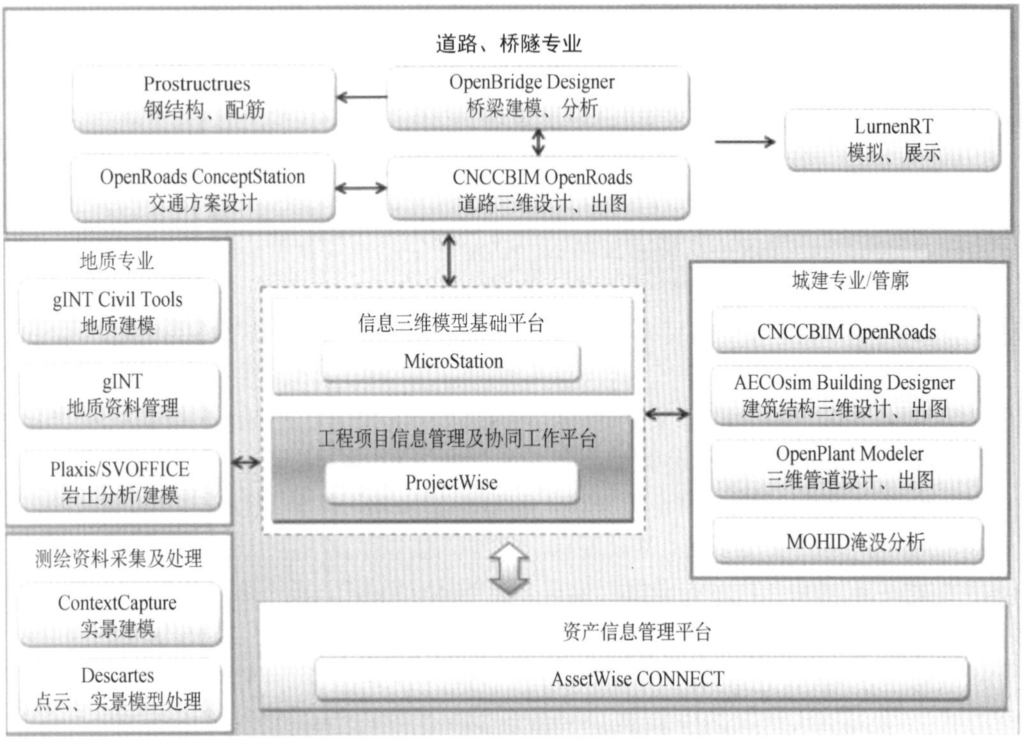

图 10-33　Bentley 平台构架

3）OpenRoads ConceptStation（方案设计软件）

OpenRoads ConceptStation 用于公路和桥梁的方案设计，可在项目规划阶段和预先投标阶段用于多方案评估，并可识别高风险项目及最大程度降低成本。

4）CNCCBIM OpenRoads（道路详细设计）

CNCCBIM OpenRoads 是一款功能完善、全面详细的设计应用程序，适用于勘测、排水、地下设施和道路设计。CNCCBIM OpenRoads 引入全新的综合建模环境，提供以施工驱动的工程设计，有助于加快路网项目交付，统一从概念到竣工的设计和施工过程。

5）OpenBridge Designer（桥梁详细设计、结构计算）

OpenBridge Designer 是一款专业智能的桥梁三维参数建模、分析和额定载荷分析软件。该软件可以直接根据地形、道路、入口坡道以及相关基础设施来校准桥梁设计，同时还提供了桥梁的上下部模板库，让复杂的桥梁模型设计能够高效智能地完成。

6）AECOsim Building Designer（建筑结构三维设计、出图）

AECOsim Building Designer 是 Bentley 集成化的建筑设计软件，可完成建筑设计、结构设计、电气设计、暖通设计、给排水设计等三维设计及二维详图生成。该软件具有面向对象的参数化创建工具，能实现智能的对象关联、参数化门窗洁具等，能够实现二维图纸与三维模型的智能联动。

7）ProStructures（钢结构、配筋）

ProStructures 是专为资深设计工程师研发的用于钢结构设计和配筋设计的综合软件，

包含 ProSteel 和 ProConcrete 两大组件。该软件可以高效创建精确的钢结构、金属结构和钢筋混凝土结构三维模型。此外，ProStructures 可用于创建设计图纸、制造详图和钢筋表，它们会随着设计师对三维模型的更改自动更新；提供的自定义用户标准和开放工作环境，可大大提升项目完成速度。

8) gINT(岩土工程与地质环境数据管理)

gINT 通过自定义报告，包括图片、照片、图表和地图等，对地下数据进行报告和管理，从而提供远超基本日志的强大功能。通过自定义报告，设计师几乎能够使用图片、照片、图表和地图等任何方式，对地下数据进行报告和管理。该软件还可以帮助设计师管理钻孔、测井日志、CPT 和地理物理日志，以及创建围栅图、图片、表格和其他任何报告。

9) Context Capture(实景建模)

Context Capture 是 Bentley 在 2015 年收购实景建模技术全球领导者 Acute3D 公司后研发的一款专业实景建模软件。借助该软件，设计师可以利用普通照片快速为各种类型的基础设施项目生成极具难度的现状环境三维模型。

10) LumenRT(动画渲染)

LumenRT 是一款功能相当强大的可视化实景建模工具。它可以为数字化的基础设施信息模型创建一个真实的场景，从而将数字化的模型和“逼真”的场景结合起来。它可供工程建设行业专业人士轻松使用，还能制作极其精美的、电影级别的图片和视频。在 LumenRT 中，设计师可运用包括各式车辆在内的运动元素以及使用各类车辆、移动的人、随风而动的植物、在某个季节微风吹拂下摇曳的树木、云卷云舒、潺潺流水以及更多元素模拟交通实况，让基础设施模型更有生气。

3. Dassault Systémes(达索)BIM 平台

法国达索系统公司(Dassault Systémes)是 PLM(Product Lifecycle Management，产品生命周期管理)解决方案的主要提供者之一，与达索宇航公司(Dassault Aviation)同属于法国达索集团。2013 年全球营收额 25 亿美元，大部分来源于 PLM 领域。达索系统专注于产品生命周期管理(PLM)解决方案已有超过 30 年历史。在这 30 年间，达索系统一直是与全球各个行业中的领袖企业合作，行业跨度从飞机、汽车、船舶到消费品、工业装备和建筑工程。达索系统帮助客户实现重大的业务变革，带来战略性的商业价值，包括缩短项目实施周期、增强创新、提高质量。

2014 年，达索系统在 V6 平台的基础上推出了全新整合的“3DE(3D EXPERIENCE)”协同平台，以及基于该平台的一系列行业解决方案，如土木行业解决方案。在 3DE 平台上，达索系统实现了前台和后台的双重整合：后台的所有数据存储在同一套数据库内，不同人员、不同软件模块都共享同一数据，不再需要交换数据或者转换格式；而前台的各个应用模块都基于同一个 3D 图形平台，因此可实现同样的操作方式和图形效果，不需要在不同的图形平台之间切换。

1) ENOVIA(BIM 项目管理)

ENOVIA 是一套基于 B/S 架构的异地多项目协同管理系统，实现了项目管理与 BIM 信息的集成整合，以及单一数据源的信息共享，并用于服务整个项目。在应用 BIM 的建筑业项目中，传统的管理软件要么侧重于时间进度和成本管理，要么侧重于模型质量和文档管理。而 ENOVIA 的最大特点是把这三者有机地结合起来，形成一个整合的 BIM 项目管理系统。

ENOVIA 还提供了商业智能与大数据分析工具，能够将项目的所有信息集成汇总成动态图表看板，直观展示给项目经理以掌控全局。同时，它还具有高度灵活的可定制能力与扩展接口，能够根据企业的需求进行个性化的定制，以及与 ERP 等第三方系统的集成整合。

2) CATIA(BIM 工程设计)

CATIA 是达索系统的 CAD/CAE/CAM 一体化集成解决方案，它覆盖了众多产品设计与制造领域，并被广泛应用于航空航天、汽车制造、船舶、机械制造、消费品等诸多行业。在建筑行业，CATIA 常常被应用于复杂造型、超大体量的项目设计，其强大的曲面建模功能及参数化能力，为设计师提供了丰富的设计手段。同时，CATIA 也非常适合设计与建造集成的一体化项目，并具有良好的二次开发扩展性。

针对建筑与土木工程行业，达索系统还建立了专门的研发团队，并已发布针对建筑幕墙和土木工程两个子行业的设计/建造集成解决方案。主要功能包括数字地形模型、建筑/结构的概念设计、手绘草图、土木工程建模、钢混构件设计、钢结构设计、建筑精细化设计、设计校审等。

3) DELMIA(BIM 施工仿真)

DELMIA 致力于复杂制造/施工过程的仿真和相关的数据管理。在制造业，DELMIA 是最强大的 3D 数字化制造和生产线仿真解决方案。而在建筑业，DELMIA 被用作建筑施工规划的虚拟仿真解决方案，具有帮助用户高效利用时间、优化施工、降低风险等诸多优点。借助于 3DE 平台的集成数据环境和直观的 3D 场景，DELMIA 可以协助设计、施工、业主进行良好的沟通与分享。

DELMIA 包含施工模型组织、施工计划编制、复杂工艺验证、施工资源优化、极具真实性的人机模拟等功能。此外，DELMIA 可与 CATIA 无缝衔接，从而省去数据转化工作及数据处理带来的数据损失，节约数据转换时间，也更便于上下游沟通与协作。

尽管很多软件都可以进行一定程度上的施工仿真模拟，但能够做到 DELMIA 这样精细化仿真同时符合工程真实性的软件并不多。在 DELMIA 中，企业可以根据项目中的不同场景实现不同的精细度的仿真模拟：总体上的施工规划可能只需要做到工序级别，而复杂的施工环节可能需要工艺级别甚至人机交互级别的仿真。借助 DELMIA，无论是工序级别的进度规划还是工艺级别的操作流程，都可以在虚拟环境下得以验证。

4) SIMULIA(BIM 仿真分析)

达索系统 SIMULIA 是世界知名的计算机仿真行业的软件品牌，创立于 1978 年(前身为 ABAQUS 公司)，其主要业务为世界上最著名的非线性有限元分析软件 Abaqus 进行开发、维护及售后服务。2005 年 5 月，ABAQUS 公司与达索系统合并，共同开发新一代的模拟真实世界的仿真技术平台 SIMULIA。

SIMULIA 不断吸取最新的分析理论和计算机技术，领导着全世界非线性有限元技术和仿真数据管理系统的发展，目前产品线包括统一有限元技术(Unified FEA)、多物理场分析技术(Multiphysics)和仿真生命周期管理平台(Simulation Lifecycle Management)三部分内容。Abaqus 软件已成为国际上最先进的大型通用非线性有限元分析软件，被全球工业界广泛接受，并引领制造业最真实模拟世界的仿真技术平台的发展。

Abaqus 软件已被全球工业界广泛接受，并拥有世界最大的非线性力学用户群。Abaqus 软件以其强大的非线性分析功能以及解决复杂和深入的科学问题的能力，在结构工程领域得到广泛认可，除普通工业用户外，也在以高等院校、科研院所等为代表的高端用户中得到广泛称誉。研究水平的提高引发了用户对高水平分析工具需求的加强，作为满足这种高端需求的有力工具，Abaqus 软件在各行业用户群中所占据的地位也越来越突出。

10.4.3　SMEDI-RDBIM 软件

SMEDI-RDBIM 软件是上海市政工程设计研究总院（集团）有限公司基于达索 3DE 平台研发的一款用于市政交通行业的 BIM 软件。该软件旨在提供一种纯三维 BIM 正向设计模式，以替代目前二维设计＋三维翻模的设计模式。软件提供一套便捷的专业道路交通设计功能，以降低设计人员的工作难度，提供设计效率。SMEDI-RDBIM 软件的整体框架如图 10-34 所示。

图 10-34　SMEDI-RDBIM 软件框架图

SMEDI-RDBIM 主要包含三维地模构建、道路线形设计、道路设计、交通安全设计、桥梁布墩布跨、管线设计、隧道设计、附属设施及其他功能八大模块（图 10-35）。三维地模构建模块用于将倾斜摄影或激光扫描等地形数据导入 SMEDI-RDBIM。道路线形设计模块可在三维地形的基础上完成平纵线形设计，生成三维中心线。基于三维中心线和三维地形，道路、桥梁、隧道、管线、交通工程和附属设施等专业可同时进行各自专业的设计工作，并可实时获取其他专业的最新模型，实现多专业在同一三维平台上实时协同三维设计。

SMEDI-RDBIM 针对二维出图的解决方案为：在 SMEDI-RDBIM 中做三维正向设计时除生成各专业 BIM 模型外，还会产生一套设计数据文件，此数据文件与道路设计软件 RADS 一脉相承，基于此数据在 RADS 中完成道路专业的出图。SMEDI-RDBIM 还可以导

出 *.civil 格式在桥梁设计软件 SMEDI-BDBIM 中完成桥梁专业的出图。另外，正在陆续开发支持隧道、管线等专业出图的模块。

另外，SMEDI-RDBIM 软件完成的 BIM 成果可导入其他软件做进一步的 BIM 应用，如：导入 Navisworks 做碰撞检查、管线迁改；导入蓝色星球/SMEDI-CBIM 等施工协同平台做施工管理；导入 Vissim 做交通仿真；导入 UE4/TW/Lumion/Fuzor 做 VR 展示等。此外，SMEDI-RDBIM 软件还支持读取其他专业设计软件的数据格式，如转换 EICAD 数据等。

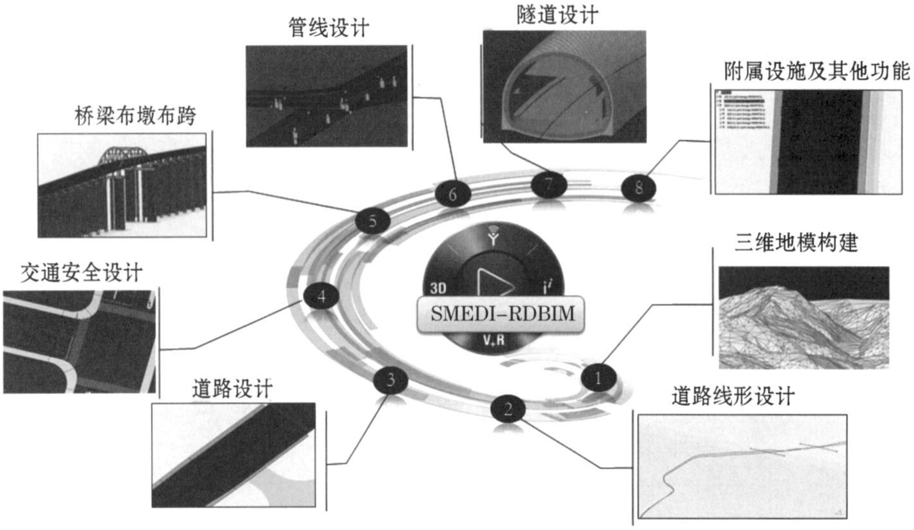

图 10-35　SMEDI-RDBIM 功能模块

在新建项目之初创建工程项目结构树，该结构树包含唯一的地形和中心线节点，项目中每条道路关联中心线节点下的一条中心线且有一套子结构（以中心线名称命名，包含道路、桥梁、隧道、管线和附属设施等节点），各专业在进行与该中心线相关设计时需在子结构下对应的专业节点中完成，支持 BIM 模型实时生成，实现 BIM 模型所见即所得。SMEDI-RDBIM 软件具有以下几个特点。

（1）地形模块支持多种数据形式，可进行半自动化处理＋手工编辑，三维地形模型轻量化显示、响应速度快，为中心线的设计和自动放坡的实时性提供有力保障。

（2）平面中心线设计采用导线法和导角法，导线法适合通常情形下的线形设计，导角法适合立交等复杂线形设计，两种方法生成的中心线可以自由组合。平面中心线和纵断面线组合形成三维中心线。所有专业的设计模型都是采用基于三维中心线布置，当中心线设计方案发生变更时可一键更新各专业的设计模型。支持纵断面设计交互设计：包括控制变坡点、控制坡长＋坡度、控制竖曲线极值点等。

（3）道路模块提供可视化的横断面设计方式，支持交叉口和匝道出入口的快速设计。该模块还具备挡土墙、涵洞等设计功能，内置各类常用挡土墙、涵洞模板，并支持类型扩展。挡土墙、涵洞的 BIM 模型实时生成。

（4）交通安全设计支持各种标志和标线的快速设计，完成建筑限界检查。根据《城市道路交通标志和标线设置规范》(GB 51038—2015)，内置了 230 多个常用标牌构件模板，并编写标牌对照表索引文件。标志和标线的 BIM 模型实时生成。

(5) 基于中心＋跨径组合的桥梁设计方式，方便灵活地完成桥梁布墩布跨设计，还实现了上、下部设计参数的联动和模型的批量替换、修改，桥梁 BIM 模型实时生成。

(6) 实现了新建给排水管线的交互式专业化设计；支持任意管线断面的现状管线快速生成；根据给排水专业特点及工程师的使用习惯，集成管线、窨井的类型和标准；所有管线及节点的 BIM 模型实时生成。

(7) 支持矿山法和明挖法的隧道布置设计及 BIM 模型的实时生成。

(8) 可完成路灯、护栏、消防栓、绿化及树木等附属设施的快速设计及相应设施 BIM 模型的实时生成。

(9) 融合场地模型、BIM 模型、交通流量模型，沿任意指定路径进行空间漫游。

(10) 实现了与自主开发的 RADS、SMEDI-BDBIM 等设计软件的接口，有效解决了二维出图问题。

(11) 实现了与 VISSIM、ANSYS、UE4 等软件的模型接口，实现了 BIM 模型的多场景应用。

10.5 工程案例

该工程为嘉兴市环线快速路一期工程(图 10-36)，全长约 15.5 km。该工程从方案阶段即开始应用 BIM 技术完成全线的总体设计，到施工图设计阶段完成深化设计。

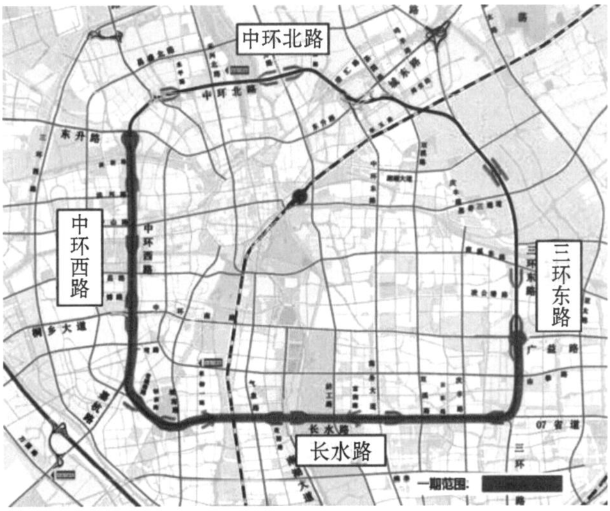

图 10-36　嘉兴市环线快速路一期工程总体设计

该工程总体规划体量大，需综合考虑快速路服务范围、现状交通缓解等众多因素；周边控制条件关系复杂，建设范围内牵涉到居民区、保护建筑等多个重要敏感点；总体布置难度大，高架布设若不合理，很容易出现“上不去下不来”的情况；设计周期短，完成一期工程约

15.5 km 的深化设计(施工图深度)只有不到 5 个月的时间;景观设计要求高,时值建党百年之际,景观设计要紧密贴合红色元素与当地特色;交通组织复杂,不具备道路封闭施工的可行性,合理的交通组织设计尤为重要。

10.5.1 BIM 组织与应用环境

该工程 BIM 技术应用着力于贯穿整个设计阶段,基于自主研发的 SMEDI-RDBIM 正向设计软件,以三维地形和地物为基础资料,实施三维正向设计。借助于 BIM 的技术优势,最终形成一套可沿用、可拓展的高效设计方法,提高了设计效率,保证了设计质量。

BIM 团队由 BIM 专业总师牵头,设计负责人和 BIM 负责人共同策划 BIM 技术路线,工程严格按照标准的 BIM 正向设计流程,由具有丰富设计经验的设计师应用 BIM 软件完成该工程的三维正向设计,此外还有 BIM 研发团队提供专业技术支持。

根据工程的特点、难点,项目组前期通过与工程参建各方的协调沟通,明确了 BIM 应用目标。依据 BIM 国标和行标以及《中国市政设计行业 BIM 指南》《市政工程 BIM 应用与新技术》,制定该工程项目级 BIM 技术应用标准(图 10-37)。

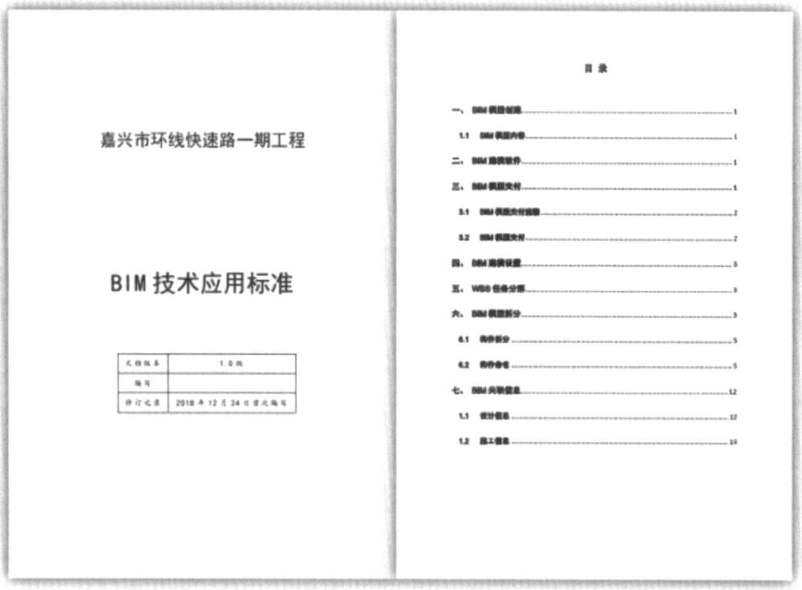

图 10-37　嘉兴市环线快速路一期工程 BIM 实施技术标准

该工程采用的达索 3D Experience 平台满足 BIM 正向设计平台框架要求,可进行项目计划管理、任务管理,并可对平台集成的 CATIA 设计软件产生的设计模型进行后台数据管理。在协同设计 ENOVIA 平台上,设计负责人进行工作分配和时间节点控制,实时检查督促。模型集成在一个平台进行统一管理,可以检查整合在一起的模型,并在线发起问题修改流程,模型的变更文件同时上传,节省了大量沟通协调时间,也方便后期对变更文件的查询。基于协同设计平台,实现了设计单位两地设计人员的异地协同设计,减少了碰头会议,为 3 个月的设计周期提供了强有力的保障。

设计人员采用设计单位基于 CATIA 模块自主研发的正向设计软件 SMEDI-RDBIM，进行工程的专业设计；集成多个 BIM 应用软件（图 10-38），对模型进行各项应用、优化设计。

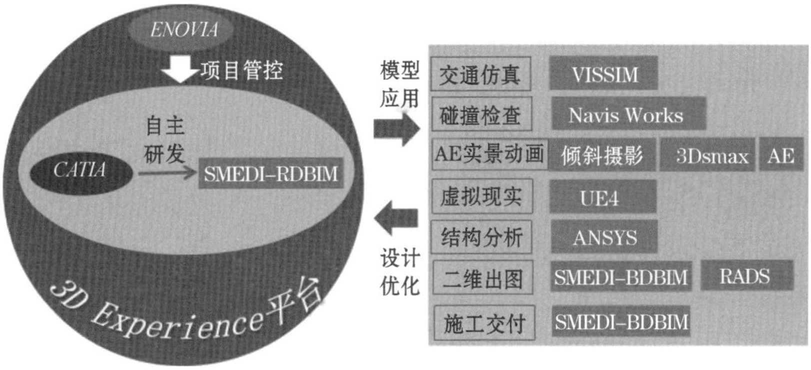

图 10-38　BIM 正向设计采用的软件

10.5.2　BIM 正向设计及模型应用

1. 可行性研究阶段

1) BIM 正向设计

可行性研究阶段基于三维地形和地物，应用交通仿真、碰撞检查、AE 实景动画、虚拟现实等技术对设计方案进行展示和比选。该阶段 BIM 模型精细度为 LOD1.0/2.0 级，可以快速进行各项 BIM 应用，方便 BIM 模型修改与变更，支撑设计方案的优化。

首先，采用倾斜摄影技术对环线快速路工程沿线约 10 km^2 的地形进行数据采集工作，采用物探、调查等手段收集工程沿线的地下管线资料，根据可行性研究方案完成沿线初步地质勘察工作；根据以上的基础资料，在 SMEDI-RDBIM 软件平台上分别创建包括地形模型、地物模型、地质模型、水域模型、植被模型在内的场地模型。为满足本阶段的 BIM 应用要求，场地模型的精细度为 LOD1.0 级。

然后，在场地模型的基础上，利用 SMEDI-RDBIM 的中心线设计模块，初步完成道路平面中心线的设计以及快速路、地面辅路的纵断面设计；一键生成快速路和地面辅路的三维道路中心线。

最后，依据三维道路中心线，在 SMEDI-RDBIM 软件平台上，根据总体设计原则，道路专业（作为总体设计专业）初步完成快速路和地面辅路的总体布置设计，包括快速路主线、平行匝道、互通立交、地面辅路。在此基础上，道路专业、桥梁专业、隧道专业、排水专业、交通专业等分别采用道路设计模块、桥梁设计模块、隧道设计模块、管线设计模块、交通标志标线模块和附属设施模块完成快速路主线、地面辅路的相关专业 BIM 正向设计内容。在 BIM 正向设计过程中，根据各专业设计的情况，经项目组讨论，道路专业实时对总体方案进行优化，同时总体设计 BIM 模型自动进行更新。

2) BIM 模型应用

在 SMEDI-RDBIM 软件平台，一方面，将设计方案以三维模型的形式实时展现，方便设计人员阅读、优化设计方案，还可以进行碰撞检查、工程量统计、设计参数规范合规性核查等工作；另一方面，将 BIM 模型导入 VISSIM、UE4 等软件，分别进行交通仿真、方案展示等应用，此外还将设计数据导入 RADS、SMEDI-BDBIM 等软件进行二维出图。

为验证设计方案的合理性，基于 VISSIM 软件，该项目设计单位自主开发了交通仿真一体化平台，可用于快速提取 BIM 模型信息叠加预测交通流量，自动生成车辆路径，选择仿真结果输出形式，完成设计方案的多维度交通评价（图 10-39）。

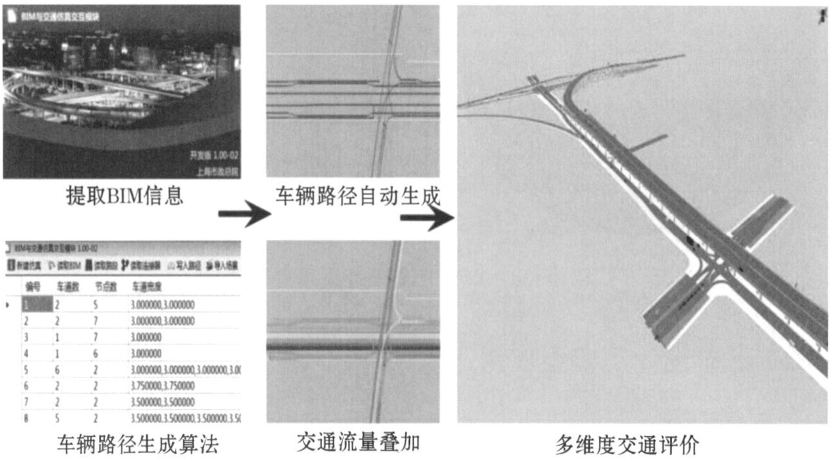

图 10-39　基于 VISSIM 的交通仿真

采用 SMEDI-RDBIM 软件，一键检查道路、桥梁、地道空间是否满足通行要求，尤其是互通立交等复杂空间区域（图 10-40）。

图 10-40　建筑限界一键检查

此外，设计人员还利用 CATIA 的干扰模拟，核查专业设施的空间碰撞，及时修改，保证设计方案的可实施性。

由于工程体量较大，常规将倾斜摄影获得的场地模型与 BIM 设计模型叠加展示的方法费时费力。为此，项目组创新地采用 AE 视频处理技术，提取倾斜摄影的飞行路径，将 BIM 模型导入 3ds Max 中参照飞行路径处理，然后通过 AE 视频处理技术，得到设计方案在实景中展示的视频，实现了 BIM 模型和实景场地视频融合(图 10-41)。它具有展示性优、速度快、对硬件要求不高的优点。

a) 实景视频　　b) AE处理　　c) 实景与虚拟工程叠加的视频

图 10-41　AE 实景动画展示

2. 初步设计、施工图设计阶段

1) BIM 正向设计

在初步设计、施工图设计阶段，基于前阶段的 BIM 模型，各专业对相应的 BIM 模型进行深化。初步设计阶段的 BIM 模型精细度为 LOD2.0/3.0，施工图设计阶段的 BIM 模型精细度为 LOD3.0/4.0，相比可行性研究阶段，BIM 模型属性信息更加丰富、更为精细。初步设计的重点是确定总体设计方案和各专业的主要技术方案，施工图设计的重点是深化各专业的各项技术方案，满足施工的要求。

根据现场地形地物修测资料、地质详勘报告、管线调查资料，进一步深化场地模型，初步设计、施工图设计阶段的场地模型的精细度分别为 LOD2.0 级、LOD3.0 级。

初步设计阶段：在深化的场地模型的基础上，利用 SMEDI-RDBIM 的中心线设计模块，基本确定项目中各条设计道路(匝道)中心线及纵断面设计线，然后一键生成对应的三维道路中心线。依据更新的三维道路中心线，依据总体设计方案的调整，按照规范对超高设置的要求，优化、深化总体设计 BIM 模型。在此基础上，各专业进一步完成专业 BIM 设计模型。

施工图设计阶段：综合考虑各方面的要求，最终确定项目中各条设计道路(匝道)中心线及纵断面设计线，然后一键生成对应的三维道路中心线。依据更新的三维道路中心线，深化总体设计 BIM 模型及专业 BIM 设计模型。

2) BIM 模型应用

初步设计阶段：在 SMEDI-RDBIM 软件平台上，基于优化后 BIM 模型，完成各专业的工程量的统计。把优化后 BIM 模型导入 ANSYS、MIDAS 等结构计算软件，进行结构分析计算(图 10-42)，无须在结构计算软件中重复建模，提高计算效率 50%以上；导入 Navisworks 等软件，进行各专业间的硬碰撞、软碰撞和间隙碰撞检查，形成碰撞检查报告(图 10-43)，多重检查保证设计质量。管线迁改、施工期间交通组织、施工组织等进行仿真模拟，论证设计方案的可实施性(图 10-44)。优化后的设计数据导入 RADS、SMEDI-BDBIM 等软件进行二维出图。

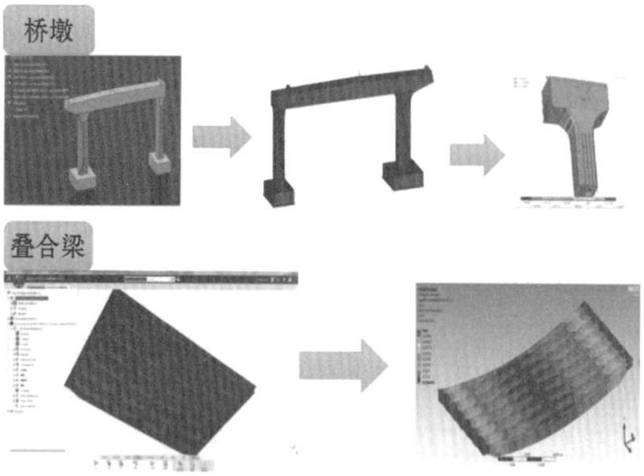

图 10-42　结构分析计算

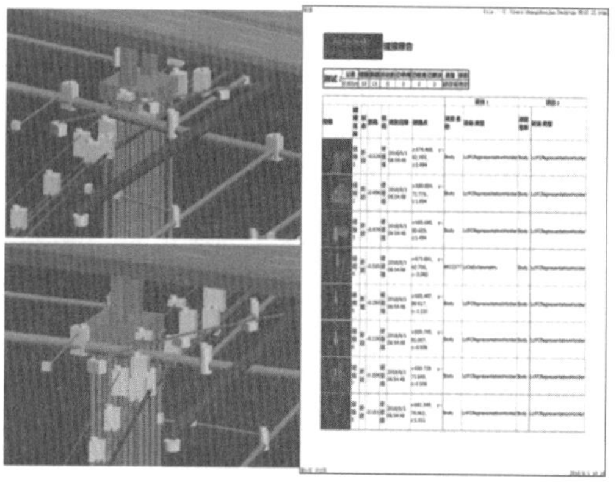
图 10-43　基于 Navisworks 软件的碰撞检查

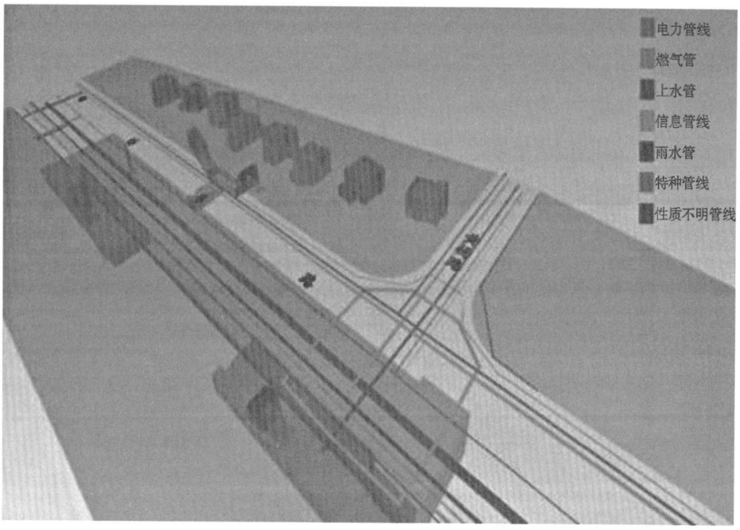

图 10-44　管线迁改方案仿真

施工图设计阶段:在 SMEDI-RDBIM 软件平台上,深化 BIM 构件模型,方便工厂化制作和施工放样(图 10-45);为满足施工招标工程量精准统计的需求,深化构件 BIM 模型,完成各专业的工程量的统计;为满足施工管理需要,路面 BIM 模型深化到各个面层及平石等细部(图 10-46);通过 BIM 技术对预制拼装结构内的普通钢筋、预应力钢束、灌浆套筒等关键节点进行优化,钢筋笼在分段预制后能顺利地进行整体吊装拼接,保证预制拼装的成功实施(图 10-47)。将深化后的设计数据导入 RADS、SMEDI-BDBIM 等软件进行二维出图。

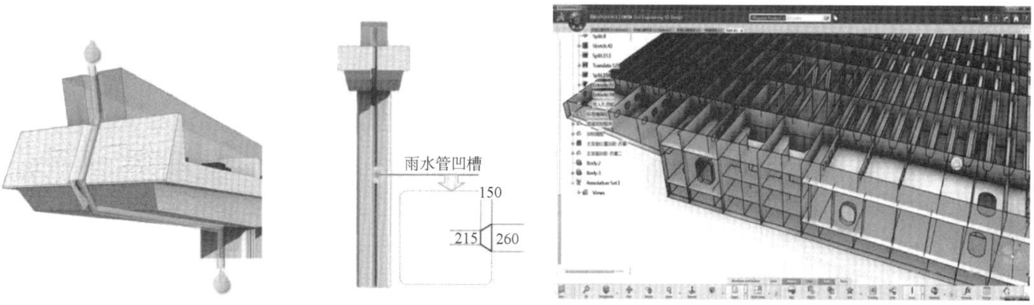

a) 墩柱隐藏排水管BIM模型深化　　b) 钢结构模型深化

图 10-45　构件 BIM 模型深化

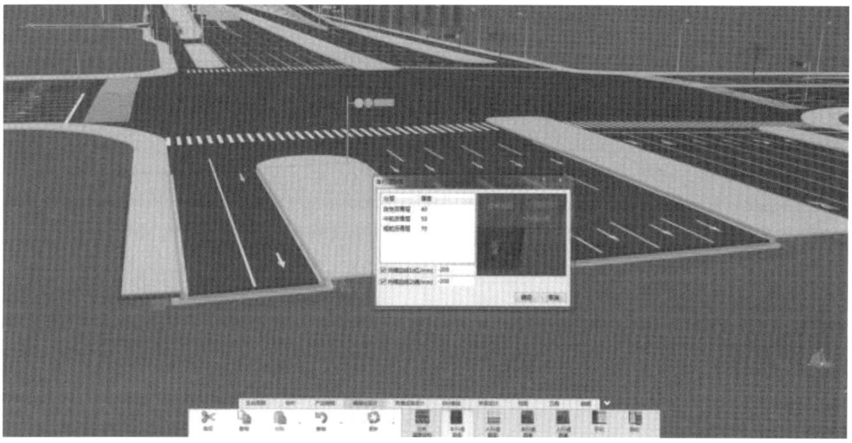

图 10-46　道路路面结构 BIM 模型深化

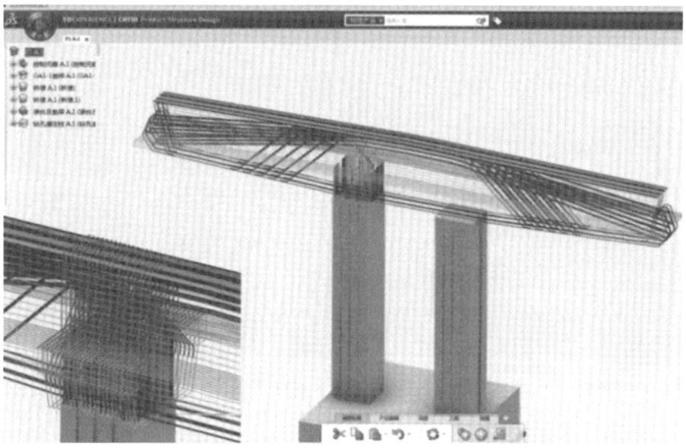

图 10-47　深化 BIM 模型验证桥梁预制拼装方案

10.5.3　应用效果总结

嘉兴市环线快速路一期工程组建了以设计师为主、BIM 专业人员为技术支撑的技术团队，基于达索 3D Experience 平台完成了多专业协同设计与异地协同设计，基于自主开发的二维三维一体化正向设计软件完成了大体量、短设计周期的工程三维正向设计，打破了“二维设计＋三维翻模”BIM 应用形式，设计效率和质量大幅提高。此外，交通仿真、管线迁移、施工交通仿真、AE 实景动画、施工关键工艺模拟、二维出图以及预制拼装这些特色技术的成功应用，为类似工程的 BIM 技术拓展应用打下良好的基础。

参 考 文 献

[1] 胡国军. 我国大城市快速路规模与布局研究[D]. 南京：东南大学，2005.

[2] 林嗣雄. 城市快速路布局设计理论及运用[D]. 上海：同济大学，2009.

[3] 王毅. 我国城市快速路发展综述[J]. 城市交通，2003(8)：52-54.

[4] 吕庆礼. 谈城市快速路规划设计[J]. 中国西部科技，2010(2)：29-30.

[5] 欧心泉. 城市快速路建设先决条件分析[J]. 城市交通，2012(1)：32-37.

[6] 程天春. 国内外城市快速路建设经验[J]. 科技展望，2016(29)：28.

[7] 林志，郭军. 浅谈城市地下快速路规划[J]. 地下空间工程学报，2010(6)：1356-1359.

[8] 刘凯，沈小军. 新兴区域中心城市快速路系统建设时机和规划要点浅论[C]. 2013 年中国城市交通规划年会暨第 27 次学术研讨会论文集，2014.

[9] 熊志新. 大城市快速路布局规划方法研究——以烟台市为例[J]. 交通与运输，2011(2)：54-56.

[10] Transportation Research Board. Highway Capacity Manual 2010[M]. Washington, D. C.: National Research Council, 2010.

[11] Ibrahim A T, Hall F L. Effect of Adverse Weather Conditions on Speed-Flow-Occupancy Relationships[M]. 1994.

[12] Brilon W, Ponzlet M. Auswirkungen Von Zeitlich Veraenderlichen Leistungsfahigkeiten. Schlussbericht[J]. Lehrstuhl fur Verkeshrswesen, Ruhr Universitat Bochum, 1995.

[13] Chandra S, Kumar U. Effect of Lane Width on Capacity under Mixed Traffic Conditions in India[J]. Journal of Transportation Engineering, 2003, 129(2): 155-160.

[14] 温学钧. 上海城市快速路通行能力的研究[J]. 上海建设科技，2005(1)：21-23.

[15] Agarwal M, Maze T H, Souleyrette R. Impacts of Weather on Urban Freeway Traffic Flow Characteristics and Facility Capacity[C]. The 2005 Mid-Continent Transportation Research Symposium, 2005: 18-19.

[16] 钟连德，李秀文，荣建，等. 城市快速路基本路段通行能力的确定[J]. 北京工业大学学报，2006，32(7)：605-609.

[17] 胡章立. 快速路基本路段通行能力影响因素研究[D]. 长沙：长沙理工大学，2007.

[18] 茹红蕾. 城市道路通行能力的影响因素研究[D]. 上海：同济大学，2008.

[19] 杨中良，林瑜，高霄. 恶劣天气条件下城市快速路通行能力研究[J]. 交通信息与安全，2010(1)：75-78.

[20] 周荣贵. 公路通行能力手册[M]. 北京：人民交通出版社，2017.

[21] 徐吉谦. 交通工程总论[M]. 北京:人民交通出版,2008.
[22] 郑进炫. 基于海量数据的城市快速路瓶颈区通行能力研究[D]. 上海:同济大学,2016.
[23] Sun J, Ma Z, Li Z. Some Observed Details of Traffic Flow Phase Transition at Urban Expressway Off-Ramp Bottlenecks in Shanghai[C]. Transportation Research Board 94th Annual Meeting. 2015(15-2681).
[24] ELEFTERIADOU L, KONDYLI A, GEORGE B S. Estimation of Capacities on Florida Freeways[R]. Florida: Transportation Research Center, 2014.
[25] BRILON W., WU N. New Models for Estimating Freeway Capacity Consideration of Stochastic Properties in Traffic Flow[R]. Bochum: Ruhr University Bochum, 2004.
[26] 张娟. 城市快速路瓶颈交通流 Breakdown 特征实证研究[D]. 上海:同济大学,2013.
[27] 孙剑,郑进炫. 城市快速路通行能力再认识与新分析体系构建[J]. 中国公路学报,2018,31(5):127-135.
[28] 上海市住房和城乡建设管理委员会科学技术委员会. 公路与城市道路设计手册[M]. 2版. 北京:人民交通出版社,2016.
[29] 李明轩. 城市快速路系统的发展及我国的实践[J]. 城市地理,2018(2):40-41.
[30] 高奖. 大城市快速路规划与设计关键问题研究[D]. 南京:东南大学,2006.
[31] 郝小妮. 我国城市快速路布局方法研究[D]. 西安:长安大学,2003.
[32] 徐佳. 呼和浩特市西二环城市快速路规划研究[D]. 西安:长安大学,2014.
[33] 徐洋,黄学军. 国内外城市快速路的发展动向及其借鉴[J]. 杭州科技,1996(06):20-22.
[34] 胡国军. 我国大城市快速路规模与布局研究[D]. 南京:东南大学,2005.
[35] 百度营销中心. 2019年度中国城市交通报告[R]. 2020.
[36] 赵锦祥. 智慧交通在智慧城市的深入应用与发展趋势[J]. 中国安防,2018(05):16-20.
[37] 前瞻产业研究院. 中国智慧交通行业市场前瞻与投资规划分析报告[R]. 2018.
[38] 中华人民共和国交通运输部. 公路交通安全设施设计规范[S]. 北京:人民交通出版社,2017.
[39] 中华人民共和国交通运输部. 公路交通安全设施设计细则[S]. 北京:人民交通出版社,2018.
[40] 中华人民共和国住房和城乡建设部,中华人民共和国国家质量监督检验检疫总局. GB 50688—2011 城市道路交通设施设计规范(2019年版)[S]. 北京:中国计划出版社,2019.
[41] 俞明健. 城市地下道路设计理论与实践[M]. 北京:中国建筑工业出版社,2014.
[42] 韩海峰,皮振新,李新伟. 试验与仿真相结合对防撞垫进行评价[J]. 道路交通与安全,2016(01):20-28.
[43] 张强. 公路交通安全设施的演变及设计要点[J]. 天津建设科技,2019(03):74-78.
[44] 上海市城乡建设和管理委员会. 先张法预应力混凝土空心板(桥梁)[S]. 上海:同济大学出版社,2015.
[45] 袁聚云,楼晓明,姚笑青,等. 基础工程设计原理[M]. 北京:人民交通出版社,2011.

[46] 范立础. 桥梁工程(上册)[M]. 2 版. 北京:人民交通出版社,1996.
[47] 中华人民共和国交通运输部. 公路钢桥面铺装设计与施工技术规范[S]. 北京:人民交通出版社,2019.
[48] 中华人民共和国住房和城乡建设部. 城市桥梁设计规范(2019 年版)[S]. 北京:中国建筑工业出版社,2019.
[49] 祝晓冬,潘京,岳嘉. 简析城市快速路横断面布置方式[J]. 道路与交通工程,2013(01):20-25.
[50] 吴伟,付喜娥. 绿色基础设施概念及其研究进展综述[J]. 国际城市规划,2009(5):67-71.
[51] 黄竹. 城市桥下空间的类型与开发利用方式研究[J]. 上海城市规划,2019(1):101-107.
[52] 袁胜强,曾小青,张伟略. 城市快速路建设时机的决策模型与准则[J]. 同济大学学报(自然科学版),2019(9):1294-1301.
[53] 袁胜强,景啸,史程祥. 城市地下互通立交通行能力[J]. 同济大学学报(自然科学版),2021(2):236-242.
[54] 李朝阳,袁胜强. 城市交通与道路规划[M]. 2 版. 武汉:华中科技大学出版社,2020.
[55] 袁胜强,郑晓光. 高速公路改扩建设计理论与实践[M]. 北京:中国计划出版社,2017.
[56] 住房和城乡建设部工程质量安全监管司. 城市道路工程设计技术措施[M]. 北京:中国计划出版社,2011.
[57] 袁胜强. 地下互通立交总体设计研究[J]. 上海公路,2018(1):1-5.
[58] 袁胜强. 上海市中环线真北路武宁路立交方案设计[J]. 城市道桥与防洪,2005(3):30-33.
[59] 许砚梅,李娟娟. 城市快速路景观结构及其关系探究[J]. 美与时代(城市版),2018(02):70-71.
[60] 丘巧玲,张玉竹,李昀. 城市道路绿化规划与设计[M]. 北京:化学工业出版社,2011.
[61] 周世魁. 山地城市快速路景观设计策略研究[D]. 重庆:重庆大学,2014.
[62] 陈焕明. 长沙三环内规划设计 11 条快速路[N]. 长沙晚报,2016-05-28.
[63] 孙晶,张楠. 城市快速路景观设计初探[J]. 长沙铁道学院学报(社会科学版),2005(03):99-101.
[64] 范立础. 桥梁抗震[M]. 上海:同济大学出版社,1997.
[65] 范立础,卓卫东. 桥梁延性抗震设计[M]. 北京:人民交通出版社,2001.
[66] 王克海. 桥梁抗震研究[M]. 2 版. 北京:中国铁道出版社,2015.
[67] 中华人民共和国交通运输部. 公路桥梁抗震设计规范[S]. 人民交通出版社,2020.
[68] 王君杰,黄勇,董正方,等. 城市轨道交通结构抗震设计[M]. 北京:中国建筑工业出版社,2019.
[69] 谢礼立,马玉宏,翟长海. 基于性态的抗震设防与设计地震动[M]. 北京:科学出版社,2009.

[70] 袁胜强，顾民杰. 宁波市北环快速路工程总体设计[J]. 工程设计与建设，2015(1)：102-105.

[71] 刘钊，袁胜强，黄虹. 上海沿江通道越江隧道工程中的 BIM 技术应用[J]. 土木建筑工程信息技术，2016，8(3)：20-25.

[72] 杨京鹏，袁胜强，顾民杰. 宁波梅山春晓大桥 BIM 应用[J]. 土木建筑工程信息技术，2017，9(1)：14-20.

[73] 刘辉，袁胜强，顾民杰，等. 倾斜摄影、虚拟现实与 BIM 融合技术在中兴大桥及接线工程中的应用[C]. 第三届全国 BIM 学术会议论文集，2017.

[74] 袁胜强，刘钊. 城市道路工程 BIM 标准体系框架研究[C]. 第三届全国 BIM 学术会议论文集，2017.

[75] 刘钊，袁胜强，柏雨林. 上海市 S3 高速公路先期实施段新建工程 BIM 应用[C]. 第三届全国 BIM 学术会议论文集，2017.

[76] 袁胜强，顾民杰，刘辉，等. 宁波中兴大桥及接线工程 BIM 设计与应用[J]. 土木建筑工程信息技术，2018，10(2)：17-22.

[77] 袁胜强. 3D Experience 平台的市政交通工程 BIM 解决方案[M]. 上海：同济大学出版社，2020.

[78] 陈鸿. 中环线军工路越江隧道[J]. 交通与运输，2006(3)：8-9.